Cristina Morales
Leichte Sprache

Cristina Morales
LEICHTE SPRACHE

Aus dem Spanischen
von
Friederike von Criegern

Matthes & Seitz Berlin

Für meine *Aya* Paca: Bernarda Alba, die lauthals lachend oder mit der Diskretion weißer Spitzenhäubchen der Autorität von Ehefrauen, Ärztinnen, Altenpflegerinnen, Krankenschwestern und Sozialarbeiterinnen die Stirn bot.

Für die jugendlichen Brüste, die sich Francisca Vázquez Ruiz (Baza, 1936 – Albolote, 2018) mit zweiundachtzig Jahren bewahrt hatte.

Man sollte die Probleme der Menschen, die sich dem Tanz zuwenden, nicht mit den Problemen verwechseln, die der Tanz bereitet.

AMADOR CERNUDA LAGO,
»Psicopatología de la danza«, 2012

Ich bestätige, die Hure ist meine Mutter
und die Hure ist meine Schwester
und die Hure bin ich
und alle meine Brüder sind Schwuchteln.
Es genügt uns nicht, unsere Unterschiede
zu benennen und herauszuschreien:
Ich bin Frau,
Ich bin Lesbe,
Ich bin Indigene,
Ich bin Mutter,
Ich bin Irre,
Ich bin Hure,
Ich bin alt,
Ich bin jung,
Ich bin behindert,
Ich bin weiß,
Ich bin braun,
Ich bin arm.

MARÍA GALINDO,
Feminismo urgente. ¡A despatriarcar!, 2013

Ich habe Schiebetüren an den Schläfen. Sie schließen vertikal, wie am Eingang der Metrostation, und schotten mein Gesicht ab. Man kann sie mit den Händen darstellen, indem man das Kinderspiel Kuckuck-Da macht. »Wo ist Mama, wo ist Mama? Daaa!«, und beim Da gehen die Hände auseinander und das Kind lacht sich kaputt. Die Schiebetüren meiner Schläfen bestehen nicht aus Händen, sondern aus einem glatten und widerstandsfähigen, durchsichtigen Material, sie sind mit einer Gummileiste eingefasst, die für gedämpftes Öffnen und Schließen sorgt und für ihre hermetische Verschlossenheit. Genauso wie die Schiebetüren in der Metro. Zwar ist glasklar zu erkennen, was auf der anderen Seite geschieht, doch sind sie zu hoch und zu glatt, als dass du darüberspringen oder dich ducken und darunter durchkriechen könntest. Auf die gleiche Weise legt sich, wenn sich die Schiebetüren schließen, eine harte, transparente Maske auf mein Gesicht, die es mir zwar erlaubt, zu sehen und gesehen zu werden, und die wirkt, als würde nichts zwischen mir und der Außenwelt stehen, tatsächlich aber können keine Informationen mehr von der einen zur anderen Seite fließen, und es werden nur die grundlegendsten Reize zum Überleben ausgetauscht. Um die Schiebetüren der Metro zu überwinden, muss man auf den Automaten klettern, der die Fahrscheine entwertet und der als zugleich verbindendes und trennendes Element zwischen zwei benachbarten Türenpaaren dient. Oder aber einen Fahrschein bezahlen, klar.

Manchmal sind sie keine harte, transparente Maske, meine Schiebetüren, sondern ein Schaufenster, durch das ich etwas betrachte, was ich nicht kaufen kann, oder durch das ich von einem anderen mit dem Verlangen betrachtet werde, mich zu kaufen. Wenn ich von meinen Schiebetüren spreche, meine ich das nicht im übertragenen

Sinne. Ich versuche ganz unbedingt wörtlich zu sein, ihre Mechanik zu erklären. Als ich klein war, habe ich viele Liedtexte nicht verstanden, weil sie so voller Euphemismen, Metaphern, Ellipsen, kurz gesagt voll ekelhafter Rhetorik waren, voll ekelhafter Redewendungen, wo »Frau gegen Frau« nicht bedeutet, zwei Frauen kämpfen miteinander, sondern zwei Frauen ficken. Wie verdreht, wie unterschwellig und verranzt. Wenn es wenigstens »Frau mit Frau« hieße ... aber nein: Wehe, jemand merkt, dass sich da zwei Mädels die Möse lecken.

Meine Schiebetüren sind keine Metapher für irgendwas, für so was wie eine psychologische Barriere, die mich von der Welt fernhält. Meine Schiebetüren sind sichtbar. An jeder Schläfe ist ein versenkbares Scharnier. Von den Schläfen bis zum Kinn öffnen sich Schlitze, durch die die jeweilige Schiebetür ein- und ausfährt. Sind sie deaktiviert, lagern sie hinter meinem Gesicht, jede auf ihrer Seite: halbe Stirn, ein Auge, halbe Nasenscheidewand und ein Nasenloch, eine Wange, halber Mund und halbes Kinn.

Zuletzt haben sie sich vorgestern in der Stunde für Zeitgenössischen Tanz aktiviert. Die Lehrerin tanzte sechs oder sieben genussvolle und kurze Sekunden lang für sich allein und markierte dann die Choreografie ein klein wenig langsamer für uns, damit wir sie uns einprägen und wiederholen konnten. Sie drückte auf Play und stellte sich in der ersten Position vor den Spiegel. Es fällt mir leicht, ihr zu folgen, wenn sie es langsam macht. Ich führe die Bewegungen mit einer Sekunde Verzögerung aus, oder noch weniger, diese Zeit brauche ich, um sie aus dem Augenwinkel nachzuahmen und mich zu erinnern, was als Nächstes kommt, aber ich führe die Bewegungen intensiv und vollständig aus, das erfüllt mich und ich fühle mich wie eine gute Tänzerin. Ich bin eine gute Tänzerin. Dieses Mal allerdings hatte die Lehrerin mehr Lust zu tanzen als Tanz zu unterrichten, und ich konnte ihr nicht folgen. Sie zählte fünf-sechs-sieben-acht und legte los, die Haare flatterten im von ihr selbst verursachten Wind, und über die Musik hinweg und ohne anzuhalten benannte sie die Schritte, die sie gerade machte. Versenkbare Scharniere, die sich aktivieren, Polyurethanplatten, die sauber und geräuschlos von der Rückseite des Gesichts auf dessen Vorderseite gleiten und sich schließen. Ich tanze nicht mehr, sondern brummele unwillig vor mich hin. Halbherzig mache ich ein paar Schritte, lasse andere aus, imitiere die glücklicheren Kameradinnen im Versuch, wieder reinzukommen, und schließlich bleibe ich stehen, während die anderen tanzen, lehne mich an die Wand und schaue zu. Es sieht aus, als würde ich mit höchster Aufmerksamkeit die Choreographie einstudieren, aber weit gefehlt. Weder dekonstruiere ich das Wollknäuel, das der Tanz ist, in einzelne Bewegungen, noch packe ich das Ende des Fadens, um mich nicht im Tanz zu verirren, diesem Labyrinth verschiedener Richtungen. Stattdessen spiele ich wie ein Kätzchen mit dem Faden, achte auf die Beschaffenheit der Körper und der Kleidung meiner Kameradinnen.

Unter den sieben oder acht Schülerinnen ist ein Schüler. Er ist ein Mann, aber vor allem ist er ein Macho, ein ständiger Zurschausteller seiner Männlichkeit in einer Gruppe von Frauen. Er trägt ausgeblichene Farben und langes Haar, er ist schlecht rasiert und sein Appell an die Gemeinschaft und die Kultur ist stets einsatzbereit. Mit anderen Worten, ein Faschist. Für mich sind Faschist und Macho Synonyme. Er tanzt sehr unbeholfen, er ist aus Holz. Letzteres ist keineswegs verwerflich, genauso wenig wie meine Schiebetüren, die alle Frauen bemerkt hatten und mich daher in Ruhe ließen. Der Macho aber tat so, als würde er sie nicht sehen, und als die Choreographie, aus der ich ausgestiegen war, zu Ende war, kam er zu mir, erklärte mir, was ich falsch gemacht hatte, und bot an, mich zu verbessern. Nicht nur sein Körper, auch sein Gehirn ist aus Holz, und das ist sehr wohl verwerflich. Ja, ja, gut, gut, antwortete ich, ohne mich vom Fleck zu rühren. Du kannst mich jederzeit fragen, wenn du unsicher bist, sagte er lächelnd. Meine Güte, nur gut, dass die Schiebetüren geschlossen waren und diese Machohaftigkeit dank meines vollständigen Desinteresses für die Außenwelt nur abgeschwächt zu mir durchdrang. Das ist ein gutes Beispiel für die Schiebetüren als Schaufenster, hinter dem ich ausgestellt und unberührbar bin.

Es ist ja nicht so, dass ich der Choreographie vorgestern nicht hätte folgen können, vielmehr wollte ich ihr nicht folgen, ich hatte keine Lust, im Gleichschritt mit sieben fremden Frauen und einem Macho zu tanzen, ich hatte keine Lust, die feuchten Choreographinnenträume der Tänzerin zu befriedigen, die als Tanzlehrerin in einem städtischen Bürgerzentrum geendet war, und ich hatte keine Lust, das Niveau einer professionellen Tanzkompanie vorzutäuschen, wenn wir in Wirklichkeit doch eine Gruppe Mädchen aus einer Tagesförderstätte für Erwachsene sind; und dass man willens ist, etwas nicht zu tun, das verstehen die Leute nicht.

Keine Ahnung, ob ich im totalitären Staat weniger schlecht dran war, aber zum Teufel mit diesem totalitären Markt, sagt meine Cousine, die während der Sitzung der PAH losgeheult hat, als sie erfuhr, dass sie mindestens 1025 Euro pro Monat verdienen muss, um eine Sozialwohnung zu bekommen. Weine nicht, Marga, sage ich und reiche ihr ein Taschentuch. Du solltest dich damit trösten, dass der Markt jetzt einen weiblichen Namen hat: Der Supermarkt Mercadona, ein totalitärer Ort, wo die Überwachungskameras nicht in den Gängen, sondern über den Köpfen der Angestellten hängen, und darum können wir das Deo und die Binden mitgehen lassen und sogar Kondome aus den Kartons holen, die diese piepsenden Aufkleber haben, und sie uns in die Taschen stecken. Ich sage Margarita immer, sie soll mal zur Menstruationstasse wechseln, dann müsste sie keine Binden und Tampons mehr klauen und hätte in den Taschen mehr Platz für anderes Zeug, für Honig zum Beispiel oder den sauteuren ColaCao. Sie sagt, die Menstruationstasse kostet dreißig Euro, und dass sie keine dreißig Euro hat und dass es die Tasse nicht im Supermarkt gibt, sondern in der Apotheke, und in Apotheken ist es total schwierig zu klauen, denn da sind die Kameras ja auf die Kunden gerichtet und die Tür klingelt jedes Mal, wenn jemand rein- oder rausgeht. Ich habe versucht, einer Freundin zum Geburtstag eine Menstruationstasse zu klauen, aber ich hab keine gefunden, nicht mal im Corte Inglés, und bei Apotheken hab ich Hemmungen. Aber wie wäre es mit einer Apotheke, wo der Apotheker schon ganz alt ist, und zwar nachts, beim Notdienst? Du solltest aufhören, Kondome zu klauen, und die Pille nehmen, sagt sie, denn bis du endlich die vierzig Plastikhüllen der Schachtel offen hast – unauffällig geht anders. Vergiss es, sich mit Hormonen vollstopfen, systematisch unter Drogen setzen lassen, nur um dem Macho den

Spaß zu gönnen, ihn nicht rausziehen zu müssen. Und die Pille hat ja wohl einen Scheiß mit Emanzipation zu tun. Die Dermatologen verschreiben sie, damit die Mädchen ihre Pickel loswerden, denn die Pubertätsakne ist natürlich eine Krankheit, klar, aber es geht nicht darum, mehr oder weniger hübsch zu sein, oh nein, und auch nicht darum, als Gefäß für den Samen herzuhalten. Es geht doch um die Gesundheit unserer Jugend, das will mir nicht in den Kopf. Man kann ohne Kondome nicht promiskuitiv sein, Marga, schon wegen der sexuell übertragbaren Krankheiten, schon darum nicht. Ach, das sind jetzt also Krankheiten, ja?, antwortet sie. Etwa nicht?, antworte ich. Aber Aids gibt es gar nicht, Nati, was erzählst du denn da. Nicht einmal ein Prozent der Bevölkerung. In Spanien haben wir mehr Selbstmorde pro Jahr als Aids-Diagnosen. Aber ich fick ja nicht mit Spaniern, Marga, das sind nämlich alles Faschisten. Fuck, Nati, du bist echt reaktionärer als eine Reliquienmonstranz. Und du bist ein Hippie, schneid dir doch mal diese Zotteln ab.

In einer anderen Tanzstunde in der Tagesförderstätte für Erwachsene La Barceloneta (TAFEBAR) sagte uns die Lehrerin für Zeitgenössischen Tanz, dass wir uns die Socken ausziehen sollen. Wir würden Pirouetten machen und sie wollte sichergehen, dass wir nicht ausrutschten. Also zogen sich alle ihre Socken aus, alle außer mir, denn ich hatte eine gerade verheilende Blase am rechten großen Zeh. Die Lehrerin wiederholte ihren verschleierten Befehl. Er war aus zwei Gründen verschleiert: Erstens, weil sie nicht sagte »Zieht euch die Socken aus«, sondern »Wir ziehen uns die Socken aus«, sie gab also keinen Befehl, sondern benannte das Ergebnis und ersparte sich so die unpopuläre Verwendung des Imperativs. Und zweitens war er verschleiert, weil er sich nicht an die anderen richtete, an jene Alterität, die wir Schülerinnen in jedem Unterricht, sei es nun Tanz oder Verwaltungsrecht, im Gegensatz zur Lehrerin darstellen. Sie sagte »Wir ziehen uns die Socken aus« und nicht »Ihr zieht euch die Socken aus«, bezog sich damit selbst in diese Alterität ein und löste sie dadurch auf, schuf ein trügerisches »Wir«, in dem sich Lehrerin und Schülerinnen vermischen.

Sie wiederholte den verschleierten Befehl mit neuen Verschleierungen: Ich war die einzige Person mit Socken im Saal, und dennoch wiederholte sie statt »Du ziehst dir die Socken aus« im Plural »Wir ziehen uns die Socken aus«. Sie verschleierte also nicht nur den Imperativ und das Ihr, sondern jetzt auch die Tatsache, dass eine einzige Schülerin ihr nicht gehorcht hatte. Wären wir mehrere Personen mit Socken gewesen, hätte die Lehrerin verstanden, dass es irgendeinen Grund gab, der uns, auch wenn wir in der Minderheit waren, dazu brachte, uns anders zu verhalten, und sie hätte diesen Unterschied toleriert. Der Grund einer Minderheit für Ungehorsam kann Anerkennung finden. Der eines Individuums nicht. Alle schauten auf die nackten Füße der anderen. Ich bin kurzsichtig und muss zum Tanzen meine Brille absetzen, darum kann ich nicht mit absoluter Gewissheit sagen, dass sich alle Blicke auf meine bekleideten Füße richteten. Zum Glück sind die Schiebetüren geschliffen, 2,25 Dioptrien im linken Türblatt und 3,10 im rechten, allzeit bereit für die glasklare Beobachtung des Faschismus, gegen den sie mich abschirmen.

Nach den beiden nicht befolgten verschleierten Befehlen kam die schwedische Lehrerin Tina Johanes zu dem Schluss, dass ich nicht nur kurzsichtig, sondern auch taub sein müsse oder der spanischen Sprache nicht mächtig. Von diesem menschlichen Verständnis bewegt, drückte sie auf Play, und während die Schüler die vorgegebene Pirouette übten, kam sie zu mir, unterbrach meine tölpische Drehung und sprach mich, jetzt doch, in der korrekten grammatischen Person an.

»Geht es dir gut?«
»Mir?«
»Verstehst du Spanisch?«
»Ja, ja.«
»Nur weil du dir nicht die Socken ausgezogen hast.«
»Ich habe eine Wunde am Fuß.«
»Ah, okay, okay«, sagte sie, machte einen Schritt zurück und zeigte mir ihre Handflächen als Zeichen der Entschuldigung, der Konfliktvermeidung, des Nichtbesitzes von Waffen unter ihrem dehnbaren Gymnastikanzug.

Und schon Schluss mit lustig und Pirouetten. Und schon pausenloses Konstatieren des Ortes, an dem ich mich befinde, wer die anderen sind, wer Tina Johanes ist und wer ich bin. Zum Teufel mit dem Hirngespinst, dass ich tanzen lerne. Zum Teufel mit den vier Euro pro Stunde, die der Unterricht mit der Ermäßigung für Arbeitslose kostet. Vier Euro, die ich auch für die Hin- und Rückfahrt zum Probensaal der Universidad Autónoma hätte ausgeben können, wo ich allein tanze, nackt, schlecht, Mambo. Vier Euro, die ich auch auf der Terrasse eines Chinaladens für vier Bier hätte ausgeben können, vier Euro, die ein Fest beginnen lassen oder mich erschlagen aufs Bett werfen könnten, und kein Platz für Gedanken an den Tod. Ich bin in der Tagesförderstätte für Erwachsene La Barceloneta (TAFEBAR). Die anderen sind Wähler von *Podemos* oder der CUP. Tina Johanes ist eine Autoritätsperson. Ich bin *Bastardistin*, aber mit bovarystischer Vergangenheit, und wegen dieses beschissenen Erbes denke ich noch immer an den Tod, und darum bin ich schon im Voraus gestorben.

Kannst du nicht über die Schiebetüren der Bahnstation springen, um zur Autónoma zu fahren? Das ist gefährlich, die Fahrt ist lang, und ganze zwölf Stationen nach dem Kontrolleur Ausschau zu halten, vor dem man dann weglaufen muss, das zerrt an den Nerven, sie knüllen sich mir im Magen zusammen und ich muss kacken, und so bin ich zwölf Stationen lang damit beschäftigt, meine Magenkrämpfe zu veratmen. Ich lasse leise Fürze fahren, presse die Pobacken zusammen, damit sie lautlos sind, balanciere auf meinen Sitzhöckern, schäme mich wegen des Gestanks. Ein paar Mal bin ich schon mit vollgeschissenen Unterhosen an der Autónoma angekommen. Wenn du ein bisschen Kacke rausgelassen hast, hältst du es besser aus, aber dann sind es immer noch sechs Stationen mit Bremsspur am Arsch. Gibt es in der Bahn keine Toiletten? Nein, in den Nahverkehrszügen der Generalitat gibt es keine Toiletten. Man muss leergepinkelt, leergeschissen und durchgevögelt in den Zug steigen. In den Zügen, die von der Renfe und vom Innenministerium bereitgestellt werden, gibt es Toiletten. Zwischen Cádiz und Jerez, was genauso weit auseinanderliegt wie Barcelona und die Universidad Autónoma, kannst du vögeln. Halten wir also fest, dass das Fehlen von Toiletten in den Zügen ein weiteres Repressionsinstrument ist, und was Toiletten und Züge angeht, ist die Generalitat von Katalonien totalitärer als der spanische Staat.

Sprich es aus, Angelita, ich weiß doch, was du denkst, und ich würde es gerne von dir selbst hören: Tina Johanes hat dich nur zu deinem eigenen Besten darum gebeten, dir die Socken auszuziehen. (Angelita sagte nicht Tina Johanes, sie sagte »die Lehrerin«.) Damit du nicht ausrutschst. Damit du nicht hinfällst und dir wehtust. Damit du besser tanzt. So wie der Junge in der Stunde neulich, als du aus der Choreographie ausgestiegen bist (sie sagte nicht Choreographie, sie sagte »Tanz«). Du übertreibst. Dir fehlt jegliche Empathie (sie sagte es nicht so, sie sagte »du kannst dich nicht in andere hineinversetzen und bist eine Egoistin«). Du hast für den Tanzkurs bezahlt, das heißt, du hast dafür bezahlt, Anweisungen zu bekommen (auch das sagte sie nicht so, sie sagte: »Du hast dich für einen Tanzkurs angemeldet, und was nützt es, sich für einen Tanzkurs anzumelden, wenn du die Tanzschritte nicht lernen willst«). Du willst (und das sagte sie genau so) auf zwei Hochzeiten gleichzeitig tanzen, Nati, und außerdem bist du ganz schön prospanisch. Jetzt haben wir es doch, Angelita, das ist genau der Schuh, den ich mir anziehen wollte, danke, danke, danke! (Darauf antwortet sie beleidigt, weil ich sie bei ihrem eigentlichen spanischen Namen rufe und nicht bei ihrem umgetauften katalanischen – Àngels –, und weil ich überdies das Diminutiv benutze.) Das Reaktionäre kann man dir nachsehen, Nati, weil du ganz gut aussiehst (in Wirklichkeit bedeutete das: »Du verhältst dich wie eine Rotzgöre und niemand sagt dir was, weil du so hübsch bist«). Da liegst du falsch, antwortete ich. Du liegst total falsch. Wer einigermaßen gut aussieht, und ich rede nicht mal von einer wirklichen Schönheit oder einer heißen Braut, hat kein Recht, radikal zu sein. Warum beschwert sie sich, so schön, wie sie ist? Wie kann sie so gut aussehen und trotzdem so unzufrieden mit ihrem Leben sein? Wie kann sie so gut aussehen und dann quellen lauter Kröten und Schlangen aus ihrem Mund, das ist doch so hässlich bei einer Frau, die gar nicht hässlich ist. Wie kann sie es wagen, mein Kompliment oder meine Pfiffe zu missbilligen, ich schmeichle der Nutte damit doch nur? Der andere Zensurmechanismus gegen Radikalität von hübschen Frauen funktioniert ganz ähnlich wie das, was du gerade gesagt hast: Sie üben Kritik, weil sie hübsch sind, sie trauen sich, weil sie hübsch sind, und weil sie hübsch sind und eine adrette Verpackung für ihre Antwort, kommt ihre Kritik an und wird gehört. Aber Vorsicht, du und ich ziehen gerade genau die gleiche Scheiße ab, Angelita! Gerade so wie diese Hippies mit ihren Modelmaßen, sie sind keine fünfundzwanzig, stecken sich Blümchen ins Haar und zeigen ihre Titten im Kongress und im Vatikan, statt Femen sollten sie sich besser Samen nennen, bei all den Ergüssen, die sie bei ihren patriarchalen Zielen auslösen.

Ich schieße mich wahnsinnig gern so auf Angelita ein, denn auch wenn man uns äußerlich kaum etwas anmerkt, sind wir innerlich wie im Rausch, wir sind total eloquent, Ángelas Stottern verstärkt sich und wir reden den Rest der kleinen Versammlung an die Wand, normalerweise sind das die immer gleichen Leute: Ángela selbst, Marga und ich. Und manchmal kommt noch meine Halbschwester Patricia dazu oder irgendeine Freundin von ihr, eins von diesen Samen-Mädels, oder irgendeiner von ihren Freunden, keine Ahnung, ob die Machos sind, das sind nämlich weder Spanier noch habe ich je länger als fünfzehn Minuten mit einem geredet, Bohemiens sind sie nämlich auf jeden Fall, und die sind noch unerträglicher als ihre üblichen Kampfgenossinnen von Samen. Meine Halbschwester hat ihre winzigen Titten aber nur ein einziges Mal in der Öffentlichkeit gezeigt – Nippel wie Eidotter auf einem glatten Brustkorb –, und zwar am Schalter eines Pornoterrorismus-Spektakels, als die Kassiererin ihr sagte, wenn sie ihre Brüste zeigt, kommt sie umsonst rein.

Marga liest überhaupt gar nichts, nicht mal Zeitschriften beim Frisör, nicht mal die Zeitschriften beim Frisör, in denen nur Fotos von Frisuren sind, also war es eine überaus selbstlose Geste von ihr, mir ein Fanzine aus dem autonomen Zentrum mitzubringen, wohin sie die vom PAH geschickt hatten. Das Fanzine lässt den glücklichen Augenblick wieder aufleben, in dem die Bolivianerin María Galindo das Konzept des Bastardismus begründete, siehe Seite 106 und 107 ihres Buches *Feminismo urgente. ¡A despatriarcar!*, erschienen 2013 in Buenos Aires:

> Da sich das Verlangen in der Gesellschaft nicht frei verbreitet und dies auch nie tat, da es durch den kolonialen Herrschaftskodex gezügelt wurde, können wir nicht von *Mestizaje* sprechen.
>
> Wegen jener kolonialen Zähmung des erotisch-sexuellen Verlangens ziehe ich es vor, bei der Mischung von Weißen und Indigenen nicht von *Mestizaje* zu sprechen, sondern von *Bastardisierung*. Es gab eine Vermischung, ja, und diese Vermischung war so weitreichend, dass sie die gesamte Gesellschaft umfasst, ja, aber es war keine freiwillige, horizontale Vermischung; es war vielmehr eine erzwungene, unterdrückte, gewalttätige oder verborgene Vermischung, und ihre Rechtmäßigkeit war stets mit Erpressung, Überwachung und Erniedrigung verknüpft. *Mestizaje* ist die halbe Wahrheit, und wenn man das Deckmäntelchen der Scham und der Heuchelei wegzieht, dann heißt es *Bastardisierung*. Die halbe Wahrheit, und wenn man ihr die Schminke, die Ver-

stellung und die Masken wegnimmt, heißt es *Bastardisierung*.

Mestizaje ist nur die halbe Wahrheit über einen gesellschaftlichen Ort brutaler Konflikte, herzzerreißend ungelöst, schmerzhaft unrecht und etliche Male verboten. Dies mit seinem eigenen Namen zu benennen ist ein Akt der Befreiung, ebenso wie die Möglichkeit zu sagen, hier gibt es keine Mestizinnen, sondern nur Bastarde. Der Status als Weiße ist ebenso wie der Status als Indigene eine Art fiktiver Zufluchtsort, um zu verbergen, was am furchterregendsten ist, und das ist die ungelöste Frage nach der Herkunft.

Man könnte sagen, dass der Bastardismus meine Ideologie ist, auch wenn die Begründerin des Konzepts das Konzept der Ideologie verabscheut, denn es enthält zu viel Avantgarde, Akademie und deshalb auch hierarchische und patriarchale Strukturen. Tatsächlich spricht María Galindo nicht von Bastardisten, sondern schlicht und einfach von Bastarden. Das mit dem Bastardismus, mit der Endung *-ismus*, die die klassische ideologische Verhaftung anzeigt, ist meine Angelegenheit.

Vor ein paar Monaten hörte ich begeistert einen Vortrag, den die Autorin im Museum für Zeitgenössische Kunst Barcelona (MACBA) hielt, vor genau so vielen Monaten, wie es braucht, um die in Spanien nicht erhältlichen Bücher, die darum von ihr aus Bolivien mitgebracht worden waren, zu Fanzines zu verarbeiten und in anarchistischen Räumen zu verteilen. Ihre Bücher waren zwar sehr billig (10 Euro für über 200 Seiten, mit Farbfotos und sogar einer DVD dabei), aber ich habe weder Geld noch die Absicht, Bücher von einer Lesung mitgehen zu lassen, die mich zum Weinen gebracht hatte. Erst dachte ich, dass ich aus demselben Grund weine, aus dem Kinder bei der Geburt weinen, wegen des Übergangs von einem Leben in ein anderes, wegen des Übergangs von der Dunkelheit ins Licht. Aber dieses Weinen hat etwas Schmerzhaftes, und die Worte Galindos hatten mir nicht wehgetan, sondern mich gestreichelt, sie hatten mich umarmt, sie hatten mich geliebt, wie ein verständnisvoller und erfahrener Liebhaber seine unerfahrene oder gar jungfräuliche Geliebte liebt. In Sachen bastardistischem Bewusstsein war ich eine Jungfrau. Galindo glaubt nicht, dass Schmerz oder Trauma eine Quelle der Befreiung sind. Also weinte ich vor lustvoller Freude. In diesem konkreten Fall vor Freude an der Politisierung, genauer, vor Freude daran, aus dem Sumpf der Unterdrückung aufzutauchen. Freude daran, den Zeigefinger zu entdecken, ihn auszustrecken und auf den Unterdrücker zu richten. Zeigen zu lernen, vom Opfer zum handelnden Subjekt zu werden: diese Freude. Die Politisierung vollzog sich schnell, in den gerade mal fünfzig Minuten, die María Galindo für ihre Rede hatte.

Irgendeine linke Eurozentrikerin wird sagen, dass Galindo von der bolivianischen Gesellschaft spricht und dass dieser Kontext nicht auf meine Situation der Unterdrückung in Barcelona übertragen werden kann. Diesem weißzentristischen Häschen muss man Folgendes antworten: Hast du etwa im Jahr 1848 in England gelebt? Und beziehst du dich nicht jedes Mal, wenn du von Klassen sprichst, auf diesen Lauch-Opa Marx? Hast du denn in den dreißiger Jahren im Gulag gelebt? Nein? Und hindert dich das etwa daran, den autoritären Trotzki zu beschwören? Hast du den bürgerlich-frivolen Tantchen Simone de Beauvoir und Simone Weil etwa keinen säkularen Altar errichtet, obwohl du weder in Paris noch in den Zwischenkriegsjahren in Berlin geboren wurdest? Sieht ganz so aus, als würde die faschistische Linke nur diejenigen Theorien für allgemeingültig halten, die aus dem Westen kommen, da kann die Faschofeministin keine Kontextprobleme erkennen. Man muss diese dumme Sau daran erinnern, dass auch in Außenbezirken des Fortschritts Gedanken artikuliert, aufgeschrieben und angewendet werden, und wer keine westliche Rotzgöre ist, wird die verbindende Kraft erkennen können, die von dem ursprünglichen Vorort bis zu unseren Vororten reicht. Ich spreche nicht von Bastardin, sondern von Bastardistin, und das mache ich, um dem Bastardismus eine theoretische Dimension zu verleihen, die über seinen Kontext hinausgeht und die Galindo selbst nahelegt und die in mir, neuntausend Kilometer von seinem Ursprung entfernt, einen Widerhall gefunden hat.

Vorher hatte ich ganz ohne Eröffnungszeremonie den Club der Bovarys oder Dooferys gegründet, inspiriert vom Bovarysmus oder Dooferysmus, je nach dem Ausmaß an Blödheit, mit der wir uns unseren Liebesangelegenheiten widmeten. Wir waren vier Mitglieder, und von uns vieren hatte nur eine *Madame Bovary* gelesen, und nur ich hatte die beiden auf dem Roman basierenden Filme gesehen, beim Buch kam ich trotz größter Anstrengungen und meiner Hingabe für die Literaturgeschichte nicht über Seite 14 hinaus. Die Filme sind aber anregend und bereichernd. In einem ist Madame Bovary blond und im anderen brünett. Die zwei weiteren Kameradinnen, die dem Club angehörten, standen jeweils für den höchsten und den geringsten Grad an bovarystischem Leiden und wussten von *Madame Bovary* nur das, was die einzige Leserin des Buchs und ich ihnen erzählt hatten. Es ist denke ich ziemlich normal und ein Zeichen von Reife, vom Bovarysmus zum Bastardismus zu kommen. Ich glaube, dass es auch ein Zeichen von Reife und ein erster Ausdruck von Bastardismus ist, *Madame Bovary* nicht zu Ende zu lesen.

Meine bovarystische Phase fällt mit meinen Jahren am Konservatorium zusammen, sie erreichte ihren Höhepunkt, als ich meinen Master machte, und endete, als ich der Forschungsgruppe für meine Promotion beitrat. Wenn ich es rückblickend betrachte, fällt mir auf, dass der Jiminy Grille des bastardistischen Gewissens schon früh begonnen hatte, mir Dinge ins Ohr zu flüstern. Ich kann mich erinnern, wie ich an einem Nachmittag für meine Tanzprüfung im dritten Jahr lernte und zum ersten Mal am eigenen Leib spürte, was Entfremdung ist. Zum zweiten Mal. Das erste Mal war vier Jahre zuvor, mit sechzehn, bei einer Antikriegsdemonstration gegen die zweite Invasion im Irak. Nach fünfzehn Minuten, die ich mit der Masse marschierte, musste ich da raus, genau wie bei der Lektüre von *Madame Bovary*. Zweifellos eine bastardistische Geste.

Entfremdung kann zwei Dinge bedeuten: die ursprüngliche von Großvater Marx und die an die Unterdrückung des Einzelnen angepasste, die darauf basiert. Opa Karl sagte, dass Entfremdung die Besitzlosigkeit des Arbeiters in Bezug auf das Arbeitsprodukt ist. Ich sage, Entfremdung ist die Identifikation unserer Wünsche und Interessen mit den Wünschen und Interessen der Macht. Der Schlüssel liegt jedoch nicht in jener Identifikation, die in der Demokratie ständig zu beobachten ist: Wir glauben, dass Wahlen zu unserem Vorteil sind, und gehen zur Wahl. Wir glauben, dass Unternehmensgewinne uns zugutekommen, und arbeiten effizient. Wir glauben, dass Recyclen zu unserem Vorteil ist, und haben vier verschiedene Müllsäcke in unseren dreißig Quadratmeter großen Wohnungen. Wir glauben, dass Pazifismus die Antwort auf Gewalt ist, und laufen Kilometer um Kilometer auf Batucada-Märschen mit. Der Schlüssel liegt, davon bin ich überzeugt, nicht im lächerlichen bürgerlichen Leben, sondern darin, dies zu erkennen: zu bemerken, dass man von früh bis spät das tut, was einem gesagt wird, und sogar wenn man ins Bett geht, gehorcht man noch, denn man schläft unter der Woche sieben oder acht Stunden und am Wochenende zehn oder zwölf, und man schläft am Stück, ohne sich Nachtwachen zu erlauben, und man schläft nachts, ohne sich Mittagsschläfchen zu erlauben, und nicht die vorgegebenen Stunden zu schlafen, wird als Störung angesehen, das ist dann Schlaflosigkeit, Narkolepsie, Faulheit, Depression, Stress. Angesichts der allgemeinen bürgerlichen Glückseligkeit können drei Dinge geschehen: Erstens, du bemerkst nicht, wie gehorsam du bist, und fühlst dich daher auch nicht entfremdet. Du bist eine Bürgerin mit Entscheidungsfreiheit bei Wahlen und deiner Sexualität. Anders ausgedrückt: Du setzt dein Tanzstudium im dritten Jahr fort, weil es deine Pflicht ist, und weil sie dir dafür ein Stipendium gegeben haben. Du schreist weiter deinen Protest heraus, Kein Blut für Öl, Gleicher Lohn für gleiche Arbeit, U-, Un-, Unabhängigkeit, denn darum lebst du ja in einer Demokratie und hast das Recht auf freie Meinungsäußerung.

Zweite Möglichkeit: Du bemerkst, wie gehorsam du bist, aber es ist dir egal. Du fühlst dich nicht entfremdet, weil du den geforderten Gehorsam rechtfertigst. Du machst dir den Satz zu eigen, dass wir in dem am wenigsten schlechten aller Systeme leben und dass die politischen Parteien das kleinere Übel sind. Du verteidigst den Sozialstaat. Du studierst weiter Ballett, weil dir keine andere Wahl bleibt, besser das als Kellnern, und außerdem willst du irgendwann mal eine anständige Arbeit haben. Du schreist bei Demos weiter Die am Rand stehen sollen mitgehen, Rettet die Bildung und A-, Anti-, Antikapitalisten, weil du glaubst, man muss auf die Straße gehen, weil du glaubst, du musst dir nehmen, was dir sowieso gehört.

Dritte Möglichkeit: Du merkst, wie gehorsam du bist, und erträgst es nicht. Dann bist du entfremdet. Herzlichen Glückwunsch! Du erträgst es nicht anzustehen, um Rechnungen zu bezahlen. Anzustehen, um Rechnungen zu bezahlen, anstatt dass die anstehen, die bei dir abkassieren wollen, das ist wirklich der Gipfel der Entfremdung! Du erträgst Wahlsonntage nicht. Der Wähler tritt gut angezogen und glatt rasiert vor die Tür, wo er seinen Nachbarn trifft und sich darüber austauscht, wen er wählt und warum, er studiert aufmerksam alle Wahlzettel, er erlaubt sich einen winzigen Rest Zweifel in Bezug auf seine Wahl, aber letztlich setzt sich immer die bereits zu Hause getroffene Entscheidung durch. Sie bringen ihre Kinder mit, die Kinder spielen mit anderen Kindern, sie flitzen umher, ihre Eltern heben sie hoch zur Urne, damit sie den Stimmzettel einwerfen können, wenn sie schon etwas größer sind, werfen sie ihn ohne Hilfe ein. Manche nehmen sogar von jeder Partei die Zettel mit, weil sie die sammeln. Dann gehen sie und genehmigen sich ein Bier, bei gutem Wetter gern auf einer Terrasse. Die Feier der Demokratie! Wer auch gewinnt, die Demokratie gewinnt immer! Bei der letzten Europawahl bin ich in die Schule gegangen, um mich meiner Abneigung zu versichern, und alle starrten mir auf die Titten. Ich trug keinen BH unter dem engen T-Shirt. Den Bürgerinnen und Bürgern, all den frohen Demokratinnen und Demokraten quollen die Würmer aus dem Mund, während sie sich heiter und sonntäglich unterhielten und ihre Aufmerksamkeit von ihren Gesprächspartnern auf meine Nippel lenkten, vom Tisch mit den Wahlzetteln auf meine Nippel, und sie wirkten auf mich wie stille Unterstützerinnen und Unterstützer der Prostitution, selbst wenn sie nie bei einer Hure gewesen waren (allerdings haben sie oft ihre Freundinnen oder Frauen gefickt, wenn die überhaupt keine Lust hatten) und auch nie ausdrücklich fürs Ficken Geld genommen hatten (allerdings haben sie oft lustlos mit ihren Freunden oder Ehemännern gefickt, getrieben vom sexamorösen Vertrag, der sie verbindet). Die einen, Freier. Die anderen, Serviererinnen des Abendessens für den Freier, wenn der nach Hause kommt. Ich war keine Prostituierte, ich verkörperte auch keine, meine ganze Anmache bestand darin, zu existieren. Ich blieb ganz ruhig, rief niemanden zur Ordnung und ging, sobald ich bemerkte, dass die Schiebetüren sich aktivierten. Die Prostituierte, also das Wesen, über das Macht ausgeübt wird, war nicht da. Im Wahllokal in der Schule wurde keine Hure gebraucht, denn die politische Aufgabe des Wählers, ach so mystisch, ach so symbolisch, braucht zum Unterdrücken kein Objekt. Anders als bei der politischen Aufgabe des Tyrannen oder des Vergewaltigers, der auf die Anwesenheit seines Objekts und die unmittelbare Erfahrung der Herrschaft angewiesen ist, genügt dem Wähler die Illusion, sie zu besitzen, die Illusion, mit dem Wahlzettelchen in seinem Umschlag ein klein wenig Schicksal zu spielen. Die Feier der Demokratie ist eine Messe, bei der sich das Bankett auf eine Hostie pro Person beschränkt. Es konnte also gar nicht anders sein, als dass die Wähler noch machthungrig waren, und so verschlangen sie meine harten Nippel mit ihren Blicken. Natürlich nur mit den Blicken, mehr nicht. Ich vögele nicht mit Spaniern und auch sonst mit niemandem, der je bei einer Wahl seine Stimme abgegeben hat, egal ob bei der Kommunalwahl, in den Autonomen Regionen, bei der National- oder Europawahl, bei Gewerkschaftswahlen oder Vorwahlen, um den Vorsitzenden einer Partei zu bestimmen, oder bei einem Referendum für die Unabhängigkeit, für die Unterzeichnung eines Friedensvertrags, für die Ausweitung der präsidialen Befugnisse, für die Verfassungsreform, für die Aufhebung des europäischen Rettungsschirms oder für den Austritt aus der Europäischen Union – allesamt bescheuerte Bürger.

Der Macho hat eine Tochter, das arme Kind. An diesem Nachmittag spazierte er mit ihr an der Hand in der Umgebung des Bürgerzentrums La Barceloneta herum. Wer hatte hier wen aus der Tagesbetreuung abgeholt? Wie in diesen Märchen aus der verkehrten Welt, wo die Hexe die Liebe des Prinzen entfacht und man die Suppe mit der Gabel isst, so holen in der TAFEBAR die Kinder ihre Eltern ab, ihre Onkel und Tanten oder Großeltern. An diesem Nachmittag führten geduldige Kinder ihre Erwachsenen zur Abschlussvorführung des Tanzkurses in der Tagesstätte, dort sollten zwölf Frauen zeigen, was sie neun Monate lang in den Kursen für Zeitgenössischen Tanz, Tanztheater und Angewandte Genderperspektiven auf die darstellenden Künste gelernt hatten. Die Show würde auf der Straße stattfinden, und während die Erwachsenen und die Direktorin Eleonora Stumpo in der Eingangshalle höflich das akademische Viertel abwarteten, um das sich das Publikum verspätete, beschäftigten die Kinder also ihre Eltern, indem sie sich von ihnen hochwerfen ließen, indem sie ihnen die Freude machten, mit ihnen im Rhythmus der herüberwehenden Musik des Soundchecks oder auch ganz ohne Musik zu tanzen, indem sie so taten, als hätte es ihnen nicht wehgetan, als sie bei einem dieser wilden Tänzchen auf die Nase gefallen sind, und sie schluckten die Tränen herunter, ganz wie es die ewige Forderung der Erwachsenen von ihnen verlangte, »es ist nichts passiert, nicht weinen, du bist doch mein großer Junge, du bist doch mein großes Mädchen«, bloß nicht weinen und sie vor den anderen Eltern beschämen, alles für ein friedliches Fest der Erwachsenen.

Wie herrlich sind die Sommerabende in La Barceloneta! Hier ist es fünf Grad kühler als im Rest der Stadt, die Luft wirkt sauber, und kaum betritt man das Viertel, sinkt die Zahl der Touristen pro Quadratmeter auf erträgliche Werte, da alte *Charnegos* und pakistanische Familien die Plätze besetzen, Tische und Stühle, Radios und Fernsehgeräte auf die Straße stellen und Karten oder Domino spielen und dabei Fußball oder die Spielshow *Pasapalabra* schauen. Die Touristen wagen sich nicht über den Wechsel der Pflasterung zwischen Bürgersteig und besetztem Platz und begnügen sich damit, aus der Entfernung ein paar Fotos zu machen. Wäre ich eine dieser Alten, die dort Fan Tan spielen, dann würde ich zu dem Touri gehen und von ihm verlangen, vor meinen Augen das Foto zu löschen, das er gerade ohne meine Erlaubnis von mir gemacht hat, genauso wie bei Unruhen immer, wo garantiert irgendein Journalist auftaucht, ein bekloppter Hipster oder sogar ein Tourist, der wegen dieser einzigen Prise Realität, die er aus Barcelona mitnehmen wird, völlig von der Rolle ist und aus nächster Nähe die Vermummten fotografiert, wie sie Schaufenster einschlagen oder Geldautomaten zertrümmern. Dann löst sich aus der Gruppe der Demonstranten immer eine andere Vermummte, die sich um diese Liebhaber der objektiven Berichterstattung kümmert, und mit gezücktem Schlagstock und Schulter an Schulter mit dem Schisser von Fotografen weisen beide Nacken zum Himmel, bis das letzte Foto vom Display verschwunden ist. Nach der Serie Vermummter beginnt eine endlose Serie von Selfies mit Vintage-Filter, aber der immer noch total eingeschüchterte Journalist-Hipster-Scheißtouri zeigt der Vermummten eins nach dem anderen alle seine Fotos, immer weiter, um seinen guten Willen zu demonstrieren: Füßchen mit bunt lackierten Nägeln, Muskelspiele im Spiegel, Fahrer und Beifahrer, die im Auto anstoßen, mit den Fingern geformte Schnauzbärtchen und Vs, während man aus dem Augenwinkel in die Kamera schaut, gefällige Dekoletés, Teller mit Essen, Bierkrüge, unterbelichtete Fotos von Sonnenuntergängen im Gegenlicht, Blumen, Tiere im Arm, Ausschnitte der Sagrada Familia, der Statue von Kolumbus, der Marktstände auf dem Mercat de la Boqueria, der Eidechse von Gaudí, und so weiter mit dreihundert Bildern, auch wenn die Vermummte schon längst weg ist und sich die letzten Demonstranten entfernt haben, der Scheißtouri-Hipster-Journalist seiner eigenen Existenz aber ist auf dem Asphalt zurückgeblieben, den Nacken über das Handy gekrümmt, und geht mechanisch und blind die Fotos durch, antwortet nicht auf die eingehenden WhatsApps, reagiert noch eine Stunde später nicht auf die Anrufe seiner Freunde, mit denen er verabredet war, rührt sich nicht vom Fleck und steht mitten auf der Straße, als die Polizei sie wieder für den Verkehr freigibt und die Autos ihn anhupen, ist taub für die Beschimpfungen der Fahrer, die an ihm zerren, und für den Polizisten, der ihm sagt, komm mit, den Arm über die Schulter des Sanitäters gelegt, der ihm sagt, komm mit, aber nichts, der Journalist-Scheißtouri-Hipster mit Haarlack im Pony löst sich weder vom Handy noch von der Straße. Wie ein Butoh-Tänzer oder ein Stehaufmännchen mit einem Medizinball im Nacken steht er da, keine Chance, ihn zu Fall zu bringen oder zum Gehen oder dazu, den Kopf zu heben, nicht einmal mit dem einladenden Kinn des hübschesten Sanitäters, der es ihm als Vorspiel eines Filmkusses bietet. Die Bauchmuskeln sind gespannt wie die eines Tänzers oder Boxers, bereit, fünf Meter in die Arme seines Partners zu springen oder den rechten Haken zum Knockout zu setzen. Also bleibt nur noch, ihn zu überwältigen, und da kommt die Nadel ins Spiel, die ein wenig nackte Haut sucht und eine Wade voller blonder Härchen findet. Die Sanitäter schließen den Kreis um ihn enger, und als Erstes gibt das Handy auf, ein Sanitäter rettet es vor dem Sturz und bringt es in Sicherheit. Danach geben sich die Knie geschlagen, eine Sanitäterin steht schon bereit und packt ihn unter den Achseln. Da der Kopf schon gesenkt ist, bleibt er, wo er ist, aber jetzt, als sie ihn auf die Trage verfrachten, baumelt er hin und her.

 Um Viertel nach acht kamen die Erwachsenen aus der Tagesstätte und nahmen ziemlich martialisch ihre Positionen auf der Plaza Carmen Amaya ein, wo sie schon erwartet wurden und wo ich wohne, weshalb ich mir das Spektakel vom Balkon aus anschauen konnte, ein Logenplatz, auf den die Äste der Bäume ragen. Die Direktorin Eleonora Stumpo trat vor das Publikum, und da nur wenig Leute da waren, brauchte sie kein Mikrofon, um zu erklären, dass es sich um eine Straßen-Performance an verschiedenen Orten des Viertels handele und das Publikum sie dort anschauen könne, wo es wolle. Sie begleite sie zum ersten Schauplatz, dann würden die Tänzerinnen die weiteren Stationen vorschlagen. Stumpo konnte die typischen Wendungen einer Kindergärtnerin von Erwachsenen nicht unterdrücken und schloss: »Noch irgendwelche Fragen?« Ach, Eleonora, Eleonora, du gibst so tollen Tanzunterricht, in deinen Stunden haben sich meine Schiebetüren fast nie geschlossen, warum erliegst auch du dem Hang zum Pädagogisieren? Warum glaubst du, man muss dem Publikum das Sehen erst beibringen? Glaubst auch du, dass Unterricht etwas Unschuldiges ist? Auch du, Eleonora, glaubst wie jeder dahergelaufene Lehrer auf den Kundgebungen für bessere Bildung an Alphabetisierung abseits der emanzipatorischen Politisierung? Alles Fassade, weil so halt die Kröten reinkommen? Darum also sollen sich weiter Wahnsinnige wie der Machofaschist mit den verwaschenen Klamotten zu deinen Kursen anmelden? Seinetwegen komme ich nicht mehr zu deinem Unterricht. Jetzt siehst du, liebe Freundin, wer hier wen hinauswerfen kann und welche Ideologie in den Bürgerzentren vorherrscht.

Einmal wagte es der Macho, den italienischen Akzent von Eleonora Stumpo zu verbessern. Sie sagte »ausfuhren« statt »ausführen«. Sie sagte »um diese Bewegung auszufuhren« und was weiß ich, und als sie die Bewegung gerade ausführen wollte, unterbrach der Macho sie: »Es heißt ausführen, Ele.«

»Entschuldige, mein Spanisch ist nicht so gut, ich verstehe, dass ihr mich manchmal nicht versteht. Danke, dass du mich verbesserst. Wir fuhren also diese Bewegung aus ...«, wiederholte sie gelehrig und sah dabei den Macho in der Spiegelwand an, zu der wir uns alle gedreht hatten, bereit zu tanzen.

»Nein, nein. Du sagst ausfuhren, das ist Bergbauernspanisch. Üüü! Üüü! Kriegst du das Üüü nicht hin?«, insistierte er grob, als wollte er ausspucken.

»Ach, das fällt mir schwer, im Italienischen haben wir das nicht«, Stumpo lächelte immer noch, der breite Mund zog sich in ihre zarten und melancholischen Wangen, und dann wiederholte sie dem Rotzlöffel die Grimasse: »Üüüü!«

Und alle Schülerinnen lächelten flaubertianisch, alle außer mir, denn das gleiche fiepende Geräusch machten dann die Scharniere meiner Schiebetüren, denen es nach einer glücklichen Phase des Nichtgebrauchs an Öl fehlte.

»Das ist es! Genau so! Ausfüüüühren!«

Ich war so abgeschottet wie hinter der Frontscheibe eines Einsatzwagens, dennoch war mir völlig klar, dass niemand, der nicht in der Nacht zuvor auch einem Bettler eine Ohrfeige verpasst hätte, nun noch weitertanzen dürfte, auch wenn noch eine halbe Stunde Unterricht blieb und die Weibchen im Spiegelbild den phonetischen Witz mit sechs zuckersüßen, weltläufigen Lächeln begleiteten. Ich zog den Kopf aus dem Tanzzustand, in dem sich der Rest meines Körpers noch befand, um mit Eleonora und nicht mit ihrem Spiegelbild zu reden:

»Man versteht dich perfekt und dein Spanisch ist ausgezeichnet. Ausfuhren klingt außerdem sehr hübsch.«

»Ach, vielen Dank! Ich bin euch immer dankbar, wenn ihr mich korrigiert, dann kann ich mich verbessern. Bene, machen wir weiter?«

»Klar, darum habe ich sie ja auch korrigiert, Nati, denn so lernt man ja Sprachen, nicht wahr?«

»Eleonora, du hast einen hinreißenden Akzent, und nur ein Faschist kann ernsthaft von dir verlangen, ihn abzulegen.«

Das Wort Faschist verwandelte die Knopfaugen der Vogelscheuche in echte Augen, die Lippen aus rotem Steppstich in echten Sabber, und seine Holzhände in die geöffneten Hände eines 15M-Aktivisten:

»Hey hey hey hey! Ich habe hier niemanden beleidigt, okay?«, sagte er zu meinem Spiegelbild, ohne seine Position in der Choreographie zu verlassen.

»Basta, Ragazzi, jetzt ist gut, nichts passiert, hort auf zu streiten«, goss Eleonora die langsam dahinwelkenden Lächeln im Spiegel. Noch immer wahrten wir alle die ätherische Tanzhaltung, den Scheitel erhoben, die Schultern gleitend, die Knie leicht gebeugt, die Füße parallel, das Volumen des Hinterns unterdrückt, und so folgten wir der Diskussion im Spiegel. Ich war die Erste, die die Formation verließ.

»Heißt gut sprechen etwa wie im Fernsehen zu sprechen, hm? Warum korrigierst du nicht mich? Ich sag aufführn, weil ich aus einem Dorf ganz im Westen komme. Oder wenn wir schon dabei sind, warum korrigierst du dich nicht einfach selbst, du als Andalusier?«

»Sieh mal, ich spreche nicht perfekt, okay?«, bemühte sich der Macho aus seiner Tanzposition heraus, den Frieden wiederherzustellen;

er begriff sie als Stillgestanden und traute sich nicht einmal zu gestikulieren, um bloß nicht die Balance von Hingabe und Aufmerksamkeit aufzugeben, von Spannung und Entspannung, die so schwierig zu erreichen ist und die das tänzerische Stillstehen ausmacht, »aber ausführen spreche ich gut aus, obwohl ich aus Cádiz bin. In vielen anderen Fällen muss man mich sicher korrigieren, aber nicht bei diesem konkreten Wort. Aus-füh-ren, aus-füh-ren, siehst du? Ich sage es richtig.«

Meine Schiebetüren beschlugen vom Lachen, und die anderen Mädchen machten es mir nach, sie hielten mein vergilbtes Lächeln für eine weiße Fahne. In einem nie dagewesenen Anflug von Intelligenz begriff der Macho, dass ich über ihn lachte, und durch den Spalt zwischen meinen Türblättern drang – zischend und gedämpft – der Schuldspruch seiner Idiotie. Er glaubte, das harmlose Gekicher der anderen Frauen wäre ebenfalls spöttisch, und das scheuchte seinen Blick auf, der über den Spiegel flog wie Billardkugeln nach dem Eröffnungsstoß. Er verließ als Zweiter die Formation.

»Aber du! Was willst du eigentlich von mir, blöde Tussi? Was laberst du für einen Müll von wegen Faschist? Keine verfickte Ahnung haben, aber Leute beleidigen – du bist hier doch der Fascho!«

Eleonora Stumpo trat aus der Reihe und nach ihr auch der Rest des Trupps. Sie stammelte »aber bitte, Leute«, oder etwas in der Art, und es bildete sich eine neue Formation: Nun standen die Tänzerinnen mit dem Rücken zum Spiegel und umringten den Macho und mich. Sie wollten die Lage beruhigen, aber die neue Verteilung im Raum reizte mich nur noch mehr. Ich ging einen Schritt auf den Macho zu, die Schiebetüren nach vorne geklappt wie ein Geweih:

»Jetzt hör mir mal gut zu, ich hab wenig Ahnung, keine verfickte Ahnung habe ich, aber Ahnung vom Ficken hab ich genug, also bin ich in deinen Augen sicher eine Nutte, und die Nutte hat genug Ahnung, um sie Deppen wie dir um die Ohren zu hauen, oder findest du außer Spanisch redenden Italienerinnen auch denkende Nutten wahnsinnig komisch, du verschissener Macho?«

Danach passierte das, was in solchen Fällen immer passiert. Der Macho sagt, dass du spinnst und eine schlechte Kinderstube gehabt hast, und die Weiber fassen dir liebevoll an die Schultern und sagen, du sollst nicht so empfindlich sein. Dann schüttelst du sie ab und sagst, dass du weder empfindlich bist noch spinnst und dass es dir nun wirklich nicht an guter Kinderstube gefehlt hat, du allerdings die Nase voll davon hast, dass alle über die Machosprüche des Machos lachen und sich niemand angesprochen fühlt. Im Geheimen machen dir alle Vorwürfe, weil du die Stunde gesprengt hast. Im Geheimen bemitleiden alle den Macho, der unter deinen Ausbrüchen zu leiden hat. Du hoffst, dass dir eines der Weibchen zur Seite steht, siehst aber nur gesenkte Blicke, Eleonora Stumpo eingeschlossen. Wenn dir die Tränen in die Augen schießen, verstehen das alle als Zeichen der Reue oder dafür, dass dir die Nerven wegen weiß Gott was für persönlichen Problemen durchgehen, und sie müssen die Suppe jetzt auslöffeln, ohne sie eingebrockt oder bestellt zu haben. Niemand erkennt darin die Wut oder Frustration oder das Gefühl der unmittelbaren und immanenten Demütigung an diesem Morgen, in diesem Kurs, durch sie selbst. Sie glauben, du brauchst Trost, aber was du tatsächlich brauchst, ist, dass irgendjemand in diesen vier Wänden die Bedeutung des Worts »korrigieren« versteht, der Ausdrücke »sich gut ausdrücken«, »sich schlecht ausdrücken«, »Bergbauernspanisch«, »keine verfickte Ahnung«. Der Erste, der kommt, um dich zu trösten, ist natürlich der einfühlsame Macho. Er bittet dich um Verzeihung für das, was dich möglicherweise verletzt hat, er sagt, dass ihr euch da beide reingesteigert habt, aber schon gut, wir sind auch nur Menschen, nichts passiert. Und du gehst, und anstatt ihm mit den Schiebetüren eine ordentliche Kopfnuss zu verpassen, hältst du den Mund, und die Schiebetüren ziehen sich zurück, als gäbe es keine Freundlichkeit mehr, vor der man sich schützen müsste, und dann hockst du da, in Erwartung der nächsten chauvinistischen Unterwerfung, während du dir die Schuhe zubindest. Zum tausendsten Mal schluckst du den Schrei, der in deiner Kehle steckt, wie einen Fingerling voller Haschisch herunter, zum tausendsten Mal trägst du ihn einen Tag lang im Magen, scheißt ihn am nächsten Tag aus, und wenn du den Joint dann in der Siesta rauchst, gibst du dem Macho Recht, denn letztlich ist es ja wirklich so: schon gut, nichts passiert.

Fall der Besetzung durch Gari Garay
Überstellt von der PAH
Autonomes Zentrum Sants, 18. Juni 2018

Mein Name ist Gari Garay und der Fall, den ich vor das Besetzungsbüro bringen will, ist der folgende. Unter der Adresse Plaza Carmen Amaya Nr. 1, 1. Stock, Wohnung 2, im Stadtviertel La Barceloneta leben vier miteinander verwandte Frauen, alle vier geistig behindert. Die am wenigsten behinderte von allen ist die, die am meisten fernsieht, das neuste Handy hat und mit Hängen und Würgen 40 % Einschränkung, was mit Hängen und Würgen 189 Euro Rente entspricht. Sie ist die Bestimmerin, was die anderen drei allerdings leicht ignorieren, und ihre Rangfolge untereinander variiert in Abhängigkeit von ihrer Halsstarrigkeit und ihren psychomotorischen Fähigkeiten. Diejenige, die am aufrechtesten geht und die Arme am besten im Takt mitschwingt (aber die nicht die am wenigsten Behinderte von allen ist, die am wenigsten Behinderte von allen ist nämlich übergewichtig und geht darum mit so einer Pendelbewegung im Oberkörper, die Arme fest angelegt), hat auf der Straße das Sagen und kann die anderen anhalten, wenn sie die Straßenseite wechseln müssen oder wenn sie oder eine der anderen sich ein Schaufenster angucken möchte. Dass sie das Sagen hat, heißt nicht, dass die anderen automatisch gehorchen, es heißt nur, dass sie nicht mit ihr diskutieren, sie lassen sie munter befehlen, und dass sie ihr nicht widersprechen, genügt der Befehlenden, um zufrieden zu sein und sich befolgt zu fühlen.

Diejenigen, die sich selbst die Nägel schneiden (was die am wenigsten Behinderte von allen und die am zweitwenigsten Behinderte von allen tun, Letztere ist daran zu erkennen, dass sie raucht, ohne zu husten, und sich schminkt), die haben die Macht zu entscheiden, wann die anderen sich die Nägel schneiden lassen sollen, und darüber hinaus, wann und in welcher Farbe sie sie lackieren sollen und wann und wie sie ihre Haare schneiden sollen, aber das mit den Haaren bestimmt die am wenigsten Behinderte von allen, die gibt vor, wann sie zum Friseur gehen, und dieser Befehl ist nicht verhandelbar (sie bezahlt, denn ihre Teilnahme am Pilotprojekt zur Integration in den Arbeitsmarkt als Regalbefüllerin im Mercadona macht sie zur Schatzmeisterin des Hauses), auch nicht für die am zweitwenigsten Behinderte, die mit einer Einschränkung von 52 % und 324 Euro staatlicher Rente den anderen lieber selbst die Haare schneiden würde.

Die am drittwenigsten Behinderte von allen ist die ruhigste, sie wirkt am sanftesten und nimmt die meisten Pillen, denn die Psychiaterin hat ihr gesagt, dass sie nicht nur behindert ist, sondern außerdem noch depressiv, weil sie behindert ist, denn eines schönen Tages hat Marga (66 %, 438 Euro), so heißt die am drittwenigsten Behinderte, glasklar begriffen, dass sie zurückgeblieben ist und dass die drei Frauen, mit denen sie zusammenlebt, es ebenfalls sind, und diese Erkenntnis, das sagt die Psychiaterin, brachte Marga dazu, entweder irgendwo in der Wohnung heimlich zu masturbieren, so wie eine Katze, die als Zeichen des Protests, dass man sie so lange allein gelassen hat, in die Ecken pinkelt und scheißt, oder aber eingeschlossen in ihrem Zimmer zu masturbieren, um dort der Wut und den spontanen Ohrfeigen ihrer Cousine Patricia zu entgehen, der am zweitwenigsten Behinderten, die sich schminkt.

Wenn ihr Durchblick durch die Pillen getrübt ist, kann Marga wieder das tun, worin sie am besten ist: putzen. Aber da Marga letztlich die fast am meisten Behinderte von allen ist, lassen sich weder ihre Cousine zweiten Grades Patricia noch ihre Cousine Àngels, so heißt die Exmitarbeiterin des Mercadona, auch nur ansatzweise etwas von ihr sagen. Nur die Behindertste von allen geht der depressiven Margarita gelegentlich zur Hand. Auch wenn die Sozialarbeiterin Susana Gómez und die Psychologin Laia Buedo darauf drängen, dass die arme Nati, die am sogenannten Schiebetürensyndrom leidet (70 %, 1 118 Euro), so oft wie möglich an die Luft und etwas tun soll, worauf sie Lust hat, möchten ihre Halbschwester Patricia und ihre Cousine zweiten Grades Àngels nicht mit ihr ausgehen, weil sie befürchten, die Verhaltensweisen ihrer vormaligen nichtbehinderten Betreuer, Krankenpfleger, Fürsorger, Erzieher und Sozialarbeiter zu reproduzieren, von denen sie sich mit so viel Mühe emanzipiert haben. Nati hat wie alle Bewohnerinnen dieser betreuten Wohnung der Generalitat einen Schlüssel, und im Prinzip kann sie kommen und gehen, wann sie will. Margarita bin ich, aber in der Okupa-Szene möchte ich sicherheitshalber Gari genannt werden.

Als wir die Musik hörten, sind wir alle in unseren jeweiligen Nachthemden in Zartviolett, Babyblau, Pistaziengrün und Pastellgelb auf den Balkon gegangen. Das pastellgelbe ist meins. Abgesehen von der Farbe sind sie alle gleich, und wir sehen damit aus wie verrückte alte Damen, denn heutzutage trägt keine Frau mit 32 (Nati), 33 (Patricia), 37 (ich) oder auch 43 Jahren (Àngels) ein Nachthemd. Sie sind aus dem Chinaladen und vollsynthetisch – du gehst kaputt, so schwitzt du darin, aber wenn ich es mir ausziehen würde, wäre ich barbusig, mein schöner Rothaarigen-Busen wäre nackt, und Patri würde mich ausschimpfen, denn sie hat im Vergleich zu mir 14 % weniger Behinderung, aber auch 99 % weniger Titten, und wenn ich nackt bin oder nur im BH, dann glotzt sie meine Dinger mit ihren zweiundfünfzig Prozentpunkten geistiger Zurückgebliebenheit an und ihre rot geschminkte Unterlippe hängt runter. Damit ich nicht das Epithelgewebe meiner Cousine angucken muss, stopfe ich mir mein Nachthemd einfach in die Unterhose (auch so ein synthetisches Chinateil, in dem man schwitzt), um Luft an die Beine zu lassen, meine Hammer-Rothaarigen-Beine mit Cellulitis-Dellen unter den Pobacken, sinnliche Versprechen.

Nati in ihrem pastellpistaziengrünen Nachthemd sagte, dass die vom Bürgerzentrum gegenüber sind und mit ihr im Tanzkurs waren. Àngels in ihrem bauschigen, babyblauen Nachthemd fragte, ohne vom Handy aufzusehen, warum sie nicht bei der Abschlussaufführung ihres Kurses mitmacht, aber sie fragte das mit einem Lachen, sie lachte, ohne den Blick von ihrem Handy zu lösen, sodass es schien, als würde sie über das Handy lachen oder über etwas, was sie im Handy gesehen hatte. Vielleicht lachte sie wirklich deshalb, und die Frage, warum sie nicht mit ihren Kameradinnen tanzte, war ernst gemeint. Nati, die wegen ihres Schiebetürensyndroms Witze nicht erkennt oder nicht versteht, nahm die Frage ernst, so wie sie alles ernst nimmt, und antwortete das Gleiche wie immer: Weil das alles Faschisten sind und weil das Bürgerzentrum eine Tagesstätte für Erwachsene ist, und die ist noch schlimmer als die Bastelgruppe in den Heimwerkstätten (die Bastelgruppe hat nichts mit den Nachthemden unserer Pastellgruppe zu tun; das ist ein Ort, wo die geistig Behinderten hingehen und sich mit Handarbeiten beschäftigen müssen).

Nati ist zwar reaktionärer als eine Reliquienmonstranz, aber es ist auch so, dass Àngels die am wenigsten und Nati die am meisten Behinderte ist, und darum ist es sehr leicht für Àngels, sich über sie lustig zu machen, obwohl Nati auch diejenige ist, die von uns allen am aufrechtesten geht und mit der größten Anmut, wahrscheinlich weil sie mal Tänzerin war.

Patricia, violettes Nachthemd und violette Finger- und Fußnägel, mahnte sie zur Ruhe, weil die Aufführung anfing. Auf einer Bank auf dem Platz saß eine Frau und spielte Cello, und zwei weitere Frauen bewegten sich wie schnurrende Katzen auf den Bänken gegenüber vom Chinesen, der aus seinem Laden getreten war, um zuzuschauen. Eine dritte Tänzerin kreiste leicht und luftig um den Carmen Amaya gewidmeten Brunnen herum und streifte mit den Fingerspitzen das Wasser. Eine vierte ging roboterhaft die Treppen rauf und runter, die den Platz mit der Schnellstraße der Touris verbinden, der Strandpromenade. Eine fünfte, schon auf der Promenade, hielt sich abwechselnd mit einer, beiden oder keiner Hand am Geländer fest, und das war ihr Tanz. Jede trug eine andere Farbe, so wie wir, aber anders als wir waren sie nicht uniformiert, wir haben alle die gleichen Nachthemden, weil der Chinese Àngels alle vier Stück für zwölf Euro gegeben hat, so steht es auf der Rechnung. Um in einer betreuten Wohnung wie dieser wohnen zu dürfen, müssen wir für alles, was wir kaufen, bei der Generalitat eine Rechnung vorlegen und dabei am Monatsende immer die folgende Befehlskette einhalten: Patri, Nati und ich übergeben unsere jeweiligen Rechnungen unserer Cousine Àngels; Àngels gibt sie Diana Ximenos, das ist die Leiterin unserer Wohnung, also diejenige, die dafür sorgen muss, dass bei uns vieren die Ziele der Integration, Normalisierung und des unabhängigen Lebens erreicht werden; und die Wohnungsleiterin gibt sie dann der Generalitat. Für die Rechnungen von Àngels und Patri endet die Übergabe an dieser Stelle, aber für meine und die von Nati fehlt noch, dass die Generalitat sie derjenigen gibt, die uns beide gerichtlich entmündigt hat, also der Amtsrichterin, die dafür sorgt, dass unsere Rechtswahrerin, die Generalitat, im Interesse der Behinderten über uns wacht, obwohl die Richterin schon die Generalitat ist, Diana Ximenos ist schon die Generalitat, unsere Cousine Àngels ist schon die Generalitat, und Patricia, Natividad und ich sind auch die Generalitat, weshalb die ganze Befehlskette nichts weiter ist als eine bürokratische Kopfgeburt.

Das Ding war nun, dass Patricia Àngels und Nati mit einem knappen Pssst befohlen hatte, still zu sein, obwohl keine von uns die Macht hat, den anderen den Mund zu verbieten, ganz egal ob sanft oder barsch. Niemandem den Mund zu verbieten ist eine der Goldenen Regeln unseres Zusammenlebens, denn wir alle haben unsere Kindheit in Schulen für schwachsinnige Kinder verbracht, in den Ländlichen oder Städtischen Wohnheimen für geistig Behinderte (LÄWOs und STÄWOs) und bei meiner Tante Montserrat, wo uns immer das Wort abgeschnitten wurde, wenn wir unpassend redeten. Àngels und Nati hatten das Zischen von Patricia gehört, ignorierten es aber. Ich schaute in diesem Moment ganz still der Aufführung zu und versuchte zu verstehen, was die Tänzerinnen tanzten, ich war so aufmerksam wie Patri, die gelassen und nachdenklich rauchte und ihre Rolle als Zuschauerin genoss. Es war sehr angenehm, denn um diese Zeit scheint die Sonne nicht mehr auf den Balkon und der Wind ist frisch, und wenn ich genug nach unten geschaut hatte, blickte ich nach vorn und da war das Meer, und wenn ich genug aufs Meer geschaut hatte, blickte ich nach unten und da waren die urbanen Nymphen, denn das wollten sie glaube ich mit ihrem Tanz vermitteln, dass sie Elfen waren, die ihren Feenstaub über den erhitzten Sommerasphalt rieseln ließen, Elfen, die ihre Knospen verließen, in denen sie lebten, um der Stadt die schöne Abenddämmerung zu bringen und sie so von der Hitze der Hundstage zu befreien, und die die Bewohner, die in ihren Häusern oder Büros mit ihren Ventilatoren und ihren Klimaanlagen und ihren Fernsehern eingesperrt waren, dazu brachten, endlich die Fenster zu öffnen, zu duschen und nach Shampoo und Bodymilch riechend auf die Straße zu gehen, das Haar noch nass, denn es trocknet an der Luft, mit Sandalen aus feinen Lederriemen, in kurzen Hosen und luftigen Baumwollkleidchen, mit dem zum Wurf bereiten Ball für den Hund, mit barfüßigen Kindern in ihren Buggys oder Tragetüchern.

»Was für eine widerliche Scheißperformance!«, rief Nati, und da einige der frisch geduschten Zuschauer aufhörten, dem Tanz zuzuschauen und ihn mit ihren Handys zu fotografieren oder zu filmen, um stattdessen unseren Balkon anzuschauen und zu fotografieren oder zu filmen, wiederholte sie: »Was für eine widerliche Scheißperformance!«

Nun hatten sich ausnahmslos alle Zuschauer zu uns umgedreht, und so aktivierten sich bei Nati, überwältigt davon, dass man sie gehört hatte, und weil dann kommen würde, wovon wir alle wussten, dass es kommen würde, die Schiebetüren. Auf ihr Gesicht legte sich die durchsichtige Maske, die ihre Stimme dämpft und sie zwingt, doppelt so laut zu reden, weshalb sie sich mit ihrem pistaziengrünen Nachthemd über die Brüstung lehnte, um sich Gehör zu verschaffen, darum und weil sie so wahnsinnig aufgeregt war wegen der sich ihr anbietenden zehn Sekunden für das, was sie direkte Aktion und Patricia direkte Beleidigung nennt: »Was ist dieser Tanz denn bitte für ein beschissener faschistischer Amélie-Film! Alle Unterdrückten, die den Arsch zusammenkneifen, bitte mal die Hand heben, und die Idioten, die Ada Colau wählen, und die Idioten, die eine Menschenkette für die Unabhängigkeit bilden, und die Idioten, die beides tun!« Die Cellistin hörte nicht auf zu spielen und die Tänzerinnen hörten nicht auf zu tanzen, aber während dieser paar Sekunden direkter Aktion oder direkter Beleidigung, die genau mit der Zeit übereinstimmten, die ein nicht geistig Behinderter braucht, um zu begreifen, dass wir vier geistig Behinderte sind, da spielte die eine etwas langsamer und die anderen tanzten etwas langsamer, und das frisch geduschte Publikum war nicht sicher, ob das Teil der Aufführung war oder ob da wirklich ein Schiebetürensyndrom im Nachthemd es wagte, sie derart wüst zu beschimpfen. Mir fiel ein Typ mit Rastas auf, der völlig perplex war und vor sich hinmurmelte und der, obwohl er es letztlich nicht tat, da er die geistige Behinderung noch rechtzeitig bemerkte, kurz davor war, auf die direkte Aktion-Beleidigung von Nati zu reagieren (was natürlich genau das ist, was sie wollte), gerade so, als wäre sie eine ernstzunehmende Gesprächspartnerin und nicht jemand, mit dem man Mitleid haben sollte.

Patricia wiederholte den verbotenen Befehl zu schweigen. »Halt den Mund!«

»Mach ich nicht!«, und Nati wandte ihr die bedrohlichen Schiebetüren zu. Aber sie hielt den Mund, und nicht nur das, sie verließ auch den Balkon und das Haus und knallte die Tür hinter sich zu. Wir sahen, wie sie mit ihrem gleichmäßigen Tänzerinnengang die Aufführung der urbanen Nymphen auf dem Platz durchquerte, einfach geradeaus ging, ohne jemanden anzugucken oder jemandem auszuweichen, die Schiebetüren geschlossen, wie eine Bereitschaftspolizistin in pistaziengrünem Nachthemd.

So weit die Beschreibung des Falls, wie ich ihn vor zwei Wochen der Plataforma de Afectados por la Hipoteca, also der Plattform für von Hypotheken Betroffene (folgend PAH), vorgetragen habe, die ihn aber nicht als kritische Wohnsituation einstufen, sondern als hoffnungslosen Fall, und die mich darum zu euch geschickt haben, denn – um es in ihren Worten, also mit einem kräftigen PAH, zu sagen – »ihr seid dichter dran«. Nachdem die von der PAH den Kopf geschüttelt hatten, weil ich kein Opfer einer Zwangsvollstreckung oder einer bevorstehenden Zwangsräumung bin, und weil ich weder für Vorfahren noch Nachkommen Verantwortung trage, sagten sie mir, dass vor einer Besetzung alle rechtlichen Mittel ausgeschöpft werden müssten, denn so hätte die Besetzung mehr Berechtigung und eine Räumung würde länger dauern. Die von der PAH haben nicht verstanden, dass es schon eine Menge ist, für mich selbst Verantwortung zu tragen, vor allem, wo ich doch über keinen Cent verfüge, weil meine Cousine Àngels alles einbehält. Sie haben auch nicht verstanden, obwohl ich es bei dem Treffen so klar gesagt habe wie jetzt, dass ich von der öffentlichen Verwaltung nichts mehr wissen will, weil ich mein ganzes verdammtes Leben in Einrichtungen eingesperrt war, sie haben nicht verstanden, dass ich gerichtlich entmündigt bin und dass ich, wenn ich mit meinen Beschwerden über die betreute Wohnung zu einem Beamten gehe, dieser Beamte den Sozialdienst ruft, der mich postwendend in die LÄWO-Heimwerkstatt zur Beschäftigungsförderung Behinderter schickt. Die Heimwerkstätten haben, ich sage es gerne noch mal, auch nichts damit zu tun, dass in einer Werkstatt ein Heim gebaut wird, auch nicht damit, dass man zum Beispiel ein Haus besetzt und es zu seinem Heim macht, zu seiner Okupa, es geht um die Beschäftigung einer Person, darum, »beschäftigt zu sein«, »eine Beschäftigung zu haben«, konkret: damit beschäftigt zu sein, Lesezeichen aus Tonpapier zu basteln oder Weidenkörbe zu flechten – aber wenn ich eine Besetzung schaffe und ein Haus okupiere, dann werde ich meine Okupa »Heim-statt-Werken« nennen, nur um mich darüber lustig zu machen. Die LÄWO-Heimwerkstätten sind auch ein rechtliches Mittel, oder etwa nicht, ihr PAHviane? Die von der PAH haben nichts von dem verstanden, was ich ihnen gesagt habe: dass sich die zur Verfügung stehenden rechtlichen Mittel niemals erschöpfen, sondern im Gegenteil vervielfachen werden (als ich das gesagt habe, haben die PAHlamentarier empört geschwiegen), denn die Verwaltung möchte nichts lieber, als mich wieder einsperren und Gegenklage erheben, sobald ich eine Titte raushole. Oder vielleicht haben mich die PAHzifisten doch verstanden, denken aber, dass ich eine zurückgebliebene Pissnelke bin, die sich über den Staat beschwert, der ihr ein Dach über dem Kopf und was zu essen gibt, und zwar umsonst!, dabei ist alles, was ich will, ganz einfach nur, nicht mehr mit diesen drei Zurückgebliebenen zusammenzuleben, die mich noch zurückgebliebener machen, denn dass ich diese Depression habe und darum Dinge erkenne (oder Dinge erkenne und darum diese Depression habe), das ist das Beste, was mir im ganzen Leben passiert ist.

Ich danke dem Kameraden Jaén für seine Großzügigkeit und seine Geduld beim Aufschreiben meiner Worte, denn ich kann nicht schreiben.

Gari Garay

Aussage von Doña Patricia Lama Guirao, getätigt vor dem Amtsgericht Nr. 4 von Barcelona am 15. Juni 2018 betreffend den Antrag zur Genehmigung einer Sterilisation einer behinderten Person aufgrund der vorgelegten Klage seitens der Generalitat von Katalonien gegen Doña Margarita Guirao Guirao.
Vorsitzende Richterin: Ehrenwerte Doña Guadalupe Pinto García
Rechtspfleger: Don Sergi Escudero Balcells

Die Vorsitzende Richterin wurde vor der dargelegten Anhörung von der Psychologin Doña Laia Buedo Sánchez, verzeichnet unter der Nummer 58698 ihrer Berufskammer, Mitarbeiterin des Städtischen Wohnheims für geistig Behinderte La Barceloneta, welches die Zeugin aufsucht, um Aktivitäten der Zerstreuung und der persönlichen Autonomie auszuüben, darüber informiert, dass Letztere unter einer Sprachstörung (Logorrhö) leide, weshalb es vorzuziehen sei, die Aussage aufzuzeichnen und nicht durch den Gerichtsschreiber mitschreiben zu lassen.
Die Zeugin und der Gerichtsschreiber wurden über diese Änderung im üblichen Verfahren in Kenntnis gesetzt und erteilten beide ihre Zustimmung. Es folgt die Transkription, die auf Grundlage besagter Aufnahme angefertigt und am Folgetag der Aussage der oben Genannten zur Genehmigung und Unterzeichnung verlesen und der Akte beigefügt wurde.

Ich werde Euer Ehren die Dinge so erzählen, wie sie sind, nicht mehr und nicht weniger, nicht mehr und nicht weniger, wie es in der Rumba heißt.
»Die« Àngels hat es vom ersten Moment an sehr gut gemacht, auch wenn dieser erste Moment einige Jahre auf sich hat warten lassen, so lange wie es gedauert hat zu begreifen, was ein LÄWO ist und was ein STÄWO, was das LISMI ist und was die PNC. Vor allem musste sie diese Kürzel ganz allein entziffern, denn das Personal vom Zentrum hat sie nicht verstanden, wenn sie geredet hat, oder es wollte sie nicht verstehen. »Die« Àngels stottert, und je nervöser sie ist, desto mehr stottert sie, und wie alle »Stammler« stottert sie nicht, wenn sie singt, allerdings singt »die« Àngels ziemlich selten. Die drei Wörter der

Frage »Was bedeutet LÄWO?« hat sie im Leben nicht rausgebracht. In ihrem Kopf waren sie klar und deutlich, aber beim Reden blieb sie immer beim D in »bedeutet« hängen, als hätte sie eine Gräte verschluckt. Und wie sie schreibt ist »ne« Katastrophe, das kam für sie also nicht infrage.

Es waren acht oder neun Monate vergangen, seit ihre Mutter gestorben war, meine Tante Loli, die sie mit 48 Jahren bekommen hatte, und sie sagen, dass »die« Àngels darum minderbemittelt auf die Welt gekommen ist. Was ich Ihnen jetzt sage, sollte ich Ihnen eigentlich nicht sagen, denn das könnte einen Rattenschwanz bei der Sozialversicherung nach sich ziehen, aber damit Sie sehen, dass ich nichts vor Ihnen verberge und dass ich will, dass alles ordentlich gemacht wird, werde ich Ihnen sagen, was ich denke: Ich glaube, meine Cousine Àngels ist gar nicht behindert. Ich bin ganz klar zu 52 % behindert und es wird immer mehr, obwohl ich ziemlich ansehnlich bin wegen einer Essstörung als Jugendliche, und auch wenn ich wegen einer Sprachstörung ein flinkes Mundwerk habe, habe ich ein bisschen Tuberöse Sklerose im Frontallappen und noch ein bisschen in den Augen, darum sind meine Brillengläser dick wie Flaschenböden und darum »häng« ich manchmal so am Handy, und weil ich die Buchstaben nicht erkenne, »dreh ich durch« und werfe es auf den Boden. Früher sind die davon nicht kaputtgegangen, diese zwei Finger dicken Nokias und Motorolas konnten ganz schön was aushalten, aber die neuen Modelle werden immer empfindlicher und wenn man so ein Ding auf den Boden wirft, zerspringt es in tausend Stücke, und jetzt kaufen sie mir kein neues mehr.

»Die« Àngels halten alle für behindert, weil sie stottert, 120 Kilo wiegt und in der Schule kein einziges Fach jemals bestanden hat. Aber »die« Àngels war nie ein »Mamakind« oder dergleichen, wie wir Minderbemittelten es normalerweise sind. Sie war total unabhängig, zog immer allein los oder war mit den Hunden oder mit den anderen Kindern »am Spielen«, denn meine Tante Loli war über 50 und den ganzen Tag auf dem Feld, sie hat einen Klappstuhl mitgenommen und sich unter einen Feigenbaum auf dem Weg zum »Los Maderos« gesetzt. »Los Maderos« war seit ich denken kann ein »Puff«, den haben sie im alten Haus von ein paar anderen Onkeln von mir und von »der« Àngels aufgemacht, das Haus hatten sie noch vor unserer Geburt an die »Luden« verkauft.

Ich glaube ja, und das sage ich Ihnen, wie ich es auch meiner Cousine gesagt habe, der ich viel verdanke, dass meine Tante Loli eine »Prosti« war und dass sie die Tochter von einem Kunden ist, meine Tante Loli war nämlich nie verheiratet und hat auch nie in »wilder Ehe« mit jemandem gelebt. Dagegen protestiert »die« Àngels immer, zweifelt das an und beweist dann, dass sie nicht mal die 33 % Behinderung hat, die man braucht, um Lose der Blindenlotterie ONCE zu verkaufen, »die« Àngels protestiert also, wie gesagt, wenn nämlich ihre Mutter den »Prostis« direkt an der Tür vom »Puff« die Kunden geklaut hätte, dann hätten ihr die »Prostis« oder ihre »Luden« ja wohl eine Lektion verpasst.

»Ihr guckt zu viele Filme«, hat uns »die« Marga eines Tages vorgeworfen, plötzlich aus ihrer Depression erwacht. »Als einmal Kirmes war, ist Tante Loli mit ihrem Cousin, Henrique dem Portugiesen, ins Bett gegangen, und Ende Gelände. Du«, sagte sie zur Àngels, »bist geistig zurückgeblieben, weil du das Ergebnis von Inzest bist, genau wie wir alle.« Das schloss sie in einem Moment, »wo« sie sich über ihre Behinderung völlig im Klaren war, und »die« Àngels und ich freuten uns ehrlich über diesen Fortschritt. Aber was für »die« Marga eine Schlussfolgerung und in ihrer Behandlung ein Schritt nach vorne ist, das ist für »die« Nati das glatte Gegenteil, nämlich ein Faden, an dem sie ziehen, eine Wunde, in der sie stochern, ein Glutnest, das sie anfachen muss, also alles in allem: eine weitere »Schiebetüren«-Episode. Sie hat den Blick von dem Fahrrad gehoben, das sie umgekehrt auf dem Balkon stehen hatte und »am Ölen war«, und uns mit dem Schraubenschlüssel eine Predigt gehalten:

»Filmglotzerinnen, Inzestlerinnen und obendrein faschistische ›Machas‹ seid ihr« – so nennt sie uns, keine Ahnung, warum – »weil ihr nicht blickt, dass eine achtundvierzigjährige Frau mit irgendjemandem, auf den sie Lust hat, eine Nacht lang ›vögeln‹ kann, und danach Adiós, ich kenn dich nicht« – genau diese gemeinen Wörter hat sie benutzt und keine anderen – »nur weil ihr nicht blickt, dass sie eine Tochter haben kann und sie nicht mit der Hingabe einer Säuglingsschwester pflegt. Nein, dann muss sie natürlich« – entschuldigen Sie bitte, Frau Richterin, aber so redet meine Schwester Natividad – »eine ›Hure‹ sein. Sie muss natürlich« – entschuldigen Sie nochmals, aber ich muss es so sagen, wie sie es gesagt hat – »fürs ›Ficken‹ kassieren. Sie muss einen guten Grund dafür haben, den Tag nicht bei ihrer Tochter zu verbringen, es muss einen wirtschaftlichen Grund für dieses Fehlen von Mutterliebe geben« – sie hat, wie gesagt, die geistige Reife einer »Rotzgöre«, Euer Ehren. – »Sonst ist es für euch nicht zu erklären. Kann man nicht einfach aus Spaß vögeln, dumme ›Fotze‹? Und kann einem der ganze ›Scheiß‹ mit der Tochter nicht bis hier stehen?« – »Die« Nati redet den ganzen Tag so, »Fotze« hier und »Scheiß« da. – »Und kann sie nicht einfach nichts von ihrer Tochter wissen wollen, genau wie ihr Vater nichts von ihr wissen will« – sie weiß sich nicht anders zu helfen als mit Flüchen und Beschimpfungen – »dieses ›Arschloch‹ von Vater, von dem hier überhaupt niemand spricht?«

Es stimmt, dass »die« Àngels und ich am Computer viele Filme schauen, die wir uns aus der Bibliothek ausleihen, und ich habe das wirklich aus einem Film, in dem eine ältere total rausgeputzte Frau jeden Abend ihr Stühlchen auf einen Feldweg schleppt und dort »hockt«, bis irgendein Mann sie nachts wieder nach Hause bringt. Aber weil sich bei der Nervensäge Nati die Schiebetüren aktivierten, hab ich den Mund gehalten, denn wir haben zwar die Regel, dass wir uns nicht gegenseitig den Mund verbieten, mir selbst aber verbiete ich ständig den Mund, um bloß nicht mit diesem »Sturkopf« von Schwester diskutieren zu müssen, denn so behindert die »blöde Kuh« auch ist, sie gewinnt doch jeden Streit, die Schiebetüren klappen nach vorne und sie zerlegt deine Argumente, bis du dastehst, als wärst du doof, »konsumgeil« und eine »Fascha«, und du kannst sie so »doll« beschimpfen, wie du willst, und da treffen, wo es ihr am meisten wehtut, an den Schiebetüren prallt alles ab und kommt wieder zu dir zurück. Aber an diesem Tag ist mir der Kragen geplatzt und ich habe ihr den Mund verboten.

Wir hatten so friedlich auf dem Balkon gesessen und frische Luft geschnappt. Unser Balkon liegt in der allerersten Reihe ganz direkt am Strand, alle betreuten Wohnungen der gesamten Generalitat sind darauf neidisch, und die Metro ist nur fünf Minuten entfernt und der Bus fünf Sekunden, wir haben vier Schlafzimmer, zwei Bäder, ein großes Wohnzimmer mit Plasmafernseher, Waschmaschine und eben diesen Balkon, so lang wie die Fassade vom Gebäude und so tief, dass du ein Tischchen aufstellen und da dein Bier genießen kannst, deine Chips und deine Zigaretten, und genau das hab ich gemacht und war total zufrieden und im Reinen mit der Welt, verdammt noch mal, zufrieden und im Reinen mit mir selbst und mit der Welt, nachdem ich mein ganzes Leben lang im STÄWO oder im LÄWO um zehn Uhr abends ins Bett musste, zufrieden und im Reinen mit mir selbst und mit der Welt, weil ich mich mit »der« Marga vertragen hatte nach dem letzten »Zoff«, den wir wegen dem Wohnungsputzen hatten, denn so eine Wohnung, wie wir sie haben, verdient es wirklich, sauber und ordentlich zu sein, mal ganz abgesehen davon, dass die Sozialarbeiterin Doña Susana Gómez kommt und das Erste, was sie macht, ist, mit dem Finger über die Regalbretter fahren, und das Erste, was Doña Susana in ihre Berichte über die betreuten Wohnungen schreibt, und das Erste, weshalb sie dich da wieder rausholen können und dir die »Behinderung auf Bewährung« widerrufen, wie das »die« Marga nennt, seit sie sich ihrer Behinderung bewusst geworden ist: das ist die Selbstpflege, die persönliche Hygiene und die der Wohnung, und hier, in der allerersten Reihe direkt am Strand, da kommt jeden Tag jede Menge Sand rein, und jeden Tag muss man fegen und Staub wischen, und außerdem kommen die von der Sozialarbeit unangekündigt, so wie die Kontrolleure vom Zoll, die nachts um drei in die Disko kommen, einen Cuba Libre auf Staatskosten trinken und dann die Verträge sehen wollen. Das weiß ich von einer Freundin, die im Mágic kellnert, und so haben sie den Chef »rangekriegt«, für den sie alle schwarz gearbeitet hatten.

Ich selbst hatte Stühle für uns vier rausgestellt, eine Chipstüte aufgemacht und eine *Litrona* (die Literflaschen Bier schreibt mir der Chinese von unten als Orangensaft auf die Rechnungen, die wir der Generalitat vorlegen müssen – damit Euer Ehren sehen, dass Sie meiner

Aussage vertrauen können, erzähle ich Ihnen sogar Geheimnisse, die mich in Schwierigkeiten bringen können), und ich hatte allen Tabak angeboten (bei der Tabakhändlerin haben wir keine Chance, den Tabak als Kaugummis oder Briefmarken auf die Rechnung zu schmuggeln, also gebe ich einem Freund, der nicht in einer betreuten Wohnung lebt, etwas Geld, damit er ihn mir »organisiert«, und danach gehe ich mit diesem Freund los und kaufe ihm im Mercadona irgendwas, was er braucht, und wir bitten um eine Rechnung auf meinen Namen).

Nur »die« Nati wollte rauchen und ich musste ihr die Zigarette drehen, denn mit ihrer Behinderung kann sie zwar den *Schwanensee* tanzen, das arme Ding ist aber psychomotorisch nicht in der Lage, sich eine »Kippe« zu drehen; und nur »die« Àngels hat ganz ordentlich in die Chipstüte »gelangt«, ohne dabei den Blick vom Handy zu heben. »Die« Marga, der ständig heiß ist, hatte ihr Nachthemd hochgekrempelt, aber diesmal habe ich nichts gesagt, weil sie zumindest ordentlich rasiert war, ich hatte ihr am Tag davor die ganzen Beine und die Leisten gemacht. Das haben »die« Marga und ich so verabredet: Sie darf ihre »Titten« rausholen, so oft sie will und wo sie will, aber bitte schön ohne Haare auf den Brustwarzen. Sie darf in Unterhosen auf die Terrasse gehen, einverstanden, aber dann sieht man bitte nur die Unterhosen und keine lockigen Zotteln rundherum. Gut, und weil »der« Marga immer heiß ist, hat sie dem kühlen Bierchen zugesprochen, und ich fand es schön, wie meine Cousine ganz entspannt den Tanz auf dem Platz angeschaut hat. Entspannt und nicht deprimiert.

Ein paar vom Bürgerzentrum haben zu nostalgischer und träumerischer Musik einen klassisch-modernen Tanz aufgeführt, ein Tanz wie in einer Werbung für gutes Parfum, ein Chanel, ein Cacharel, ein Lancôme, eine edle und geschmackvolle Werbung, in der das Model die absolute Hauptfigur ist und kein einziger Mann vorkommt. Der Mann ist nur im Blick des Models. Diesem Mann, der nicht selbst auftaucht, gilt das ganze betont unauffällige Flirten des Models, ihr Verlangen ist hinter sieben Schlössern sicher verwahrt. Ich stellte mir gerade diese Begegnung der Liebenden vor, die immer kurz bevorsteht und zu der es doch nie kommt, als »die« Nati eine ihrer Beleidigungen loslässt, die sie direkte Aktion nennt, die aber schlicht und einfach direkte Beleidigungen sind, komplett überzogene Beleidigungen, sie schießt tausend Kilometer am Mond vorbei. Der Tanz und die Musik haben mich an diesen Punkt getragen, wo die Liebe einsetzt, an diesen Punkt, wo es nicht zum Kuss kommt, an diesen bebenden Augenblick vor dem Kuss, der immer, immer, immer spannender ist als der Kuss selbst. Den Kuss gibst du dann, weil du nicht anders kannst, wenn du schon mal da bist, gibst du ihn auch, du machst nicht die Kobra und drehst den Kopf weg und beendest das Ganze. Aber du kannst den Mund ein winziges bisschen zur Seite ziehen und ein verrutschtes Küsschen bekommen, womit du Zeit gewinnst für das wahre Vergnügen, und das ist eben nicht das mit den Zungen, sondern das Verstecken, das Theater von wegen die Nacht ist noch jung, der große Spaß, Nein zu sagen. Und »die« Nati versaut mir den ganzen Film mit ihrem »Dreckssyndrom«, »heilige Scheiße«! Die jungen Mädchen vom Bürgerzentrum konnten unschuldiger nicht sein, ganz im Ernst, aber »die« Nati, keine Ahnung was für ein »Bockmist« da bei ihr »abging«, dass sie loskreischt wie angestochen, sie hat sich von denen beleidigt gefühlt und zurückbeleidigt, von wegen »Idioten«, von wegen Faschisten, von wegen ekelhaft. Übertreibt »die« Nati oder etwa nicht? Und dann hat sie Sachen über Politik gesagt, die überhaupt nichts mit dem Tanz zu tun hatten: »die« Ada Colau, die Unabhängigkeit Kataloniens und der Film *Amélie*. Und dabei ist dieser Film so wunderschön! Was um Gottes willen hat *Amélie* meiner Schwester getan? Wir wissen hier alle, was »die« Nati hat, und wenn sich ihre Schiebetüren schließen, lässt man sie besser in Ruhe, sagt weder Ja noch Nein, lässt sie einfach, ohne ihr zu widersprechen oder zuzustimmen, denn wenn du ihr widersprichst, hört sie nicht auf, bis sie die Diskussion für sich entschieden hat, und wenn du ihr Recht gibst, sogar dann, wenn sie wirklich Recht hat, dann fangen ihre Augen an zu glänzen und sie sagt, dass du mitkommen sollst, um die Angelegenheit zu klären, um Rache zu üben, und sie hört nicht auf, bis du mit ihr mitgehst und bei irgendeinem ihrer Streiche mitmachst oder zumindest »Schmiere« stehst.

Aber dieses Mal konnte ich es nicht mehr ertragen, ich hatte das

Gefühl, sie nimmt die Leute auf dem Platz vollkommen grundlos »aufs Korn«. Sie war höchst intolerant und ungezogen, und das, auch wenn wir geistig Behinderte sind, auch wenn sie uns mit den ganzen Verhaltenstherapien und Lügengeschichten umgebracht haben, auch wenn wir nach unserem Tod in den Händen der Gesundheits- und Bildungseinrichtungen wieder auferstanden sind und jetzt geistig Behinderte sind, aber »Zombies«, geistig Behinderte, aber »Hirnfresser«, geistig behinderte Expertinnen in geistiger Behinderung, trotz all dem müssen wir immer Respekt und gute Manieren zeigen, sogar unseren ärgsten Feinden gegenüber, denn die Direktorin der betreuten Wohnung (Doña Diana Ximenos, sehr gut in ihrem Beruf und ein noch besserer Mensch, Euer Ehren) kommt nicht nur in unsere Wohnung, sondern hört sich auch im Viertel über uns um, sie fragt den »Chinesen von unten«, sie fragt die Nachbarn und sie fragt im Bürgerzentrum, und da haben wir es schon »verbockt«. Die vom Bürgerzentrum von La Barceloneta sagen, dass sie extrem respektvoll mit der besonderen Situation von »der« Nati umgehen, die wie eine normale Schülerin an den Tanzstunden teilnehmen darf, und dass sich alle ihrem Tempo anpassen und es ertragen, wenn sie sich nicht nur ausnahmsweise im Ton vergreift, dass aber »die« Nati, auch wenn sie mit ihrer starken geistigen Behinderung nichts dafür kann, die Anstrengungen ihrer Lehrer und Kameradinnen, sie zu integrieren, nicht wertschätzt oder gar nicht erst bemerkt, und wenn ihr etwas nicht gefällt, greift sie sie an und sabotiert den Unterricht, oder sie sondert sich ab und bringt alle anderen in eine ausgesprochen unangenehme Situation, denn selbst wenn sich niemand mit ihr anlegen möchte, verhindert sie eben, dass die anderen in Ruhe tanzen können. Auch davon hängt ab, ob wir in der Wohnung bleiben können, von unseren kommunikativen Fähigkeiten, von unserer Teilnahme am Gemeinschaftsleben, wie gut wir unsere Erwartungen an unsere tatsächlichen Fähigkeiten anpassen können, von unserer Frustrationstoleranz, dass wir gewisse Kommentare und Ausbrüche kanalisieren können, eine angemessene Selbstkenntnis fördern, und bei meiner »Fotz«, ich sage Ihnen, Euer Ehren, meiner Schwester muss und wird darum die gesamte *Aberrant Behaviour Checklist, Zweite Ausgabe (für ambulante Versorgung)* in den

Kopf gehen, und wenn wir dafür ihre Schiebetüren mit dem Rammbock durchbrechen müssen.

Die Vorsitzende Richterin   Die Zeugin   Der Gerichtsschreiber
Guadalupe Pinto   Patricia Lama   Javier López Mansilla

ROMAN
TITEL: ERINNERUNGEN VON MARÍA DELS ÀNGELS GUIRAO HUERTAS
ART: LEICHTE SPRACHE
AUTORIN: MARÍA DELS ÀNGELS GUIRAO HUERTAS
KAPITEL 1: VORSTELLUNG

STÄWO bedeutet: Städtisches Wohnheim für geistig Behinderte.
Man sagt nicht: Sie haben mich im STÄWO eingesperrt.
Man sagt auch nicht: Sie haben mich ins STÄWO gesteckt.
Man sagt: Sie haben mich eingewiesen.
Und wenn man das sagt
muss man nicht mehr STÄWO sagen.

Vorher war ich nicht in einem STÄWO eingewiesen.
Ich war in einem LÄWO eingewiesen.
LÄWO bedeutet:
Ländliches Wohnheim für geistig Behinderte.
Das war in der Nähe von Arcuelamora.
Arcuelamora ist mein Dorf.

Meine Mutter ist gestorben.
Die Bank hat das Haus von meiner Mutter behalten.
Darum bin ich eingewiesen worden.
Meine Mutter hatte Nießbrauch auf Lebenszeit an dem Haus.
Nießbrauch auf Lebenszeit bedeutet:
Du und deine Kinder dürfen an dem Ort leben
bis ihr tot seid.

Im gleichen Jahr behielt die gleiche Bank
den Club Los Maderos.
Die Prostituierten hatten keinen Nießbrauch
auf Lebenszeit.

Ich zog dann zu meinem Onkel Joaquín.
Nach drei Monaten kam die Sozialarbeiterin.
Sie heißt Mamen oder Doña Mamen.
Sozialarbeiterin bedeutet:
Sie hilft Menschen
die von gesellschaftlicher Ausgrenzung bedroht sind.
Gesellschaftliche Ausgrenzung bedeutet:
eine Person bettelt
oder sie ist kriminell
oder sie ist drogenabhängig.
Oder sie hat keine Wohnung.

Ich fragte Mamen:
Bin ich eine Person
die von gesellschaftlicher Ausgrenzung bedroht ist?
Sie sagte mir: Leider ja.
Ich fragte warum.
Sie sagte: Weil du besondere Bedürfnisse hast.
Und weil es bei deinem Onkel nicht mal ein Badezimmer gibt.
Ich sagte ihr: Kein einziges Haus in Arcuelamora
hat ein scheiß Badezimmer.
Außer Los Maderos.
Sind die Nutten als Einzige in ganz Arcuelamora
nicht von gesellschaftlicher Ausgrenzung bedroht?
fragte ich Mamen.
Sie sagte: Ich bin hier
um über dich zu sprechen
und über niemanden sonst.
Sie sagte mir auch:
Man sagt nicht Nutte.
Man sagt Prostituierte.
Und man sagt nicht Scheiße.
Man sagt Scheibenkleister.
Denn wenn du Schimpfwörter sagst
bist du noch mehr

von gesellschaftlicher Ausgrenzung bedroht.
So lernte ich das Wort Prostituierte.

Mamen hat viele Interviews mit mir gemacht.
Ein Interview ist wie in den Zeitschriften
oder im Fernsehen.
Nur bei dir zu Hause.
Sie kam oft in das Haus von meinem Onkel.
Manchmal kam sie am Vormittag
und manchmal kam sie am Nachmittag.
Manchmal kam sie im Winter.
Manchmal im Sommer.
Manchmal im Frühling und
manchmal im Herbst.
Aber die Interviews waren sehr langweilig.
Mamen hat mir immer die gleichen Fragen gestellt.

Einmal hat Mamen mir einen Schlafanzug geschenkt.
Und einmal hat sie mir einen Pullover geschenkt.
Sie sind schon kaputtgegangen.

Eines Tages hörten die Interviews auf.
Wir sind nicht mehr alleine spazieren gegangen.
Das hatten wir oft gemacht.
Und Mamen ist auch nicht mehr in den Gemüsegarten gekommen.
Im Gemüsegarten haben mein Onkel Joaquín und ich
Bohnen geerntet
oder Äpfel.
Oder wir haben gepflügt.
Oder wir haben der Agustinilla Futter gegeben.
Die Agustinilla ist die Stute von meinem Onkel.

Mamen ist auch nicht mehr kurz vor die Tür gegangen
um mit den Nachbarn frische Luft zu schnappen.

An diesem Tag wollte Mamen mit meinem Onkel
und mit mir
ins Haus gehen.
So haben wir es im Winter manchmal gemacht.
Aber es war Sommer.
Und wir sollten uns setzen.
Mamen wollte uns eine wichtige Sache sagen
und zwar allein.
Aber es war nicht nur eine Sache.
Es waren 4:

1) Das war die erste Sache
die sie uns gesagt hat:
Die Regierung kann mir eine Rente zahlen.

Regierung bedeutet: die Politiker im Fernsehen
oder die Leute die ein Fest eröffnen.

Rente bedeutet:
Sie geben dir jeden Monat Geld.
Aber um das Geld zu bekommen
musst du ein Konto bei einer Bank haben.

Ein Konto bei einer Bank bedeutet:
Die Regierung gibt das Geld der Bank.
Danach gibt die Bank das Geld dir.

Wir haben für mich ein Konto bei einer Bank gemacht.
Es war die Bank
die mein Haus behalten hat
und die Bank
die das Haus von den Prostituierten behalten hat.
Denn die Bank war die einzige Bank in Arcuelamora.
Diese Bank heißt BANCOREA.

BANCOREA bedeutet: Bank der Región de Arcos.

Jeder weiß was eine Bank ist.
Und was die Región de Arcos ist.
Ich muss das nicht erklären.

2) Das war die zweite Sache
die Mamen uns gesagt hat:
Ich kann im LÄWO in Sommorrín wohnen.
Somorrín ist ein Dorf.
Es ist größer als mein Dorf.
Mit dem Auto ist es nah.
Dort sind die Ärzte
und dort sind die Läden
und dort ist die Schule
und dort ist die BANCOREA
und dort ist das Rathaus.

Das Rathaus ist da wo die Politiker aus dem Dorf sind.

Mit dem Fahrrad oder mit dem Fuhrwerk
ist Somorrín nicht so nah.
Aber mich haben sie immer im Auto hingefahren.

3) Das war die dritte Sache
die Mamen uns gesagt hat:
Das LÄWO behält dann jeden Monat fast das ganze Geld
von meiner Rente.
Ich soll das dem LÄWO erlauben.
Dann bezahlen sie mit dem Geld mein Zimmer
und sie bezahlen meine Kleidung
und mein Essen
und mein Badezimmer
und meine Ausflüge am Wochenende
und alles was ich zum Leben brauche.

Mamen hat gesagt:
Mit dem Rest von deinem Geld kannst du machen was du willst.
Ich habe gesagt:
Na so ein Glück Doña Mamen.
Mamen hat gesagt:
Nenn mich doch nicht Doña Liebes.
Wir sind doch jetzt Freundinnen.
Und ich bin nur sechs Jahre älter als du.

Da war ich 18 Jahre alt.
Und Mamen war 24 Jahre alt.
Jetzt bin ich 43 Jahre alt.
Und Mamen ist wenn sie nicht gestorben ist 49 Jahre alt.
Wenn ich 49 Jahre alt bin
ist sie wenn sie nicht gestorben ist 55 Jahre alt.
Und immer so weiter.
Wenn keine von uns wegstirbt.

Ab da habe ich zu Doña Mamen
einfach nur Mamen gesagt.

Meine Cousine Patricia hat nicht Mamen gesagt.
Patricia hat »die Mamen« gesagt.
So wie Patricia zu mir auch »die Àngels« sagt.
Zu ihrer Schwester sagt sie »die Nati«.
Zu ihrer anderen Cousine sagt sie »die Marga«.
Zu dem Chinesen von unten sagt sie »der Ting«.
Sie setzt einfach ein »die« oder ein »der« vor jeden Namen.
So wie es die Katalanen machen
wenn sie Katalanisch sprechen.
Und manchmal auch wenn sie Spanisch sprechen.
Weil so was hängenbleibt.

Aber meine Cousine Patricia ist keine Katalanin.
Und sie kann auch kein Katalanisch.

Ich bin Katalanin von der Seite meiner Tante her.
Ich heiße Ángela.

Ángela heißt auf Katalanisch Àngels.
Jetzt lebe ich in Katalonien.
Und ich muss mich in die katalanische Gesellschaft integrieren.
Ich muss ihre besondere Sprache respektieren
damit die Katalanen meine
besonderen Bedürfnisse respektieren.
Darum sage ich in Barcelona:
Ich heiße Àngels.
Das ist keine Lüge.
Das ist nur eine Übersetzung.

Auf Katalanisch kann man »die Àngels« sagen
oder »die Marga« oder »die Nati«.
Aber auf Spanisch nicht.
Auf Spanisch klingt das sehr hässlich.
Es klingt nach schlechter Erziehung.

Wenn Patricia »die Mamen« gesagt hat
dann hat sie immer den gleichen Scherz gemacht.
Der ging so:
Wenn ein anderer Eingewiesener etwas von ihr wollte
oder wenn er sich über etwas beschwerte
oder wenn er etwas brauchte
dann sagte Patricia zu ihm:
Schade Schokolade scheiß auf die Mamenlade.

Weil Patricia »Schade Schokolade scheiß auf die Mamenlade«
gesagt hat
deshalb wurde Patricia oft bestraft.
Sie durfte nicht fernsehen.
Sie bekam kein Geld.
Sie durfte keinen Spaziergang machen am Sonntag.

Ich habe ihr gesagt:
Sag das besser nicht mehr.
Und sie hat auf mich gehört.
Und sie hat sich besser benommen.
Sie hat nicht mehr die Mamen oder Mamen gesagt.
Sie hat Doña Mamen gesagt.
Und da hat Mamen nicht gesagt:
Nenn mich doch nicht Doña Mamen Liebes.

Damals war Mamen 34 Jahre alt.
Denn ich war 28 Jahre alt.
Und Patricia war 18 Jahre alt.
Patricia war gerade erst eingewiesen worden.
Sie kannte die Regeln noch nicht so gut.

Ich glaube:
Mamen gefiel Doña.
Denn Mamen war nicht die Freundin von Patricia.
Und Mamen war schon die Direktorin vom LÄWO in Somorrín.

Direktorin bedeutet: Sie ist die Bestimmerin
und sie hat das größte Büro.

Einmal sagte ein Eingewiesener:
Ich finde den orangen Wachsmaler nicht.
Und Patricia sagte zu ihm:

Schade Schokolade scheiß auf Doña Mamenlade.

Ich habe den Namen von diesem Eingewiesenen vergessen.
Ich weiß aber noch: Er hat das Fragiles-X-Syndrom.
Das Fragiles-X-Syndrom ist eine schwierige Sache.
Ich weiß: Nur wenige wissen was das Fragiles-X-Syndrom ist.
Ich kann das jetzt nicht erklären.
Es würde zu lange dauern.

Ich will nur sagen: Von da an
haben sie Patricia die Pillen gegeben.
Denn sie haben gesagt:
Patricia ist verhaltensauffällig.

Das von Patricia und das mit dem Fragilen X
sind Abschweifungen.

Abschweifen bedeutet:
Mitten in einer Geschichte
fängt man eine andere Geschichte an.

In Leichter Sprache sollen wir nicht abschweifen.
Denn das macht es schwieriger
die Hauptgeschichte zu verstehen.
Die Hauptgeschichte in diesem Text
ist meine Geschichte.

Ich muss noch die vierte Sache erklären
die Mamen gesagt hat.
Zu meinem Onkel und zu mir.
Das war nämlich die wichtigste Sache.

Ich schreibe in Leichter Sprache.
Und wenn du in Leichter Sprache schreibst und glaubst:
die Leute verstehen ein Wort nicht
dann musst du das Wort erklären.
Du musst alle Wörter erklären
die schwierig sind oder die unbekannt sind.
Darum sollte ich jetzt erklären:
Fragiles-X-Syndrom
verhaltensauffällig
und Leichte Sprache.

Aber dann schweife ich noch 3 Mal ab.

Ich sehe jetzt: Hier gibt es ein Problem.
Und die Leitlinien für Materialien in Leichter Sprache
der Abteilung Bibliotheksservice
für Menschen mit besonderen Bedürfnissen
können das Problem nicht lösen.

Gut.

Ich sage es meiner Betreuerin
in meiner Selbstvertretungsgruppe
am Dienstagnachmittag.
Aber bis dahin mache ich so weiter wie ich denke.
Ich erkläre jetzt nicht
was Richtlinien bedeutet
oder was Bibliotheksservice bedeutet
oder was Betreuerin bedeutet.
Okay?

Ich erkläre jetzt nur
was Selbstvertretungsgruppe bedeutet.
Denn das ist eine sehr wichtige Sache.
Es ist nicht die gleiche wichtige Sache
wie das mit der Nummer 4
was Mamen zu meinem Onkel und zu mir gesagt hat.
Aber sie ist auch wichtig.

Ich schreibe diese Geschichte.
Und darum entscheide wohl ich was wichtig ist
und was Abschweifen ist.

Auf Seite 19
in den Leitlinien für Materialien in Leichter Sprache
steht es ganz klar:

»Beschränke die Freiheit des Autors nicht zu sehr.«

Und etwas später steht da noch eine Sache.
Diese Sache verstehe ich nicht ganz.
Denn ich glaube: Sie sagt ungefähr das Gleiche.

»Sei nicht dogmatisch.
Lass die Fiktion Fiktion sein.«

Ich glaube: Fiktion ist Science-Fiction.
So wie »Avatar« und »Krieg der Sterne«.
Und das finde ich sehr gut.
Also mache ich mein Ding.

Selbstvertretungsgruppe bedeutet:
Eine Gruppe aus erwachsenen Menschen
die eine geistige Behinderung haben
oder die besonderen Förderbedarf haben.
Und sie treffen sich 1 Mal in der Woche
um 6 Dinge zu tun:

1) Fähigkeiten der Kommunikation erwerben.
2) Größere persönliche und soziale Autonomie erlangen.
3) Ihre Möglichkeiten verbessern, für sich selbst zu sprechen und zu entscheiden.
4) Lernen, im täglichen Leben Entscheidungen zu treffen.
5) Lernen, am Vereinsleben teilzunehmen.
6) Über Themen diskutieren, die sie interessieren.

Ich erkläre jetzt nicht
was geistige Behinderung bedeutet
oder was besonderer Förderbedarf bedeutet
oder was Vereinsleben bedeutet.
Okay?

In Leichter Sprache
soll man kurze Sätze schreiben
Oder man soll die Sätze selbst kürzen.
Denn so liest du schneller.
Und du wirst beim Lesen nicht so schnell müde.
Auch beim Schreiben wirst du nicht so schnell müde.

In Leichter Sprache soll man den Text nicht einrücken.
Man soll den Text auch nicht als Blocksatz formatieren.
Das hat nichts mit dem Rücken zu tun oder mit Blockaden.
Es bedeutet:
Alle Zeilen fangen zusammen an.
Alle fangen auf der linken Seite vom Blatt an.
Das bedeutet: nicht einrücken.
Und die Zeilen gehen immer nach rechts.
Darum muss man jede Zeile so lang lassen
wie sie eben ist.
Manche Zeilen sind länger.
Und manche Zeilen sind kürzer.
Der Text wird kein perfekter Kasten.
Das bedeutet: nicht als Blocksatz formatieren.

Es gibt einen Test.
Mit dem Test kann man überprüfen
ob ein Text ein guter Text in Leichter Sprache ist:
Man dreht die Seite um.
Dann muss es aussehen
als ob die Sätze Gras sind
oder als ob die Sätze Berge sind
oder als ob die Sätze
Hochhäuser in einer großen Stadt sind.
Wie im Film.

Es gibt noch viel mehr Leitlinien für Leichte Sprache.
Ich lerne sie gerade.

Und ich glaube: Ich mache das gut.
Meine Betreuerin in der Selbstvertretungsgruppe hat mir gesagt:
Mach weiter so.
Dann kannst du ein Buch über dich schreiben.
Und du kannst das Buch in einem Verlag veröffentlichen.

Veröffentlichen bedeutet:
Die Buchläden haben das Buch.
Und die Buchläden verkaufen das Buch.
Dann können andere es lesen.
Dann bin ich eine Autorin.
Und ihr seid meine Leser.
Das ist stark.
Das ist das Stärkste
was mir in meinem ganzen scheibenkleister Leben passiert ist.

Seit meine Betreuerin Laia mir das gesagt hat
denke ich an nichts anderes mehr.
Ich lerne den ganzen Tag lang die Leitlinien
für Materialien in Leichter Sprache
der Abteilung Bibliotheksservice
für Menschen mit besonderen Bedürfnissen.

Diese Abschweifung war sehr lang.
Die Leitlinien sagen:
So kann dieses Material nicht veröffentlicht werden.
Das macht mich ein bisschen wütend.
Denn ich habe 4 Tage dafür gebraucht.
Aber ich weiß auch:
In den Filmen machen die Autoren viele Papierkugeln
aus vielen Seiten
die sie nicht veröffentlichen können.
Die Papierkugeln werfen sie in den Papierkorb
wie Bälle beim Basketball.

Ich möchte diesen Satz zu Ende schreiben
und das Handy an den Computer anschließen
und alles runterladen
was ich geschrieben habe.
Alle Abweichungen
die ich nicht veröffentlichen kann.
Ich möchte sie ausdrucken
und eine Papierkugel daraus machen
und ich möchte die Papierkugel
in den Müll werfen.

Ich war so wütend, wie man sein muss, um über das Drehkreuz der Metro zu springen, und ich fühlte mich wie eine bastardistische Guerillera, als ich an der Plaza España ausstieg. Auf der Fahrt hatten mich alle angestarrt, weil ich im Nachthemd und mit geschlossenen Schiebetüren unterwegs war, allerdings ist anstarren übertrieben, denn in der Metro starren alle nur auf ihr Handy und sonst sehen sie gar nichts. Ich würde also sagen, dass sie mich aus dem Augenwinkel angeschaut haben, aber ich schlug meine Beine übereinander und klimperte mit den Schlüsseln, mehr hatte ich nicht dabei. Sie hätten es verdient, dass ich sie mit einem Was zur Hölle glotzt ihr so anrüffele, beugt den Nacken wieder unter euer Joch und pflügt weiter über das Display von eurem Handy!, aber wenn du schwarzfährst, musst du unauffällig bleiben, sonst taucht der Typ vom Sicherheitsdienst mit seiner Hündin auf, und der ruft dann den Kontrolleur und der die Polizei und dann darfst du 100 Euro latzen, und wenn du dich weigerst, deinen Ausweis zu zeigen, wirst du verprügelt und keiner von denen, die sich durch ihre Displays pflügen, rührt einen Finger, allerhöchstens heben sie das Handy und filmen journalistisch, heldenhaft und denunzierend den Übergriff, um das Video ins Internet zu stellen, während du dich auf dem Boden windest.

Ich nahm die Carretera de la Bordeta, das ist die einzige einspurige Straße, die von der Plaza España abgeht, und darum ist sie am ruhigsten, am dreckigsten und hat die wenigsten Läden. Ich hasse Kneipen, aber noch viel mehr hasse ich Läden, und die Läden, die ich am meisten hasse, sind die für Kleidung, gefolgt von Buchhandlungen und Supermärkten. Im Viertel La Bordeta gibt es keine einzige Buchhandlung und keinen einzigen Klamottenladen. Es gibt zwei pakistanische Supermärkte, einen Laden für Haushaltsgeräte, einen

Sportladen, eine Bank, einen Alten, der seinen ganzen Krempel am Schaufenster aufgetürmt hat, eine Schule, einen Kindergarten, vier oder fünf Spelunken mit den immergleichen Besoffenen, den Sitz der PAH Barcelona, wo Marga um Informationen gebeten hatte und mit eingezogenem Schwanz wieder rauskam, und El Bloque La Bordeta, das Mutterschiff der Grup d'Habitatge von Sants, ursprünglich mal von der PAH besetzt, aber inzwischen ist El Bloque aus der Colauistischen Organisation geflogen, denn seit ihre Heilige Ada ins Rathaus eingezogen ist, toleriert die PAH Barcelona nicht mehr, dass die von La Bordeta Besetzungen so fröhlich, so hinterfotzig und so effektiv anpreisen. Beide Organisationen sind in der gleichen Straße ansässig, da sie einander politisch aber diametral gegenüberstehen (PAH Barcelona wirkt als Verbündete der Sozialdienste eher vermittelnd, während El Bloque auf Konfrontationskurs geht und besetzt), grüßen sie sich nicht einmal. Darum haben die PAHcolauisten Marga zehn Straßen weiter geschickt, zum autonomen Zentrum, was sie – als naive Bürokraten, die sie nun einmal sind – für eine Einrichtung ohne echte politische Einflussnahme halten, wo sich die Halbstarken nur zum Kiffen treffen.

In La Bordeta haben sie mich zwar kaum beachtet, teilweise, weil sich meine Schiebetüren wieder öffneten, vor allem aber, weil die Leute da auch im Nachthemd auf die Straße gehen, trotzdem habe ich mir eine Hose genommen, die oben auf einem Müllcontainer lag. Die war noch gut, keine Kacke dran, kein Blut, nichts, sie war aus dünner Baumwolle und weit, luftig und leicht, ohne Taschen oder Knöpfe, nur mit ein paar Bleicheflecken, wegen denen man sie wohl weggeworfen hatte. Hier in Barcelona werden gut erhaltene Kleider, Möbel, Bücher oder Lebensmittel oft auf statt in die Mülltonne gelegt, das kenne ich so von keinem anderen Ort der Welt. Ein Akt der Großzügigkeit, anonymer, bedingungsloser, leichter und stiller Großzügigkeit, ohne Zwischenhändler oder Bürokratie, was sie von der Wohltätigkeit, dem NGOismus oder staatlichen Zuwendungen unterscheidet.

Es war schon Nacht, kühlte aber nicht ab, La Bordeta ist ja nicht La Barceloneta, denn wo La Barceloneta das verschmutzte Mittelmeer hat, hat La Bordeta die verschmutzte Gran Vía. Eigentlich wasche ich die Kleidung aus dem Müll immer, bevor ich sie anziehe, egal, in welchem Zustand sie ist, aber mir war so heiß in meinem Plastiknachthemd, dass ich in der zerlumpten Hinterlassenschaft irgendeines großzügigen Menschen noch weiter nach etwas suchte, was ich mir anziehen konnte. Ich zog ein Tanktop mit einem ziemlich abgeblätterten Aufdruck eines kitschigen Kätzchens aus dem Haufen, das war der Grund (das Abblättern, nicht der Kitsch), warum man es weggeworfen hatte. So langsam mochte ich die großzügige Spenderin dieser Lumpen nicht mehr leiden, denn dieses Kätzchenoberteil war ganz offensichtlich nicht mehr in Ordnung, und doch hatte die Großzügige es für diejenigen, die sich etwas aus dem Müll nehmen, weil sie nichts in den Läden kaufen können oder wollen, für würdig und angemessen gehalten. Wäre sie wirklich großzügig, hätte sie versucht, die Überreste vom Kätzchen abzufriemeln, bevor sie es der Allgemeinheit anbietet. Und wenn ihr das nicht gelungen wäre, hätte sie es in die Mülltonne gesteckt, wo dieses Top seinem miesen Zustand gemäß hingehörte, oder sie hätte es behalten und als Putzlappen verwendet. Aber weder noch: Großzügig war die hier überhaupt nicht. Die hier war nicht Teil des Versorgungsnetzes auf den Mülltonnendeckeln. Die hier war losgegangen, um den zum Recycling vorgesehenen Müll wegzubringen, darunter Kleidung, für die es einen eigenen Container gibt, zusammen mit dem Glascontainer der einzige, aus dem man nichts wieder rausholen kann, was einmal drin ist. Und als die falsche Großzügige sah, dass es in der Nähe keinen Altkleidercontainer gab, und nachdem sie sich die Mühe gemacht hatte, die Straße ein Stück rauf und runter abzusuchen, kippte sie den Inhalt (die Tasche nahm sie nämlich wieder mit nach Hause, um sie wiederzuverwenden, die hat schließlich zwei Euro gekostet) kurzentschlossen auf eine Mülltonne, so wie sie es schon so oft gesehen und im Stillen verurteilt hatte, da dieser rumliegende Müll die Straßen verunstaltet, aber so brauchte sie ihre Kleider wenigstens nicht in die falsche Mülltonne zu werfen.

Die hier hatte in ihrem ganzen Leben nichts aus dem Müll geholt, weder Kleidung noch Essen noch Bücher noch Möbel, sonst hätte sie gewusst, dass man dort Sachen ablegt, die zumindest noch in Ordnung sind, die – wenn überhaupt – ein klein wenig repariert werden müssen oder von denen man überreife Stellen wegschneiden muss, schon aus Respekt vor denjenigen, die für ihren Lebensunterhalt von Container zu Container gehen, Respekt, den sie sich nicht als Benachteiligte verdient haben (das würde eine karitative Seele sagen) und nicht als Opfer des Raubtierkapitalismus (das würde ein NGOler sagen) und auch nicht als Bürger mit den gleichen Rechten und Pflichten wie alle anderen (das würde das Amt für Familie und Wohlfahrt sagen). Nein, der Containernde wie auch der Dieb und der Zechpreller verdienen Respekt und Bewunderung und sollten Vorbilder sein, weil sie sich nicht zu Komplizen der Schädlinge dieser Stadt machen, und das sind die beschissenen Läden und die beschissenen Kneipen.

Kurz und gut: Ich warf also dieses Scheißtop in den Müll, stieg unter dem Nachthemd in die Hose, zog das Nachthemd aus und stand im BH da, luftiger geht es nicht, und angestarrter auch nicht, und so ging ich zum anarchistischen Zentrum, wohin die PAH Marga geschickt hatte, damit sie ihr bei einer Hausbesetzung helfen, um mal zu sehen, ob die heute Abend irgendwas machen, was mir den üblen Geschmack vertreiben würde, den die Tänzerinnen in La Barceloneta in meinem Mund hinterlassen hatten, mal sehen, ob da heute eine Party war oder ein Vortrag oder die Möglichkeit, sich nicht über Privatmeinungen auszutauschen, sondern über klare und einfache Wahrheiten zum Stand der Dinge.

In meinem ganzen Unileben mit all seinen Kongressen, Seminaren, runden Tischen und Vorlesungen habe ich niemanden so klarsichtig sprechen gehört wie im autonomen Zentrum. Mit Gestammel und suchenden Pausen, Pausen, die so lange dauerten, wie der Sprecher eben brauchte, ohne dass die Stille von einem eifrigen Gegenredner unterbrochen würde. Es gab keine einstudierten Reden, sondern Sprache, die durch die zwanzig Filter eines jeden Körpers geflossen war. Man merkte, dass da jemand mit der Möse redete, jemand anderes mit der Möse und dem Kopf, einer mit dem lahmen Bein, ein weiterer mit der Halsschlagader, ein anderer mit dem Arsch und Herzen, und dann hatte der Sprecher nicht irgendeine Meinung zu einer Angelegenheit. Wer sprach, besaß das Thema und verbreitete es unter allen Anwesenden. Jemand erzählte, wie schwierig es war, Molotowcocktails gegen die Fassade einer bestimmten Polizeiwache zu werfen, weil der Abstand zwischen der Menschenmenge und den Absperrungen zu groß war, und das war keine Zeugenaussage und überhaupt nichts Persönliches, es gab keine Hand, die den Cocktail warf, und darum gab es auch keine Geschichte: Es gab nur Bedeutung, nur die Entdeckung einer zuvor verborgenen Realität, die der Sprechende mit seiner Rede nun denjenigen schenkte, die ihm zuhören wollten. Dank ihm wurden wir alle zu vorsichtigen Molotowcocktail-Werfern vor der Fassade dieser Polizeiwache. Was für ein Geschenk!, dachte ich. Wie anders ist es, eine Bedeutung zu verschenken, anstatt eine Idee zu verkaufen, welch glückliche Abwesenheit von Verführung doch in diesem Geschenk von Bedeutungen liegt und welch ekelhafte Rhetorik dagegen im Verkauf von Ideen, im Wissen, wie man Botschaften vermittelt und Gedanken weitergibt! Das ist wahre Großzügigkeit, wie anständiges Essen auf den Müllcontainern!

An diesem Tag diskutierten sie darüber, ob es zweckmäßig war, sich dem von den Gewerkschaftsverbänden ausgerufenen Streik anzuschließen. Die Verbände konnten sie nicht ausstehen, ihren Streikaufruf wollten sie aber für ihre eigenen Ziele nutzen. Im Stuhlkreis gab es keine zugeteilten Redezeiten, weil die unnötig waren: Man hörte einander aufmerksam zu, spürte das Redebedürfnis des Nachbarn, und der Nachbar wusste genau, wann der richtige Augenblick war, um etwas zu sagen, ohne jemanden zu unterbrechen; und geschah dies doch, dann wies der Unterbrochene treffsicher auf die begangene Missetat hin, und sofort schlossen sich ihm andere an, die versuchten, den misslichen Missetäter seine Missetat erkennen zu lassen, und die ihn warnten, dass Propheten zu Hause nicht gern gehört wurden. Wenn der Missetäter nicht klein beigab, wenn er aufmüpfig wurde oder wenn der Dummkopf sich für besonders schlau hielt, dann umzingelte ihn die Gruppe verbal, bis er schließlich über die Stimmen der anderen hinwegbrüllte und schimpfte. Dann wurde er gebeten, das Zentrum zu verlassen, eine Bitte, der er selbstverständlich nicht nachkommt, stattdessen spricht er die Zauberworte aus: Ihr seid Faschisten. Ich werd verrückt! Das passiert auch dort! Das ist also eine Kettenreaktion, und alle Faschisten nennen jeden, der ihnen die

Stirn bietet, wiederum Faschist! Das ist das faschistisch-machistische Gesetz: Für den Fascho bedeutet Toleranz, dass der andere sich ihm anschließt. Der Fascho-Macho erkennt Andersartige nicht an, es sei denn, sie sind ihm untergeordnet oder, das ist das Mindeste, mit ihm verbündet, oder, wenigstens das, still, und am besten ist es natürlich, wenn die Andersartigen tot sind. Marga und ich waren dorthin gegangen, ohne eine Vorstellung von diesen Gewerkschaftsgeschichten zu haben, und ich weiß nicht, wie es ihr ging, aber eine halbe Stunde nach unserer Ankunft hatten sie mir, einer völlig Unbekannten, schon einen ganzen Streik geschenkt, und wegen des undankbaren Geizhalses, der sein Spielzeug nicht teilen wollte, hatten sich meine Schiebetüren aktiviert. Es war Zeit, ihn mit der ganzen Kraft von Stößen und Worten hinauszuwerfen: »Das hier ist ein politischer Ort, an dem kein verdammter Fußbreit faschistischer Scheißdreck toleriert wird, ist das klar? Wenn du willst, dass jemand deinen Scheiß schluckt, geh in eine verfickte Kneipe oder ein verficktes Bürgerzentrum, verstanden?«, sagte irgendjemand, bevor er ihm die Tür vor der Nase zuschlug. Alle gingen auf ihre Plätze zurück und setzten das Treffen fort.

Was für ein herrlicher Nachmittag! Welch Verlangen, im Mund Bedeutungen zu kneten, die küssen und nähren! Was für eine neugegründete Stadt entstand da vor meinen Augen, als wäre Barcelona innerhalb von zwei Stunden abgebrannt und eine neue Zivilisation aus der Asche gestiegen! An jenem Tag schauten sie Marga und mich an, als wären wir verkleidete Undercover-Polizistinnen, so wie man in dieser Stadt jeden anschaut, der gerade angekommen ist und einen Fuß in ein besetztes Haus setzt, bei einer Demo besonders laut schreit oder mit einer Prostituierten, einer Schrottsammlerin oder einem fliegenden Händler spricht. Dieses zweite Mal, als ich im Zentrum auftauchte, schauten sie mich anders an, denn keine Undercover-Polizistin, sosehr sie auch in ihrer Rolle aufgeht, läuft nur im BH und mit Haaren unter den Achseln herum, und ich kam gerade rechtzeitig zu einem Dokumentarfilm, der nichts weiter war als eine machistische Beleidigung syrischer Guerillakämpferinnen, in dem nicht eine einzige syrische Guerillakämpferin vorkam, mehr noch: Die beiden Male, die in der Stunde überhaupt eine Frau zu sehen war, kam sie nur vor, um über die männlichen Guerilleros zu reden oder um den Tisch zu decken, aber weil es nach dem Film noch für drei Euro eine Diskussion mit dem Regisseur und einer Guerillera sowie ein Abendessen gab, bin ich geblieben, um zu essen und zu diskutieren. Und da sagte ich, dass zunächst einmal die Perspektive des Dokumentarfilms die eines Machos mit guten Absichten war, wofür sich der Regisseur entschuldigte, indem er erklärte, dass es die Frauen gewesen seien, die nicht reden und sich nicht vor der Kamera haben zeigen wollen. Zweitens sagte ich der Guerillakämpferin, mit dem Gewehr wüsste ich ja nicht, aber den Tee hätte sie großartig serviert, weshalb mich die Guerillera und die anderen vom Zentrum eurozentrisch nannten; und drittens und abschließend sagte ich, dass ich keinen Duro für das Essen dabeihatte, aber wenn du denen im Zentrum sagst, dass du keine Kohle hast, dann laden sie dich ein.

Ein Porté, das aus dem Stegreif glückt, kommt einem überraschenden Kuss am nächsten. Einem überraschenden ersehnten Kuss. Man kann Porté oder Porte sagen. Im Unterricht verwenden wir im Plural normalerweise den spanischen Ausdruck, Portes machen. Im Singular sagt man es üblicherweise auf Französisch, also ein Porté machen. Es gibt auch spanische Tanzlehrer, die zu Hebungen Cogida sagen, von *coger*, nehmen: Jetzt machen wir Cogidas, was für eine gute Cogida, passt auf, wenn ihr aus diesen schwierigen Cogidas herausgeht. Diese Bezeichnung finde ich wegen ihrer sexuellen Konnotation am passendsten, denn Portes sind ganz eindeutig mehr oder weniger lange, mehr oder weniger ausgekostete Küsse, mit oder ohne Zusammenstoßen der Zähne, und mir gefällt der Gedanke, dass spanische Tänzer, die in ihrem Unterricht »Cogidas machen« sagen, das in dem Wissen tun, dass eine Cogida ein lateinamerikanischer Fick ist, und damit ihren Schülern Schlüpfrigkeit einflüstern, aber nach zehn Jahren Tanz kann ich versichern, dass kein spanischer Tänzer aus diesem Grund Cogida sagt, sondern sie sagen das einfach nur, weil Porte oder Porté in ihren Ohren nach verstaubtem klassischen Ballett klingt. Lateinamerikanische Tänzer sagen blöderweise nicht Cogida, dabei wäre es so naheliegend. Tanz ist leider ein sehr konservatives Geschäft.

Das antwortete ich bei dem Treffen der Selbstvertretungsgruppe, zu der Patricia und Ángela jeden Dienstag gehen und zu der ich mitgehen musste – ich war aber nur wegen Marga dabei, die es einfach draufhat, ehe du dich versiehst, hat sie dich flachgelegt –, auf die Frage, was ein Porté ist. Marga ist diesen Quatsch mit der Selbstvertretungsgruppe los, weil sie jetzt ganz offiziell depressiv ist. Sie musste einige Wochen um die Diagnose der Psychiaterin kämpfen, und gestern hat sie sie endlich bekommen, trotz aller Berichte der Psychologin und der Sozialarbeiterin, die meinten, dass Marga sehr heißblütig sei und dass der schwüle Sommer die Frequenz ihrer exhibitionistischen Episoden steigern würde, über welche sich die Leute amüsieren oder entsetzt sind oder wegen der sie die Polizei rufen und die nur in wenigen Einzelfällen in einem der Sexualkontakte enden, die aber Margas eigentliches Ziel sind, und wenn sie das nicht erreicht, schließt sie sich in ihrem Zimmer ein und masturbiert mit allem, was sie zwischen die Finger kriegt. Die Therapie, die ihre Psychologin Laia Buedo und die Sozialarbeiterin Susana Gómez vorschlugen, bestand natürlich in einer Gehirn- und Vaginalwäsche: häufigere Teilnahme an den geselligen Freizeitaktivitäten, die von den lokalen und regionalen STÄWOs organisiert wurden, darunter das Treffen der Selbstvertretungsgruppe am Dienstag, weil dort Einheiten zur Sexual- und Fortpflanzungserziehung dazugehörten, um auf diese Weise Margas Interaktion mit Leuten ihres Alters und aus ihrem Umfeld zu fördern und die Etablierung einer gesunden intimen Beziehung mit einem Kameraden oder einer Kameradin zu begünstigen.

Zum Glück für meine Cousine und für die Unterwerfung dieses therapeutischen Faschismus bestand die vom medizinischen Faschismus – also der Psychiaterin – vorgeschlagene und letztlich durchgesetzte Therapie in einer Tablette Tripteridol alle zwölf Stunden für die Dauer von zwei Monaten und darin, dass Marga zu nichts gezwungen wurde, was sie nicht tun wollte, wenn das Pharmazeutikum erstmal seine zähmende Wirkung entfaltet hätte. Und weil die Sozialarbeiterin schon so ein Gesicht gezogen hat, als ich letztens um zehn Uhr morgens nach Hause kam und in ihre Erklärung platzte, wie man das Brot mit Butter bestreicht, und weil Patricia und Ángela jedem in den Arsch kriechen, um bloß die betreute Wohnung nicht zu verlieren, lassen sie mich jetzt nicht aus den Augen und Marga in Ruhe, die das Tripteridol ansonsten nach Bedarf nimmt, und in den drei Stunden, die wir anderen unterwegs sind – bis wir bei der Selbstvertretungsgruppe ankommen, die Sitzung abgehalten wird und wir zurückkehren –, auf die Straße geht, irgendjemanden mit in die Wohnung schleppt und ihn ganz entspannt vögelt (viel entspannter als sonst, wenn sie so mit Tripteridol vollgepumpt ist), und wenn sie kein Glück oder keine Lust hat, masturbiert sie vor dem Wohnzimmerspiegel und stöhnt wie ein Schwein im Schlachthaus. Sie kann mit allem masturbieren, was sie findet, aber die Klitoris meiner Cousine ist so empfindlich und ihre Technik so ausgefeilt, dass sie auch ohne irgendwelche Gegenstände und sogar ohne die Hände zu benutzen masturbieren kann. Ihr genügt es, in den Vierfüßlerstand zu gehen und das Becken zu bewegen, damit die Reibung der Nähte ihr Vergnügen bereitet, wobei sie die Reibung gar nicht unbedingt braucht, sie kann sich auch einfach nur durch ihre Bewegungen genital stimulieren. Das habe ich ihr beigebracht: Es ist eine Aufwärmübung aus dem Tanzunterricht. Die ist dafür da, alle Muskeln und Gelenke unterhalb der Hüfte zu lockern. Es geht nicht darum, sich wie eine Katze zu strecken; wenn du das machst, verlierst du den Fokus auf die Lust und schwitzt umsonst. Es geht darum, dass du im Geist – wenigstens näherungsweise – deine Hüften, deinen Unterbauch, dein Schambein, die großen Schamlippen, deinen Damm, dein Steißbein, deine Sitzhöcker, deinen Anus findest. Fortgeschrittenes Niveau ist, die kleinen Schamlippen, die Vagina, den Enddarm zu verorten. Du findest also im Geist all das und gehst auf alle viere, in einen stabilen Vierfüßlerstand. Stabil heißt, dass deine Beine, deine Arme und dein Rücken praktisch die vier Beine und die Platte eines Tisches sind. Bei dieser Übung nehmen wir an, dass die Tischplatte da beginnt, wo das Gummi hochgeschnittener Unterhosen sitzt, und am Scheitel endet, das heißt, der Nacken sollte so ausgerichtet sein, dass dein Blick genau in den Zwischenraum zwischen deinen Händen fällt. Die Position des Nackens ist entscheidend. Wenn sich der Blick nicht dorthin, sondern weiter nach hinten richtet und du deine Beine anschaust, oder weiter nach vorne und du die Wand anschaust, dann ist das keine Masturbation mehr, sondern einfach nur eine Aufwärmübung, um einen Hexenschuss zu vermeiden.

Wenn du dich in einen Tisch verwandelt hast, musst du zu einem Tisch mit Motor werden, aber ein Motor, mit dem du dich nicht im Raum fortbewegst, sondern innerlich; oder du wirst zu einem Tisch, auf dem eine Kristallkugel liegt, in der die Vektoren der Zukunft aufblitzen: Dein innerer Motor oder deine Kristallkugel ist dein zuvor identifiziertes Masturbationssystem. Das musst du nun in der Luft und mit der Luft durchkneten, und die Luft knetest du, indem du das System nach vorne und hinten bewegst, in Kreisen und Halbkreisen, ruckartig oder geschmeidig, langsamer oder schneller, wie es dein Körper von dir verlangt, und das klappt immer. Es ist eine Stimulation von geringer Intensität, dafür aber ungewöhnlich ausdauernd. Bist du zehn Minuten lang in dieser Position, dann wird deine Möse zehn Minuten lang gestreichelt. Ich fasse mich während der Übung nicht an, aber meine Klitoris wird davon so spitz und heiß, als hätte ich sie an einen Schleifstein gehalten. Ich verlasse den Vierfüßlerstand, um ganz traditionell zu masturbieren, und bin in drei Sekunden fertig.

Ich erzählte das in der Selbstvertretungsgruppe, weil sie mich als Tänzerin eingeladen hatten. Sie fragten nach meinen Tanzstunden und ich fing vorne an, mit dem Aufwärmen, mit den neusten Trends im Zeitgenössischen Tanz, die nun auch die Aktivierung der Genitalien einschlossen, aber als ich das Wort Vagina aussprach, passierte, was aus Faschismusgründen immer passiert. Patricia unterbrach mich und versuchte, einen Themenwechsel zu erzwingen. Meine Schiebetüren begannen zu klicken und rote LED-Leuchten zeigten diese über sie laufende Nachricht: WENN IHR NICHT WOLLT, DASS ICH REDE, WOFÜR BRINGT IHR MICH DANN HER, IHR MIESEN FUNKTIONÄRSWICHSERINNEN. Aber meine Schwester ist nicht nur Gelegenheitsfascho, sondern auch blind wie ein Maulwurf, sie sieht nicht mal Neonbuchstaben. Das mit den LEDs ist metaphorisch gemeint, meine Schiebetüren sind nicht beleuchtet. Ich wollte damit ausdrücken, dass meine Schwester Patricia so kurzsichtig ist, dass sie von ihrem Platz aus das Klicken der Schiebetüren nicht bemerkt hat und auch nicht, dass die Nachricht aus metaphorischen Leuchtbuchstaben nun zu einer wortwörtlichen aus meinem Mund werden sollte. Weder bin ich schuld daran, dass sie die Hand vor Augen nicht sieht, noch sind ihre Faschoallüren meine Schuld, also hatte sie sich mein Wieso lädst du mich zum Reden ein, wenn ich nur das Echo eines Diskurses sein soll, der nicht einmal deiner ist, ehrlich verdient, und doch hielt ich inne. Mir tat Patricia leid, wie sie vor der Betreuerin der Selbstvertretungsgruppe, diesem unlustigen Clown, die Rolle des

Gutmenschen spielte. Die Betreuerin sollte das Gespräch moderieren, also wieder zurückführen, gewisse Entwicklungen unterbinden, die so ein Treffen nehmen kann, aber ihr Eingreifen war nicht nötig, weil sich meine Schwester schon darum kümmerte und als Moderatorin des Nachmittagsprogramms auftrat. Mir tat Àngels leid, wie sie auf dem Bildschirm ihres Handys die ersten Absätze des Romans las, den sie gerade schreibt, und dafür beglückwünscht wurde. Mir taten alle übrigen leid, die auf die Frage, wohin sie in den Ferien fahren würden, nach Port Aventura antworteten, vor allem eine andere aus der Selbstvertretungsgruppe tat mir leid, sie hatte Schiebetüren wie ich, die von einem Aerobicstirnband zurückgehalten wurden. Es tut höllisch weh, wenn sie dir das abnehmen, denn dann schießen die Schiebetüren raus und knallen derart in der Mitte zusammen, dass sie davon sogar kaputtgehen können.

»Es geht darum, dass du im Geist – wenigstens näherungsweise – deine Hüften, deinen Unterbauch, dein Schambein, die großen Schamlippen, deinen Damm, dein Steißbein, deine Sitzhöcker, deinen Anus findest. Fortgeschrittenes Niveau ist, die kleinen Schamlippen, die Vagina, ...«

»Was für interessante Aufwärmübungen, Nati, wirklich. Aber da wir nicht viel Zeit haben, erzähl uns doch direkt von diesen schönen Sachen, die du machst, wenn du mit einem Partner tanzt?«, fuhr mir Patricia in die Parade.

Ich schob meine Schiebetüren zur Seite, um meine übliche Abwehr von Autoritätsbeschuss zu unterbinden und ihren Befehl zu mir durchdringen zu lassen, sonst wäre er abgeprallt und mitten in ihrem Gesicht eingeschlagen und hätte ihre daumendicken Brillengläser zerschmettert. Nachdenken, um langfristig zu handeln, ist Nachgeben. Nachdenken, um mittelfristig zu handeln, ist Nachgeben. Nachdenken, um kurzfristig zu handeln, ist Nachgeben. Jede Planung für die Zukunft ist ein Trugbild, das uns von den Institutionen, also dem Militär, also dem Kapitalismus, eingeimpft wurde, und was damit erreicht wird, ist einzig und allein das Verlangsamen unserer unmittelbaren Reaktion, wodurch dem Aggressor – in diesem Fall meiner Schwester – ein Vorteil verschafft wird. Und dennoch saß ich da und dachte, dass ich mir das hier aufhebe, um es ihr später in irgendeiner Form heimzuzahlen.

Ich unterbrach also meine Beschreibung des masturbatorischen Apparats und erzählte davon, wie in einer Jam-Session ein mir unbekannter Tänzer mit Bart und ich ein blitzschnelles Porté gemacht haben, das nicht mehr als drei Sekunden dauerte, aber so gut ausgeführt war, so sauber und so hoch, dass es mir noch immer im Körper nachhallte. Da fragten sie mich, was ein Porté ist, und ich erklärte das mit den Hebungen und Cogidas. Sie fragten mich auch, was eine Jam-Session ist. Ich antwortete, eine Tanzimprovisation mit verschiedenen Tänzern, die sich vorher kennen oder auch nicht. Sie fragten noch einmal, was ein Porté ist, weil sie es immer noch nicht verstanden hatten.

»Ist ein Porté was mit Sex?«, fragte mich einer, der Ibrahim heißt, mit guttural gepresster Stimme, verkrampften Händen, X-Beinen und Gehhilfe.

»Ibrahim, immer das Gleiche!«, fuhr wieder meine Schwester dazwischen, woraufhin sie ihrerseits von der Betreuerin unterbrochen wurde:

»Patricia, wir lassen Ibrahim und Natividad bitte aussprechen, meinst du nicht?«

»Entschuldigung, Laia.«

Wie wohlerzogen Laia, die Faschistin, und wie gehorsam meine Schwester, die Faschistin.

»Es kann was mit Sex sein oder auch nicht, Ibrahim. Es ist dann sexuell, wenn du jederzeit auf Lust eingestellt bist, was nicht heißen muss, dass du rund um die Uhr vögeln willst. Es heißt eher, dass du jemand bist, der die Lust sucht, so wie einer von diesen Wünschelrutengängern, die mit ihren Apparaten am Strand nach Münzen suchen. Damit ein Porté dir sexuelle Lust bereitet, muss das seltene Wunder geschehen, dass du und dein Partner euch wie dieser Apparat verhaltet, aufmerksam auf den eigenen und den fremden Körper achtet, und wenn das Gerät piepst, was sagen will, dass du auf genau die richtige Art und Weise berührt hast oder berührt wurdest, auf eine Art, die dich aufweckt, auf eine Art, die bewirkt, dass dein Leben auf einmal einen Sinn hat, wenn du also auf diese Art berührt wirst, dann hör auf zu denken, hör mit allem auf, was du gerade tust, und grabe diesen Schatz aus, ich meine, gib dich den Armen deines Partners hin, seinen Beinen, seinem Rücken, wohin auch immer das Porté dich trägt, denn dein Partner wird zu deinem Retter, zur einzigen Person, die es für dich auf der Welt gibt, und unter keinen Umständen wird er dich fallenlassen, er begleitet dich bis zum Ende des Flugs. Diese Verbindung ist ein gelungenes spontanes Porté. Ist es das Eindringen eines Körpers in den anderen? Nein. Ist es eine Masturbation, allein oder gegenseitig? Auch nicht.«

»Ist es ein Quickie?«, presste Ibrahim langsam hervor.

»Für mich war es nie wie ein Quickie. Ich habe es als Kuss empfunden, aber so ein langsamer Kuss mit weicher Zunge, mit einer Zunge, die beim Kontakt mit der anderen Zunge wie ein Eis schmilzt. Um auf deine Eingangsfrage zurückzukommen: Verstehen wir den Kuss, diesen Kuss, wie ich ihn gerade beschrieben habe, als lustvoll? Meine Antwort ist ein klares Ja. Wenn also ein Porté mit diesem Kuss verglichen werden kann, ist das Porté dann etwas mit Sex? Ich muss schlussfolgern, dass es das ist.«

»Vielen Dank für die Erklärung, Natividad. Ich verstehe zwar nicht mal die Hälfte von dem, was du sagst, aber ein bisschen was kommt an.« Dieser lange Satz von Ibrahim war schwierig zu verstehen, weil er bei jedem Wort Spucke einsog, aber ich glaube, das hat er gesagt. Ein hübscher kleiner Macho neben ihm beeilte sich mir zu übersetzen, was Ibrahim gesagt hatte. Gleichzeitig übersetzte meine Macha-Schwester, was ich gesagt hatte. Wie gründlich sie bei der Gehirnwäsche die Lektion gelernt hatten, den anderen nicht zu fragen, ob er Hilfe braucht oder haben möchte. Wie supergut hatten sie die Maxime der öffentlichen Wohlfahrt verinnerlicht, dass Helfen bedeutet, für den anderen zu handeln, ihn also zu repräsentieren, ihn also zu ersetzen. Welche Legion von unbezahlten, unter ihrem Befehl stehenden Sozialarbeitern hatte die schamlose bezahlte Sozialarbeiterin da herangezogen, die mit ihnen im Stuhlkreis saß und ihre Rekruten beim Kampf gegen finstere Redeweisen beobachtete. Ein Kampf der nicht normalisierten Leibeigenen gegen ihre eigene nicht normalisierte Sprache und für den Sieg der normalisierten, von allen Normalisierten verstandenen Sprache, der Sprache von Angelitas Roman. Fascha zu Fascha, Macho zu Macho, das Dutzend Selbstvertreter nutzte die Gelegenheit, dass das obligatorische Schweigen gebrochen war, und in diesem Geschnatter beendeten Ibrahim und ich unser Gespräch.

»Danke für dein Interesse am Tanz, und entschuldige bitte, dass ich mich nicht anders ausdrücken kann.«

»Kein Problem. Verstehst du mich, wenn ich rede?«

»Das meiste. Was ich nicht verstehe, entnehme ich dem Kontext.«

»Dann frage ich dich noch etwas.«

»Klar.«

»Glaubst du, dass ich ein Porté mit dir machen könnte oder du eins mit mir?«

Ateneo – Autonomes Zentrum Sants.
Sitzungsprotokoll der Okupa-Gruppe. 25. Juni 2018

Aus dem Inventar leerstehenden Wohnraums, der für Hausbesetzungen geeignet ist, bittet die Kameradin Gari Garay die Versammlung um Hilfe bei der Überprüfung der Wohnung in der Calle Duero Nr. 25 und jener in der Calle Viladecavalls sowie des Hauses in der Passage Mosén Torner. Sie benennt ausdrücklich die Hausnummer, die sie in der Calle Duero interessiere, da es – wie die Kameradin erklärt – in dieser Straße mehrere infrage kommende Häuser gebe, und sie betont, dass sie abgesehen von diesem einen Mal die Hausnummern immer und auch während eines jeden Gesprächs geheim gehalten habe.

Die Kameradin Mallorca weist sie darauf hin, dass eine Wohnung zu überprüfen und hineinzugehen, um sie zu okupieren, im Prinzip das Gleiche sei, außer wenn die Wohnung sich in einem so schlechten Zustand befinde, dass sie nicht mehr infrage komme. Das sei so, fährt die Kameradin Mallorca fort, weil das Öffnen einer Wohnung sehr kompliziert und zeit- und planungsaufwändig sei und viele Kameradinnen involviere, weshalb es nicht umsetzbar sei, zunächst verschiedene Wohnungen zu prüfen, um dann eine auszusuchen.

Badajoz stimmt zu und empfiehlt der Kameradin, die besetzen will, sich die Wohnblöcke von außen genau anzuschauen, um deren Zustand einzuschätzen, und zu versuchen, in den Eingangsbereich zu gelangen, zum Beispiel indem sie sich als eine Anwohnerin oder eine Austrägerin von Werbeblättern ausgibt, und dort zu schauen, wie das Treppenhaus oder der Aufzug sind, falls es einen gibt. Badajoz bietet G. G. an, sie zu begleiten und die Immobilien von außen zu inspizieren, und ergänzt schließlich, dass Diskretion bei Okupationen unbedingt vonnöten sei, dass aber unter uns, ob nun während einer Sitzung oder außerhalb, die Hausnummern ruhig genannt werden dürfen.

Murcia bietet an, sie zu begleiten, und fügt hinzu, das Haus in der Mosén Torner sei völlig heruntergekommen und es sei nicht nachzuvollziehen, wie es auf die Inventarliste habe kommen können, wenn doch auf den ersten Blick zu erkennen sei, dass das Dach halb eingestürzt ist.

Coruña entgegnet, man habe alle leerstehenden Wohnungen des Bezirks auf die Inventarliste setzen müssen, wogegen Murcia einwendet, nicht nur die leerstehenden, sondern die auch zur Besetzung geeigneten, worauf Coruña antwortet, dass das Haus in der Mosén Torner absolut zur Besetzung geeignet sei, tatsächlich sei es sogar leichter zu besetzen als viele andere im Bezirk, gerade weil es heruntergekommen und aufgegeben sei, weshalb es gewiss viel länger dauern würde, bis die Besetzung entdeckt und beendet würde. Murcia sagt ihm, es sei kaum zu glauben, dass er schon sein halbes Leben Okupa sei, wenn er immer noch nicht begriffen habe, dass die Räumung eines besetzten Hauses nicht von dessen Zustand abhänge, sondern vielmehr von der städtebaulichen Spekulation, von der die Eigentümer abhängen. Aber es sei noch etwas anderes, fährt Murcia fort, Besetzen sei nicht nur öffnen und reingehen, sondern öffnen, reingehen und in Würde leben, und dafür gebe es diese Versammlung, darum nenne sich das selbstverwalteter Raum, darum verteidige und ermögliche sie die Selbstverwaltung anderer Räume wie eben die Okupas, die besetzten Häuser, worauf Coruña antwortet, dass vielleicht etwas, was für die einen unwürdig, für andere würdig sei und dass vielleicht auch die Würde unter das Prinzip der Selbstverwaltung fallen solle, in dem Sinne, dass jemensch andere Bedürfnisse habe und diese auf unterschiedliche Weise befriedige, denn so brauche zum Beispiel eine fünfköpfige Familie für ein würdevolles Leben eine Wohnung mit mindestens zwei Schlafzimmern, was schon beengt sei, während einer einzelnen Person ein Mansardenzimmer oder eine Einraumwohnung völlig ausreichen könne, um in Würde zu leben.

Oder auch nicht, sagt Ceuta, auch eine einzelne Person könne wegen ihrer besonderen Bedürfnisse drei Schlafzimmer und einen Innenhof brauchen.

Oder einfach aus einer Laune heraus, sagt Tarragona, und Launen seien nicht verkehrt, und wir sind nicht hier, um die Bedürfnisse oder Gründe oder Schrullen von irgendjemandem zu beurteilen.

Murcia sagt, dass wir sehr wohl da seien, um die Bedürfnisse von jemandem zu beurteilen, denn wenn jetzt ein Neonazi käme, der erzählt, er wolle für seine Neonazitreffen ein Haus besetzen, dann werfen wir den doch hochkant hier raus, oder etwa nicht?

Coruña antwortet, dass der eventuelle lebensmüde Neonazi, der sich hypothetisch trauen würde, einen Fuß ins Autonome Zentrum zu setzen, sich niemals als solcher zu erkennen gäbe, und er fragt Murcia, ob wir jetzt vielleicht jede Person, die durch diese Tür kommt, fragen müssten, ob sie Neonazi sei, und was mensch mit dem Haus vorhabe, das mensch mit unserer Hilfe besetzen will.

Oviedo mischt sich ein, um zu sagen, dass nach diesem Dreisatz folglich auch alle Männer, die in das Besetzungsbüro kämen, gefragt werden müssten, ob sie vorhaben, ihre Freundinnen hinter verschlossenen besetzten Türen zu misshandeln, und ergänzt, dass diese Diskussion zwar interessant sei, wir sie aber von der postmodernen Banalität her angingen, wenn wir derart die Bedürfnisse und die Würde der Menschen relativierten, denn zufällig sei es so, dass sogar der Neonazi und der misshandelnde Partner ein Haus brauchen, bei dem nicht das Dach einstürzt, um in Würde zu leben, und in diesem Punkt wären wir wohl sogar mit den Neonazis und misshandelnden Partnern einer Meinung, und Oviedo fragt sich, ob wir uns dann nicht auch untereinander einigen könnten.

Murcia versteht nicht ganz, ob die Meinungsäußerung der Kameradin, die zuletzt das Wort hatte, eine für oder gegen die Entfernung des

Hauses in der Mosén Torner aus der Inventarliste besetzbarer Häuser gewesen ist.

Dafür, ganz eindeutig, antwortet Oviedo, aber Murcia hat es noch immer nicht ganz verstanden und fragt, ob sie für das Haus als mögliche Okupa oder für die Entfernung des Hauses als mögliche Okupa sei, und diese Frage verursacht viele durcheinandergehende und gleichzeitig geäußerte Antworten, die nicht im Protokoll aufgeführt werden.

Als nach einigen Sekunden die übliche Ordnung von Redebeitrag und Zuhören wieder hergestellt ist, sagt G. G., dass sie nicht sicher sei, ob sie es richtig verstanden habe, aber sie meine gehört zu haben, dass diese Versammlung die Selbstvertretung verteidige, worauf zahlreiche Kameradinnen antworten, dass sie das sehr richtig verstanden habe und wir ein selbstverwalteter Raum seien, der natürlich für die Selbstverwaltung einstehe. G. G. ergreift erneut das Wort und fragt, ob wir also eine Selbstvertretungsgruppe seien, worauf Coruña antwortet, dass wir dieses Wort nicht benutzten, dass es aber wohl logisch erscheine, oder jedenfalls grammatisch logisch, dass wir, wenn wir uns als Gruppe selbst vertreten, auch eine Selbstvertretungsgruppe seien. Badajoz meint, dass ihr dieses Wort nicht gefalle, weil es nach Bürokratie und Betriebswirtschaft klinge, und dass sie sich nicht Selbstvertreterin nennen würde, sondern schlicht und einfach Anarchistin, denn wenn man Anarchistin sage, dann sage man auch, dass man seine Konflikte und Wünsche selbst vertrete, ohne Teil des neoliberalen institutionellen, ökonomischen, sozialen und kulturellen Kreislaufes zu sein, der unser ganzes Leben verwalte, und zwar mit Gewalt.

Ceuta schlägt G. G. vor, und zwar gerade weil er an die Selbstvertretung glaube und total dahinterstehe, dass wir uns alle selbstvertreten sollten, und weil G. G. selbst aus irgendwelchen Gründen als Erste auf das Haus in der Mosén Torner aufmerksam geworden sei, darum also sagt dieser Kamerad, dass sie selbst entscheiden solle, ob sich die Mühe lohne, dieses Haus zu öffnen oder lieber eins, das besser aussehe.

G. G. stimmt zu und der zuvor genannte Kamerad sagt, dass sie sich nicht gleich entscheiden müsse, auch nicht morgen oder nächste Woche, dass sie die Immobilien ganz in Ruhe von außen inspizieren und gut darüber nachdenken könne, welche sie wolle, und wann immer es ihr passe, könne sie dann vorbeikommen und der Versammlung ihre Entscheidung mitteilen.

G. G. bedankt sich für das Entgegenkommen und den Rat, sagt aber, dass sie schon jetzt damit einverstanden sei, das Haus in der Mosén Torner zu öffnen, da sie weder Zeit noch Ruhe habe, um viel nachzudenken, denn ihre aktuelle Wohnsituation sei kritisch, und darum habe sie, während sie den verschiedenen Kameraden gut zugehört und verstanden habe, dass Besetzen schwierig sei, aber bei diesem Haus nicht ganz so, ihre Entscheidung getroffen.

Mehrere Kameraden erinnern daran, dass das Haus sich in einem wirklich schlechten Zustand befinde, aber wenn sie sich sicher sei, dann nur zu.

Andere Kameraden warnen noch einmal, dass das Haus in einem so schlechten Zustand sei, dass G. G. – wenn sie die Besetzung in Angriff nehmen – schon beim Betreten des Hauses merken werde, was für eine Ruine das sei, und es bereuen werde, eine so übereilte Entscheidung getroffen zu haben.

Tanger sagt, dass zuvor gesagt wurde, Besetzen sei nicht einfach nur öffnen und reingehen, sondern öffnen, reingehen und in Würde leben; wozu er ergänzen wolle, dass Besetzen nicht nur öffnen, reingehen und in Würde leben sei, sondern öffnen, reingehen, in Würde leben und alle Reparaturen vornehmen, die nötig seien, denn man werde kaum in Würde leben, wenn man sich zum Schlafen in einer Ecke zusammenrollen und Schutz vor Wind und Regen suchen müsse, oder wenn man in einen Eimer scheißen müsse oder nicht einmal morgens Kaffee kochen könne, und er fragt G. G., ob sie sich stark genug fühle, das zu tun, also selbstverwaltet all diese Reparaturen vorzunehmen, zumal sie ja alleine leben möchte.

Palma wendet ein, vor hundert Jahren hätten alle noch in Eimer gekackt, oder genauer gesagt in Nachttöpfe, und dass man daran nicht die Würde einer Person festmachen könne. Es sei auch keine Frage der Würde, ob man einen Kaffee zum Frühstück habe statt beispielsweise ein Croissant und einen Orangensaft, für deren Zubereitung man weder Gas noch Strom brauche, falls sich Tanger auf das Fehlen von Gas oder Strom bezogen haben sollte, als er die Würde des Kaffees anführte.

Vorausgesetzt, man habe das Croissant in einer Bäckerei gekauft oder es geklaut oder im Müll gefunden, antwortet Tanger.

Natürlich, entgegnet Palma, denn ich gehe mal davon aus, dass wir normalerweise keine Croissants bei uns zu Hause backen, wofür man dann Gas oder Strom brauchte.

Oder auch nicht, denn es gebe ja auch Holzöfen, erwidert Tanger, und er fragt, ob die Versammlung es für wahrscheinlich halte, dass das Haus in der Mosén Torner einen Holzofen habe, in dem man zum Frühstück Croissants backen könne.

Ceuta sagt, dass es vielleicht einen Kamin gebe, weil es ein sehr altes Haus sei.

Tanger sagt, das mit dem Kaffee oder in den Eimer scheißen habe Schwung in die Diskussion gebracht, was ihn freue, aber wir hätten trotzdem noch nichts dazu gesagt, wie es darum stehe, wegen der Kälte und des Regens zusammengerollt in einer Ecke schlafen zu müssen, also nehme er an, dass wir darin durchaus eine Frage der Würde sähen und genau darum gehe es im Haus in der Mosén Torner, da es eben ein halb eingestürztes Dach habe.

Oviedo antwortet, dass sie persönlich nicht in einen Eimer, sondern auf die Würde scheiße, und wenn nicht auf die Würde, deren Bedeutung ihr nicht ganz klar sei, dann auf unseren Gebrauch des Ausdrucks »in Würde leben«, der für sie journalistisch und institutionell klinge, also zutiefst kapitalistisch, denn er beziehe sich nur auf die materiellen Bedingungen des Lebens und gehe davon aus, dass jemensch, der schön warm eingekuschelt schlafe, mit mehr Würde lebe als jemensch unter freiem Himmel. Dieser Logik folgend, fährt die Kameradin fort, lebe ein Mensch mit Viskomatratze würdevoller als jemensch mit einer Federkernmatratze, und wer am Hafen Meeresfrüchte zu Mittag esse, habe mehr Würde als jemensch mit Kichererbseneintopf an einem Tisch mit Kohlebecken, oder wer, noch schlimmer, bei McDonald's oder sogar überhaupt nicht zu Mittag esse!

Tanger antwortet, sie würde die Argumentation ad absurdum führen und dass sie die Annehmlichkeiten der Bourgeoisie mit Grundbedürfnissen verwechsle, und natürlich gebe es auch materielle Grundbedürfnisse, die ja die ebenfalls aus Materie bestehenden Menschen schlicht und einfach zum Überleben sichern müssen; woraufhin die Kameradin einwirft, dass sie in der Tat einen apagogischen Beweis angeführt habe, weil die Argumente ad absurdum geführt werden müssten, um dadurch ihre Fehlbarkeit zu beweisen, also die Last der Vernunft, also ihre Wahrheit, und diese Argumentation über das Leben in Würde halte dem Stoß nicht stand. Und sie fügt an, dass sie die *reductio ad absurdum* ganz bewusst angewendet habe, dass aber der erste Kamerad, ohne es zu merken, zwei kleinste gemeinsame Nenner gekürzt habe, also zwei Analogien, diese Mütter der Demagogie, indem er – erstens – die materiellen Bedürfnisse von Menschen mit den Menschen selbst gleichgesetzt und – zweitens – den bourgeoisen Materialismus, auf den sie sich zuvor bezogen habe, mit dem Fleisch und Blut, den Knochen und Nerven gleichgesetzt habe, aus denen wir alle bestehen.

Mallorca bittet die Kameradin, die zuletzt gesprochen hat, dies ein wenig genauer zu erklären, eine Forderung, der sich mehrere andere

Kameraden anschließen und der Oviedo nachkommt, und zwar, wie sie selbst sagt, sehr gern. Die von Tanger vorgebrachten Analogien seien in argumentativer Hinsicht trügerisch und in ideologischer Hinsicht tendenziös im Sinne einer kapitalistischen Rechtfertigung. Das sei so, weil der Kamerad Würde und materiellen Besitz miteinander in Verbindung setze, womit er den Diskurs des Wohlfahrtsstaates reproduziere, der Würde sage, wo er Wohlstand meine. Und was denn Wohlstand sei?, fragt die Kameradin oder fragt sie vielmehr sich selbst, und sie erklärt, dass sie sich auf den Wohlstand im Wohlfahrtsstaat beziehe, der eigentlich ein Wohlstandsstaat sei. Sie glaube nämlich, dass es das Konzept des Wohlstands nicht gegeben habe, bevor es die westlichen Staaten nach dem Ende des Zweiten Weltkriegs erfunden hätten, und wenn es das schon gegeben habe, dann nicht mit der Konnotation, die ihm diese Staaten ein für alle Mal gegeben hätten. Die Wohlfahrt oder der Wohlstand der Nachkriegszeit würden also als der notwendige Mechanismus ausgestaltet, um im zerstörten Europa die Wirtschaft wieder auferstehen zu lassen, und in den Vereinigten Staaten zum Ruhme des Kapitalismus. Arbeitslosengeld, Krankenversicherung, Sonderzahlungen, bezahlter Urlaub, Maßnahmen zur Steigerung der Geburtenrate, subventionierte Industrie, Verbilligung vormaliger Luxusgüter, Ausweitung der öffentlichen Schulen und Universitäten. Die Kameradin sagt, wenn sie von der keynesianischen Konsumfunktion spreche und der Geburt des Konsumismus, entdecke sie nicht den Stein der Weisen neu, und sie fragt, dieses Mal offen in die Runde und nicht sich selbst, ob uns interessiere, was sie erzählt, oder ob wir besser wieder über das Dach des Hauses in der Mosén Torner sprechen sollten, damit wir nicht – und die Kameradin bittet den Scherz zu erlauben, der ihr zufolge sehr passend sei – das Haus vom Dach aufzäumen, indem wir vom blöden Keynes reden, wenn wir uns doch eigentlich fragen sollten, wo wir eine Betonmischmaschine herbekämen.

Coruña antwortet, dass das für ihn durchaus wie die Entdeckung des Steins der Weisen sei, und Ceuta sagt, er würde nicht zwischen Reflexion und Aktion unterscheiden, denn die Aktion, in diesem Falle die Okupation eines verfallenen Hauses, müsse stets von Motiven geleitet sein, und diese seien für uns die Etablierung der anarchistischen Gesellschaft. Andernfalls handele es sich um eine unpolitische Aktion, oder zumindest nicht im radikalen Sinne politisch, und wenn unpolitisch, dann auch harmlos und verwundbar durch die Attacken der Unterdrücker, Attacken, die in diesem Falle von eventuellen Eigentümern ausgehen könnten, die wieder in den Vollbesitz des Hauses gelangen wollten, oder vom Richter, der den Rauswurf der Besetzer anordnet, oder von den *Mossos d'Esquadra*, den Zivilpolizisten, die die Räumung durchführen. Der Kamerad kommt zu dem Schluss, dass es, damit unsere Aktion kein reiner Aktionismus bleibe, nicht nur gut, sondern entscheidend sei, dass wir über Besetzung sprächen, über Betonmischmaschinen, über den Preis von Kartoffeln, und gleichzeitig über John Maynard Keynes und Paulo Freire, und er bittet Oviedo, fortzufahren, und Oviedo fährt fort, aber sie sagt, dass sie, bevor sie weiter über Würde spreche, einerseits gerne ausdrücken möchte, wie erhellend die Reflexionen des Kameraden gewesen seien, und andererseits zumindest anmerken, dass es die vermeintlich großherzigen Zuschüsse nicht gebe ohne andere Wohlfahrtserfindungen wie die Verschärfung des Strafrechts, die zahlen- und größenmäßige Erweiterung der Gefängnisse und Irrenhäuser, die massive Durchsetzung der Psychiatrie, von Pharmazeutika, von Werbung und Fernsehen, die Vernichtung der Wälder und Urwälder sowie die regelmäßige Provokation von Kriegen in Ländern außerhalb des Fortschrittsgürtels, um deren Rohstoffe auszubeuten, um nur einige wenige der offensichtlichsten Säulen dieses Wohlfahrtswohlstandes zu benennen, der uns alle – einschließlich guter Teile dieser Versammlung von Anarchisten – davon überzeugt habe, dass gutes Leben ein Leben mit leichtem Zugang zu Konsum sei, und der dieses gute konsumistische Leben in die Kategorie des Lebens in Würde gehoben habe und dabei das, was vormals als Würde begriffen wurde, von seinem moralischen Gehalt befreit, ein moralischer Gehalt, den diese Versammlung, so fährt die Kameradin fort, auf den Tisch bringen und sich fragen sollte, ob solche rein materiellen Überlegungen wie das Dach oder das Fehlen von fließendem Wasser Priorität haben sollten, wenn man G. G. bei der

Besetzung helfe, oder nicht vielmehr Erwägungen, die nicht das Objekt in den Mittelpunkt stellen, sondern beispielsweise die Notwendigkeit, aus einer familiären und persönlichen Krisensituation zu fliehen, wie G. G. selbst es zu Beginn der Sitzung dargestellt und gerade noch einmal wiederholt habe, und das sei nichts anderes als eine dringliche Notwendigkeit zur Emanzipation, bei der weder Kälte oder Regen noch der Nachttopf eine Rolle spielten.

Tanger antwortet, er sei nicht der Meinung, mit einer Wohnung mit Dach und Toilette mache man sich des Konsumismus oder Kapitalismus verdächtig, im Gegenteil: Den Wunsch nach einem Leben unter minimalen hygienischen Bedingungen als bourgeois zu bezeichnen, sei nicht nur ein Argument des Bürgertums selbst, sondern komme von einem noch viel schäbigeren Unterdrückertypen, nämlich dem Revolutionsführer, der unter Berufung auf solch emanzipatorische Rhetorik das Elend der Stützen der Revolution rechtfertige. Nachdem er dies gesagt hat und noch bevor andere Kameraden das Wort ergreifen, macht der Protokollführer die Versammlung darauf aufmerksam, dass es fast Mitternacht sei und dass die eigentlich Betroffene, G. G., bereits vor über einer halben Stunde gegangen sei und man noch keinen einzigen der anderen Punkte auf der Tagesordnung behandelt habe.

Palma fragt, ob die Versammlung lieber die Debatte über Wohnraum und Würde fortsetzen möchte, auch wenn sie das nicht für sinnvoll erachte, da G. G. bereits habe gehen müssen, oder ob wir in der Tagesordnung weitergehen sollten, oder ob wir alle gehen und in einer außerordentlichen Sitzung morgen oder übermorgen weitermachen sollten, worauf der Protokollführer als Erster antwortet und erklärt, dass er sofort losmüsse, da die letzte Metro in fünf Minuten fahre, wobei er bereits aufsteht, seine Sachen nimmt, den Satz im Stehen beendet, darum bittet, ihm die Entscheidung auf Telegram mitzuteilen, und ankündigt, dass jemand anders das Protokoll fortsetzen müsse.

ROMAN
TITEL: ERINNERUNGEN VON MARÍA DELS ÀNGELS GUIRAO HUERTAS
UNTERTITEL: ERINNERUNGEN UND GEDANKEN VON EINEM MÄDCHEN AUS ARCUELAMORA (ARCOS DE PUERTOCAMPO, SPANIEN)
ART: LEICHTE SPRACHE
AUTORIN: MARÍA DELS ÀNGELS GUIRAO HUERTAS
KAPITEL 2: DIE REISE BEGINNT

4) Die vierte Sache
die Mamen zu meinem Onkel und mir gesagt hat
war eigentlich die erste von allen Sachen
aber Mamen erklärte sie am Schluss.
Sie war nämlich am schwierigsten.
Die vierte Sache
macht die anderen 3 Sachen erst möglich.
Wenn ich die Rente will
und wenn ich nach Somorrín ziehen will
dann muss ich zum Arzt gehen
damit der Arzt mich untersucht.
Danach muss ich Mamen
die Papiere vom Arzt zeigen.
Mamen sagte zu mir:
Je schneller du zum Arzt gehst
und je schneller du die Papiere bekommst
umso schneller bekommst du das Geld
und umso schneller kannst du nach Somorrín ziehen.

Mein Onkel hat Mamen gefragt
ob ich zum Arzt gehen soll
weil ich krank bin.
Mein Onkel ist dumm.
Er kann nicht lesen.

Aber in dem Moment hat er meine Gedanken gelesen.
Mamen hat geantwortet:
Gott sei Dank bin ich gesund
aber mein Körper ist gesünder als mein Geist.
Also hat mein Onkel sie gefragt:
ob Mamen vielleicht Ärztin ist.
Und wie sie so sicher sein kann
ob ich gesund bin oder nicht.
Und ob weniger gesunder Geist heißen soll
dass ich verrückt bin.
Ich erschrak ein bisschen.
So ernst hat mein Onkel Joaquín
noch nie gesprochen.
Und mein Onkel Joaquín hat auch noch nie den Oberkörper
so weit vorgebeugt.
Sein Oberkörper reichte fast bis zu Mamen
auf der anderen Seite vom Tisch.
Nicht einmal bei der Beerdigung von meiner Mutter
war mein Onkel so ernst.
Meine Mutter war seine Schwester.
Bei der Beerdigung von meiner Mutter
hat mein Onkel das Lied vom Veitstanz gesungen.
Das Lied geht so:
con el vito vito vito
con el vito vito va.
Und das ist ja wirklich kein trauriges Lied.

Mamen war nicht sauer
weil mein Onkel so ernst war.
Sie sagte:
Entschuldigung.
Ich habe mich schlecht ausgedrückt
und es nicht gut erklärt.
Und sie sagte mir:
Geh bitte kurz aus dem Haus.

Das Haus hatte nur 1 Zimmer.
In dem waren wir.
Mamen sagte bitte.
Das einzige andere Zimmer
war der Stall von der Agustinilla.

Ich will eine Sache erklären:
Bei einem Tier
kann man »der« oder »die«
vor dem Namen sagen.
Auch wenn wir Spanisch sprechen
und nicht Katalanisch.
Darum kann man sagen
»die Agustinilla« oder »der Refugiat«.
Wenn die Agustinilla eine Frau wäre
und keine Stute
dann müsste man »Agustinilla« sagen.
Und wenn der Refugiat ein Mann wäre
und kein Hund
dann müsste man »Refugiat« sagen.
Der Refugiat ist der letzte Straßenhund
in La Barceloneta.
Vielleicht ist der Refugiat der letzte Straßenhund
in ganz Barcelona.

Mamen und mein Onkel redeten.
Und ich habe die größten Salatköpfe geerntet.
Eine Nachbarin ist zu mir gekommen.
Sie hat nach meinem Onkel gefragt.
Ich habe gesagt: Er spricht mit Mamen
über Papiere und den Arzt.
Diese Nachbarin war Eulalia.
Eulalia von Romualdo und den Kaninchen.
Eulalia sagte mir:
Das Gleiche ist auch bei mir passiert.

Sie wollten Romualdo mitnehmen.
Romualdo ist ihr Sohn.
Aber sie hat Nein gesagt.
Denn im Haus in Somorrín
kriegst du keine Waisenrente.
Du kriegst Schwachsinnlichenrente.
Schwachsinnlichenrente ist zwar mehr Geld
aber sie behalten das ganze Geld.
Und wenn ihr Sohn weggeht
ist sie ganz alleine.
Dann hat sie keine Hilfe auf dem Feld.
Sie sagte mir auch:
Sie selbst will Romualdo
zum Arzt für die Schwachsinnlichkeit bringen.
Und sie selbst will auch
die Papiere zu dem Amt schicken.
Dann bleibt das Geld in ihrem Haus.
Und niemand ist dazwischen.

So habe ich das erste Mal
das Wort Schwachsinnlichkeit gehört.
Auf Eulalias Worte gebe ich nicht viel.
Denn Eulalia ist eine Säuferin.
Das weiß jeder.
Und sie hält den armen Romualdo
als Lastenesel.
Aber ich habe weiter nachgedacht
über das mit der Schwachsinnlichkeit
und über das viele Geld.

Ich wollte Mamen deswegen fragen.
Aber als ich wieder zu Hause war
war Mamen weg.
Man kann viel über Mamen sagen.
Aber man kann nicht sagen:

Sie beantwortet einem die Fragen nicht.
Mamen beantwortet immer alle Fragen.

Aber Mamen war nicht mehr da.
Darum habe ich meinen Onkel gefragt.
Aber mein Onkel hat für diesen Tag und für diese Woche
schon genug geredet.
Er antwortete mir nicht.
Er sagte nur eins:
Wenn du nach Somorrín gehen willst
dann geh
und gut ist.
Ich wusste: Das Gespräch ist zu Ende.
Ich ging den Salat waschen.
Und ich habe das Abendessen gemacht.

Am nächsten Tag
bin ich zu Romualdo gegangen.
Romualdo war allein und sein Rücken war gebeugt.
Das ist er fast immer.
Romualdo sagte:
Er will nicht nach Somorrín
obwohl wirklich viele Leute
aus Arcuelamora und aus anderen Dörfern
dort sind.
Aber diese Leute mussten nicht arbeiten
so wie er.
Diese Leute mussten nicht
Kaninchen und Schweine füttern.
Er sagte: Hast du nicht gehört
dass die Gonzalos gegangen sind?
Ich sagte: Der alte oder der junge?
Er sagte: Beide.
Ich fragte: Beide?
Das kam mir komisch vor.

Aber er wiederholte: Beide.
Ich sagte: Aber der alte hat doch eine Freundin?
Er sagte: Jetzt nicht mehr.
Und weißt du schon das von Encarnita
die von Tomás aus Cuernatoro?
Ich fragte: Was ist mit ihr?
Er sagte: Sie und ihr Vetter
sind auch gegangen.
Cuernatoro ist ein Dorf.
Cuernatoro ist ungefähr so groß wie Arcuelamora
und berühmt für seine Prozession
mit dem Christus der Wasserröhren.
Die Prozession ist immer im Oktober.
Ich erinnere mich an das Gespräch über Encarnita.
Encarnita war die Schönste auf der Schule.
Und sie konnte am besten singen.
Encarnita ist nach Somorrín gegangen.
Dann konnte es so schlecht nicht sein.

Ich erinnere mich an das Gespräch über die Gonzalos.
Die Gonzalos waren in Arcuelamora bekannt
und auch darüber hinaus.
Als die Gonzalos Militärdienst gemacht haben
haben sie einen Unteroffizier verprügelt.
Und dann haben andere Unteroffiziere
die Gonzalos verprügelt.
Und von dieser Prügelei
hinkt der junge Gonzalo.
Und der alte Gonzalo hat ein Auge verloren.
Aber sie hatten Glück.
Denn sie bekamen nicht die Todesstrafe.

Der junge Gonzalo war auch berühmt.
Damals haben viele Leute gesagt:
Der junge Gonzalo hat meiner Tante Araceli

ein Baby gemacht.
Das Baby war meine Cousine Natividad.
Natividad wohnt jetzt bei mir.
Aber damals war sie 4 oder 5 Jahre alt.
Sie hat die gleiche Zigeunernase wie der junge Gonzalo
und die gleichen spitzen Eckzähne.

Ich erinnere mich wie mir Romualdo sagte:
Die Gonzalos sind auch nach Somorrín gegangen.
Das bedeutet:
Die Encarnita lebt im gleichen Haus wie die Gonzalos.
Das konnte ich mir nicht vorstellen.
Aber dann habe ich gedacht:
Das Haus in Somorrín ist sehr groß.
Das hat Mamen mir gesagt.
Darum denke ich:
Die Encarnita und die Gonzalos
können sich aus dem Weg gehen.

Romualdo hat noch viel mehr gesagt.
Aber von seiner Schwachsinnlichkeit
hatte Romualdo auch keine Ahnung.

Ich will eine Sache erklären:
Ich habe die Gespräche aufgeschrieben.
Aber die Gespräche waren nicht genau so
wie ich sie aufgeschrieben habe.
Ich habe die Gespräche aus der Erinnerung aufgeschrieben.
Vielleicht habe ich Dinge vergessen.
Vielleicht habe ich Dinge dazugeschrieben.
Das macht man so in Büchern.
Man macht es
damit der Leser besser versteht.
Ich könnte alles aufschreiben
was Romualdo über seine Kaninchen gesagt hat.

Und ich könnte alles aufschreiben
was Romualdo über seine Schweine gesagt hat.
Aber dann würde das Buch im Leben nicht fertig werden.
Die Leser würden sich langweilen.
Und ich würde mich auch langweilen.

Auf Seite 72 im Buch
»Leichte Sprache: Methoden zur Redaktion und Evaluation«
geschrieben von Óscar García Muñoz
von der Königlichen Koordinierungsstelle
für die Belange von Menschen mit Behinderungen
im Ministerium für Gesundheit, Soziales und Gleichstellung
steht:
Streiche alle unnötigen Inhalte, Gedanken, Vokabeln oder
syntaktischen Gefüge.
Inhalt bedeutet:
Alles was im Buch steht.
Vokabel bedeutet: Wort.
Syntaktische Gefüge bedeutet: Sätze.
Syntaktisch hat nichts mit Sünde oder Takt oder Tisch zu tun
und Gefüge hat nichts mit Geflügel zu tun
wie bei einem Huhn.
Unnötig bedeutet: Es ist nicht nötig.
Auf Seite 72 steht auch:
Erzähl nur das
was erzählt werden muss
und lass alles weg
was der Leser nicht braucht.
Wenn ich sage: der Leser
dann meine ich den Leser von diesem Buch über mein Leben.
Aber es kann mehr als ein Leser sein.
Also: die Leser.
Und es kann auch eine Frau sein.
Also: die Leserin.
Und es kann auch mehr als eine Frau sein.

Also: die Leserinnen.
Der Leser muss nichts über die Kaninchen oder die Schweine
von Romualdo wissen.
Der Leser muss wissen:
Ich wusste nicht
wie viel Geld sie einem geben.
Ich wusste nicht
was dieser Arzt für die Schwachsinnlichkeit
mit mir macht.
Ich war in meinem Leben erst 2 Mal beim Arzt.
Das erste Mal:
Da war ich von einem Felsen gefallen.
Sie haben mich am Kopf genäht.
Und sie haben mir eine Impfung gegeben.
Das zweite Mal:
Da haben sie die Impfung aufgefrischt.

Nach ein paar Tagen kam Mamen wieder.
Sie kommt eigentlich immer zuerst zu mir.
Aber dieses Mal ist sie nicht zuerst zu mir gekommen.
Sie ist zuerst zu Josefa gegangen.

Josefa ist meine Cousine.
Sie hat zusammen mit ihrem Vater gelebt.
Ihr Vater ist mein Onkel Jose.
Josefa hat auch mit ihrer Halbschwester Margarita gelebt.
Margarita ist eine von meinen Cousinen.
Ich wohne jetzt mit ihr
und mit meinen anderen Cousinen zusammen.
Damals war Margarita 11 Jahre alt.
Ich habe schon erzählt
dass meine Mutter gestorben ist.
Als meine Mutter tot war
wollte ich zu meinem Onkel Jose ziehen.
Denn mein Onkel Jose ist jünger und redet mehr

als mein Onkel Joaquín.
Und Josefa und ich waren wie Topf und Deckel.
Aber bei meinem Onkel Jose und Josefa war kein Platz mehr.

Mamen ist aus dem Haus von meinem Onkel Jose gekommen.
An der einen Hand hielt sie Josefa.
In der anderen Hand hielt Mamen einige Würste.
Die Würste waren ein Geschenk.
Sie haben ein Schwein von Romualdo geschlachtet.
Mamen hat die Vordertür von ihrem Auto geöffnet.
Es war die Tür auf der Seite
wo man nicht lenkt.
Josefa ist eingestiegen.
Sie ist im Auto geblieben
mit der Tür offen
und hat sich von halb Arcuelamora verabschiedet.
Ich saß auf dem Baumstumpf
wo wir immer immer die Mandeln geknackt haben.
Ich habe ein Hemd gestopft.
Mein Onkel Joaquín war mit der Agustinilla auf der Weide.
Ich stand auf
und wollte etwas zu Josefa sagen.
Denn es war klar:
Josefa wusste mehr als ich
über den Arzt und über das Geld
und Josefa sah zufrieden aus.
Aber da ist Mamen zu meinem Baumstumpf gekommen.
Alle haben hinter Mamen hergeguckt.
Denn es war Sommer
und Mamen hat eine sehr kurze Hose angehabt
und sie hat ein Hemd ohne Ärmel angehabt.
Mein Onkel Jose und andere Männer
sind rausgekommen.
Sie wollten sich von Josefa verabschieden.
Die Männer sagten zu ihr Süße und noch mehr.

Zu Mamen
nicht zu Josefa.
Mamen lächelte.
Sie ging genau auf meinen Baumstumpf zu.
Dann hat sie mir zwei Küsse gegeben.
Sie hat mein Hemd angesehen
und hat gesagt:
Du kannst gut nähen.
Da war mir mein Hemd peinlich
neben dem so hübschen Hemd von Mamen.
Also erzählte ich eine Lüge.
Ich sagte: Das gehört nicht mir.
Das gehört meinem Onkel Joaquín.
Sie hat nach ihm gefragt.
Ich sagte: Er ist nicht da.
Das war keine Lüge.
Sie hat mich gefragt: Hast du darüber nachgedacht?
Ich fragte: Worüber nachgedacht?
Sie sagte: Nach Somorrín zu kommen.
Das war die letzte Gelegenheit.
Jetzt musste ich meine wichtigen Fragen stellen.
Ich fragte sie:
Mamen was ist Schwachsinnlichkeit?
Mamen riss die Augen auf.
Sie fragte mich: Wo hast du das gehört?
Ich stellte mich dumm.
Ich hatte wohl etwas Falsches gesagt.
Oder ich hatte ein Geheimnis verraten.
Ich dachte:
Vielleicht ist es das Geheimnis von Eulalia.
Das Geheimnis mit Romualdo:
Eulalia will mit Romualdo
zum Arzt für die Schwachsinnlichkeit gehen.
Sie will das Geld behalten
und Mamen soll es nicht merken.

Ich wollte nicht
dass Romualdo Ärger bekommt.
Ich stellte mich dumm
und ließ Mamen reden.
Mamen nahm meine beiden Hände
mit dem halb geflickten Hemd dazwischen.
Ich stach mich mit der Nadel.
Aber ich sagte nichts.
Sie sagte: Angelita
du bist nicht schwachsinnlich.
Schwachsinnlich ist wer das zu dir gesagt hat.
Ich dachte: Eulalia.
Aber ich sagte es nicht.
Und dann sagte sie:
Du bist ein junges Mädchen
und hast dein ganzes Leben noch vor dir
und du hast das Recht alles zu tun
was Mädchen in deinem Alter tun:
arbeiten
mit Freunden ausgehen
sich hübsch machen für die Kirmes.
Und du musst nicht
in einem Dorf am Arsch der Welt
die Hemden von einem Alten flicken.
Wenn dir noch jemand sagt
dass du schwachsinnlich bist
sagst du:
Wenn hier jemand schwachsinnlich ist
dann ja wohl deine Tante.
Alles klar?
Das sagte Mamen zu mir.
Ich glaube sie dachte:
mein Onkel Joaquín hat mir
das mit der Schwachsinnlichkeit gesagt.
Denn Mamen hat nicht einmal gewartet

bis er vom Feld zurückkommt.
Mamen hat mein Bündel in den Kofferraum geworfen.
Dabei war sie doch immer so höflich.

Aussage von Doña Patricia Lama Guirao, getätigt vor dem Amtsgericht Nr. 4 von Barcelona am 1. Juli 2018 im Prozess betreffend den Antrag zur Genehmigung einer Sterilisation einer behinderten Person aufgrund der vorgelegten Klage seitens der Generalitat von Katalonien gegen Doña Margarita Guirao Guirao.

Vorsitzende Richterin: Ehrenwerte Doña Guadalupe Pinto García
Rechtspfleger: Don Sergi Escudero Balcells

Mit den gleichen Worten wie in der Selbstvertretungsgruppe werde ich es Euer Ehren erzählen, denn Sie werden mir dann schon sagen, dass weder »die« Nati noch »die« Marga über die Drehkreuze der Metro springen müssen, mein Gott, wir haben als Behinderte schließlich die Rosa Fahrkarte, und die kostet nur ein Drittel der normalen Zehnerkarte. Die Zehnerkarte kostet 10,20 und die Rosa Fahrkarte 4. 40 Cent die Fahrt! Wer würde nicht Geld und sich das Risiko sparen wollen, schwarzzufahren. Ich bin auch schon schwarzgefahren, so ist es nicht, als wir gerade nach Barcelona gekommen waren und ich, »die« Àngels, »die« Nati und »die« Marga nicht mal »Kohle« für Tabak hatten, weil unsere Tante Montserrat das ganze Geld von »der« Nati und »der« Marga behielt, bis die Generalitat sie entmündigte.

Haben Sie »ne« Vorstellung davon, wie viele Zigaretten ich auf der Straße erbettelt habe? Hunderte! Nur gut, dass die »Kerle« uns Frauen immer eine geben, wenn wir uns »nuttig« verhalten. Mir haben sie im Leben noch keine Zigarette verweigert. Es stimmt zwar, wenn du hübsch und jung bist und alles an seinem Platz ist, dann brauchst du dich auch nicht »nuttig« zu verhalten, aber gut, das machst du halt, um dich erkenntlich zu zeigen. Angesichts des so deutlich drohenden sozialen Ausschlusses bin auch ich schwarzgefahren, Euer Ehren, und ich habe Verständnis für jeden, der unter den gleichen Bedingungen schwarzfährt, und es käme mir nicht in den Sinn, jemanden zu kritisieren, der das tut, so wie viele alte »Grantelköppe« das tun, alte »Bruddler«, die als Rentner ja selber die Rosa Fahrkarte haben! Klar, mit einer Rosa Fahrkarte für 4 Euro in der Tasche ist es leicht, jemandem zu sagen, er soll sich doch eine Zehnerkarte für 10,20 kaufen! Da haben wir, hohes Gericht, also den Generationenkonflikt, den Unterschied zwischen der alten und der neuen Politik.

Ich erzähle Ihnen das, weil Sie die Vor- und Nachteile sehen müssen. Folgendermaßen: Ich habe die drei an dem Tag »zusammengetrommelt«, als ich mit Kochen dran war, und ich sage zu ihnen, ich mache nichts zu essen, wenn sie mir nicht zuhören. Merkwürdigerweise hat keine protestiert. »Die« Àngels war gerade dabei, mit einer Tüte Cheetos zwischen den Knien die *Simpsons* zu gucken, mit einer Hand hat sie gegessen und mit der anderen hat sie ihren Roman auf dem Handy getippt. »Die« Marga war auf dem Balkon und starrte ins Leere, noch ungeduscht und mittags um zwei auf der Südseite, keine Ahnung, wie sie das aushält; und »die« Nati hat in ihrem Zimmer Heftchen gelesen, ein Bein in der Luft.

Wir setzen uns ins Esszimmer. »Die« Àngels schaltet den Fernseher aus, ohne dass sie jemand darum gebeten hätte, das fand ich ziemlich rücksichtsvoll. »Die« Àngels wusste schon, worum es geht. Eigentlich sollte sie sogar die Sache erzählen, aber wir hatten ausgemacht, dass ich es erzähle, vor allem weil »die« Àngels das Stottern anfängt, wenn sie was Ernstes erzählen soll, und zweitens damit die anderen nicht denken, dass sie ihre Rolle als Schatzmeisterin und am wenigsten Behinderte von allen ausnutzt, um uns eine Lektion zu erteilen, Gott bewahre. Manchmal muss man meine Cousine und meine Schwester daran erinnern, dass sie es war, die uns drei aus der Hölle von Somorrín befreit hat, die mit drei Verwandten unter ihren Röcken Spanien durchquert, die uns nach Barcelona ins Haus von »der« Tante Montserrat gebracht und die darum gekämpft hat, uns dort herauszubekommen und im Betreuten Wohnen unterzubringen, also, wenn sie wollte und weniger »rumstammeln« würde, könnte »die« Àngels uns schon die eine oder andere Lektion erteilen.

Ich nehm also meine Brille ab und kneife mir in den oberen Teil vom Nasenrücken, so wie sie das im Film machen, wenn jemand sehr besorgt ist, und ich war sehr besorgt. Dann schaue ich auf den Boden, die Stirn auf eine Hand gestützt und die Brille in der anderen. Ich trage das Kleid mit den Papageien und dem tiefen Rücken. Diese Mode mit dem Ausschnitt hinten statt vorne hat mein Leben verändert, denn ich habe wenig bis überhaupt keinen Busen, aber dafür Schulterblätter wie zwei Klingen, und die sind verdammt »sexy«, das sind meine »Rückentitten«. Also sage ich, was ich sagen muss: Niemand soll einen Schreck kriegen, aber die Sozialarbeiterin und die Leiterin der Wohnung sind schon seit Tagen nicht sehr zufrieden.

Es vergehen ein paar lange Sekunden der Stille. Ich nehme an, dass »die« Àngels schweigt, um die anderen beiden nicht in ihrer Antwort zu beeinflussen, weder zum Guten noch zum Schlechten. »Die« Marga und »die« Nati denken wohl über das nach, was ich gesagt habe, denke ich, oder sie haben es vielleicht gar nicht verstanden, weil sie die am meisten Behinderten sind, und ich sollte es noch mal in anderen Worten erklären. Aber als ich die Brille wieder aufsetze, merke ich, dass »die« Àngels auf ihrem Handy »rumtippt« und »die« Marga immer noch mit leerem Blick Richtung Balkon starrt und »die« Nati weiter in diesen Heftchen liest. Ganz offensichtlich ist es mir nicht gelungen, Ernsthaftigkeit und zugleich den Wunsch nach einem Dialog zu vermitteln, Tiefe und zugleich einen Hoffnungsschimmer in meine Worte zu legen. Du liebe »Pussy«, was hab ich denn dann vermittelt? Welcher Teil von »die Bosse sind nicht zufrieden« ist so schwer zu verstehen? Ganz ruhig, Patricia, gutes Mädchen, sage ich mir. Schlag die Beine noch einmal übereinander und wiederhole die Botschaft, aber diesmal mit der Brille auf der Nase, denn so, mit deinem sinnlichen und beunruhigten Blick, dem Blick einer Superheldin, die der Fiesling an Fuß- und Handgelenken gefesselt hat, wirst du die anderen drei Blicke aus ihren Blumentöpfen graben und sie zu dir lenken, ihr Licht sein, wie bei diesen Sonnenblumen von Van Gogh, die im gemütlichen Bügelzimmer an der Wand hängen. Und zurück an die Arbeit, Satz für Satz für die lieben Verwandten: Leute, es gibt etwas Wichtiges, was ihr wissen müsst. Ihr müsst wissen, dass »die« Diana und »die« Susana wegen ein paar Kleinigkeiten, die vorgefallen sind, nicht mit uns zufrieden sind. Aber ganz ruhig, es gibt für alles im Leben eine Lösung, außer für den Tod.

Heilige Jungfrau im Himmel, habe ich es etwa nicht auf die allerhöflichste Art formuliert? Sollte in meinem Ton irgendetwas gewesen sein, was zum Ausdruck bringt, dass ich sie »verkohlt« hab, oder weshalb kommt nur von »der« Nati überhaupt eine Reaktion, und die Reaktion von »der« Nati besteht darin, dass sie sagte: »Entschuldige, Schwester, aber da täuschst du dich, denn für den Tod gibt es eine Lösung«? Ich nehme das übergeschlagene Bein wieder runter, stelle beide Absätze auf den Boden und sage »der« Nati, dass ich nicht mit ihr darüber diskutieren werde, ob es für den Tod eine Lösung gibt oder nicht, denn mit meiner Schwester kann man nicht diskutieren, aber wofür es ganz sicher keine Lösung gibt, das sind ihre Manieren und ihre Respektlosigkeit, weil sie einfach weiter ihre Heftchen liest, während eine andere Person, also ich, mit ihr spricht. Daraufhin hört sie also auf zu lesen und ist so unverfroren und korrigiert mich: Sie sagt mir, dass das keine Heftchen sind, sondern Fans vom Sinn, was weiß ich was für Fans vom Sinn, und warum ich das nicht auch zu »der« Àngels sage, die ihr »scheiß« Handy nicht loslässt. Weil sie »scheiß« sagt, kann ich mich bremsen und »gehe« nicht direkt auf »die« Àngels »los«, die wirklich überhaupt nicht mehr zum Vorbild taugt, wo sie doch die am wenigsten Behinderte ist, aber ihr »scheiß« Handy keine »scheiß« fünf Minuten loslassen kann, und stattdessen »stürze« ich mich unvermittelt und »aus heiterem Himmel« auf »die« Nati, wie unflätig die sogar mit ihrer eigenen Schwester redet.

Ich nutze die Empörung, die ich so gut hinbekommen habe, um gleich alles andere auf einmal rauszulassen: dass der Bericht von »der« Susana Gómez in diesem Monat ungünstig ausgefallen ist, dass »die« Diana Ximenos ihn bestätigt und letztens »die« Àngels angerufen hat, um ihre Sorgen mitzuteilen. War es so oder nicht, Angelita?, sage ich zu meiner Cousine. Ich bin wütend und das Angelita rutscht mir so raus, aber »die« Àngels hat den »Nerv« und hebt, nachdem sie nicht einmal, um die *Simpsons* zu gucken, vom Handy abgelassen hatte, genau in diesem Moment den Blick und korrigiert mich ihrerseits, indem sie ihren Namen mit dem ganzen katalanischen Dünkel ausspricht, den sie in ihren Akzent einer stotternden Arcuelamoranerin legen kann.

Mein rechter Fuß rattert los wie eine Nähmaschine im Steppstich, das ganze Bein und die Papageien auf dieser Seite beben. Ich bin nicht perfekt. Wann habe ich behauptet, dass ich perfekt bin, Himmelherrgott? Wie jedem anderen auch muss man mir Dinge erklären und mich verbessern, niemand kommt auf die Welt und kann mehr als essen, »kacken« und »vögeln«, aber man kann wie ein Tier essen, »kacken« und »vögeln«, nicht wie ein Mensch, und damit bin ich nun die dreiunddreißig Jahre meines Lebens beschäftigt: Mit der angemessenen Unterstützung die nötigen sozialen Fähigkeiten und Fertigkeiten zu lernen, um ein mit vollen Rechten ausgestattetes Mitglied der Gesellschaft zu werden, eine integrierte Bürgerin, deren besondere Bedürfnisse etwas zur Pluralität beitragen, zum Wohlstand und Reichtum der demokratischen Gesellschaft.

»Du redest wie eine schäbige drittklassige Funktionärin, Patri, meine Liebe, ein Jammer. Dabei hattest du echt mal Gangsterqualitäten«, sagt »die« Nati, aber da habe ich schon die »Nase gestrichen voll« und die sollen sich doch bitte schön alle »verpissen«. Ich gehe das Mittagessen kochen, und als ich die Schere in eine Ecke des Kartons *Tomate frito* ramme, spritzt mir etwas von der Tomatensoße aufs Kleid und auf die Brille, und ich breche in Tränen aus. Sie haben wieder die *Simpsons* angemacht und hören mein Gejammer nicht, also muss ich noch schlimmer weinen. Seit ich klein bin, gucke ich gern in den Spiegel, wenn ich weine. Weinen – und da sind sich alle Psychologen egal welcher Ausrichtig einig – heißt, sich nicht zu unterdrücken und gesund zu sein; und wenn du dir dann auch noch selbst beim Weinen zuschaust, bist du wie neugeboren. Das Weinen wird länger, du hustest, spuckst, wirst heiser, trampelst, schlägst gegen Dinge, wirfst die *Tomate frito* um, schmeißt auf den Boden, was du in die Finger bekommst, leerst Milch und Öl aus, beißt in die Spülschwämme, kippst den Mülleimer um und weinst endlich nicht mehr aus dem Grund, der dich zum Weinen gebracht hast, sondern einfach aus Vergnügen. Und dann diese Schläfrigkeit, wenn dir die Luft ausgeht? Kein Valium, kein Alprazolam, kein »Weißderfuchswas«: Nein, »Heultherapie« vor dem Spiegel. Man muss die Tränen nutzen, wenn sie kommen, und genau das tat ich da und habe mich in einem Topfdeckel aus Aluminium betrachtet, weil es in der Küche sonst nur so einen Minispiegel an einem Souvenir-Magnet am Kühlschrank gibt. Meine Handtasche war auch nicht weit weg, ich hätte mir mit dem kleinen Handspiegel behelfen können, aber ich konnte die Küche nicht verlassen, wenn ich noch irgendwie das Mitleid von einer der »Fettärsche« bekommen wollte, die sich bereits wieder gestritten haben wie an jedem »verdammten« Montag: »Die« Nati sagt, dass das ihr Tag ist, »wo« sie das Fernsehprogramm aussuchen darf, und dass sie aussucht, gar nichts zu gucken, dass der Fernseher also aus bleibt; »die« Àngels sagt, wenn »die« Nati von ihrem Recht keinen Gebrauch macht, würde sie es verlieren und es ginge auf jemand anderen über, denn man darf hart errungene Rechte nicht einfach verschwenden; und »die« Marga sagt, wenn das Recht auf jemand anderen übergeht, wieso denn dann auf »die« Àngels und nicht auf sie, denn sie will nicht die *Simpsons* gucken, sondern einen heißen Film anmachen. Aber weil »die« Marga mit ihrer Depression keine Lust zu streiten hat, kommt sie als Erste zu mir in die Küche und sagt das, was mir an diesem Morgen gerade noch gefehlt hat, um das Gemüsemesser zu nehmen: »Patricia, du bist echt hoffnungslos schwachsinnig.« »Schwachsinnig« sagt die »dumme Sau« Marga nur, um mich zu ärgern, so klar wie sie das Thema mit der Behinderung hat. Bis wir 17 waren, waren wir beide in der SOSKA. Aber jetzt sagt »die« Marga nicht mehr »SOSKA« oder »SOSKA-Schule«, sondern sie klappt die Buchstaben einen nach dem anderen auf und sagt: »die Sonderschule für schwachsinnige Kinder in Arcos«. Weißt du, wie die Leute gucken, wenn sie das hören? Dann sehen sie mich natürlich wie eine Schwachsinnige an! Und sie sagt auch nicht FEAPS, sondern »dröselt« wieder jeden Buchstaben »auf« und sagt: »Die *Federación Española de Asociaciones Pro Subnormales*, also der *Spanische Verband von Vereinen für Schwachsinnige*, hat uns zu einem Vortrag von Pablo Pineda eingeladen, dem ersten Downsyndromler in Europa, der einen Universitätsabschluss erworben und beim Filmfestival in San Sebastian die Silberne Muschel gewonnen hat.« Aber darauf antworte ich ihr dann, dass sich die FEAPS wohlweislich nach einundfünfzig Jahren umbenannt hat. Seit September 2015 heißt sie *Plena Inclusión*, *Vollkommene Inklusion*, ja, Doña Margarita? Was passt dir denn daran wieder nicht, hm, hm, hm? Denn sie »reitet« nur darauf »rum«, um einem auf den »Sack« zu gehen, aber sie muss etwas länger drüber nachdenken, und während sie nachdenkt, haben *Plena Inclusión* und ich den Angriff schon gewonnen.

Jedenfalls nennt sie mich eine hoffnungslos Schwachsinnige und ich gebe ihr die Antwort, die man in solchen Fällen legitimer Selbstverteidigung ausnahmsweise, verhältnismäßig und energisch zu geben berechtigt ist: »Wenn hier jemand schwachsinnig ist, dann ja wohl deine Tante.« Sie lächelte mit diesem depressiven Lächeln, ihre auseinanderstehenden Zähne voller Zahnstein, die zu den Gitterstäben eines Käfigs werden, hinter denen etwas verzweifelt flattert, ein auf wundersame Weise gefangener Spatz, der sich nie an die Gefangenschaft gewöhnt hat, ein Schmetterling, dem die gelbe Spucke die Flügel verklebt, und antwortete: »Meine Tante, und jetzt pass gut auf, ist deine Mutter.« Das ist kein Bewusstsein für Behinderung, entschuldigen Sie, dass ich das so sagen muss. In meinem Dorf ist das Boshaftigkeit, das und die Lust, jemanden zu verletzen. Ich habe das scharfe Messer in der Hand, aber weil ich Pazifistin bin, nehm ich den Topfdeckel und mache weiter mit der »Heultherapie«.

Dann kommt »die« Àngels, das Handy immer noch in der Hand, und schaut sich das Theater von der Küchentür aus an. Sie fragt, ob ich auch will, dass sie uns aus der Wohnung werfen, und dann kommt »die« Nati, was das heißen soll, dass sie uns rauswerfen, und das war ja wohl ein »amtlicher Ausraster« gerade eben. »Wie damals in Somorrín!«, sagt sie anerkennend, tritt über die Schwelle und legt mir eine Hand auf den Rückenausschnitt. Jetzt, »wo« alle drei bei mir sind, lässt mein Weinen nach und ich fange an, alles sauberzumachen und wieder zu sprechen. Unsere Schauspiellehrerin im LÄWO hatte so recht, als sie sagte, dass Worte viel wahrhaftiger und natürlicher wirken, wenn man beim Sprechen die Hände beschäftigt: »Sie werden uns rauswerfen, wenn wir so weitermachen«, sage ich beim Fegen. Wie das, wieso, fragt meine Schwester und geht zur Seite, damit ich fegen kann, wo sie stand, und »die« Àngels, die immer die *Aberrant Behaviour Checklist, Zweite Ausgabe (für ambulante Versorgung)* im Munde führt, antwortet ihr, so eben, mit solchem problematischen oder störenden Verhalten oder Verhaltensauffälligkeiten. Sie wirft einen Blick aufs Handy, tippt ganz schnell was und lässt es dann wieder sinken. Darauf »springt« »die« Nati »an«, und ich sehe schon, dass wir hier vor vier Uhr nachmittags nicht essen werden, »die« Nati also: »Hör mal, Cousinchen, hast du schon mal drüber nachgedacht, dir das Handy durch den Schlitz deiner »Möse« zu ziehen, so wie wenn du mit Karte bezahlst und den Pin eingeben musst?« Was für ein Mundwerk meine Schwester Natividad hat. Da ich noch »Postheulen« tiefenentspannt bin, gehe ich ganz nett und freundlich dazwischen und sage, dass genau diese provokante Sprechweise zu den Formen störenden Verhaltens gehörte, wegen dem sie uns »rauswerfen« könnten. »Die« Ángels sagt, dass sie – nur zu unserer Information – ihr Handy nur darum so oft benutzt, weil sie einen Roman schreibt, und meine Cousine hat wirklich die Ruhe weg, die braucht kein Valium und kein Alprazolam und auch keine »Heultherapie«. Den ganzen Tag am Handy zu hängen macht sie unfassbar duldsam und friedfertig, ihr kann irgendein Typ am Strand sagen, zwischen ihren dicken »Eutern«, die sie da hat, könnte er sich einen »abwichsen«, der Wahnsinn, und ihre einzige Reaktion ist, dass sie zur Kontrolle die Falte zwischen ihren Brüsten fotografiert. Aber »die« Nati beruhigt sich nicht, und dass es nicht zu fassen ist, dass »die« Ángels einen Roman auf WhatsApp schreibt und den an die WhatsApp-Gruppe der Selbstvertreter schickt. Da »kann« die arme Nati auch nichts »für«. Denn sie ist zwar aufs Konservatorium gegangen und dann zur Universität und hat richtig gute Noten bekommen und alle Stipendien, aber mit dem Schiebetürensyndrom, was sie später bekommen hat, geht ihr viel technischer Fortschritt nicht mehr in den Kopf, ganz normal, dass sie das frustriert, ganz normal, dass sie wütend wird, und auch normal, dass sie gewisse Bemerkungen nicht runterschlucken kann und sie sich so Luft macht, darum sage ich ja, man muss bescheiden und inklusiv sein und darf uns nicht wie Bürger zweiter Klasse behandeln, denn du kannst jederzeit eine Behinderung bekommen, unangekündigt, wenn du es am wenigsten erwartest, so wie bei »der« Nati, zwei Monate, bevor sie ihren Doktortitel bekommen hätte. Aber dafür hat sie ja ihre Schwester, und die erklärt ihr wenn nötig die Sachen zwanzig Mal hintereinander. Ich sagte: »Nati, das Buch, was ›die‹ Ángels schreibt, ist ein Pluspunkt für uns, das ist ein Argument dafür, uns nicht aus der Wohnung zu werfen. Aber dass umgekehrt du um zehn Uhr vormittags nach Hause kommst, vor Gott und der Welt Schimpfwörter benutzt und schwarzfährst und ›die‹ Marga verdirbst, sodass sie auch schwarzfährt, das ist ein Minuspunkt. Ein Pluspunkt wäre, wenn du zum Unterricht in Integrativem Tanz gehen würdest, wie dir ›die‹ Laia beim Treffen der Selbstvertretungsgruppe gesagt hat.« (Doña Laia Buedo, Euer Ehren, ist die Psychologin, die unsere Selbstvertretungsgruppe betreut.) Da ich hörte, wie sich die Federn der Schiebetüren aktivierten, unterbrach ich an dieser Stelle die Liste der Plus- und Minuspunkte von »der« Nati und sagte ihr, immer noch total freundlich, dass sie nicht allein schuld ist, sondern dass auch »die« Marga ihre Liste hat, und ich sehe meine Cousine an und sage mit aller Zuneigung, die ich zusammenbekomme: »Marga, schau mal, ein Pluspunkt wäre ein fester Freund, denn der erste Minuspunkt auf deiner List ist, dass du am helllichten Tag rausgehst, um jemanden ›aufzureißen‹, und dass dich die Polizei wegen Erregung öffentlichen Ärgernisses festnimmt und dass du mit Fremden mitgehst, genau wie eine ›Prostihure‹, nur ohne dass dich ›wer‹ bezahlt.« »Und es wäre ein Pluspunkt, wenn sie die Typen bezahlen lässt?«, fragt »die« Nati mit der ganzen Boshaftigkeit einer Zurückgebliebenen, die Gott ihr gegeben hat. Ich sage mir: »Lass gut sein, Patri, meine Hübsche, du bist wie die Eiche, an der sich das Schwein reibt, lass dich von ›der‹ Nati nicht auf ihr Gebiet ziehen, heute ist die Küche ›Patriland‹.«

Ich versuche beim Sprechen das anzuwenden, was die Schauspiellehrerin uns über die beschäftigten Hände und wahrhaftigen Worte gesagt hat, aber für eine Kurzsichtige mit Sklerose wie mich ist es ganz schön schwierig, gleichzeitig authentisch zu sprechen und gut zu putzen, weshalb ich den Boden nur noch mehr »einsaue«. Ich lasse also den Wischmopp tanzen und »veranstaltete« ein wildes »Gemansche« aus Öl, Milch, *Tomate frito* und Bohnen aus der Dose. Während ich das mit den Plus- und Minuspunkten erkläre, fängt darum »die« Marga so an zu putzen, wie sie es »draufhat« – wenn die Frau nur wollte und mal das »Gewackel« mit den Hüften lassen würde, könnte die bei *Eulen* oder *Reinigungs-Castor* arbeiten, ihr eigenes Geld haben und unabhängig sein, die Generalitat würde ihr das bestimmt erlauben, um der übergeordneten Interessen der Behinderten willen, und die Firmen würden sicher noch belohnt oder man würde ihnen sogar die Beiträge für die Sozialversicherung erlassen, wenn sie einen rechtmäßig Behinderten einstellen, und außerdem wäre das noch ein Pluspunkt, damit wir in der Wohnung bleiben dürfen! Und wenn sie es ihr nicht erlauben oder wenn sie es erlauben, aber die Firmen keine Zurückgebliebenen in der Belegschaft wollen, könnte »die« Marga schlicht und einfach irgendwo »schwarz« putzen, denn wissen Sie, was sie für ein Talent zur »Putze« hat? Zuerst nimmt sie das Besteck und die Töpfe aus dem Chaos, die nicht kaputtgegangen sind, weil sie aus Metall sind oder aus Plastik oder Holz, und legt sie ins Spülbecken. Dann breitet sie Küchenkrepp aus, um damit das Gröbste aufzusaugen und die Scherben aus Glas und Keramik aufzusammeln von den Sachen, die kaputtgegangen sind. Das braucht eine Weile, weil die Küche wirklich ein »Saustall« ist. Dann geht sie in die Waschküche, um da den Wischeimer mit Wasser zu füllen, aber zuerst spült sie ihn unter fließendem Wasser aus, weil immer ein bisschen »Bodensatz« vom letzten Mal Putzen drinbleibt. Bevor sie in die Waschküche geht, zieht sie sich die Pantoffeln aus, damit deren fettige Sohlen nichts schmutzig machen: Sie stellt die Pantoffeln auf japanische Art auf den dreckigen Küchenboden aus Fliesen, die Parkett imitieren, und geht ohne ihn noch mal zu betreten zum sauberen Boden der Waschküche, der ist aus aquamarinblauen Kacheln. Dann trägt sie, wegen des Gewichts ein wenig zur Seite geneigt, den Eimer zurück – der Unterarm angespannt bis zur Faust, die sich um den Griff ballt wie eine umgedrehte, zum Klassenkampf nach unten statt in den Himmel gereckte Faust –, und dann zieht »die« Marga ihre Schuhe wieder an und fängt an, eine erste Runde zu wischen, aber noch ohne Putzmittel, damit da keine Rutschbahn entsteht und auch damit sich der Schrubber beim Fegen nicht »einschmiert« und dann als dicker Rasierpinsel mein »Gemansche« verteilt. »Hat« »die« Marga es »drauf« oder »hat« sie es »drauf«? Im Leben wäre mir eine solche Putzstrategie nicht in den Sinn gekommen, und dabei habe ich 14 % weniger Behinderung!

Ich rede also »der« Nati das Ohr »blutig«, »die« Nati guckt zum Wohnzimmer und nörgelt, weil »die« Àngels wieder die *Simpsons* angeschaltet hat, ob sie glaubt, sie wäre die Herrin im Haus oder was, ob sie glaubt, wegen zehn Jahren mehr »auf dem Buckel« und einem Bankkonto würden wir ihr Gehorsam schulden, und ob sie eigentlich glaubt, weil sie uns aus Somorrín rausgeholt und nach Barcelona gebracht hat, könnte sie auf uns »rumtrampeln«, wie sie will, und »die« Àngels »klammheimlich« mit dem Handy in der Hand, und dann lädt »die« Nati nach: Wenn sie glaubt, dass es ein Distinktionsmerkmal wäre oder von moralischer Überlegenheit zeugen würde, nicht zu antworten, dann läge sie aber sowas von falsch, denn tatsächlich wäre es ein Zeichen von Ergebung und »wer schweigt hat unrecht«, dass also »die« Àngels wirklich glaubt, dass ihr das Haus gehört und dass sie schlauer ist als alle anderen, was ja auch zum Teil stimmt, weil sie die am wenigsten Behinderte von uns allen ist, aber weil meine Schwester unter 70 % liegt, hat sie kein Bewusstsein für Behinderung, also versteht sie das nicht.

Und dann habe ich mir eine Verstauchung zugezogen, aber in der Seele, denn in diesem ganzen Radau hat die arme Margarita einfach ohne zu »mucksen« weitergeputzt. Diese Verstauchung der Seele waren Gewissensbisse, wie mir später die Psychologin Doña Laia Buedo erklärt hat, als ich ihr davon erzählt habe, eine Art »Seelenjuckreiz«, als ich meine Cousine gesehen habe und wie sie schweigt, und ihr Schweigen war nicht wie das Schweigen von »der« Àngels, das »der« Nati zufolge das gleiche Schweigen ist wie vom Pedro Sánchez, wenn er bei der Pressekonferenz keine Fragen erlaubt, das gleiche Schweigen, »der« Nati zufolge, von den »Aufgegeilten«, die dir erst sagen, was du für Augen hast, sie würden dir glatt die »Pussy« lecken, und wenn du sie bittest, das zu wiederholen, was sie gerade gesagt haben, sind sie stumm wie ein Fisch. Aber wieso macht mir das Schweigen von »der« Àngels keine Gewissensbisse, das von »der« Marga aber schon? Meine Schwester, der ich das noch vor »der« Doña Laia erzählt habe, meinte, das liegt daran, weil das Schweigen von »der« Marga was anderes ist und meine Gewissensbisse keine Reue sind, sondern das Erkennen einer Ungerechtigkeit. In diesem Fall ist die Ungerechtigkeit, dass »die« Marga, die ohne meine Hilfe, ohne sich zu beschweren und ohne dass sie jemand darum gebeten hätte die »Sauerei« putzt, die ganz alleine ich gemacht habe, und ich »ratter« dazu auch noch die Liste mit ihren Plus- und Minuspunkten »runter«. Und weil es keine Reue ist, sondern Ungerechtigkeit, würden die Gewissensbisse auch nicht weggehen, indem ich um Entschuldigung bitte, nachdem die Milch schon vergossen ist, sondern indem ich mich bedanke und außerdem, wenn »die« Marga das nächste Mal mit Putzen dran ist, selbst einen Schrubber nehmen und mir ihr putzen würde. »Wie denn?«, frage ich meine Schwester, nehme mir die Brille ab und wische die dicken Tränen weg, die, so könnte man es ausdrücken, die Ausscheidungen meiner »Seelenverstauchung« sind. »Wie soll ich denn putzen, wenn meine Krankheit doch degenerativ ist und ich mit jeder Stunde, die vergeht, mehr zum ›Maulwurf‹ werde, ich sehe ja nicht mal, wo mein eigener ›Scheißdreck‹ anfängt oder aufhört?« »Irgendwie«, antwortet mir »die« Nati. »Wenn du mit deiner Kurzsichtigkeit nicht mehr tun kannst als Löffelchen abtrocknen, dann trockne eben Löffelchen ab.« Das mit den Löffeln verstand ich: kleine Gesten, die viel bedeuten, okay. Aber danach redet »die« Nati in ihrer unverständlichen »Schiebetüren«-Sprache auf mich ein, und bei dem Tag, den ich in den Knochen habe, und so »geplättet«, wie ich vom Weinen bin, habe ich keine Lust, mich anzustrengen, um sie zu verstehen. Sie sagt irgendwas in der Art, dass ich jedenfalls nicht in ihr Zimmer laufen soll um dann bei ihr »rumzuheulen« und an die »Solidiät« oder »Solidarbität« oder »Sollivarität« und Liebe zwischen uns Schwestern zu »perlieren« oder »pellieren« oder »tabellieren«, die, wie wir ja wohl genau wissen, nicht existiert. Am besten ihr Recht geben wie Kindern und Verrückten: Ja, ja, das weiß ich genau, sage ich. Dass sie mich nicht trösten, sondern nur »Klartext« reden wollte. Sicher doch, total klar, denke ich, sage aber nichts und dämmere weiter weg hinter meinen fingerdicken Brillengläsern, die sind so dick, dass meine zufallenden Augen kaum auffallen. Und dass ich mich wegen meiner verstauchten Seele freuen sollte. Ich freu mich wie verrückt, denke ich, und sie: dass ich mich freuen sollte, weil es so viel mehr war als eine Verstauchung, es war eine »Epipherie« oder »Epipafie« oder »Epidemie«, ich weiß nicht genau, was sie gesagt hat, eines dieser unverständlichen Wörter von »der« Nati, was ihr zufolge so etwas heißt wie die Erkenntnis, dass ich

»die« Marga »demisediere« oder »demoliere« oder »dominosiere«, noch ein Wort, was ich nicht verstanden habe, und dass ich – so »die« Nati – begreife, dass dieses »Dämonieren« schlecht und schmerzhaft ist. Das Schweigen von »der« Marga, schloss »die« Nati, war also ihre »Unehrwürdigkeit« oder »Unterwütigkeit« oder »Unterwürflichkeit«, mit anderen Worten (und dieses Wort habe ich verstanden!): unter Ordnung von »der« Marga. »Und was ist ihre Ordnung?«, frage ich mit vorgetäuschtem Interesse. »Oder Strategie«, sagt sie. Ordnung oder Strategie beim Putzen, na klar, wie ich es gesagt habe! Kommen die Worte beim Sprechen authentischer daher, wenn die Hände mit dem Saubermachen beschäftigt sind, dann hilft es, still und konzentriert zu sein, damit das Saubermachen authentischer und besser wird.

Die Vorsitzende Richterin	Die Zeugin	Der Gerichtsschreiber
Guadalupe Pinto	Patricia Lama	Javier López Mansilla

»Weißt du noch, wie wir das erste Mal ins Autonome Zentrum gegangen sind?«, fragte mich Marga, kaum dass sie mich aus dem Unterricht kommen sah. Sie haben ihr die Aufgabe gegeben, mich zur neuen Tanzschule zu begleiten. Sie meinen, indem sie im Alltag für kleine Dinge Verantwortung übernimmt – etwa ihre Cousine ans andere Ende der Stadt zu bringen und wieder abzuholen –, wird sich Marga nützlich fühlen, und ihr Selbstbewusstsein wird wachsen, und dadurch wird ihre Depression nach und nach schwinden, und außerdem muss sie duschen. Man muss schon sehr doof sein, um nicht zu verstehen, dass sie sie damit in den Nachmittagsstunden, die sie sonst alleine in der Wohnung verbringt, aus dem Haus haben wollen, und das ist inzwischen fast jeder Nachmittag, denn aus Angst, dass sie uns aus der Wohnung werfen, verdoppelten Patri und Ángela ihre Fellationes (denn es ist Fellatio, nicht Cunnilingus) bei der Vorarbeiterin Susana Gómez vom Arbeitssklavenlager (STÄWO), bei der Feldwebelin Laia Buedo im Verhörkeller ohne Kameras (Selbstvertretungsgruppe von La Barceloneta) und bei der aufstrebenden Doktorandin Diana Ximenos in den Zentralen Laboren für Rassenhygiene (*Plena Inclusión*, vormals FEAPS). Dadurch wollen sie verhindern, dass Marga irgendwelche Kerle oder gelegentlich Weiber besteigt, oder dass sie den Porno auf voller Lautstärke laufen lässt, was die Spaziergänger unter unserem Balkon anzieht. Außerdem halten sie damit mich von der Tagesförderstätte für Erwachsene La Barceloneta (TAFEBAR) fern, denn die Faschas empfinden mich offenbar als störend, und klar, so macht man das seit dem Urknall und seit uns Ángela vor drei Jahren aus dem Konzentrations- und Vernichtungslager in Somorrín (LÄWO) geholt hat: Anstatt die Faschisten von mir fernzuhalten, halten sie mich von den Faschisten fern und schicken mich auf eine Tanzschule, die an der Bahnstation Les Corts fast ganz am Ende der grünen Linie 11 liegt, neben dem Camp Nou, also am Arsch der Welt.

»Das ist keine Tanzschule«, sagte der Direktor der Tanzschule, als Patri und ich mit der Sozialarbeiterin dort waren, um uns über die Kurse zu informieren, die sie Integrativen Tanz nennen. »Das ist eine Fabrik zur Herstellung von Bewegung.«

»Das ist ein Vollidiot«, sagte ich, aber ich sagte es gutgelaunt, denn es gefiel mir hier.

Die Schule befindet sich in einem alten Multiplexkino, das in großzügige Tanzsäle umgebaut worden ist, sehr hohe Decken, gedämpftes Licht, und es ist ruhig, weil man die Schalldämmung der Kinosäle bewahrt hat. Es gibt eine für alle zugängliche Küche und einen Speiseraum, WLAN mit einem offen sichtbaren Passwort, es gibt Sofas und die Umkleidekabinen sind blitzsauber und das heiße Wasser läuft lange genug, sodass man beim Duschen nicht zwanzig Mal auf den Knopf drücken muss. Und das Wichtigste: Niemand sagt was, wenn du da herumbummelst und in die Luft guckst und den ganzen Nachmittag dort verbringst und all diese Dinge nutzt.

»Natürlich erinnere ich mich an jenes wunderbare erste Mal im Autonomen Zentrum«, antwortete ich Marga, die da wegen der Angelegenheit mit der Besetzung häufiger hingeht als ich und mir immer anarchistische Fanzines, Broschüren und Zeitungen mitbringt, sie weiß, wie sehr ich die mag. Marga liest überhaupt nichts, weil sie kaum lesen kann, sie wählt die Fanzines auf gut Glück aus. Heute hat sie mir eine drei Monate alte *Widerwille* mitgebracht, der Leitartikel attackiert den Internationalen Frauentag. Und sie hatte das Fanzine *Verbrenn dein Handy* für mich, ein weiteres namens *Kollektiver Sex: Vom Mangel zum sexuellen Überfluss* und eine Broschüre, die zum Boykott des Corte Inglés aufruft. Weil Marga sie sich auf gut Glück greift, lese ich sie sogar noch lieber, das Fehlen von Vorsatz steigert den Genuss. So ergibt sich eine unverhoffte Politisierung, frei von Gedankenbürokratie. Eine Freude, wie wenn die Kleidung, die du auf einem Müllcontainer findest, dir wie angegossen passt. Eine aus Leichtigkeit und Dankbarkeit gemachte Freude, die dir dank dieser Elemente zu einer plötzlichen Klarsichtigkeit verhilft, dir fällt die Binde von den Augen, so wie an dem Abend vor vier Jahren, als am Tag der Räumung hundert Unbekannte völlig ungeplant den Bagger in Brand setzten, der gerade noch das selbstverwaltete Sozialzentrum Can Vies halb abgerissen hatte. Ein Mitglied des Zentrums ließ uns mit ihrer Erzählung daran teilhaben, wie Minute um Minute um Minute nicht eine einzige Sirene ertönte und sie die Flammen betrachten konnten. Rundherum war alles Frieden, spontanes Aussetzen von Konflikten und allgemeine Zustimmung zu einer Wahrheit, und das ist etwas anderes als beschwichtigende Befriedung, die nichts anderes ist als ein erzwungenes Verbergen des Konflikts, also Repression. Frieden während der zwanzig Minuten, die es dauerte, bis die Polizei, die Feuerwehr und sonstige gewalttätige Ordnungskräfte zur Befriedung eintrafen. Darum gefallen mir die Fanzines so gut, die Marga völlig willkürlich, aber genau ins Schwarze treffend für mich auswählt.

Die Sonne ging hinter der Präsidententribüne des Camp Nou unter, und Marga sah müde aus, aber nicht vor Anstrengung, sondern aus Langeweile. Sie wartete seit fünf Uhr auf mich, denn es lohnt sich für sie nicht, die Metro zurück bis La Barceloneta zu nehmen, um eine halbe Stunde später gleich wieder loszudüsen. Manchmal holte sie mich auch besser gelaunt ab, das Autonome Zentrum Sants liegt nämlich fußläufig erreichbar, allerdings kam sie dann mit schweren Beinen und Lendenwirbeln zurück, Marga geht nämlich mit dem Oberkörper nach vorne geneigt, mit einem Buckel, der sich auf der Höhe der Nieren rausdrückt anstatt im oberen Rücken. Dann wird sie auch müde, aber vor Anstrengung. Ich kann die beiden Erschöpfungszustände inzwischen gut unterscheiden, und ihre Müdigkeit nach dem Vögeln ist wieder anders, wenn sie der Schläfrigkeit widersteht und sich dennoch zwingt rauszugehen.

»Mit dem Rad bräuchtest du nur fünf Minuten zum Ateneo, Marga, denn es geht bergab, und zehn, wenn du mich wieder abholst, denn da geht es bergauf, und dir würden weder die Waden noch die Hüfte wehtun! Man fährt im Sitzen und die Kraft kommt aus den Oberschenkeln, verstehst du? Und du hast super Schenkel! Ich bringe es dir bei!«

»Nati, erinnerst du dich an den Typen, der letztens von den Molotowcocktails geredet hat?« Marga kann nicht Fahrradfahren und sie will es auch nicht lernen oder auch nur davon hören, weil es ihr Angst macht.

»Wie könnte ich den vergessen! Der hat nicht von Molotowcocktails geredet, der hat sie mit dem Mund verschenkt. Weißt du noch, wie intelligent und bescheiden er alles erklärt hat? Sogar wir schienen in der Lage zu sein, Sprengmeisterinnen zu werden!«

»Der war ein Filter, Nati.«

»Nicht dein Ernst.«

»Das haben sie mir heute im Ateneo gesagt, sie lassen ihn nicht mehr rein, da nicht und nicht im Can Vies und auch sonst nirgendwo in ganz Barcelona. Sie wollen Zettel mit seinem Gesicht drauf an die Türen aller Okupas kleben.«

»Der gleiche Typ, sicher?«

»Ein Spitzel, sicher wie das Amen in der Kirche. Sie haben ihn an dem Tag reden lassen, damit er sich ganz allein reinquatscht und sich selbst verrät, denn in dieser Stadt ist ja anscheinend schon seit zehn Jahren kein Cocktail mehr durch die Luft geflogen. Sie begnügen sich mit Farbbeuteln und Eiern, so wie bei den Festen in Arcuelamora, wenn man damit die Rekruten bewirft.«

»Moment, Moment, warte mal kurz. Woher weißt du mit Sicherheit, dass er ein Filter war und nicht einfach ein Aufwiegler, der Komplizen anstacheln wollte?«

»Naja, sie haben mir erklärt, weil man das mit den Cocktails nie und nimmer ganz offen in einer Versammlung vor Gott und der Welt sagen würde, und noch die Tür offen, weshalb ja auch du und ich da einfach reinspazieren konnten. So was wird gesondert besprochen. Darum und wie er aussah. Sein Iro super gepflegt, immer in Form, und der Schädel blitzblank. Den hat er sich jeden verdammten Morgen rasieren müssen. Das war der entscheidende Punkt: Kein Punk wendet für irgendwas so viel Zeit auf. Die ganzen Klamotten von Quechua. Der Tabak zum Selberdrehen von Marlboro. Und er hat wohl auch komische Sachen gesagt. Statt Okupa sagte er besetztes Haus. Und beim Kampfsporttraining redete er von Ehre und Brüderlichkeit und davon, den kleinen Rumänen und den kleinen Zigeunern auf der Straße Respekt beizubringen.«

»Meine Güte. Ich habe es ihm komplett abgekauft.«

»Jedenfalls habe ich ihn vor oder nach den Treffen gevögelt und gerade habe ich ihn wieder gevögelt.«

»Jesses! Einen Bullen?!«

»Ich habe ihn im Can Vies gevögelt, in einem mit Krempel vollgestopftem Zimmer im hinteren Bereich. Und heute hier in den Schultoiletten. Wir haben das Ateneo gemeinsam verlassen, und ich hab so getan, als wüsste ich nichts von seinem Ausschluss ab morgen. Ich dachte, ich muss das jetzt noch ausnutzen, denn ich werde ihn wohl nicht wiedersehen, aber ich habe auch gedacht, im Can Vies werden sie ihn jetzt nicht mehr reinlassen und die Uhr tickt, vierzig Minuten, bis ich bei dir sein musste. Also habe ich ihm gesagt, ich hätte es eilig, er soll mich begleiten, und dann sind wir in einen der Waschräume der Schule gegangen. Die riechen so gut!«

»Du bist also gar nicht vor Langeweile müde, sondern weil du gerade eine Nummer geschoben hast?«

»Na ja, es war nicht gerade die Nummer des Jahres, aber es tut immer gut, sich mit einem Schwanz drin einen runterzuholen, das krampft besser, und es ist immer aufregend, ganz leise zu vögeln, um nicht entdeckt zu werden, und angezogen zu vögeln macht einen wild, und dann hast du auf einmal den Gedanken im Kopf, es könnte der letzte Fick sein, auch wenn der andere keine Ahnung hat und denkt, er vögelt dich nächsten Donnerstag wieder, und darum geizt er mit seinen Bissen und seinem Knutschen und mit Abschiedsworten. Außerdem war es der typische Fick, bei dem man auf dem Klo sitzt, wo du nicht viel davon hast, wenn der Schwanz nicht sonderlich groß ist und dir nicht bis an die Decke der Muschi reicht und dich nicht ausfüllt. Ich bin zur Hälfte vor Langeweile müde und zur anderen Hälfte vom Vögeln.«

»Faschos mit kurzen Schwänzen, was für eine bahnbrechende Erkenntnis der Psychoanalyse.«

»Das ist der Einzige der ganzen Truppe, den ich in diesen endlosen vier Wochen, die ich schon mit den Okupas abhänge, vögeln konnte, Nati. Es ist nicht zu fassen.«

»Sexuell reaktionäre Anarchos, noch so eine neue Erkenntnis der Psychoanalyse. Aber eines noch, Marga.«
»Was denn.«
»Ich werde vom Zuhören ganz geil.«
»Dann erzähl ich weiter. Komm, ich trag dir den Rucksack wie die Mamas nach der Schule die von ihren Kindern.«
»Was anderes, Marga.«
»Scheiße, ist der schwer. Was denn?«
»Das ist die Wasserflasche, gib mal, dann nehm ich die raus. Marga, wusstest du, dass der ein Spitzel war, als du angefangen hast, ihn zu vögeln?«
»Woher sollte ich das denn wissen! Die haben mir das mit den Iros und den Molotowcocktail-Phantasien alles erst vor einer Stunde erzählt. Ich hab mir einen Undercover-Polizisten immer wie einen Typen in Bermudas vorgestellt, der am Strand die Penner anhält, oder wie eine Tante, die im Minirock um elf Uhr nachts die Flyer-Verteiler abfängt, oder die in Lederjacke und knallenger Hose zu einem Dealer in Raval Ja bitte sagt und im gleichen Atemzug die Handschellen rausholt. Bist du immer noch scharf oder törnt dich das ab?«
»Es kommt und geht. Aber wenn du das gewusst hättest, und wo du doch gerade beim Besetzen bist, hättest du dann mit ihm geschlafen?«
»Ach Nati, weiß ich nicht. Ja, oder?«
»Und der weiß, dass du übermorgen das Haus besetzen wirst?«
»Meine Güte, Nati, keine Ahnung! Ich bin dumm!«
»Hast du es ihm erzählt?«
»Nein, entschuldige mal: Ich verausgabe mich beim Vögeln, aber ich bin so was von verschwiegen, superverschwiegen bin ich.«
»Himmel, Marga ... superverschwiegen jetzt auch nicht.«
»Ich sag ja nicht, dass ich beim Vögeln still bin, das wäre wohl auch ein Armutszeugnis. Ich meine nur, dass ich nicht mit den Schamlippen quatsche, und überhaupt habe ich dem nur meinen Okupa-Namen verraten, Gari Garay.«
»Dein Kampfname ist wirklich schön! Ich will auch einen, keinen Okupa-Namen, weil ich ja keine Okupa bin, aber einen Künstlernamen, als Tänzerin. Entschuldige, ich habe dich unterbrochen.«

»Ich wollte sagen, dass er bei den Besetzer-Treffen auch gar nicht dabei war, da kommt man nur auf Empfehlung rein, denn die Kacke ist am Dampfen. Ich bin reingekommen, weil die vom PAH mich angekündigt hatten. Wir haben uns bei den offenen Treffen gesehen, da wo es um allgemeinere Dinge geht und wo man nichts Kompromittierendes sagt. Wann ein Party stattfindet, was auf die Plakate kommt, wer die Vorträge organisiert, wer sich um die Bar kümmert, wie viel das Bier kosten soll ...«

Sofort verdoppelt sich meine Lust auf ein gezapftes Bier. Danach ist mir immer, wenn ich vom Tanzen komme, aber beim billigsten Chinesen von Les Corts kostet ein Bier 1,80. Das heißt: Für ein Glas Bier in einer Kneipe kriegst du zwei auf der Bank und hast noch was übrig, und für 30 Cent weniger gibt es eine Litrona Xibeca. Und dann das Problem, einen Kellner zu finden, der uns Coca-Cola auf die Rechnung setzt statt Bier. Die rhetorische Herausforderung der Verstellung, die Notwendigkeit, die Sprache des Feindes zu sprechen, sagen zu müssen, das sind Bewirtungskosten, das sind Spesen, sehen Sie denn nicht, dass ich Tänzerin bin, mein Akzent ist unverkennbar, ich komme nicht aus Barcelona und bin für Proben mit meinem Tanzensemble hier im Zentrum zur Bewegungserschaffung. Schauen Sie, man muss nicht mal lügen. Schreiben Sie einfach Getränk, nicht Coca-Cola oder Bier oder sonst was, einfach Getränk 1,80 und gut, ich bitte Sie, tun Sie mir den Gefallen.

»Ich weiß, welchen Namen ich nehme, Marga. Nata Napalm. Wie findest du ihn?«

Letztendlich erlaubten wir uns auf meinen Vorschlag hin zusammen den Luxus eines Biers und die Armseligkeit der Rechtfertigung, denn wie der Protest-Opa Marx völlig zu Recht sagte, Tanz ist eine bourgeoise Kunst, und wie es in meinem Dorf völlig zu Recht hieß, alles ist ansteckend außer der Schönheit. Nachdem ich technisch und im Ausdruck gut getanzt hatte, nachdem ich im Tanzunterricht an diesem Nachmittag Lust gefunden hatte nicht im Gefühl von Schwerelosigkeit oder in endlosen Drehungen, was ekstatische Genüsse sind (und so schwer mit mechanischen Mitteln zu erreichen), sondern in der Synchronität und der Wiederholung, was die dekorativen Genüsse sind (und so leicht mit mechanischen Mitteln zu erreichen), danach also tropfte das Dekorative immer noch von mir herunter, noch immer hing mir die Verzückung über die Ordnung nach, dieselbe, die einem Opa während der Eröffnungsszenen des Balletts bourgeoise Tränen in die Augen treibt, dieselbe, die angesichts der rhythmischen Sportgymnastin, die ohne zu straucheln auf der Matte landet, bourgeoisen Applaus auslöst, dieselbe, die wegen eines Schnäppchens im Schlussverkauf oder wegen eines billigen Flugtickets bourgeoise Euphorie hervorruft, dieselbe Verzückung, die der brave Bürger empfindet, wenn es ihm gelingt, gleichzeitig mit seiner Partnerin zu kommen, denn dank dieser Gleichzeitigkeit hat der Sex ein Ende, kann der Bürger aufhören sich anzustrengen, denn Gott sei Dank ist die Lust zu allen gekommen und man kann sich wieder anderen Dingen widmen. Die gleiche Anziehungskraft der Ordnung ließ letztendlich die Vorstellung, mich auf eine Bank zu setzen und mir mit meiner Cousine einen Liter schales Xibeca direkt aus der Flasche zu teilen, unattraktiv erscheinen und stattdessen den Wunsch wachsen, uns auf die Terrasse eines Chinaladens zu setzen und für jeden ein eigenes und nicht übertragbares, genau richtig bitteres und genau richtig holziges und wirtschaftlich vernünftiges Estrella Damm zu bestellen. Wegen dieser Hingabe an die Genauigkeit, die einem noch anhaftet, wenn man gerade eine neue Choreographie gelernt hat, war ich außerdem davon überzeugt, dass ich, wenn ich etwas mehr bezahlte, mich besser mit meiner Cousine unterhalten würde, beredter, entspannter, mit mehr Wertschätzung die kurze Verschnaufpause genießend, bis Patri uns zu vermissen anfängt und uns wieder auf den Sack geht.

»Meinst du, er hat mit mir gebumst, um Informationen über die Okupas aus mir rauszukriegen?«

»Worauf du einen lassen kannst, Marga, mein Herzchen. Hat er dich irgendwas Komisches gefragt?«

»Nati, alles, was er mich gefragt hat, war, ob er in mir kommen soll oder draußen oder in meinem Gesicht oder in meinem Mund, ob ich es lieber langsam will oder schnell, ob es mir im Arsch mehr oder weniger Spaß macht, und ob lieber Spucke oder Gleitgel.«

»Weiß ich doch, Dummerchen. Es macht mich einfach heiß, dir

zuzuhören, und sieh mal einer an, was für ein zuvorkommender Fascho. Aber wenn er dich nichts Komisches gefragt hat, dann war er auch kein Filter. Das ist einfach ein Spinner, der gehört hat, im Can Vies machen sie die Revolution, aber der ist auch nicht bescheuerter als die paranoiden Spinner vom Autonomen Zentrum, die Spitzel sehen, wo einfach nur ein Kerl ein Mädel vögelt, das er kaum kennt, und das auch noch in den Hinterzimmern der Anarchisten!«

»Nati, Schatz, ich komme nicht mit. Glaubst du, dass dieser Typ mir die Besetzung versauen wird?«

»Aber nein, Marga. Nur die Okupas selbst können dir deine Besetzung versauen!«

»Jetzt spinnst aber du, Nati. Diese Leute haben mir doch geholfen.«

»Diese Leute sind stockkonservativ, Marga. Die haben dir geholfen und werden dir weiterhelfen, so wie die Barmherzigen Brüder den Leprakranken helfen, ich sage nicht, dass sie es nicht tun, aber schau zu welchem Preis: Du bumst einen Typen, den ihr gerade erst kennengelernt habt, du genau wie die. Und das macht sie sofort misstrauisch: Wieso legt dieser Spinner mit seinen Molotowcocktails eine unserer Kameradinnen flach, was hat der vor? Wozu ist er hier, um unsere Frauen zu ficken? Und pass gut auf, in welche Richtung der Verdacht geht, Marga, denn das ist des Pudels Kern: Die Anarchos haben ihn verdächtigt und nicht dich. Sie glauben, dass er der Filter ist, und es ist ihnen überhaupt nicht in den Sinn gekommen, dass du die von der Polizei Infiltrierte sein könntest. Ihn finden sie gefährlich, dich finden sie harmlos.«

»Mich hat ja auch die PAH empfohlen, Nati, das habe ich dir doch schon gesagt.«

»Als wäre die PAH nicht Ada Colau und Ada Colau nicht die Bürgermeisterin und als würde die Bürgermeisterin nicht jedes Mal die Polizei verteidigen, wenn die mit Schlagstöcken auf die fliegenden Händler losgeht, und als würde die Polizei nicht für die Colau stimmen! Wieso vertraut ein Anarchist mehr dir, die du von der PAH geschickt worden bist, als jemanden, der ganz offen von Gewalt gegen die Polizei spricht? Verkehrte Welt!«

Marga hörte mir mit der ihr eigenen Aufmerksamkeit zu, ohne

auf den für eine Antwort geeigneten Moment zu warten, diese Art zuzuhören, die nicht nach dem Wort oder dem sich für einen Widerspruch anbietenden Argument sucht, dieser bei Marga überhaupt nicht vorhandene Drang, einen Widerhaken einzuwerfen, ihr überhaupt nicht vorhandenes Bedürfnis zu diskutieren. Marga hortet stattdessen deine Worte und beurteilt dich ruhig und besonnen. Liegt das am Tripteridol oder versteht auch Marga mich manchmal einfach nicht? »Marga, verstehst du, was ich dir sage?«

»Mehr oder weniger. Aber es ist nicht so einfach und klar, wie es für dich aussieht, Nati.«

»Was ist nicht klar, Marga?«

»Ist egal.«

»Nein, ist es nicht. Dann muss ich klarer sein. Also, noch mal: Du und dieser Typ vögelt miteinander. Alle wissen das und ihr beide macht daraus auch kein Geheimnis, richtig? Oder seid ihr heimlich in dieses Zimmer im Can Vies geschlichen?«

»Nein.«

»Seid ihr unauffällig wieder rausgekommen?«

»Nein.«

»Fummelt ihr vor den anderen rum?«

»Manchmal, aber nicht so doll. Wir gucken uns vor allem an.«

»Guckt ihr euch heimlich an?«

»Das weiß ich nicht, aber los jetzt, komm zum Punkt, Nati, es ist schon halb acht.«

»Worauf ich hinauswill: Nachdem ihr wochenlang ganz offen gevögelt habt, werfen sie den Typ raus, dich aber nicht. Was ist passiert?«

»Dass er ein Filter war.«

»Nein! Aber gut. Nehmen wir mal an, er war wirklich ein Filter. Sollten sie dann nicht auch der Frau gegenüber misstrauisch sein, die der Filter gevögelt hat, wegen der anzunehmenden Vertrautheit zwischen den beiden?«

Margas Ausdruck änderte sich, und ihr beurteilendes Schweigen schien in ein komplizenhaftes Schweigen überzugehen, ich hatte mich wohl endlich klar genug ausgedrückt. Und so sprach ich weiter, die Wörter kamen wie frisch gebackene Brote aus meinem Mund:

»Die Antwort ist Ja. Wenn sie in ihren Verdächtigungen und Vorsichtsmaßnahmen kohärent wären, müssten sie die Okupas auch mit deinem Gesicht tapezieren. Das ganze Umfeld eines Filters ist durch den Filter kontaminiert, und der Anarchist als Spezialist für Systemkritik weiß so was. Er weiß, dass er nicht mal dem Hund trauen kann, den der Typ sich geschnappt hat, um als Crustie durchzugehen. Und du müsstest ihnen erst recht verdächtig vorkommen, weil du neu dazugekommen bist und die Regeln nicht kennst, du warst noch nie im Leben auf einer Demo. Sprich, du bist nicht politisiert. Du bist eine Gefahr für die Bewegung: naiv und mit wertvollen Informationen. Warum also, frage ich noch mal, haben sie dich nicht rausgeworfen?«

Ich stellte das als eine rhetorische Frage in den Raum, doch Marga verstand es als eine an sie gerichtete Frage und war drauf und dran zu antworten, stattdessen lächelte sie dann aber nur ein wenig, dieses Lächeln, das sich einem auf die Lippen legt, wenn man etwas Offensichtliches erkennt. Sie nahm einen großen Schluck von ihrem Bier, ein bisschen lief ihr über das Kinn, sie wischte es mit dem Handrücken sauber und ich fuhr fort: »Sie haben dich nicht rausgeworfen, meine liebe Margarita, weil sie diesen Kerl auch nicht wegen Spitzelei rausgeworfen haben. Das war nur der Vorwand, um ihn loszuwerden, ein wirkmächtiger und nicht zu hinterfragender Vorwand in Untergrundmilieus wie diesem, aber hier komme ich und hinterfrage ihn doch. Es ist ein Vorwand, mit dem auf zweierlei Art Macht ausgeübt wird. Erstens dient er dem Anarchisten als private geistige Rechtfertigung, denn so braucht er dem wahren Grund, warum er den Spinner mit den Molotowcocktails ausschließen will, nicht nachzugehen, ein Grund, dessen bloße Vorstellung ihn schon beschämt, ein Grund, der für einen Radikalen ein unehrenhaftes Tabu ist und den er darum nicht einmal ausspricht, aber ich werde ihn gleich aussprechen. Und zweitens übt dieser Vorwand seine große Rechtfertigungsmacht nicht mehr nur privat und geistig aus, sondern kollektiv und äußerlich, weil, wenn der Stempel Spitzel erstmal gesetzt wurde, kein Kamerad mehr anfangen will, andere Gründe zu erwägen, die der Wahrheit näher kommen, der unausgesprochenen Wahrheit, die ich aussprechen werde, sobald ich die Mechanismen des Vorwandes erläutert habe.

Wenn er einmal als Spitzel abgestempelt wurde, will niemand mehr mit ihm fraternisieren, das Risiko ist viel zu groß. Wenn der Spinner mit seinen Molotowcocktails wirklich ein Filter ist, wäre das Risiko ein echtes Risiko, das in Anzeigen und Gerichtsverfahren gegen einen Kampfgefährten münden könnte, ein Risiko, gegen das man also Vorkehrungen treffen muss. Die getroffenen Vorkehrungen, welche den verschleiernden Vorwand des unausgesprochenen Grundes darstellen, den ich aber gleich aussprechen werde, sind einwandfrei in ideologische, taktische Kampfbegriffe gekleidet. Sie sind das Rückgrat der politischen Radikalisierung, sie sind Maßnahmen zur Bekräftigung des anarchistischen Bewusstseins. Sie sorgen für Befriedigung in den als Individuen begriffenen Mitgliedern der Gruppe, für Befriedigung und ein Erfolgserlebnis, Siegesgefühle. Das ist so, weil der Ausschluss des Spitzels bedeutet, dass auf den Faschisten gezeigt wird und damit wird der Faschist in Distanz zu denen gebracht, die er angreift, es geschieht also das genaue Gegenteil von dem, was wir in unserem faschistischen Alltag erleben, wenn beispielsweise jemand nicht mehr kann bei seiner Arbeit und wegen einer Depression oder wegen Angstzuständen oder wegen sexuellen Missbrauchs um eine Beurlaubung bittet: Der faschistische Chef oder die faschistische Chefin und die faschistischen Kolleginnen und Kollegen, die ihm oder ihr in einer Tour den Arsch lecken, bleiben, und wer das faschistische Spiel nicht mitspielt, fliegt. Das genaue Gegenteil, als wenn die Machos dir auf der Straße nachpfeifen: Du gehst weiter und der Macho bleibt an der Tür der Bar und wartet dort auf ein anderes Mädchen, dem er nachpfeifen kann. Das genaue Gegenteil von dem, was Susana und Patricia mit mir gemacht haben, als sie mich aus der TAFEBAR genommen haben: Sie zeigen auf die Angegriffene, bringen sie auf Distanz zu den Angreifern und lassen die Faschisten des Zeitgenössischen Tanzes in Ruhe.

Ich machte eine etwas längere Pause als sonst zwischen zwei Sätzen, und Marga nutzte die Gelegenheit, um aufzustehen, in die Bar zu gehen und mit der Rechnung über »zwei Getränke 3,60« auf der halben Seite eines Quittungsblocks zurückzukommen.

»Gehen wir, es ist schon zehn vor acht.«

»Die Steuernummer der Bar fehlt«, sagte ich, und Marga seufzte und ich ging rein, um die Rechnung zu vervollständigen. Der Inhaber verstand nicht richtig, was ich von ihm wollte. Eine sehr junge Chinesin, die das gleiche Spanisch sprach wie alle anderen Jugendlichen jenseits der Avinguda Diagonal, will sagen, ohne eine Spur von katalanischem Akzent und mit dem Akzent aus dem Fernsehen, löste den Blick gerade so lange vom Handy, wie sie brauchte, um einen Kuli zu nehmen und die Steuernummer auswendig aufzuschreiben, in der gleichen flachen und abgerundeten Handschrift aller Jugendlichen: Zahlen wie bunte Luftballons auf dem Boden eines hübsch dekorierten Festes.

Obwohl ich noch nicht zu Ende gesprochen hatte, gingen wir schweigend zusammen zur versifften U-Bahn. Ich stecke meine Cousine nicht mit Gesprächigkeit an, sondern sie mich mit Schweigsamkeit. Wie so oft zog sie mich in ihre Spirale des Schweigens, die mehr ist als einfach nur Ruhe. Obwohl du gerade noch gesprochen hast, verstummst du plötzlich, weil du dich mit deinen Gründen alleine fühlst. Dich beschleicht das Gefühl, viel zu viel geredet zu haben, obwohl du gar nicht zu viel geredet hast, es hat dir aber niemand geantwortet, weder um dir zuzustimmen noch um dir zu widersprechen. Du hast auch keine Selbstgespräche geführt: Da waren Leute, und die Leute haben dir zugehört und waren vielleicht sogar deiner Meinung, aber die einzige, die etwas gesagt hat, warst du. Sie versuchen dir das Gesöff aus religiösen Ideen einzuflößen, demzufolge dein Schweigen kein Nachgeben und Unterordnen ist, sondern Erhebung, Distinktion, Respekt, wenn dieses Schweigen doch eigentlich sagt, du seist viel hübscher, wenn du still bist. Wie weh tat der Gedanke, dass auch Marga mich durch das Abflussgitter der Spirale des Schweigens ziehen wollte!

»Marga«, sagte ich, als wollte ich sie um Erlaubnis bitten.

Die U-Bahn-Station Les Corts ist eine von den neuen und darum hat sie keine Drehkreuze, sondern Schiebetüren an der Fahrkartenkontrolle, die viel schwieriger zu überspringen sind, und auch wenn ich – da ich den Widerwillen tief verinnerlicht habe – normalerweise immer springe (an diesem Tag allerdings hatte ich wohl eher die bourgeoise Trägheit des Bierchens verinnerlicht und wäre nicht mal gesprungen, wenn ich allein gewesen wäre), bekommt Marga die Springerei nicht so gut hin und muss sich sehr sicher fühlen, damit sie es tut, was nur in tiefer Nacht der Fall ist, also machten wir eine Zwei-für-eine-Polonaise. Als die Wirkung der üblichen Dosis Adrenalin nachließ, dank der du aufmerksam darauf achtest, dass keine Sicherheitsleute da sind und sich weder Kontrolleure noch irgendwelche Metro-Mitarbeiter außerhalb ihrer Bahnwärterhäuschen herumtreiben, redete ich weiter:

»Ich habe dir noch nicht gesagt, was der wahre und unausgesprochene Grund ist, warum sie deinen Romeo rausgeworfen haben. Willst du ihn wissen?«

Sie antwortete mir mit einem stummen Nicken und breitete ihre ausufernden Hüften auf einer Bank am Bahnsteig aus. Margarita war müde.

»Die Anarchisten haben deinen Romeo rausgeworfen, um dich vor dem sexuellen Verlangen zu bewahren, Cousinchen. Die Anarchisten haben deinen Romeo rausgeworfen, weil sie glauben, dass die ganze sexuelle Initiative von ihm ausging. Dass du also verführt worden bist. Sie gehen davon aus, dass du dem Macho gegenüber in einer Position der Schwäche bist, dass er dich ausnutzt, weil du neu bist, weil du kein richtiger Punk bist, weil du anders als die Feministinnen im Autonomen Zentrum nicht konsequent Nein sagen kannst. Womit tapezieren sie ihre Partys? Mit Plakaten, auf denen NEIN HEISST NEIN steht. Was haben die vom Can Vies bei der letzten Party auf der Plaza Málaga gesprayt? GUCK MICH NICHT AN, KOMM MIR NICHT NAH, FASS MICH NICHT AN. Fuck! Und jeder Buchstabe einen halben Meter groß! Wenn daneben wenigstens ein genauso großes Graffiti mit JA HEISST JA! gewesen wäre. Aber nichts da, ein gleichmacherisches Keuschheitsgelübde beherrschte das Fest. Die Anarchisten wollen dich beschützen, weil sie nicht begreifen, dass du – eine Frau – willst, dass sie dich anschauen, dass sie sich dir nähern und dass sie dich anfassen, und dass das auch für einen fast völlig Unbekannten gilt. Die Okupas kriminalisieren den Sexualtrieb genauso, wie sie vom Strafgesetzbuch dafür kriminalisiert werden, dass sie leben, ohne Miete zu zahlen. Sie kriminalisieren den Sexualtrieb von dem Augenblick an, wo sie meinen, dass jeder, der dich anschaut, der sich dir nähert oder der dich anfasst, dich missbrauchen will. Sie ermutigen uns, die Frauen, Nein zu sagen. Sie wollen uns, den Frauen, beibringen, uns zu betrinken, Pogo zu tanzen, zu kiffen und uns zu vermummen, so wie es die Männer immer gemacht haben. Aber eine Sache, die die Männer immer gemacht haben, wollen sie uns nicht beibringen: sexuelles Verlangen zu zeigen und es zu befriedigen.«

Die U-Bahn fuhr ein und ich machte wieder eine etwas längere Pause als üblich zwischen den Sätzen, aber dieses Mal nutzte Margarita die Gelegenheit nicht, um dazwischenzugehen. Sie sah mir in die Augen und zog gelegentlich ein wenig die Brauen hoch. Ich bin nicht sicher, ob ihr Schweigen das der Spirale war, das Schweigen, was den Sprechenden tadelt. Hatte ich vielleicht etwas von einer solchen Tragweite herausgefunden, dass Marga keine Einzelheit verpassen wollte?

»Für deine Anarchisten geht vom Sexualtrieb eine Gefahr aus. Darin stimme ich ihnen zu: Ficken ist gefährlich. Ficken ist ein Willensakt, ein politischer Akt, ein Moment der Schwäche, in dem alles passieren kann, von Peinlichkeiten bis zum Tod, von Trance und Ekstase bis zur Auflösung. Die Anarchisten wollen dieses Risiko nicht eingehen. Sie gehen andere Risiken ein, viele und unterschiedliche, aber dieses nicht. Warum riskiert es diese Anarchistengeneration nicht zu ficken, während die Anarchisten von vor hundert Jahren das sehr wohl getan haben?«

Diese Frage war rhetorisch gemeint, aber Marga verstand sie wieder als an sich gerichtet, ein sicheres Zeichen dafür, dass sie mir zuhörte. Sie kannte die Antwort nicht und zuckte mit den Schultern. »Dieser Mentalitätswandel wäre eine genauere Untersuchung wert. Erachten die heutigen Anarchisten die Emanzipation des Sexualtriebs nicht für einen Teil ihres Kampfes für die Emanzipation von jeglicher Unterdrückung?« Marga zuckte wieder mit den Schultern, und ich antwortete selbst: »Anscheinend nicht. Dieser Kampf, macht er ihnen Angst?« Wieder hob Marga die Schultern und ließ sie fallen, die Geste eines Mädchens, das in der Schule abgefragt wird, aber nicht gelernt hat und die Antwort nicht weiß. Ich antwortete wieder: »Sieht ganz so aus. Haben sie Angst zu vögeln? Darauf zielen die Schüsse, darauf zielen die Gummigeschosse der sexuellen Einsatzkräfte. Sie haben die sexuelle Befreiung schlicht und einfach als Erkennen und Sichtbarmachen der nicht heteronormativen Persönlichkeit von Schwulen, Lesben, Bisexuellen und Transsexuellen verstanden. Sie haben das hübsche Konzept der ›sexuellen Dissidenz‹ geprägt, um sich damit dann auf nichts weiter als auf die Oberfläche des Geschlechts zu beziehen: auf die Identität und den äußeren Anschein, also auf genau das, was sich beim Vögeln auflösen sollte. Sexuelle Dissidentin ist die Frau, die sich einen Bart stehen lässt. Sexueller Dissident ist der Typ, der von sich selbst im Femininum spricht. Sexuelle Dissidentin oder sexueller Dissident ist, wer Testosteron oder Östrogene nimmt. Die alle sind sexuelle Dissidenten des Heteropatriarchats. Aber was ist mit der supergeschminkten Frau, die sich wie Beyoncé kleidet, eine mit Silikontitten und Botoxlippen, die will, dass man sie anschaut und dass man sich ihr nähert und dass man sie anfasst, weil diese Frau schlicht und einfach Lust hat zu vögeln? Ist sie sexuell dissident? Sie will damit kein Geld verdienen, sich keinen Vorteil bei der Arbeit verschaffen, will niemanden eifersüchtig machen, sie will vögeln, weil Vögeln für sie das Beste auf der Welt ist, weil sie den Sex und die beim Sex interagierenden Körper weder idealisiert noch kategorisiert oder klassifiziert, sie begreift das Vögeln vielmehr als etwas überhaupt nicht Symbolisches, sondern eher als Hurerei, in anderen Worten, viel eher als Aufgabe, all unser Potenzial in den Dienst der Lust zu stellen.«

Das war nun weder die Spirale des Schweigens noch das schlecht vorbereitete Mädchen. Wir saßen nebeneinander und manchmal drehte Marga nicht nur den Kopf, sondern ihren ganzen Oberkörper in seiner natürlich nach vorn geneigten Haltung zu mir, wie Sherlock Holmes oder der rosarote Panther, der einer Fährte in meinem Schoß folgt, sodass ihr Ohr auf Höhe meines Mundes war und ich ihr seit Tagen nicht gewaschenes Haar roch. »Für deine Anarchogruppe ist diese Frau keine sexuelle Dissidentin. Diese Frau ist blöd. Diese Frau bringt sich in Schwierigkeiten. Diese Frau provoziert, sie macht es den Vergewaltigern leicht oder jedenfalls den faschistischen Machos oder den sensiblen Machos, was am Ende das Gleiche ist, und sie gefährdet die Grundfesten des negierenden Feminismus, des kastrierenden

Feminismus, in dem die Frau – paradoxe Wendungen des Lebens – wieder die Rolle der Unterdrückten einnimmt, denn sie stattet den, der sich ihr mit sexuellen Absichten nähert, mit einer solchen phallischen Macht aus, dass es nicht mehr angezeigt ist, anzugreifen – was eine angemessene kämpferische Verhaltensweise wäre –, sondern sich zu verteidigen. Die kastrierende Feministin versteht sich selbst als Objekt der Unterdrückung durch den, der sie vögeln will, und den sie auf jeden Fall als Subjekt der Unterdrückung begreift. Als gute Devote findet die selbstkastrierende Feministin in dieser sadistischen Beziehung, in die sie – weit davon entfernt zu kämpfen – einwilligt und in der sie sich einrichtet, Lust in der Ablehnung, die der Sadist ihr aufzwingt. Die Feministin denkt, dass sie diejenige ist, die sich dem Phallus verweigert, aber sie täuscht sich: Sie will, dass der Phallus sie ablehnt. Sie will die klassischen Rollen der Schwanzfopperin und des Kumpeltyps neu verteilen. Sie will nicht mehr die Verführerin sein, die den Kuss verwehrt, nachdem der Kerl sie auf ein paar Drinks eingeladen hat. Anstatt diese beschissenen Rollen einfach in die Luft zu sprengen, diese Beziehung, in der es weder Fleisch noch Wahrheit gibt, sondern nur Rhetorik und Verführung, will die Selbstkastrierte die Rolle des Kumpeltyps annehmen und der andere soll der Pussyfopper sein, ihr Verwehrer des Fleisches, dem sie sich unaufhörlich unterordnet, weil ihr der eigene Mangel an sexueller Initiative gefällt, denn das ist eine mühsame Angelegenheit, die große Kreativität verlangt, viel Verantwortung und ein hohes Risiko. Indem sie sich also verwehrt, vermeidet sie überraschende Folgen, die aus gedankenlosem Vögeln entstehen können, denn das Fehlen von Maß und Mitte unterscheidet, wer wollte das bezweifeln, das gute vom schlechten Vögeln. Außerdem ist es genau das fehlende Maßhalten, das uns von Fetischismen fernhält und uns der wahrhaftigen ungezügelten Paarung näherbringt, ungezügelt nicht als Synonym von schnell, sondern von unbegrenzt, bedingungslos und ohne jede Formalität.«

Ich streichelte ihr Haar. Dass es so fettig war, dass es einen glänzenden Film auf meinen Fingern hinterließ, und dass sie wie wochenlang nicht gewechselte Bettwäsche roch, machte Marga zum intelligentesten Wesen in der Metro. Sie war von Natur aus und ganz unangestrengt eine Verächterin dieses vermeintlichen öffentlichen Verkehrsmittels, das in Wahrheit ein Massengrab ist und das Marga mit ihrem Geruch nach lebendigem Menschen aufbrach. Marga hatte die entfremdende Funktion durchschaut, die jede U-Bahn in jeder größeren Stadt hat: Sie lässt uns glauben, dass sie, indem sie die vier Extreme der Stadt verbindet, auch ihre Bewohner verbindet, obwohl sie sie nur einschmilzt und einander noch fremder macht, sie zwingt, sich im öffentlichen Nahverkehr zivilisiert zu verhalten, ein Verhalten, was nichts anderes ist als ein radikales Ignorieren deines Nachbarn, eine radikale Nichtinterpellation, weder in Form von Worten noch in Form von Blicken noch in Form von Geruch, und ein zusätzlicher Anreiz, nicht aufzuhören, aufs Handy zu starren. »Dieser negierende Feminismus predigt allerdings, dass es befreiend sei, das Vögeln abzulehnen, weil es den Geschlechtsverkehr als historisches Instrument der Unterdrückung der Frau durch den Mann versteht. Frau: Je weniger Zeit und Energie du in Sex investierst, in diese barbarische Aufgabe, desto mehr Zeit hast du für dich selbst, um an dir zu arbeiten und sogar die Revolution voranzubringen. Eine Frau, die nicht vögelt, ist eine unabhängige und befreite Frau. Klingt das nicht genau nach dem, wonach es klingt: dem Mysterium des Zölibats? Sie nennen sich selbst Anarchisten und erlassen Gesetze für Mösen! Ironischerweise verteidigen sie das schlechte Ficken, das maßvolle Ficken, das, darauf läuft es hinaus, bourgeoise Ficken. Der kastrierende Feminismus findet Lust in der bewussten und wohlkalkulierten Wahl des Sexualpartners, so wie der Konsument Lust in der Wahl der einen oder der anderen Mayonnaise im Supermarkt findet, denn diese Feministinnen begreifen das Vögeln als eine Frage des Geschmacks. Nichts weniger als persönlicher Geschmack!« Nicht ganz zufällig sind die Leute, die mit der größten Hingabe und Lust auf ihr Handy gucken, die reinlichsten. Nicht ganz zufällig ist die Hygiene der Vorraum zum Faschismus. »Geschmack und Verlangen sind zwei grundsätzlich verschiedene Dinge, diese als Katy Perry verkleidete Frau weiß das so gut wie der PP-Wähler am Heiligabend. Der Geschmack, der immer – wenn er nicht direkt vorgefertigt ist – von der Macht geprägt wird, ist für diese Frau nicht der Kompass. Ihr Kompass ist die Überzeugung, dass in diesen Zeiten des sexuellen Mangels, in denen wir leben, jegliche Andeutung, jedes schlüpfrige Flattern der Lider, von wem auch immer es kommt, von Mann, Frau oder Kind, Komplize und Kamerad ist, Losung und Geheimzeichen der Eingeweihten und der Regimegegner.« Ich dagegen kam frisch geduscht aus der Tanzschule. Ob das der Grund war für das Schweigen der subversiven und duftenden Marga? War ihr Schweigen Zensur, Widerstand, weil ich ihre duftende Gewalt mit meinem Duft nach Duschgel in Familiengröße hemmte? »Der Geschmack, das Wählen, kommt später, wenn die Zunge schon drinnen ist. Kann sein, dass es keine gute Zunge ist. Kann sein, dass dieser Finger nicht richtig trifft. Kann sein, dass dieser Atem nicht feurig ist. Aber wie kann man das wissen, wenn man es nicht versucht? Versuch ist das Risiko. Sich einem anderen zu nähern, um – jetzt ja: Lust – zu geben und zu nehmen, ist das Risiko.« Es war auch keine Zensur oder Widerstand. Marga wurde unter meinem Streicheln immer dösiger, bis sie schließlich ihren Kopf an meine Brust lehnte. Dort verbrachte sie die neun Stationen bis zum Umsteigen. Ich redete etwas leiser: »Die heutigen Anarchisten versuchen fast nichts und vögeln darum nur ganz wenig, und wenn sie vögeln, tun sie es unter den bourgeoisen Vorzeichen der Mäßigung und des persönlichen Geschmacks. Wir, die wir das Gegenteil verteidigen, weißt du, wie sie uns abfällig nennen? Anarcho-Individualisten, was die Vorstufe von dem ist, was die Yankees *Libertarians* nennen, also: Nonplusultra-Kapitalisten, verrückte Liebhaber des Vergnügungsparks der Freiheiten und Verdienste des Marktes, erbitterte Gegner des staatlichen Wirtschaftsinterventionismus, die sich aber nicht daran stören, wenn der Staat eingreift, um eine Grenze zu errichten und zu verteidigen, oder um ein Gesetz zu verabschieden oder eine Polizeieinheit einzurichten, die sich dem Schutz des Eigentums und den machistischen, rassistischen und, unter dem Strich, faschistischen Prinzipien widmet, die dieses Eigentum tragen.« Mein Reden wiegte sie in den Schlaf, und ihr Schweigen war vielleicht das eines vom konstanten mütterlichen Herzschlag beruhigten Kindes, und dass wir auf diese Art kommunizierten, ohne Mutter und Tochter zu sein und ohne ein Kindermädchen zwischen uns, während wir über alle fünf Sinne die Dosis Entfremdung empfingen, die uns als U-Bahn fahrende Barcelonetten zusteht, das bereitete mir ein merkwürdiges Vergnügen, merkwürdig, da es seltsam, und merkwürdig, da es selten war, ein Vergnügen, das die Bedeutungsleere unserer neoliberalen Leben ausfüllte oder wenigstens unserer Fahrt in der Metro, aber ohne über das Ziel hinauszuschießen, denn es ist ein genau richtiges Vergnügen im genau richtigen Maß, nicht ekstatisch, nicht blind, sondern hellsichtig und bewusst, ein Vergnügen, das für die Mehrheit unerreichbar ist, denn die Mehrheit ist immer eine demokratische Tautologie, und das ist das Vergnügen der Politisierung.

Ich flüsterte Marga ins Ohr und schirmte meinen Mund mit der Hand vor den Geräuschen der Bahn ab:

»Man wirft uns vor, Anarcho-Individualistinnen zu sein, weil wir – so sagen sie – an nichts denken, was über das Individuum hinausgeht. Sie sagen über uns, dass wir uns dem, was in der anarchistischen Versammlung beschlossen wird, nicht verpflichtet fühlen. Sie werfen uns vor, das Gemeinsame und Gemeinschaftliche nicht zu verteidigen, sie bezeichnen uns als Egoistinnen und meinen, dass auch wir unser Gesetz haben, das Gesetz des Verlangens, das in jeder Hinsicht tyrannischer als die anarchosozialen Gesetze sei, denn es wurde nicht von der Versammlung übernommen, und kraft dieses egoistischen Gesetzes gehe uns die Gemeinschaft am Arsch vorbei. Was für eine Ironie, Marga! Diejenigen, denen wir den diskriminierungsfreien Sex verkünden, bei denen wir Klinken putzen gehen, um die Promiskuität zu verbreiten, bei denen wir mit der fixen Idee von einem festen Sexualpartner Schluss machen und den kollektiven Sex propagieren wollen, genau die nennen uns Individualistinnen! Und sie, die maßvollen Verneiner der Lust, denen zwar längst Haare auf Sack und Pussy gewachsen sind, aber die bei jeder sexuellen Annäherung den Blick schüchtern senken oder den anderen gleich als Eindringling in ihre Privatsphäre betrachten, den Flirt als Verletzung des Status Quo, des heiligen Sicherheitsabstandes, der dafür sorgt, dass du genauso alleine nach Hause zurückkehrst wie du losgegangen bist, kurz gesagt, des heiligen Sicherheitsabstandes der Langeweile. Dieselben, die – warum lange drumherum reden – nur zu zweit und bei geschlossener Tür ficken, genau dieselben bezeichnen sich selbst als »Anarchosoziale«!

Hast du diesen anderen Spruch gesehen, WER EINE VON UNS ANFASST, FASST UNS ALLE AN? Schön wär's, sage ich da, wäre echt toll, wenn dieser Spruch nicht metaphorisch wäre, sondern sie das Verb ›anfassen‹ in seiner üblichen und wörtlichen Bedeutung benutzen würden, anstatt daraus einen Euphemismus für ›angreifen‹ zu machen. Das wäre echte Solidarität unter Kameradinnen: Wer angefasst wird, fasst die übrigen an! WER MIT EINER VON UNS FICKT, FICKT MIT UNS ALLEN! Aber weit gefehlt, Cousinchen. Diese Anarchisten vögeln sehr wenig, es will ihnen nicht in den Kopf, dass du viel vögelst, und sie wollen nicht, dass du so viel vögelst, und darum haben sie dir unter dem Vorwand, dass er ein Filter ist, deinen Bettschatz weggenommen. Verdammt, was sind die Anarchisten doch für Faschos.«

Für den Rest der Strecke bis zur Station, an der wir umsteigen mussten, war ich still. Ohne dass ich sie wecken musste, richtete sich Marga dann von allein auf, so weit sie sich eben aufrichtet, immer ein wenig vorgebeugt, wodurch ihre Brüste beim Gehen pendeln. Meine Cousine war ganz entspannt und aufgeräumt, sie schwieg wie in zufriedener Betrachtung von etwas gut Gelungenem, und ich freute mich, ihr die Angst genommen zu haben, dass dieser Typ ihr die Besetzung versaut. Entweder das, oder das Tripteridol hatte ihr die Sprache verschlagen, dachte ich. Wenn man Marga irgendeiner Analyse unterzogen hätte, wäre in ihrem Blut vielleicht keine Spur von Pharmazeutika nachgewiesen worden, und man hätte sie zur Ordnung gerufen. Wir stiegen in die Bahn und setzten uns, aber dieses Mal kuschelte sich Marga nicht an mich, weil es nur drei Stationen waren. Ich vermisste sie.

»Bist du auf Tripteridol oder hast du den Schreck überwunden?« Ich fragte sie ganz sanft.

»Nein, es geht mir gut.«

Ich verstand ihre Antwort nicht.

»Du brauchst keine Angst zu haben, Marga.« Ich legte eine Hand auf ihren Schenkel und ließ sie dort liegen, bis wir aufstehen mussten.

»Angst vor was?«

»Angst vor diesem Typen. Ich versichere dir, das ist kein Filter.«

»Der Typ ist ein Filter, Nati.«

»Aber nein, Marga. Du bist für diese verklemmten Anarchisten bloß viel zu frei. Aber mach du dein Ding und genieße es, denn dieses Haus wird dir gehören.«

Nun legte sie ihre Hand auf meinen Schenkel und unsere Unterarme waren verschränkt. Margas Schenkel ist weich und meiner ist fest.

»Ach, Nati. Es geht nicht darum, viel oder wenig zu vögeln.«

»Ganz offensichtlich doch, Marga.«

»Nein, Nati. Es geht ganz offensichtlich um etwas anderes.«

Marga redete auch ganz sanft mit mir, doch ihre Sanftheit war Herablassung, während meine Liebe war. Dieses Ungleichgewicht regte mich auf, aber ich ließ es mir nicht anmerken.

»Und worum geht es dann«, fragte ich sie und tat so, als würde meine Hand weiter ihren Schenkel berühren, während sie sich in Wahrheit in eine tote und von der fehlenden Liebe, vom Verlust meiner Freundin gelähmte Hand verwandelt hatte.

»Dass ich geistig zurückgeblieben bin, Nati. Es ist ganz offensichtlich, dass ich geistig zurückgeblieben bin. Und darum ist es ebenfalls ganz offensichtlich, dass ich kein Undercover-Polizist sein kann, und darum verdächtigt mich keiner der Okupas im Okupa-Büro, und darum hängen sie auch keine Plakate mit meinem Gesicht auf. Und es ist auch ganz offensichtlich, dass der Typ, den ich gevögelt habe, nicht geistig zurückgeblieben ist, und darum kann er sehr wohl ein Undercover-Polizist sein, und darum hängen sie sehr wohl Plakate mit seinem Gesicht auf. Und da es offensichtlich ist, dass ich geistig zurückgeblieben bin, und da es offensichtlich ist, dass die geistig Zurückgebliebenen nicht genauso und über die gleichen Themen reden wie diejenigen, die nicht geistig zurückgeblieben sind, denken die Okupas nicht, dass ich dem Filter zwischen zwei Nummern oder währenddessen was erzählt haben könnte.«

»Dass du was bist, Marga? Zurückwas? Was für ein Geist? Entschuldige, aber ich habe nicht ein halbes Wort von dem verstanden, was du gerade gesagt hast.«

»Ist egal, Nati, das sind meine Angelegenheiten. Nata Napalm ist so ein hübscher Name«, antwortete sie mir und lächelte mit einer nun unverkennbaren Müdigkeit um Mund und Augen, und trotzdem spannte sie die Hand an, die auf meinem Schenkel lag, und massierte mir für die letzten beiden Stationen bis nach La Barceloneta ganz leicht den Quadrizeps. Ich weiß nicht, ob Marga weiß, wie sehr wir Tänzerinnen es genießen, wenn wir irgendwo durchgeknetet werden, aber dank dieses unerwarteten und unverdienten Genusses, den sie meinem Bein verschaffte, dachte ich nicht an ihre Erschöpfung und hielt sie nicht auf und reagierte auch nicht, indem ich ihr die Hände auf die Schultern legte und sagte, Marga, wer heute eine Massage braucht, um all den Mist mit dem Filter, der Besetzung und dem Tripteridol zu vergessen, das bist du. Dreh dich um.

Aussage von Doña Patricia Lama Guirao, getätigt vor dem Amtsgericht Nr. 4 von Barcelona am 12. Juli 2018 betreffend den Antrag zur Genehmigung einer Sterilisation einer behinderten Person aufgrund der vorgelegten Klage seitens der Generalitat von Katalonien gegen Doña Margarita Guirao Guirao.

»Die« Marga ist so »rattig«, dass sie, wenn sie an einem Tisch vorbeigeht und dessen Ecke genau auf der Höhe ihrer »Möse« ist, sie sich die reindrückt. Also: Sie ist eigentlich nicht auf der Suche nach dem Tisch, Euer Ehren, nicht so, wie sie auf der Straße nach Männern sucht oder nach anderen, die keine Männer sind. Sondern sie ist zum Beispiel dabei, den Tisch zu decken oder abzuräumen, und dann komm ich dazu und sie hat die Teller noch in der Hand und macht solche kleinen Stöße, ganz selbstverständlich, aber schon so, als würde es sie nichts angehen, so wie jemand, der strickt, während er fernschaut, oder der fernschaut, während er bügelt, wie »die« Àngels, die fernschaut, während sie ihren Roman auf WhatsApp schreibt. Was ich damit sagen will: Sie macht das ohne Bösartigkeit und überhaupt ganz unbedarft, sie macht das instinktiv, wie ein Tierchen. Wir alle haben Instinkte, Euer Ehren. Ich zum Beispiel, immer wenn ich einen Bettler sehe, dann gucke ich immer, immer, immer in mein Portemonnaie, ob ich wohl was dabeihabe. Mir bleibt dann vielleicht kein Geld mehr für das Brot oder für die Metro oder für die »Kippen«, aber der Instinkt zwingt mich dazu, den Leuten, die auf der Straße betteln, auf jeden Fall etwas zu geben.

Aber Tiere werden auch abgerichtet, oder? Und genauso, wie man einem Hund beibringt, nicht in die Wohnung zu »pinkeln« und nicht den Müll zu durchwühlen und keine Leute zu beißen, genauso gebe ich, so sehr mich der Instinkt auch dazu drängt, wenn ich das Portemonnaie öffne und kein Kleingeld dabeihabe, nicht den Zwanzig-Euro-Schein her und auch nicht den Zehner oder den Fünfer und auch keine Zwei- oder Ein-Euro-Münze, ja. Und das Gleiche müsste man mit »der« Marga machen, oder? Ich denke, was ich da sage, ist ganz normal. Als ich neu im LÄWO von Somorrín war, habe ich selbst noch viele schlimme Wörter benutzt und hab immer widersprochen, ich habe die Mitarbeiter vom Zentrum beleidigt und meine Kameraden und sogar die Direktorin. Was haben sie getan? Mir Hausarrest gegeben. Negative Verstärkung. Was haben sie noch gemacht? Sie haben mich den Film am Freitag aussuchen lassen, wenn ich artig um die Dinge gebeten habe. Positive Verstärkung. Und wenn die Verstärkungen nicht funktionierten? Dann immer rein mit den Tripteridol-Pillen, Euer Ehren. Ob das funktioniert hat? Nun, sagen Sie es mir. Jetzt habe ich meine eigene Wohnung, mein Zimmer für mich allein, meinen eigenen Tagesablauf. Will ich rausgehen, gehe ich raus, will ich zu Hause bleiben und fernsehen, bleibe ich zu Hause und sehe fern, will ich statt der Makkaroni ein Spiegelei, dann brate ich mir eben eins, und will ich eine »Kippe« rauchen, dann rauche ich sie, und wenn ich mir einen Minirock anziehen will, na, dann ziehe ich ihn auch an! Will ich eines schönen Tages einen Freund nach Hause einladen, dann lade ich ihn ein! Und will ich mich mit dem Freund in meinem Zimmer einschließen, dann schließe ich mich ein, allerdings mit einer Prise Scham und ohne dass jemand merkt, was wir da machen, nicht wahr? Denn mit meinen Sachen bin ich sehr eigen, und wenn ich einen Freund habe, dann gehe ich lieber zu ihm, als ihn mit in unsere Wohnung zu nehmen. Aber zum Schlafen komme ich immer wieder nach Hause, zum Schlafen und zum Abendessen, denn die Sozialarbeiterin Doña Susana Gómez »schneit« manchmal nachts »rein« wie die Inspektoren in den Bars, also bin ich allerspätestens um viertel vor neun zu Hause und sitze um neun am Tisch, nicht wie »die« Nati, kein Vergleich, die hat weder Freunde noch Kumpel noch sonst irgendwas, was soll das arme Ding auch haben mit diesen Schiebetüren, und darum frage ich mich, was sie wohl in jener Nacht gemacht hat, als sie um zehn Uhr morgens heimkam und mitten in den Besuch von Doña Susana Gómez »platzte«, was war die Frau sauer.

Wann, Himmel Herrgott, wann hätten wir uns in den zwölf Jahren im LÄWO diese Freiheit vorstellen können, die wir jetzt haben? Hat jemand »der« Marga gesagt, dass sie keine Freunde haben soll? Ganz im Gegenteil! Wir wollen ja gerade, dass sie sich einen Freund »zulegt« und ihn uns vorstellt und ihn mit nach Hause bringt, ohne sich verstecken zu müssen! Das LÄWO war ein Kloster, Euer Ehren. Die sind erzkonservativ und haben uns wie Kinder behandelt. Da konntest du einen Freund nicht mal auf den Mund küssen, ohne dass eine Erzieherin angelaufen kam und euch getrennt hat, und dann hat sie dich auch noch ausgelacht! Nichts konntest du, du konntest dich da nicht mal selbst anfassen, weil die Aufpasserin, die gerade Schicht hatte, dir immer wieder die Hand aus der Unterhose gezogen hat! Da war an sichere und gesunde sexuelle Beziehungen gar nicht zu denken. Bist du, nur als Beispiel, mit irgendeinem Freund im Bad verschwunden, dann haben sie die Tür eingetreten, und danach gabs noch negative Verstärkung. Nachts dein Zimmer verlassen und in das Zimmer der Jungs gehen? Ein Ding der Unmöglichkeit, denn da war auch eine Gruppenleiterin als Wache unterwegs und hat dich in dein Zimmer zurückgebracht, und danach wieder negative Verstärkung. Können Sie sich vorstellen, wie es Margarita dort ergangen ist? Sie wurde sogar ans Bett gefesselt! Dafür sollte man das LÄWO von Somorrín beim Ombudsmann anzeigen, der meines Wissens eine Ombudsfrau ist. Und wir reden hier vom Jahr 2007, ja, und ich erzähle nicht von diesem Almodóvar-Film mit dem Internat von »anno dunnemals«!

Aber hier sind die Leute, die in dem Bereich arbeiten, ganz anders als dort, Euer Ehren. Die Zeiten haben sich geändert. Die alte Politik im Unterschied zur neuen Politik. Das bedeutet es, in einer Stadt zu leben, die von einer Aktivistin wie »der« Ada Colau regiert wird, von einer Partei, in der einer der wichtigsten Politiker spinale Muskelatrophie hat und eine andere ihrer wichtigsten Politikerinnen mitten im Kongress ihre Brust auspackt, um ihr Kind zu stillen. Wahrscheinlich liegt es daran, dass die städtische Polizei »die« Marga so respektvoll tadelt, wenn sie ihre Brüste mitten auf der Straße rausholt, nicht wie die Polizei von Somorrín, die ihr eine Decke übergeworfen hat, als wäre sie ein Flüchtling, der gerade von Bord eines Schlauchboots gekommen ist.

Obwohl sie selbst keine Behinderung hat, verteidigt »die« Ada Colau die Behinderten. Das Einzige was sie hat, sie »steht« ganz schön »gut im Futter«, aber okay, damit verteidigt sie auch die Frauen, dass die sich dem machistischen Diktat der machistischen Mode nicht beugen müssen. In einer Stadt, die von einer Politikerin der neuen Politik regiert wird, haben wir Personen mit geistiger Behinderung und/oder Entwicklungsverzögerung das Recht auf ein erfülltes, gesundes und befriedigendes Gefühls- und Sexualleben, weshalb es die Pflicht der öffentlichen und privaten Einrichtungen des Sektors ist, die Mythen über unsere Sexualität abzubauen, die Betreuer der Selbstvertretungsgruppen entsprechend zu unterweisen und unsere sexuellen und reproduktiven Rechte sichtbar zu machen. Hier hat also niemand »der« Marga jemals gesagt, dass »Knickknack« was Schlechtes ist. Niemand unterdrückt hier Margarita Guirao Guirao in ihrer Sexualität, Hochwürden. Ganz egal ob in den endlosen Treffen der Selbstvertretungsgruppe oder in den endlosen Sitzungen mit der Psychologin, »der« Marga ist eine affektiv-sexuelle Erziehung zuteilgeworden, die es ihr ermöglicht, zwischen angemessenen und unangemessenen Zeichen von Anziehung zu unterscheiden wie auch zwischen sexuellen Praktiken oder Zuneigungsbekundungen, die für die Öffentlichkeit geeignet sind, und solchen, die dem privaten und/oder intimen Bereich zuzurechnen sind; und man begünstigt – be-günst-igt –, was, wie das Wort selbst verrät, bedeutet, dass man ihr eine Gunst erweist, nicht wahr, man tut ihr also den Gefallen, sich ihre eigene Privatsphäre zu erschaffen.

Damit waren wir beschäftigt, und das ganze familiäre Umfeld von »der« Marga war involviert. Wir verließen das Haus eine Stunde vor dem Treffen der Selbstvertretungsgruppe, eine Stunde, meine Damen und Herren, wo doch das STÄWO von unserer Wohnung aus gerade mal drei Straßen »runter« liegt! Aber gut, die Cousine Patricia, womit ich meine Wenigkeit meine, fing also um vier Uhr nachmittags an, sich fertigzumachen, den letzten Bissen noch im Mund, um dann um fünf das Haus verlassen zu können und pünktlich um sechs bei der Selbstvertretungsgruppe zu sein, denn die Marga ist »lahmarschig« wie keine Zweite, wussten Sie, dass ihre lokomotorische Ataxie Teil ihrer Behinderung ist? Und ihre Cousine Àngels, wie gut sie gelernt hat, zugunsten »der« Marga großzügiger mit dem Fernsehen zu sein und ihr zu erlauben, ab und an ein »Schmuddelfilmchen« zu schauen. Die Lautstärke ganz niedrig, das schon, ganz leise, damit die anderen sich nicht aufregen. »Die« Àngels hat »der« Marga nach dem ersten ernsten Gespräch, was wir mit der Leiterin der Wohnung hatten, mit ihrer abgehackten Sprache gesagt: »Marga. Wir sind hier alle erwachsen. Keine von uns hier ist ein Kind. Das ist dein Haus genauso wie unser Haus. Du magst ›Vögeln‹, oder?« Diese Wörter hat sie benutzt, meine Damen und Herren, klar, die Sprache, die »die« Marga versteht. »Also, hier hast du einen Stick mit dreißig Pornofilmen. Die hab ich dir aus dem Internet runtergeladen. Du hast doch letztens gesagt, dass du Pornos gucken willst?«

Wie man doch immer wieder merkt, dass »die« Àngels die am wenigsten Behinderte von uns allen ist! Sie hat sich an den Tag erinnert, als sie über das Fernsehen gestritten hatten, »die« Marga hatte ihr da wie um sie zu »verarschen« so »hingeworfen«, dass sie einen Schmuddelfilm sehen wollte. »Der« Marga geht es da wie den Drogenabhängigen, so viel wie sie »fickt«, macht ein Porno gar nichts mit ihr, der macht sie nicht heiß oder dergleichen. Er entspannt sie, nimmt ihr den »Turkey«, mehr nicht. Und man merkt, man merkt einfach, dass »die« Àngels die am wenigsten Behinderte ist, denn genau darum ging es, dass »die« Marga sich entspannt. Dass sie Filmchen guckt, dass sie sich ein bisschen anfasst, dass sie befriedigt ist und nicht mit diesem Verlangen, das sie hat, den Tisch besteigen muss.

Sogar meine Schwester Natividad, und das müssen Sie sich mal »reinziehen«! Sogar »die« Nati brachte sich für die Angelegenheit mit der Wohnung und »der« Marga ein! »Die« Marga hatte ihr ein paar schlecht fotokopierte und ziemlich »zerknüddelte« Heftchen mitgebracht, schwarz-weiß, so ähnlich wie die, die wir im LÄWO von Somorrín in der Heimwerkstatt gebastelt haben, aber das ist auch Teil von der Behinderung »der« Marga, dass sie immer neue Sachen findet, die ihre Aufmerksamkeit auf sich ziehen, und dann »schleppt« sie die an wie ein Hündchen. Na ja, vielleicht können Sie mir ja sagen, wofür »die« Nati diese Hefte braucht, wo sie doch meterweise diese fetten Bücher von der Uni gelesen hat und ihr die in Fleisch und Blut übergegangen waren. Gut, ich sage das, denn weil ihre Behinderung ja plötzlich kam und es kaum möglich ist, dass sie ein Buch öffnet, ohne dass sie das nach fünf Minuten auf den Boden »pfeffert«, ich meine, weil ihre Behinderung ja erst später kam, wird von den ganzen Büchern was hängengeblieben sein, nicht wahr? Wenn »die« Nati eine stinknormale Zeitschrift in die Finger bekommt, eine *Pronto* oder *Saber Vivir* oder *Muy Interesante*, mit bunten Seiten und schön gesetzten Buchstaben, dann wirft sie die sofort in den Müll, meine Güte, was hab ich mich mit ihr »in die Haare gekriegt« deswegen, ein paar haben nämlich mir gehört und seitdem verstecke ich sie. Wenn jemand, der so gut lesen kann und so viel und so spezielle Sachen gelesen hat, die wirklich nicht jeder verstehen kann, wenn du dieser Person dann ein Büchlein gibst, das aussieht, als hätte es ein sechsjähriges Kind gebastelt, welchen Nutzen kann sie wohl daraus ziehen, doch wohl gar keinen. Aber jetzt passen Sie auf: Nur um ihre Cousine nicht vor den Kopf zu stoßen, weil sie ja weiß, dass sie eine Depression hat, liest die Ex-Studentin und Ex-Doktorandin diese Heftchen. Die hat sie nicht weggeworfen. Die hat sie verschlungen, und dann hat sie die sogar noch »der« Marga erklärt, denn »die« Marga kann nicht lesen, also ist »die« Nati mit dem Heftchen in der Hand hin und hat es ihr erklärt, mit den unverständlichen Schiebetürenwörtern von »der« Nati, aber gut, so wie sie eben kann und mit der besten Absicht hat sie es ihr erklärt. Als ich die beiden das erste Mal so auf dem Sofa gesehen hab, hätte ich fast geheult, sogar der Fernseher war ihnen egal und die *Simpsons* oder *Glücksrad* oder was immer »die« Àngels angemacht hatte.

Eure Exzellenz, sehen Sie, wozu meine Schwester Natividad in der Lage ist, wenn sie nur will? Sehen Sie, dass wir harmonisch zusammenleben können, wenn sie will? In den zwei Wochen, die Margas »Ausbüxe« gedauert hat, ist »die« Nati, um nicht noch mehr Öl ins Feuer zu gießen, sogar mit zur Selbstvertretungsgruppe am Dienstag gegangen, obwohl sie die vorher echt gehasst hat! Sie hat sogar diese schäbigen Heftchen mitgenommen, die sie von »der« Marga gekriegt hatte, und hat sie uns allen zum Lesen gegeben, und wer nicht lesen konnte, dem hat sie das vorgelesen! Sie hat sogar angefangen, denen, die nicht lesen können, das mit diesen Heftchen beizubringen, gütiger Gott, das kann ich immer noch nicht fassen, »die« Nati ist ja immer so egoistisch und verschlossen! Sie hat sogar in der Bastelgruppe angeboten, eigene Heftchen zu machen. In der Heimwerkstatt, Euer Ehren, da wo die Schwerbehinderten mit Knete »rumspielen«! Und was da nicht fertig wurde, hat sie zu Hause zu Ende gemacht. Sie ist zum Chinaladen gegangen und hat eine Schere mit abgerundeter Spitze mitgehen lassen, einen Klebestift, einen Packen Papier, ein paar Kulis, und ganz höflich hat sie mich um ein paar alte Zeitschriften gebeten, die ich nicht mehr lese, um daraus Sachen auszuschneiden und ihre »Kritzeleien« zu machen. Sie ist in die Stadtbücherei gegangen und hat dort die Computer benutzt, hat geschrieben, ist ins Internet gegangen, hat ihr Zeug ausgedruckt. Einen ganzen Monat lang hat sie nur Quittungen aus dem Copyshop angesammelt, sie hat nicht einen Cent von ihrem Taschengeld für irgendwas anderes ausgegeben. Was für eine Freude, sie so konzentriert und ruhig am Tisch im Wohnzimmer zu sehen, wie ein Mädchen, das seine Hausaufgaben macht.

Also, damit waren wir beschäftigt, hohes Gericht. Damit war das gesamte familiäre Umfeld von »der« Marga beschäftigt, also ich, »die« Àngels und »die« Nati; und das gesamte professionelle Umfeld derselben ibidem Genannten, also Doña Diana Ximenos, die Leiterin vom Betreuten Wohnen, Doña Laia Buedo, die Psychologin vom STÄWO in La Barceloneta, und Doña Susana Gómez, die Sozialarbeiterin derselben ibidem Genannten. Wir alle waren mit der Begünstigung, der Bereitstellung, der Gewährleistung des mit dem Wohlbefinden und der Menschenwürde verbundenen Rechts beschäftigt, das darin besteht, »der« Marga die Möglichkeit zu geben, zu lernen, sich gefühlsmäßig zu binden. Aber ein Umfeld hat versagt, Euer Ehren. Das institutionelle Umfeld hat versagt, das heißt die mit dem Sektor verbundenen Organismen und die öffentliche Verwaltung. Und wie hat es versagt? Nun, dadurch, dass eines schönen Tages die Psychiaterin der Klinik am Meer gekommen ist, deren Namen ich ehrlich gesagt nicht kenne, denn seit ich in Barcelona bin, musste ich zu keinem Psychiater mehr, ja; da kam also diese Psychiaterin und sagte, dass »die« Marga eine Depression hat, und schon »scheiß auf« die Sexualerziehung, und schon 500er Tripteridol für meine Schwester. Schizophrenie? Tripteridol. Depression? Auch Tripteridol! Was haben ein Verhaltensauffälliger, ein Schizophrener und ein Depressiver gemeinsam? Ha, das klingt fast wie der Anfang von einem Ostfriesenwitz. Kriegen die Psychiater Kommission oder was? Aber sicher, sicher kriegen sie die, ich habe in einer Reportage auf *La Sexta* gesehen, wie die Pharmaindustrie den Ärzten Reisen schenkt. Verstehen Sie mich bitte nicht falsch, ich will diese Frau Psychiaterin nicht in Misskredit bringen und auch sonst niemanden. Habe ich Medizin studiert? Nein. Werde ich dieser Frau Psychiaterin sagen, wie sie ihre Arbeit machen soll? Natürlich nicht, denn in diesem Leben muss man vor allem anderen bescheiden sein. Ich achte die Entscheidungen der Frau Psychiaterin, auch wenn ich sie vielleicht nicht teile, und ich war die Erste, die »der« Marga die Tablette Tripteridol gegeben hat, ich bin bei ihr geblieben und habe geguckt, dass sie die auch nimmt, und dann gesagt »mach den Mund auf« um zu sehen, ob sie sie auch runtergeschluckt hat.

Aber ich habe den Eindruck, dass es der Frau Psychiaterin an Bescheidenheit fehlt. Von mir aus gib ihr Tripteridol, aber dann »reißt« du »mit dem Arsch« die ganze Arbeit mit der Sexualerziehung und dem personenzentrierten Betreuungsansatz »ein«, und in diesem Fall ist die Person meine Cousine Marga. Ist die Arbeit der Frau Psychologin und der Frau Sozialarbeiterin denn nichts wert? Ich will nichts unterstellen, Euer Ehren, aber ich habe den Eindruck, dass die Frau Psychiaterin, und ich sage es noch mal, ich kenne die nicht und habe auch persönlich nichts gegen sie, dass die jedenfalls zu denen gehört, die denken, dass die Experten in der Psychiatrie mit ihren Universitätsabschlüssen und ihren Büchern und ihren Kongressen und ihrer Arbeit schlauer, gebildeter und nützlicher sind als die Experten der Behinderung und dass sie ihnen überlegen sind, dabei haben die auch ihre Universitätsabschlüsse und ihre Kongresse und ihre Vorträge in der ganzen Welt! Man muss gar nicht weit ausholen, aber in der Selbstvertretungsgruppe haben wir zum Beispiel ein Buch über Behinderung gelesen, und das hat ein junger Mann geschrieben, der ein echter »Schlaubi« ist und der das Down-Syndrom hat, und der kam auch in einem ganz schönen Film über das Down-Syndrom vor und jetzt im September hält der einen Vortrag bei uns im STÄWO. Der junge Mann ist der erste Downsyndromler der Welt mit einem Universitätsabschluss! Ein Buch, von dem zehntausend Exemplare verkauft wurden und was ins Deutsche übersetzt worden ist, und ein Film, der Preise und alles gekriegt hat! Und dieser Mann war in Kolumbien, in Argentinien, in der Schweiz und hat in all diesen Ländern über geistige Behinderung gesprochen, und im Fernsehen und in den Zeitungen und überall. Was braucht es denn noch, damit die Welt merkt, dass die geistige Behinderung viel zur Gesellschaft beitragen kann?

Ich habe den Eindruck, dass die Frau Psychiaterin eine Vertreterin der alten Politik ist. Eine, die mehr darauf bedacht ist, weiter zu ihrer Kaste zu gehören – und in diesem Fall ist die Kaste die Belegschaft der Psychiater in der Klinik am Meer –, als dass sie sich um die Bedürfnisse des Volkes bemüht, und in diesem Fall ist das Volk »die« Marga. Es waren die Volksfeinde, die die kritische Lage herbeigeführt haben, und die darum Schuld daran sind, dass »die« Marga verschwand und fern ihrer Familie in einer »Bruchbude« ohne Dach und fließend Wasser »hauste«, genau wie das »Rattenloch«, in dem sie in Arcuelamora mit ihrem Vater, dem dicken Jose, und ihrer Halbschwester Josefa gelebt hat! Und jetzt kommt die Frau Doña Diana Ximenos und will uns erzählen, dass »die« Marga das gemacht hat, weil das Leben in unserer betreuten Wohnung nicht ihren Bedürfnissen entspricht? Weil die Familie nicht die Aufgaben von Pflege, Liebe, Verständnis und Empathie übernehmen kann, die »die« Marga benötigt? Ich bin vielleicht zu 52 % behindert, Tendenz steigend, Euer Ehren, aber ich bin nicht dumm, und was die Doña Diana macht, ist Nebelkerzen werfen, und dann will sie auch noch uns die Schuld »in die Schuhe schieben«. Sie will verbergen, dass sie einen Fehler gemacht hat, indem sie die Erziehungsmaßnahmen nicht berücksichtigt hat und die psychologische und soziale Unterstützung links liegen ließ, wie die Treffen mit der Selbstvertretungsgruppe, die auf die emotional-sexuelle Integration von »der« Marga abzielen. Und sie hat noch einen Fehler gemacht, weil sie nicht um eine zweite ärztliche Meinung gebeten hat, denn jedem einzelnen Fachmann für Behinderungen muss sonnenklar sein, dass diese »Ausbüxe« von »der« Marga nichts mit uns und der Wohnung zu tun hatte. Zu »Ausbüxen« kommt es nur bei Personen, die – abgesehen von einer geistigen Behinderung von 66 % – eine beeinträchtigte seelische Gesundheit haben, um genauer zu sein und es so auszudrücken wie die Experten in der Welt der Behinderung, ist »die« Marga ein Beispiel für eine Verhaltensauffälligkeit, für störendes Verhalten, eine Verhaltensstörung oder ein problematisches Verhalten bei Behinderten. Warum also hat die Frau Psychiaterin von der Klinik am Meer stattdessen gesagt, dass »die« Marga eine »stinknormale« Depression hat, die mithilfe von Tripteridol zu heilen ist, so »stinknormal« wie jeder nichtbehinderte Arbeitslose, der nicht bis zum Monatsende kommt, oder wie jeder nichtbehinderte Sekundarstufenlehrer, dem die Schüler auf der Nase herumtanzen, oder wie jede nichtbehinderte Frau über 55, deren Kinder flügge geworden sind und die das Empty-Nest-Syndrom hat? Das werde ich Ihnen sagen: Weil diese Frau Psychiaterin in der Behandlung von »der« Marga gezeigt hat, dass Behinderte für sie Bürger zweiter Klasse sind, Euer Ehren. Sie hat unsere besonderen medizinischen, sozialen, psychologischen, biologischen, emotionalen und kommunikativen Besonderheiten nicht »auf dem Schirm«. Klar, niemand kann alles wissen, und die Ärzte spezialisieren sich alle auf ein Fachgebiet, stimmt's? So weit kommen wir zu 52 % Behinderten mit, die wir angemessene Hilfen erhalten haben. Aber sollten gute Experten nicht fragen, wenn sie etwas nicht wissen? Wieso hat die Frau Psychiaterin, als sie gesehen hat, dass »der« Marga die Behinderung ins Gesicht geschrieben steht, das nicht »gerafft«? Wieso ist sie nicht von ihrem Stuhl aufgestanden, aus ihrem Sprechzimmer gegangen, den Flur der psychiatrischen Abteilung in der Klinik am Meer runterspaziert und hat irgendeinen Kollegen gesucht, der sich auf Verhaltensauffälligkeiten bei Behinderten spezialisiert hat? Na, den Grund hab ich Ihnen bereits genannt, des Rätsels Lösung: Weil die Frau Psychiaterin Patienten abfertigt wie der Churrobäcker Churros im heißen Öl, weil, wenn das Sozialversicherungssystem vor lauter Kürzungen kollabiert und der guten Frau alles über den Kopf wächst, dann kann sie sich der Weißen Flut für das Gesundheitswesen anschließen und versuchen, die Dinge zu verändern, anstatt sich an ihren »ergopädischen« Stuhl zu klammern, nicht dass irgendein jüngerer Psychiater mit mehr Lust zu arbeiten und die Sachen gut zu machen ihr den wegnimmt; oder sie könnte zumindest, wenn es nicht für die demokratische Erneuerung ist, wozu man sie nicht verpflichten kann, dann könnte sie doch zumindest bescheiden sein und sagen: »Dieses Mädchen behandele ich nicht, denn obwohl ich Psychiaterin bin und ›drölfzigtausend‹ Diplome an der Wand hängen habe, weiß ich nicht, wie ich dieses Mädchen mit ›lokomotivischer‹ Ataxie und vom vielen Runterziehen des Höschens aufgeschürften Knien behandeln soll.«

Aber nein, Euer Ehren. So traurig es ist, weder das eine noch das andere. Einmal mehr lassen die Vertreter der alten Politik ein schwaches Mitglied der Gesellschaft im Stich, indem sie ihre Schutzpflicht vernachlässigen, in diesem Falle die Verpflichtung zur Wahrung des Interesses des Mündels, denn wenn Sie die Marga entmündigt haben, kaum dass wir in Barcelona angekommen waren, dann deshalb, um ihre Interessen zu schützen, also die Interessen von »der« Marga, nicht ihre von Ihnen, ich habe nämlich den Eindruck, dass Eure Exzellenz von der neuen Politik ist, wenn Sie mir diese Bemerkung erlauben. Eure Exzellenz ist keine Richterin der Kaste, die nur auf die Interessen der Kaste guckt. Glauben Eure Durchlaucht, ich wüsste nicht, was Sie sich für eine Mühe machen und viel mehr Anhörungen durchführen als Ihnen das Gesetz für die Autorisierung einer Sterilisation vorschreibt? Ich kenne mich in der Welt der Behinderungen bestens aus, Euer Ehren, dafür bin ich ja Erfahrungsexpertin und Selbstvertreterin. Ich weiß sehr gut, dass das Gesetz den Richter dazu verpflichtet, alle Arztberichte und den Bericht von der Generalstaatsanwaltschaft zu lesen und den Unmündigen zu erforschen, also »die« Marga. Aber »die« Marga lässt sich nicht erforschen, und Euer Ehren sagt da nicht »ach wie gut, eine Sache weniger, die ich erledigen muss«, sondern Sie haben es »gerafft«, und ohne groß zu überlegen haben Sie sich die Mühe gemacht, ihre Cousine Patricia Lama Guirao anzurufen und sie zu fragen. Wie es sein sollte bei einer Vertreterin der neuen Politik, die die Leute nicht wie Zahlen behandelt, umso mehr, wenn es um schutzbedürftige Personen geht, wie es bei Minderjährigen oder Entmündigten der Fall ist.

So haben Sie sich auf eigene Faust unser Vertrauen erarbeitet. Glauben Sie, dass ich die ganzen Papiere, auf denen meine Aussagen stehen, vor dem Unterschreiben durchlese? Kein einziges! Ich unterschreib die blind, weil ich allem vertraue, was von Euer Ehrenhalber kommt, und außerdem, wie stellen Sie sich das denn vor, wie soll ich diesen Haufen Blätter mit winziger Schrift lesen, bei den daumendicken Gläsern in meiner Brille und den Kopfschmerzen, die mir das macht.

Wenn Eure Exzellenz also mit wohlwollenden Augen ansehen möchte, was die Vormundin von »der« Marga sagt, die Sie selbst nach Anhörung der vermeintlich Unmündigen, ihrer Angehörigen und der Generalstaatsanwaltschaft benannt haben, es handelte sich also um eine Benennung mit allen Gewährleistungen und diese Benennung als Vormundin von »der« Marga oblag der Generalitat von Katalonien höchstselbst, sie fiel also nicht einer Verwandten zu oder einer Vormundschaftsstiftung, die die vier »Kröten« abgreifen will, die »die« Marga als Rente kriegt, und sie dann der Hand Gottes, also sich selbst überlässt, was leider unser täglich Brot ist von uns entmündigten Personen, und aufgepasst, nicht alle Entmündigten können von sich behaupten, dass ihr Vormund die Generalitat von Katalonien ist. Oder willst du eine Vormundschaft durch ein LÄWO auf dem »platten Land« mit einer Vormundschaft der Generalitat mit all ihren Möglichkeiten, Mitteln und ihren ganzen Funktionären vergleichen? Was ich also sage ist, wenn die Generalitat es Euer Ehren gesagt hat und Euer Ehren das mit wohlwollenden Augen sieht, wenn Sie also davon überzeugt sind, dass es das Beste für das Mündel Margarita Guirao Guirao wäre, sich dieser Operation zu unterziehen, na, was soll ich Ihnen denn da noch sagen, dann immer los. Denn wer sagt uns denn, ob »die« Marga nicht so viel »vögelt«, weil sie schwanger werden will, wer kann das wissen. Wissen Sie, wie sehr wir alle »am Arsch« wären, angefangen bei »der« Marga und dem Kind, ein Kind mit besonderen Bedürfnissen? Wenn das erstmal in den Brunnen gefallen ist, na, dann ist guter Rat teuer, wie das Sprichwort sagt. Allerdings, so viel wie die Marga »vögelt« ist es schon merkwürdig, dass sie nicht längst schwanger geworden ist. Vielleicht hat die Sexualerziehung ja was gebracht und sie hat gelernt, was Kondome sind oder die Pille. Oder vielleicht ist sie so auf die Welt gekommen, kann von Geburt an keine Kinder bekommen, so wie die Maultiere. Wer sagt uns denn, dass genau wie bei der Kreuzung von Stute und Esel, weil das zwei verschiedene Arten sind, ein Muli geboren wird, das nicht schwanger werden kann, oder ein Muli, das nicht zeugen kann, ob nicht genauso bei der Kreuzung von meiner Tante Emilia, die fast blind war, mit ihrem Cousin, dem dicken Jose, »die« Marga rauskam, die auch nicht schwanger werden kann, denn wenn meine Tante nicht blind gewesen wäre, wie hätte sie sich dann auf den dicken »Fettwanst« Jose eingelassen. Und aus dem gleichen Grund wird dann »die« Emilia gemerkt haben, dass sie zu der Art Menschen gehört, die eine Sinneseinschränkung haben, und der Vater ihres Kindes zu der Art Menschen, die krankhaft übergewichtig sind, und dann, blind wie sie ist, hat sie ihr Zeug genommen und das Dorf verlassen. Es hieß, der Vater war zwar ein dicker »Fettwanst«, aber ein guter Mensch, denn obwohl er schon eine Tochter in seinem Haus hatte, »die« Josefa, von der keiner weiß, wer ihre Mutter ist, hat er auch noch »die« Marga behalten, die acht Jahre alt war, als ihre Mutter sich »aus dem Staub gemacht« hat, und ich nehme an, in dem Alter wird man ihr, auch wenn sie noch nicht von den Spezialisten vom Centro Base begutachtet worden ist, schon angemerkt haben, dass sie eine Diversität der Intelligenz von 66 % hat. Sie hatte das Glück, nicht wie ihre Mutter eine Diversität »blind wie ein Maulwurf« zu haben oder ein dicker »Fettwanst« wie der Vater zu sein, sie hat zwar ordentliche »Schinken« und »Holz vor der Hütte« und Cellulite, aber gut, das sind keine besonderen Bedürfnisse. Und möglicherweise hat »die« Marga, wie ich Euer Ehren gesagt habe, ja außer ihrer Diversität der Intelligenz von 66 % auch eine angeborene Diversität der Fruchtbarkeit. Vielleicht ist es gar nicht nötig, dass man ihr die »Muschi« operiert, wissen Sie, Eure Exzellenz? Vielleicht haben die Spezialisten des Centro Base, die vor zwanzig Jahren den Grad der Behinderung von »der« Marga festgestellt haben, ja ihre Diversität der Fruchtbarkeit unterschlagen, sie haben sie vielleicht absichtlich oder vielleicht unabsichtlich unterschlagen, aber auf jeden Fall haben sie ihre Pflicht schlecht erfüllt, die vermeintlich Behinderte zu evaluieren und zu klassifizieren, sodass die Bestimmung der Art und des Grades der Verminderung im Verhältnis zu den in der Gesetzgebung vorgesehenen Vorteilen, den wirtschaftlichen Rechten und Leistungen, unwirksam ist, und sie haben nicht die Interessen der vermeintlich behinderten Person geltend gemacht. Möglicherweise gehörten diese Spezialisten in dieselbe Kaste wie die Psychiaterin, und aus Fahrlässigkeit gegenüber dem Gemeinwohl haben sie »der« Marga einen niedrigeren Prozentsatz gegeben, als ihr entspricht, was die praktische Folge hat, dass ihre Rente niedriger ist und die therapeutische Ausrichtung falsch, wodurch sie anstelle der Integration, auf die ihre Familie und die Vertreter der neuen Politik abzielen, ihre Marginalisierung begünstigen, was das Gegenteil von Inklusion ist, das Gegenteil von Wohlbefinden und das Gegenteil von Demokratie.

Habe ich ein Problem damit, dass »die« Marga in Wirklichkeit vielleicht behinderter ist, als sie ist? Nein. Haben ich oder »die« Àngels oder, so gut sie kann, »die« Nati irgendein Problem damit, »der« Marga mehr zu helfen und sie in ihrer Autonomie mehr zu unterstützen? Die Antwort ist Nein, Eure Durchlaucht. Wir vier sind unsere einzige Familie. Wir haben gezeigt, dass wir aufeinander aufpassen können, und gemeinsam in einer Wohnung zu leben, wie es alle Mädchen unseres Alters tun, trägt mehr und besser dazu bei, dass wir uns in Richtung des Prinzips der Normalisierung und totalen Integration der Menschen mit geistiger Behinderung oder besonderen Bedürfnissen bewegen. Und wenn jetzt rauskommt, dass »die« Marga nicht zu 66 %, sondern zu 86 % behindert ist, weil sie nicht schwanger werden kann? Dann werden wir uns umso mehr um sie kümmern, Euer Ehren! Wenn man wegen ihrer schwereren Behinderung eine Frau in die Wohnung holen muss, die ihr bei dem hilft, was sie alleine nicht schafft? Dann holt sie her, denn je höher ihr Grad, desto höher ihre Rente, mit der die Betreuerin bezahlt werden kann! Wenn man die Untersuchung über die Behinderung wiederholen muss und es kommt raus, dass die im Centro Base nicht zur Kaste gehörten, weil »die« Marga tatsächlich keine Behinderung beim Schwangerwerden hat, und dann muss man ihr die »Muschi« »behindern« oder »diversifizieren«? Na los, dann behindert sie, beeinträchtigt sie, und dann ab nach Hause mit zweihundert Euro Rente mehr im Monat!

Die Vorsitzende Richterin Die Zeugin Der Gerichtsschreiber
Guadalupe Pinto Patricia Lama Javier López Mansilla

Ibrahim der Säbelbeinige dachte, ich hätte seine Frage, ob wir nicht einmal Portés miteinander machen könnten, vergessen, aber eine Bastardistin mit bovarystischer Vergangenheit weicht niemals einer Frage aus, nicht einmal einer sogenannten rhetorischen Frage. Genauso wenig, wie es für *Rayuela* von Cortázar allgemeingültige Konzepte gibt, so wenig gibt es für eine Bastardistin mit bovarystischer Vergangenheit, also mit einer kompletten Kindheit, Jugend und frühen Erwachsenenzeit voller großer elendiger Freuden, gewidmet der Verhandlung, Unterzeichnung und Aufhebung jener Klausel des Kaufvertrags, welcher der Vertrag über Liebessex ist, seit dem Kindergarten Fachanwältin für Rechte und Pflichten des Verlangens, mithin Prostituierte von Kindesbeinen an; für eine Bastardistin mit einem solchen bovarystischen Marschgepäck, sagte ich, gibt es keine rhetorischen Fragen: Alles, auch das offensichtlich Unlösbare oder Unbeantwortbare oder Dumme, muss beantwortet werden, beantwortet im Sinne von eine Antwort geben oder im Sinne von hinterfragt werden. Manchmal müssen die Fragen nämlich nicht beantwortet, sondern hinterfragt werden, und das heißt, wir müssen die Grundlagen der Frage infrage stellen, ihre Formulierung, was sie motiviert, wenn beispielsweise eine Anhängerin der CUP eine Anarchistin fragt, ob Unabhängigkeit Kataloniens ja oder nein, und die Anarchistin antwortet, dass das ein bourgeoises Dilemma ist, was sie nichts angeht, genauso wenig wie das Dilemma, ob man sich eine Tasche von Dolce & Gabbana oder von Victorio & Lucchino kaufen soll, das Chalet in Nerja oder das Landhaus in Béjar. Es geht sie nichts an, weil die einzige Initiative, die sie in Bezug auf jedweden Staat oder ein Teilstück desselben, wie die Autonome Gemeinschaft von Katalonien, ergreift, dessen Zerstörung ist. Die von der CUP hakt nach, hübscht die Frage auf: ein unabhängiges, aber auch feministisches, ökologisches Katalonien der Arbeiter; oder ein nicht unabhängiges, aber machistisches, stierkämpferisches Katalonien, das der konservativen PP verschrieben ist? Die Anarchistin antwortet, dass sie diese Bedeutungsrahmen in Bezug auf den Staat nicht teilt, dass der Staat, da er seit seiner Entstehung im 18. Jahrhundert bis heute nun mal das Modell für Kontrolle über ein Gebiet und dessen Bevölkerung ist, niemals feministisch sein wird (er wird, bestenfalls, paritätisch) oder ökologisch (er wird, bestenfalls, Subventionsgeber für Umweltschutz-NGOs) oder der Arbeiterschaft dienend (er wird, bestenfalls, kommunistisch), und dass sie, die Anarchistin, sowohl von Spanien als auch von Katalonien unabhängig sein will, und sie bereitet sich schon auf die bestens bekannte Antwort der CUPistin vor, »was für ein Zufall, dass am Ende die Positionen der prospanischen Unionisten und der Anarchisten übereinstimmen«, worauf die Anarchistin antwortet, »was für ein Zufall, dass sowohl die CUPistin wie auch die Unionistin, die einen Sitz im Parlament haben, beide genau die gleichen Diäten bekommen«. »Aber die von der CUP widmen bis zu zwei Drittel ihrer monatlich 5800 Euro der Organisation, was die anderen Abgeordneten nicht tun, und so halten wir die CUP selbstfinanziert, was bedeutet, frei vom Finanzsektor und anderen Spenderlobbys, deren Sklaven die anderen Parteien sind.« Dann fängt die Anarchistin schon an zu lächeln: »Ich teile weder deine gütige Vision der politischen Parteien, die nicht um Darlehen bitten, noch glaube ich an einen Unterschied zwischen dem privaten Finanzsektor und dem öffentlichen Parteisektor; im Gegenteil, ich glaube, dass jede politische Partei, ob es nun deine Partei ist oder die von der Colau oder die vom Sánchez, ein Betrieb ist, in dem öffentliche Repräsentanten produziert werden.« Und so verbringen sie den Abend, die CUPistin fragt, die Anarchistin hinterfragt die Fragen und wird in letzter Instanz von der CUPistin als reaktionär und faschistisch abgestempelt, was genau die Beschimpfungen sind, die Reaktionäre und Faschisten für all jene verwenden, die nicht wie sie denken. Genau das passierte mir mit der Betreuer-Wachhündin von Ibrahim am Tag der Diskussion über die Portés. Eins führte zum anderen, denn die Ideologie, die die Portés stützt, ist letztendlich die gleiche wie die, die anarchistische

Indies stützt oder den Bovarysmus: die Ideologie der Rhetorik, der Herrschaft durch Diskurs.

Demgegenüber vertreten wir Bastardisten die Position, dass unter den Fragen, die eine Antwort verdienen, gerade die dummen Fragen, die unlösbaren und unbeantwortbaren Fragen diejenigen sind, die sie am meisten verdienen, denn wir Bastardisten als Priesterinnen des Paradieses in den Wohnungen glauben, dass das Kriterium der Möglichkeit, Lösung oder Antwort von Fragen, die wir uns stellen, neu gefasst werden muss. Wir sind strikt antirhetorisch, weil wir wissen, dass die Rhetorik die Sprache ist, mit der die Macht das Mögliche vom Unmöglichen unterscheidet und das erschafft, was die Mächtigen Realität nennen und uns aufzwingen. Darum nehmen wir Bastardisten die rhetorischen Figuren und brechen sie, aber nicht, indem wir das Brot Brot nennen und den Wein Wein (auch eine rhetorische Figur), sondern indem wir uns die Mühe machen zu dokumentieren, wie jeden verdammten Tag, ohne Ausnahme, eine ganze Herde Kamele durchs Nadelöhr geht, und bei jedem Wechsel der Jahreszeiten sammeln wir das Laub der Wälder, deren Blätter im Frühling hellgrüne Hunderteuroscheine sind, im Sommer violette Fünfhunderter, im Herbst gelbliche Zweihunderter und im Winter gräuliche Fünfer; und da wir vorhersehen, dass es Küsse und Zärtlichkeiten gibt, die brennen, haben wir Bastardisten immer Watte und Salbe dabei. Wir Bastardisten sind, das ist klar, Künstler, den vorsokratischen Göttern nahe Kreaturen, die in der Sprache der berauschten Priesterinnen sprachen, oder wir sind den berauschten Priesterinnen nahe, oder wir sind selbst die berauschten Priesterinnen, Verächterinnen der Philosophie, also der Schrift, also des Todes (das genaue Gegenteil des Bovarysten, Liebhaber vor allem der Verführung und den Tod vor allem anderen fürchtend). Kann also Ibrahim mit der gekrümmten Wirbelsäule, dessen eines Bein länger ist als das andere und dessen Hüfte schief steht und der mit einem Rollator geht, kann er mit einer Ballerina, die mehr als zwanzig Jahre Erfahrung als Tänzerin hat, ein Porté machen, oder kann diese Ballerina mit mehr als zwanzig Jahren Erfahrung als Tänzerin eines mit Ibrahim machen?

Diese Frage stellte ich im Kurs für Integrativen Tanz im umgebauten Multiplexkino, als ich bei einer Partnerübung mit ihm tanzen sollte. Für Ibrahim war es die erste Unterrichtsstunde, er kam besonders sorgfältig zurechtgemacht und rasiert, mit Haargel und Hemd, als würde er zu einem Vorstellungsgespräch gehen und nicht zum Tanzunterricht. Er kam in Begleitung der CUPistin, mit der ich später über die Unabhängigkeit und den Staat diskutieren würde. Ich kannte sie nicht, aber man roch zehn Meilen gegen den Wind, dass sie eine Betreuer-Wachhündin der Einrichtung war, in der Ibrahim lebt, ein Verdacht, der sich später bestätigte. Man merkte es in erster Linie daran, dass alles an ihr nach Indie-CUPistin aussah, sie trug die Uniform aller nach 1980 geborenen Absolventen der Sozialpädagogik oder Sozialarbeit in Barcelona (Wanderschuhe von Quechua, weite Haremshosen, Bauchtasche, vier oder fünf Piercings und ein einzelner dekorativer Rastazopf). Zweitens merkte man es daran, dass nicht Ibrahim, sondern sie zum Lehrer ging, um ihn vorzustellen und über ihn zu sprechen, mit einer Hand auf seiner Schulter und einem breiten Lächeln im Gesicht, eins dieser breiten und grundlosen Lächeln, die nicht dadurch ausgelöst werden, dass dem Lächelnden etwas lustig vorkommt oder gefallen oder ihn bewegt hat, sondern die aus der inneren Überzeugung der Betreuer-Wachhunde entstehen, dass sie mit ihrem Lächeln Gutes tun und alles, was ihr Lächeln erreicht, in Güte verwandeln. Und drittens gab sie sich unzweifelhaft als Wachhündin zu erkennen, weil sie sich auf einen Stuhl am Rand des Linoleums neben die anderen Wachhunde setzte und sich genau wie sie damit beschäftigte, den Teilnehmern und ganz besonders ihrem Schützling beim Tanzen zuzuschauen, am Anfang ganz aufmerksam, weil sie noch nie zuvor eine Frau gesehen hatte, deren Körper an der Hüfte endet und die sich mit superentwickelten Armen wie ein Orang-Utan fortbewegt und mit den Brüsten über den Boden schleift, und auch keinen gelähmten Mann, der sich im Rollstuhl herumschleudert, und auch niemanden wie diese andere Frau, deren gesamtes Vokabular aus drei Wörtern besteht und die singend Runden im Saal dreht. Die ersten elf Minuten war sie völlig aus dem Häuschen bei so viel Neuem, aber genau wie die übrigen Wachhunde drückte sie in Minute zwölf den Aus-Knopf an den Halswirbeln, entsperrte den Bildschirm ihres

Handys und verbrachte so die verbliebenen hundertzehn Minuten des Kurses. In Minute zweiundvierzig zeigte sie Ermüdungserscheinungen und begann sich mit ihren braunen ökologischen Filtern und den ungebleichten Papierchen eine Zigarette zu drehen.

»Hey, Ibra, was machst du denn hier?«

»Ich habe letzte Woche in der Selbstvertretungsgruppe nach dir gefragt, und da haben sie gesagt, dass du wahrscheinlich nicht mehr kommst, weil du eine sehr gute Tänzerin bist und du sehr gerne sehr viel tanzt.«

Ich hatte Ibrahim zwei Wochen nicht gesehen und es fiel mir schwer, ihn zu verstehen, er sprach, ohne die Lippen zu schließen, guttural und mit viel Speichel. Es ging mir wie mit einer Fremdsprache, die du gelernt, aber lange nicht gehört hast. Du erkennst die Sprache und kannst sie auch von anderen Sprachen unterscheiden, aber aus dem Dahinfließen der Klänge fischst du nur wenige einzelne Wörter.

»Entschuldige, Ibra, ich bin nicht sicher, ob du mir gerade gesagt hast, dass sie dir letzte Woche gesagt haben, dass ich nicht mehr komme.«

»Ja, das hat mir die Laia gesagt.«

»Die Yaya? Deine Großmutter?«

»Nein, die Laia. Die Betreuerin.«

»Aaah, Laia Buedo, die Psychologin! Und hat sie dir gesagt, dass ich in diesen Kurs gehe?«

»Ja. Sie hat gesagt, ich kann auch gehen und das ausprobieren, wenn ich mag.«

»Den Kurs ausprobieren, hast du gesagt?«

»Ja.«

»Klar. Außerdem ist die Probestunde gratis. Gehst du denn weiter dienstags zur Selbstvertretungsgruppe?«

»Ja, weil die Laia sagt, dass es sehr gut ist, soziale Aktivitäten wie die Selbstvertretungsgruppe mit kreativen Aktivitäten wie dem Tanz zu kombinieren, und wenn ich mich auch noch beim Club für Leichte Sprache anmelden würde, den sie jetzt aufziehen, dann hätte ich gute Chancen, sagt sie, dass sie mir so wie dir eine betreute Wohnung geben.«

»Meine Güte, die Laia redet auch viel, wenn der Tag lang ist«, sagte ich, und Ibrahim lachte mit einem Krächzen, das ich auf Anhieb verstand und das mich auch zum Lachen brachte. Mein Lachen ist eher ein Röcheln.

»Und sie sagt auch, dass du eine sehr gute Ballerina bist«, sagte er glaube ich, aber da er vom Lachen krächzte, war er noch schwieriger zu verstehen.

»Hast du gesagt, ich bin eine gute Ballerina?«

»Sehr gute!«

»Ob ich eine sehr gute bin, weiß ich jetzt nicht, aber ich tanze lieber wie eine besoffene Ente, als dass ich wieder zu den Verhör-Coachings der Psychologin gehe.«

»Ich weiß nicht, was das ist, aber ich ...« Ibrahim fing wieder an, vor Lachen zu krächzen, und das Krächzen reichte bis zu seinen Schultern, die sich in einer langsamen und runden Bewegung hoben und senkten. »Ich tanze wie eine besoffene Ente!«

»Du weißt nicht, was Coaching ist? Eine faschistische Technik, die auf dem Geist der Bewältigung beruht.«

»Faschistisch?«

»Fascho, weißt du?«

»Aaaaah, Fascho wie die Nazis und wie Franco?«

»Ganz genau. Und wie Ada Colau und wie Pedro Sánchez und wie Laia Buedo.«

»Die Bürgermeisterin?«

»Genau die.«

»Aaaah.«

»Also, herzlich willkommen. Du wirst schon sehen, wenn du am Abend wie eine besoffene Ente tanzt, schüttelst du damit ein bisschen von dieser Scheiße ab, der Bildungs- und der Pharmaindustrie als Studienobjekt zu dienen.«

»Ich verstehe dich nicht, Nati.«

»Dass Tanzen ein bisschen weniger Unterdrückung bedeutet, als für die Fürsorgeindustrie als Versuchskaninchen herzuhalten.«

»Was für eine Industrie?«

»Die Firmen und öffentlichen Einrichtungen, die uns mithilfe von

Medikamenten und Diskursen disziplinieren, in denen sie die Demokratie und die Gleichheit aller Bürger rühmen, darunter der Diskurs des Coachings, von dem wir gerade sprachen.«

»Disziplin wie bei Soldaten?«

»Ganz genau.«

»Jetzt versteh ich dich.«

Da der Lehrer sah, dass wir uns kannten und lachten, schlug er vor, dass Ibrahim und ich uns bei der ersten Übung zusammentun. Es war eine Übung zu Gewicht und Gegengewicht. Gewicht bedeutete, dass ich mich an Ibrahim lehnen musste oder Ibrahim sich an mich, und Gegengewicht bedeutete, dass wir uns gegenseitig stützen sollten, wobei wir beide ein Gleichgewicht aus Spannung und Entspannung wahren mussten. Der Lehrer führte das mit einer Kameradin vor, die in einem ziemlich klobigen Elektrorollstuhl sitzt, mit einem Joystick für die Steuerung von Geschwindigkeit und Richtung. Weil sie nicht genug Gefühl in den Armen hat – die Hände nützen ihr allein dazu, die Steuerung ihres Rollstuhls zu bedienen –, mussten sie und der Lehrer, ein Tänzer mit voll funktionsfähigen Extremitäten, sich an anderen Stellen als sonst üblich festhalten. Er hielt sich mit einer Hand an einem der Griffe an der Lehne des Rollstuhls fest, die dafür da sind, dass eine andere Person ihn schieben kann. Sie legte den Leerlauf ein. Der Lehrer stellte seine geschlossenen Füße nah an das Rad auf der Seite des Griffs, den er festhielt, und ließ sein Gewicht zur Seite fallen. Den freien Arm streckte er mit geöffneter Handfläche aus, so, dass sein Körper ein Dreieck bildete. Das war ein Gewicht: Die Schülerin stützte den Lehrer. Danach machten sie ein Gegengewicht. Sie standen einander mit einem Abstand von ungefähr einem Meter gegenüber und ließen beide ihren Oberkörper nach vorne fallen, bis sie mit der Stirn aufeinandertrafen. Dort, in der Verbindung der Köpfe, wurde die Kraft ausgeübt, das war der Punkt der Spannung und Rettung: Wenn einer von ihnen lockerließe, würden beide aus dem Gleichgewicht geraten, sicherer Beweis, ob ein Gegengewicht gut ausgeführt wird. Erneut bildeten die Körper ein Dreieck.

Ibrahim war von seinem stilisierten Rollstuhl geklettert, der weniger wie ein Rollstuhl als vielmehr wie ein Überschallbarhocker aussah, hatte ihn neben seiner Betreuer-Wachhündin geparkt und sich stattdessen den Rollator genommen, einer von diesen schäbigen Rollatoren, die die Versicherung dir gibt, wenn du lange genug darum bettelst.

Der Rollator quietschte bei jeder Bewegung und knarzte, kaum dass Ibrahim und ich versuchten, ihn woanders anzufassen als an den Griffen, oder wenn wir versuchten, uns woanders abzustützen als auf dem Sitz, und wenn wir uns beide zusammen darauf setzten, winselte der Rollator wie ein kranker Hund. Die Musik war nun tänzerisch interessant, mir gefiel die Übung. Ich fühlte mich, was manchmal passiert, wie eine gute Tänzerin, eine Entdeckerin der Handlungsmöglichkeiten. Das ist ein merkwürdiges Gefühl. Aber Ibrahim war zappelig und erschrocken und schämte sich ein bisschen, und ganz offensichtlich konnte ich ihm weder Sicherheit vermitteln noch Raum geben. Er traute sich nicht mich anzufassen, und wenn er es tat, dann ganz schwach und mit der übertriebenen Vorsicht von jemandem, der nie oder ganz wenig getanzt hat, nicht mal bei Festen oder in der Disko. Wenn er mich anfassen wollte, ihn aber eine Spastik überfiel und er den Kontakt nicht herstellen konnte, oder wenn er mir wegen einer Spastik einen Schlag verpasste, bat Ibrahim mich um Entschuldigung. Das mit dem Entschuldigen ist auch typisch für jemanden, der normalerweise nicht tanzt; um Entschuldigung bitten, wenn man zusammenstößt, sich tritt, fällt oder einen Finger ins Auge sticht, oder wenn man an den Haaren zieht oder weibliche Brüste berührt oder jedwede Genitalien oder Hinterteile. Beim Entschuldigen sucht man den Blick des anderen, und darum wird der Tanz angehalten oder verlangsamt, und nachdem verziehen wurde, erlangt er eine ganze Weile oder auch gar nicht wieder die vorige Geschwindigkeit oder Intensität, weshalb das Tanzen zu einer wahnsinnig langweiligen Streicheleinheit wird. Wir Tänzer bitten nur dann um Entschuldigung, wenn es sich um beträchtliche Unfälle handelt, und wir halten den Tanz nur an (wir verlangsamen ihn nie), wenn du dir sehr wehgetan hast, die gefürchtete Verletzung. Diejenigen, die normalerweise nicht tanzen, bitten auch um Entschuldigung, wenn sie merken, dass sie einen Schritt oder eine Bewegung nicht flüssig ausgeführt haben, sie bitten um Entschuldigung für das, was sie als Unterbrechung der Qualität der Bewegungen erleben, und sie bitten sogar dann um Entschuldigung, wenn nicht sie die Unfälle verursacht haben: Als ich seinen Arm streckte, brachte ich die Nähte von Ibrahims Hemd zum Knirschen, und gleich sagt der Kerl mir Entschuldigung. Entschuldigung wofür? Fürs Angezogensein? Vielleicht bitten sie sich selbst um Entschuldigung dafür, dass sie es wagen zu tanzen, diese verbotene Sache zu tun, sich ohne jedes Ziel oder kapitalistischen Nutzen zu bewegen. Das dachte ich, sagte es ihm aber nicht, denn ich dachte auch, dass es wahrscheinlich die erste Tanzstunde seines Lebens war, und es kann sogar sein, dass Ibrahim mit seinen achtundzwanzig Jahren zum ersten Mal überhaupt tanzte.

Ich antwortete auf Ibrahims Entschuldigungen die ganze Zeit mit einem »nichts passiert« oder einem »das macht nichts«, bis es so viele wurden, dass ich nur noch »nichts« antwortete und schließlich gar nichts mehr sagte und seine Litanei von Entschuldigungen in die Musik integrierte, die aus den Lautsprechern kam (eine Musik, deren Rhythmus man nicht unbedingt folgen muss, weil sie eher als Hintergrund dient), in die Musik des Rollators und in diese andere Musik, die unser Atem komponierte. Nachdem ich vier- oder fünfmal nicht auf seine Entschuldigungen geantwortet hatte, hörte auch Ibrahim auf sich zu entschuldigen und begann sich zu konzentrieren. Ich notierte mir im Geiste diese Antientschuldigungsstrategie.

In den fünfzehn Minuten, die die Übung dauerte, schafften wir es, dass er auf dem Rollator sitzend seine Arme um meine Taille schlang und ich mich nach vorn fallen ließ: ein Gewicht. Und es gelang uns, uns mit den Ellbogen wie Waschweiber unterzuhaken, beide im Stehen vor dem Rollator und jeder umfasste einen Griff. Das war weder ein Gewicht noch ein Gegengewicht und nichts dergleichen, nur eine symmetrische Figur. Ich schlug Ibrahim also vor, er solle sich – ohne den Griff loszulassen – zu einer Seite fallen lassen. Er verstand nicht. Ich wiederholte es und er verstand immer noch nicht. Also führte ich seinen Körper mit meinem, versuchte, ihn in die gewünschte Position zu bringen. Meine Berührung machte ihn nervös, er taumelte und ich hielt ihn an den Schultern fest, damit er nicht zu Boden fiel: unerwartet, aber noch ein Gewicht.

»Entschuldige, Nati.«

»Nein, ich entschuldige mich, Ibra. Ich hätte nicht ohne Erlaubnis und ohne dass du wusstest, was ich tun würde, an deinem Körper hantieren dürfen. Es tut mir wirklich leid, kommt nicht wieder vor. Hast du dir wehgetan?«

»Nein nein, schon gut.«

»Entschuldige, echt. Ich habe mich wie eine übergriffige Faschistin benommen. Wenn die Übung nicht gelingt, dann gelingt sie eben nicht und fertig, und wenn sie gelingt, dann darf das nicht zu dem Preis geschehen, dass ein Körper den anderen beherrscht. Ich habe mich scheiße verhalten, Ibra, es tut mir sehr leid.«

»Nichts passiert, Nati. Ich tanze gern mit dir.«

»Du bist sehr lieb. Danke.« Mir gefällt es nicht besonders, mit Ibrahim zu tanzen, aber es ist mir auch nicht ganz klar, was gefallen eigentlich bedeutet, und ich bin auch nicht wirklich sicher, ob es beim Tanzen um Gefallen geht.

Und dann kam die Übung mit den Portés, die zu der Diskussion geführt hatte. Der Lehrer sagt, ein Porte (er spricht es nicht *Porté* aus, weil ihm das nach Ballett klingt, dessen Stil und Ideologie die vom Zeitgenössischen Tanz verabscheuen) ist ein Gewicht im Fluss der Bewegung. Ich teile diese Definition, Lluís Cazorla hat es schön auf den Punkt gebracht. Eine sehr kurze, sehr einfache, sehr klare, sehr effektive Definition, die wir alle verstanden. Ibrahim erinnerte mich an den Vortrag, den ich vor zwei Wochen beim Treffen der Selbstvertreter gehalten hatte, und fragte, ob sich der Lehrer darauf bezog. Ich bejahte das und seine Augen glänzten.

»Auf die Sex-Portés?«, fragte er mich, und da glänzten dann meine Augen. Was für eine Freude, jemanden zu treffen, der sich die wesentlichen Dinge merkt.

»Portés können mit Sex sein, sind es aber nicht immer. Eigentlich ist es sogar höchst unwahrscheinlich, dass ein Porté sexuelle Lust bereitet, Ibra. Das Porté, von dem ich euch an dem Abend erzählt habe, war eins unter tausend.«

»Okay okay.«

Wir übten schon seit einigen Unterrichtsstunden Portés, Cazorla spukte diese fixe Idee mit dem Auftritt im Kopf herum, was weiß ich. Portés mit Menschen ohne Beine können sehr schön werden, wenn der ein- oder beidseitig Lahme den Rollstuhl oder die Prothesen weglässt. So kann zum Beispiel María, die von den Oberschenkeln abwärts amputiert ist, einen ihrer starken Arme von hinten zwischen meine Beine stecken und ihren Ellbogen an meinem Damm anwinkeln, sodass ihre Hand offen und fest auf meinem Bauch liegt. Dann platziert María ihre Schulter an meinem Hintern und hebt mich ein paar Zentimeter hoch, führt mich in lange Schritte auf Zehenspitzen, manchmal in kleine Sprünge. Sie steuert die Geschwindigkeit und die Höhe mit ihrer Schulter, und mit ihrem anderen Superarm, auf den sie sich stützt, bewegt sie sich und mich fort. Das ist ein phantastisches Porté, was uns da mit der Hilfe von Lluís Cazorla gelungen ist, ein exakt ausgeführtes Porté im Tiefflug.

Ich wollte mich mit María zusammentun, denn letztlich will man in einer Tanzstunde ja fliegen, allein oder begleitet, aber fliegen. Oder mit dem blinden Juli, der – wahrscheinlich wegen seines besonderen Bewusstseins für Höhe und Raum – psychedelisch fliegt und fliegen lässt. Oder mit der wunderschönen Rita, deren Rollstuhl so zart ist wie sie gewandt und stark und auf dem wir uns beide zusammen in einer irren Geschwindigkeit drehen können, bis ich mit einem Sprung wegschnelle. Da sie nicht aus der Improvisation entstehen (wir müssen viel korrigieren und sie oft wiederholen, bis mein Partner und ich zufrieden sind), gelingen mir mit ihnen zwar keine sexuellen Portés, die mit gestohlenen Küssen vergleichbar wären. Aber es sind dennoch festliche Portés, kurze Bankette.

Doch es war Ibrahim, mit dem ich und der mit mir Portés machen sollte. Da es ein offener Kurs für alle Leistungsstufen ist, macht jeder, was er kann, und kommt, so weit er kommt, aber alle Schüler kriegen die gleiche Aufgabe. Darum kann es vorkommen, dass jemand ohne Arme eine Umarmung machen und jemand ohne Beine springen soll. Ein Gehörloser kann aufgefordert werden, dem Rhythmus der Musik zu folgen, und ein Blinder, die Bewegungen eines anderen zu imitieren. Der mit dem Gedächtnis eines Fischs, der sich nicht mal an seinen letzten Schritt erinnern kann, soll vielleicht eine Choreographie entwickeln. Der, der keine fünf Sekunden stillhalten kann, soll dem reinen Atemimpuls folgend nichts weiter als das Zwerchfell bewegen. Und so wurde von Ibrahim und mir erwartet, dass wir Portés machten, was auch immer dabei herauskäme, was auch immer wir unter dieser Definition des »Gewichts im Fluss der Bewegung« verstünden.

»Kuss der Bewegung, Nati, genau, wie du uns erzählt hast!«, sagt Ibrahim zu mir, aber ich bin nicht sicher, ob er Kuss oder Fluss sagte. Ich fragte ihn: »Hast du Kuss oder Fluss gesagt?«

»Fluss.« Ich hätte schwören können, dass er diesmal »Fluss« und nicht »Kuss« gesagt hat.

»Fluss?«

»Schluss.« Ich hatte den Eindruck, er machte sich über mich lustig.

»Sehr gut. Dann machen wir also jetzt Gewicht im Schluss oder Kuss oder Fluss der Bewegung«, sagte ich zu ihm, ein bisschen angefressen wegen seiner Spöttelei, aber durch seine Entschlossenheit motiviert. Ich nahm ihn bei den Händen und löste sie vom Rollator (der Kerl hatte sich daran festgeklammert), trat in den kleinen Raum zwischen Rollator und Ibrahim, platzierte seine Hände wieder auf den Griffen und war umzingelt. Seine Stirn war auf der Höhe meines Halses, und sein Hals auf der Höhe meiner Brüste. So, schweigend, aber in einem Atemdialog (Ibrahims angehaltener Atem und meine langsame Zwerchfellatmung), vergingen ein paar lange Sekunden. Um uns herum probierten die anderen Paare Positionen und Griffe, fielen hin, die Rollstühle und Rollatoren kippten um, Krücken flogen durch die Gegend und wurden wieder aufgehoben. Meine vormalige Partnerin María versuchte unser Porté mit einem kleinen, stämmigen Typen zu machen, der stark schielte, ich kann mich nicht an seinen Namen erinnern, aber er lachte sich jedes Mal tot, wenn María ihren Arm auf seinen Damm legte, keine Chance. Die Genitalien des Typen müssen auf Marías Handgelenk gelegen haben wie ein Vogelnest auf einem Ast. Lluís Cazorla ging von Paar zu Paar, beobachtete, schlug Änderungen vor oder strich Erfolge heraus, half manchmal bei von den Tänzern gesuchten Positionen, indem er den Platz des einen einnahm, damit dieser von außen die Möglichkeiten und Grenzen einer bestimmten Bewegung sehen konnte. Ich sah auch die Wachhündin, den Blick fest aufs Handy geheftet. Die Hintergrundmusik, die uns Cazorla angemacht hatte, war ein bluesexy Lied von Leonard Cohen.

Als er zu Ibrahim und mir kam, blieb er stehen und betrachtete unsere Stille, schweigend wie wir. Wenn es Ibrahim schon schwerfiel, mein Schweigen auszuhalten (und das, obwohl ich ihn nicht einmal anschaute, nicht mal sein Haar, das Einzige, was in meinem Gesichtsfeld lag), dann war das prüfende Schweigen von Lluís, prüfend und lüstern, das Schweigen des Zuschauers, der erwartet, dass die Interpreten ihn verzaubern, für Ibrahim schier unerträglich. Langsam näselnd bat er tausend Mal um Entschuldigung und löste mit der eindeutigen Bitte, ich möge aus dem Loch verschwinden, mich entfernen, eine Hand vom Griff.

»Kein Grund, sich zu entschuldigen, es ist nichts passiert«, sagte Lluís. »Wie heißt du noch mal?«

»Ibrahim.«

»Es ist alles in Ordnung, Ibrahim. Diese Position, die ihr ausgesucht habt, ist ein bisschen kompliziert, um ein Porté anzufangen.«

»Ist das so?«, fragte ich.

»Ich glaube schon, Nati. Da sich Ibrahim auf jeden Fall am Rollator festhalten muss, könntest du ihn wie einen Sack Kartoffeln hochheben, aber sonst nichts. Und du« – er schaute Ibrahim an – »hast kaum die Steuerungsfähigkeit, um Nati anzufassen. Sie könnte sich nur an deine Taille klammern oder an deinen Hals und sich von dir ziehen lassen.«

»Und wären das keine Gewichte im Fluss der Bewegung?«, fragte ich.

»Theoretisch schon, aber es würde wohl nicht nach Portés aussehen, sondern als würdet ihr hier Lagerarbeiter darstellen!« Dieser Kommentar brachte Ibrahim zum Lachen, obwohl ich weit und breit keinen Witz erkennen konnte. Und was ist falsch daran, wenn unsere Bewegungen wie die von Lagerarbeitern aussehen? Ist es irgendwie komisch, Lagerarbeiter zu sein? Unterstellen wir möglicherweise, dass ein Lagerarbeiter keine Portés machen kann? Ist es tänzerisch wertlos, einem Lagerarbeiter zu gleichen, einem Schwan zu gleichen ist aber tänzerisch wertvoll? »Aber probiert es, hm, probiert euren Vorschlag.

Die Ausgangsposition mit euch beiden einander gegenüber und Nati im Hohlraum vom Rollator war sehr hübsch. Überlegt, wie ihr die entwickeln könnt, bis ihr zu einer Position kommt, von der aus ihr leichter ein Porte beginnen könnt.«

»Wie schwierig!«, sagte Ibrahim, so entspannt und lächelnd wie in der ganzen Stunde noch nicht, was ich als Symptom einer Kumpanei unter Machos interpretierte.

»Nicht schwierig, Mann«, sagte Lluís und klopfte ihm auf den Rücken, ein wirklich unmissverständliches Zeichen für machohafte Kumpanei, denn hatte nicht etwa ich Ibrahim den ganzen langen Nachmittag berührt, ihn angefasst, damit er mir direkt in die Augen schaut, wie er jetzt Lluís ansah? »Macht es geduldig und ihr werdet sehen, wie es euch gelingt. Es können auch kleine Bewegungen und kleine Gewichte sein, das spielt keine Rolle. Wenn einer den Finger des anderen hält und diesen Finger durch den Raum führt, ist das schon ein Porte.«

Als Cazorla mit diesem verschobenen Finger seine Beobachtung unseres Duos für beendet erachtete und sich dem nächsten Paar zuwandte, machte ich das Fass mit den Portés auf.

»Lluís, entschuldige, entschuldige. Kannst du noch einen Augenblick kommen?«

»Sagt an.« Er kam wieder zu Ibrahim und mir.

»Na ja, mein Partner hat recht, dass das mit den Portés schwierig ist.«

»Denkt nicht daran, dass ihr etwas Kompliziertes macht. Eure Körper haben viele Möglichkeiten zu handeln, man muss sie nur entdecken. Manchmal ist das Einfachste das Wirkungsvollste.«

»Darum geht es nicht, Lluís. Es geht um die Grundlagen des Vorhabens.«

»Die Grundlagen des Vorhabens? Ich verstehe dich nicht, Nati.«

»Die Schwierigkeit der Portés besteht in der Konfiguration des Konzepts des Portés selbst und in der Möglichkeit, ein Porté auszuführen.«

»Ah ja, erklär mal«, sagte er und kam näher.

»Stellen wir uns die scheinbar einfache Frage, die mir Ibrahim vor drei Wochen gestellt hat. Ibrahim hat mich gefragt: ›Nati, glaubst du, dass ich ein Porté mit dir machen könnte oder du eins mit mir?‹ Was würdest du ihm antworten, Lluís?«

»Aber ja, natürlich, würde ich ihm sagen. Dafür gibt es doch diesen Kurs.«

»Klar, was sollte der Lehrer eines integrativen Tanzkurses sonst sagen. Ich denke aber: Nein, natürlich nicht.« Als ich das sagte, änderte sich Cazorlas Miene. Er schaute sich um und kalkulierte, wie viele Paare er noch zu beobachten hatte, dann überlegte er, ob er weiter seine Arbeit machen oder weiter mit mir reden sollte. Ich fuhr fort: »Verkomplizieren wir diese scheinbar einfache Frage ein wenig, die du mir ohne mit der Wimper zu zucken beantwortet hast. Kann Ibrahim mit seiner quer verkrümmten Wirbelsäule, mit einem Bein, das länger ist als das andere, mit seiner schiefen Hüfte und seinem Rollator ein Porté mit mir machen, einer Ballerina mit mehr als zwanzig Jahren Erfahrung, oder kann ich, eine Ballerina mit mehr als zwanzig Jahren Erfahrung, ein Porté mit Ibrahim machen?«

Das ließ alle ideologischen Alarmglocken im Saal schrillen. Die übliche Zeit zur Ausführung einer Übung war verstrichen und die Schüler, die eine neue Aufgabe vom Lehrer einforderten, näherten sich langsam Ibrahim, Lluís und mir. Ein Schüler hatte mich gehört und murmelte »hochnäsig« oder »elitär«, Kommentare, die ich nicht beachtete, weil ich auf das Gesicht von Cazorla konzentriert war, von dem man folgende buchhalterische Rechnung ablesen konnte: Wir Schüler zahlen 35 Euro pro Monat oder 10 Euro für eine einzelne Stunde. Lluís Cazorla ist schlau, und auch wenn es auf ihn selbst vielleicht nicht zutrifft, so sind seine Schüler sehr wohl Platoniker, Cartesianer, Liberale, sie trennen klar zwischen Körper und Geist, zwischen Denken und Handeln, und darum auch zwischen Reden über Tanz und Tanzen, und sie beurteilen das reine Reden über Tanz als einer Tanzstunde nicht angemessen, denn dorthin gehen die Leute, um den Körper zu bewegen, der als etwas vom Geist Getrenntes begriffen wird. Wenn Cazorla also dem diskursiven, aber nicht tänzerischen Anspruch einer Schülerin Aufmerksamkeit schenken würde, bedeutete das, den übrigen fünfzehn Schülern keine tänzerische Aufmerksamkeit zukommen zu lassen. Ist es sinnvoll, die Treue von fünfzehn

Schülern aufs Spiel zu setzen, um sich die Treue dieser einen Schülerin zu sichern? Die Mathematik ist eindeutig, aber wie ich schon sagte, Cazorla ist schlau, was bedeutet, dass er in der Lage ist, mehr zu sehen als das Offensichtliche. Die Tragweite des Offensichtlichen war auch an seinem Gesicht abzulesen. Ist es sinnvoll, eine Diskussion über den Tanz zu führen, um seinen Standpunkt zu verteidigen, was es ihm erlauben würde, sich vor den fünfzehn unkritischen Schülern zu behaupten, wenn auch zu dem Preis, den Tanzunterricht im platonischen, cartesianischen, liberalen Sinne zu unterbrechen? Cazorla erwägt die Möglichkeit, mithilfe einer starken Rhetorik, also mit wettstreitender, überzeugender Sprache gestärkt aus der Diskussion hervorzugehen, und ich entsprechend geschwächt, schlaff wie ein Handschuh, der niemandem mehr auf den Sack gehen mag. Aber wie sicher kann Lluís Cazorla sein, dass die fünfzehn Schüler seinen Standpunkt teilen? Wie kann er sicher sein, dass sich keine Stimmen erheben werden, die nicht einverstanden sind, sogar aus den cartesianischen Reihen, so wenig einverstanden, dass sie nicht mehr in seinen Unterricht kommen wollen? Ist es dann nicht klüger, nicht in den Kampf zu ziehen, nicht Partei zu ergreifen, unter dem Schutzschirm der Ambiguität zu verharren, unter dem bequemen Schutzschirm, unter den alle Schüler mit ihren 35 Euro pro Monat passen? In dieser stummen Rechnung verharrte Cazorla, weshalb ich selbst auf die Frage antwortete, auf die er keine Antwort gegeben hatte:

»Eine Bovarystin würde bejahen, dass sowohl Ibrahim als auch die Ballerina mit Erfahrung sich wechselseitig Portés machen können, denn der Wille schafft die Fähigkeit, und von dort bis zur Schönheit, dem reaktionären höchsten Ziel des Bovarysmus, sind es nur ein oder zwei Schritte. Eine Bastardistin hingegen würde sagen ...«

»Entschuldige, Nati«, unterbrach mich Lluís, »aber ich bin nicht sicher, ob du Bovarystin gesagt hast oder ich dich falsch verstanden habe. Auf jeden Fall weiß ich nicht, was das ist, und ich würde es gern wissen, um dich besser verstehen zu können. Ich weiß auch nicht, ob ich das Letzte verstanden habe, was du über Bastardisten gesagt hast, und auch da weiß ich nicht, was das ist, aber würde es ebenfalls gern wissen, um dich zu verstehen, weißt du?« Er verhedderte sich, dabei wirkt er sonst immer so souverän. Das passiert, wenn du den Dialog als Instrument zur Unterwerfung begreifst und nicht als Medium, die Wahrheit zu finden, denn so musst du dir die ganze Zeit diskursive Strategien zurechtlegen, um deinen Rivalen niederzuringen, und dabei kann man schon mal nervös werden, klar.

»Das wirst du sofort verstehen, Lluís, lass es mich kurz zu Ende erklären«, antwortete ich verständnisvoll und mit Wertschätzung seiner Bemühungen, die Schlacht zu verlassen und sich dem wahren Sprechen anzuschließen.

»Okay«, willigte er ein und zeigte mir seine beschwichtigend offenen Handflächen wie Tina Johanes, als ich ihr gesagt hatte, dass ich mir die Socken nicht ausziehe, weil ich eine Blase habe.

»Bastardismus kommt wohl von Bastard, stimmts? Und eine Dooferistin ist dann wohl jemand Doofes, oder?«, fragte Andrea, die ganz klein ist und einen kugelrunden Kopf hat und die es wunderbar hinbekommt, beim Tanzen ein Rad ihres Rollstuhls zu lösen und wieder einrasten zu lassen.

»Ganz genau!«, begeisterte ich mich. Dachte ich mir doch, dass sicher nicht alle Schüler verstaubte Bildungsbürger waren. »Und Bovarystin kommt außerdem von einem ganz berühmten Roman, der vor hundertfünfzig Jahren geschrieben wurde und *Madame Bovary* heißt, in dem geht es um eine Frau und ein paar Machos, die sie anmackern.«

»Im Fernsehen?«, fragte Ibrahim.

»Nein, ein Buch. So wie im Fernsehen, aber als Buch, obwohl es auch eine Verfilmung gibt.«

Der Unterricht war vollständig zum Erliegen gekommen und die meisten Schüler standen um uns herum und hörten zu. Andere, die wenigsten, hatten sich auch in den Kreis gesellt, aber da sie nicht interessierte, was vorging, hatten sie sich wieder ihren eigenen Angelegenheiten zugewendet, erzählten einander aus ihrem Leben oder waren mit ihrem Handy beschäftigt. Der in meinen Augen beste Tänzer, der stille und lang aufgeschossene Bruno, tanzte weiter. Er tanzt, als würde er einer immer gleichen Musik folgen, die nur er hört, egal welche Aufgabe Lluís stellt, egal welche Musik er auflegt, Bruno widmet seine Bewegungen letztlich immer seinem exklusiven Tanz aus Drehungen auf dem einen oder dem anderen Fuß, mit dem Rhythmus eines Stehaufmännchens, die Arme in einem leichten Kreuz, nicht angespannt, sondern Arme wie Flügel, die ihm dabei helfen, keinen stärkeren Impuls zu geben, sondern im Gegenteil die Drehung zu besänftigen, Schwindel zu verhindern. Beim Tanzen berührt er sein Gesicht in einer Geste der Selbsterforschung, manchmal einer Geste tiefer Konzentration, die dennoch seinen Tanz nicht unterbricht; oder einer Geste, die darin besteht, vor sich hin zu lächeln, manchmal reckt er den Hals und bewegt die Lippen, ohne etwas zu sagen oder ohne etwas Hörbares zu sagen, und manchmal, wahrscheinlich weil ihm schwindelig geworden ist, bremst er nach und nach ab und lässt bei vollkommen gestreckten Beinen den Oberkörper nach vorne fallen, oder er sinkt herunter bis in einen fast perfekten Spagat. Tiefe Dehnungen, die Teil seines Tanzes sind und in denen er eine unbestimmte Zeit verweilt, weil sie ihm Freude bereiten, um dann wieder in die Vertikale aufzusteigen, in die Selbsterforschung und die Drehungen. Darum ist Bruno der beste Tänzer der Gruppe: weil er nur aus Genuss tanzt, und dieser fortgesetzte Genuss ist, von außen betrachtet, erschütternd und ergreifend.

Bruno war abseits geblieben und hatte zweihundert Quadratmeter Tanzsaal ganz für sich allein, ohne irgendwelche Übungen mit Gewichten, Gegengewichten oder Portés, die sich ihm aufdrängen, und inzwischen sogar ohne Musik, die sich in seine innere Musik einmischt. Cazorla hatte sie ausgeschaltet, weil das Ergebnis seiner Freelancer-Rechnung ergeben hatte, dass es sich für ihn lohnen würde, nicht mehr zu tanzen und stattdessen mit mir zu diskutieren.

»Wie gesagt, Lluís, eine Bovarystin würde Ja sagen, aber eine Bastardistin Nein, dass Ibrahim keine Portés machen kann, weder als Heber noch als Gehobener. Er kann keine andere Person halten oder von ihr gehalten werden, er kann sie nicht vom Boden heben oder gehoben werden, sie im Raum bewegen oder bewegt werden und sie wieder auf dem Boden absetzen oder abgesetzt werden, nicht ohne Gefahr oder jedenfalls mit relativer Gefahr für beide, und all das auch noch flüssig, also mit wenig Kraftanstrengung, was essenzieller Bestandteil des Genusses ist oder, vielleicht, der Schönheit, eine Schönheit, die für den Bastardismus nichts weiter ist als der politisierte Genuss, also der von emanzipatorischem Sinn erfüllte Genuss. Ganz im Gegenteil zum Bovarysmus, der Genuss als Unterwerfung unter die Begierden des anderen begreift: Darum lieben die Bovaryisten das Spiel mit der Domina so, das Paradoxon des Sadomaso, wo derjenige, der die Rolle des Sklaven übernimmt, in Wirklichkeit der Herr ist, denn in diesem sexamourösen Vertrag pegelt die falsche Herrin das Maß ihrer Gewalt (wie auch die Höhe ihrer Absätze, die Passform ihrer Reizwäsche oder die Qualität ihrer Leder) in Abstimmung mit den Bitten des falschen Sklaven und wahren Herren ein.« Viele meiner zweibeinigen Kameraden hatten sich auf den Boden gesetzt, und die nichtzweibeinigen, die ihre Rollstühle oder Gehhilfen zuvor weggestellt hatten, hatten sie zurückgeholt. Ibrahim saß auf dem Sitz seines Rollators. Ich dagegen setzte mich erst, als Lluís es tat. Er ließ sich bequem nieder, während ich ein Bein über das andere stellte und mich mit dem Oberkörper vorlehnte. Das ist eine meiner liebsten Dehnübungen für die ischiocrurale Muskulatur, deren Streckung mir ein beglückendes Kribbeln auf der ganzen Rückseite der Beine verursacht. Den Hals wie eine Schildkröte vorgereckt sprach ich weiter:

»In den Stunden für Integrativen Tanz redet ihr Lehrer immer von zweibeinigen und von nichtzweibeinigen Tänzern. Ich bin zweibeinig, Ibrahim nicht, also braucht er einen Rollator oder einen Rollstuhl, um sich auf eine gesellschaftlich akzeptierte Art und Weise durch den Raum zu bewegen, das bedeutet auf eine Art und Weise, die so weit wie möglich dem aufrechten Gang gleicht. Im Integrativen Tanz bezieht sich die Zweibeinigkeit auf die Funktionalität der Beine, nicht auf ihre reine Existenz. Wenn Ibrahim keinen Rollator oder Rollstuhl benutzen würde, müsste er trotz seiner vorhandenen Beine robben, um sich fortzubewegen. Es ist offensichtlich, dass Ibrahim keine Portés machen kann.«

Wahrscheinlich aktivierte die Akkumulation von Ibrahims Namen im Ohr seiner Aufseherin den An-Knopf in ihren Nackenwirbeln und brachte sie dazu, den Blick nicht mehr auf ihr Handy, sondern auf uns zu richten. »Weder kann er die im westlichen zweibeinigen Tanz gültigen Parameter von fließender Eleganz und Sicherheit erfüllen, noch kann er durch sie zur emanzipatorischen bastardistischen Schönheit gelangen und kaum zur reaktionären bovarystischen Schönheit. Woran denkt ein rhetorischer bovarystischer Geist (also: ein demokratischer Geist, also: ein faschistischer Geist), wenn er versichert, dass Ibrahim Portés machen kann?« Die organische Intelligenz des Körpers der Betreuerschaft, also der Korpsgeist, ließ auch die übrigen Wachhunde den Blick von ihren jeweiligen Handys heben, sie sahen einander sogar an. »Er denkt also, nicht mehr und nicht weniger, dass Ibrahim die zweibeinigen Portés imitieren kann. Dass Ibrahim seinen krummen Körper in den Dienst der makellosen Bewegungen des zweibeinigen Tanzes stellen kann und dies auch, um zu zeigen, dass der Tanz nicht nur Sache kanonischer Körper ist und dass auch im beschränkten Körper, wenn der Wille zur Imitation da ist, Schönheit liegt. Der demokratische Geist denkt also an einen anderen Geist: an den Geist der Überwindung, Axiom einer faschistischen Formel, die nichts von ihrer Gültigkeit verliert, nur weil sie längst ein Klassiker ist: Die Überwindung dessen, was man ist, bedeutet zu vergessen, was man ist, um sich in jemand anderen zu verwandeln.«

»Was ist los? Was machen wir jetzt?«, fragen die Wachhündinnen einander mit Blicken, blinzelnde und geblendete Blicke, weil sie sich nach der langen Zeit im Halbdunkel der Pixel an das gleißende Licht des Saals gewöhnen müssen.

»Sich in einen anderen zu verwandeln ist erstrebenswert, weil der andere besser ist als du. Der Geist der Überwindung existiert dort, wo es Vorbilder gibt, denen man folgen kann, also: wo es Hierarchien gibt, also: wo der Wunsch besteht, einander zu beherrschen. Der Geist der Überwindung ist der Slogan, den die Marketingabteilung des Sozialdarwinismus ausgebrütet hat und der uns glauben lassen soll, dass Anstrengung das Mittel zum Erreichen der Glückseligkeit ist, und in diesem Fall, dass es die Mühe wert ist (zum Teufel mit diesem beklemmenden Ausdruck!), wenn Ibrahim versucht, ein zweibeiniges westliches Porté zu machen, selbst wenn er es nicht schaffen sollte.«

Die Wachhunde sondieren von ihren Plätzen aus die Lage, versuchen einzuschätzen, ob sie wegen der Unterbrechung der Stunde einschreiten und gegebenenfalls die tänzerische Ordnung wieder herstellen sollen, oder ob sie – wie im vom Präsidium verschickten Rundschreiben vorgegeben – zulassen sollen, dass ihre Schützlinge, die in vielen Fällen Selbstvertreter sind, mit den verschiedensten unvorhersehbaren Situationen konfrontiert werden, wie sie das Leben in der Gesellschaft bereithält, wobei die Wachhunde ihrerseits zu vermeiden suchen, in paternalistische Verhaltensweisen zu verfallen, und stattdessen die individuelle Autonomie ihrer Schützlinge in ihrem Gemeinschaftsaspekt befördern und nur dann intervenieren, wenn die Situation für sie ganz offensichtlich nicht mehr zu bewältigen ist.

»Für die Gläubigen der Überwindung, also: die Gläubigen der Anhäufung, also: des Kapitals, also: des Fortschritts, ist das, was ohne Anstrengung getan wird, was mit Leichtigkeit getan wird, weniger wert oder gar nichts wert, und diese Werteskala bildet die Grundlage für die zuvor genannte Hierarchie, sie rechtfertigt die Beherrschung des einen durch die anderen. Was ist mehr wert: der Kuss, den man nach Wochen des Werbens erobert, oder der spontane Fick zwischen Unbekannten? Sie sagen nicht nur, dass der Kuss besser ist, weil er durch die Anstrengung einen zusätzlichen Wert erlangt hat, sondern sie gehen so weit zu sagen, dass der Kuss höfischer Liebe besser schmeckt als der nach Alkohol und Zigaretten schmeckende Kuss! Wer ist mehr wert: diejenige, die das große Los zieht, oder diejenige, die jeden Morgen um sechs Uhr aufsteht; die jeden Morgen um sechs aufsteht oder die, die von Sozialhilfe und aus Müllcontainern lebt; ist die mehr wert, die eine Vier minus bekommt, nachdem sie eine Nacht gelernt hat, oder die, die nach zwei Wochen Lernen eine Drei bekommt? Ist Ibrahim, der über die Bühne robbt, mehr wert, oder Ibrahim, der bequem in seinem Rollstuhl sitzt und im Rhythmus der Musik mit dem Kopf nickt?«

Die Betreuerin von Ibrahim fand, dass man sehr viel von ihrem Beaufsichtigten sprach, ohne dass dieser von seiner individuellen Autonomie in ihrem Gemeinschaftsaspekt Gebrauch machen würde, indem er auf die Anspielungen einginge. Tatsächlich hörte Ibrahim an meiner Seite aufmerksam zu, sagte aber keinen Mucks. Seine Aufseherin, das Handy mit schwarzem Display in der Hand, schätzte die Gefahr ab wie eine Banditin mit gesenkter Waffe, verließ ihren Beobachtungsposten am Rand des Linoleums und betrat mit ihren sonntäglichen Wanderschuhen die weiße Fläche, sich des Schutzes durch die Nachhut der Betreuer-Wachhunde gewiss, die ihr wortlos Unterstützung zugesichert hatten, sollte sie Verstärkung brauchen.

»Da ich nicht nur weder an den Fortschritt noch an die Anstrengung glaube, sondern sie Tag und Nacht bekämpfe, und da ich an das aufmerksame Lauschen auf die Triebe glaube und an deren Verbindung mit den Trieben der anderen als Motor des Lebens, darum werde ich nicht die Komplizin eines faschistischen Aktes der Überwindung sein und versuchen, Ibrahim durch die Luft zu wirbeln, wenn ich eigentlich nicht mehr tun kann, als ihn sanft zu wiegen, und ich werde auch nicht zulassen, dass Ibrahim versucht, mich an der Taille zu halten, während ich in einem Täuschungsmanöver meine Bewegungen übertreibe, als wäre es Ibrahim, der mich bewegt. Solange ich Ibrahims Partnerin bin, lehne ich die Portés wie auch jede andere Figur des klassischen oder zeitgenössischen Tanzes ab, die zweibeinige Geschicklichkeit oder Schnelligkeit verlangt, und zwar darum, weil sich Ibrahim aus einer bastardistischen Perspektive, also: im Streben nach einem emanzipatorischen Horizont, an kein Modell vorgefertigter Bewegungen anpassen und auch kein wie auch immer geartetes Ideal von reaktionärer Eleganz, Sicherheit und Schönheit als Vorbild nehmen muss. Als Partnerin von Ibrahim lehne ich es ab, mich diesem Diktat des westlichen Tanzes zu unterwerfen, da es die Unterordnung der Bewegungsmöglichkeiten meines Partners unter die Bewegungen der Zweibeiner impliziert, jener gesellschaftlich privilegierten Klasse, der ich angehöre.«

Die Betreuerin schloss sich der Gruppe der Tänzer an, nahm aber eine Position am äußeren Rand ein. Ich sah sie, als ich beim Formulieren meines Vortrags in Richtung jener Zuhörer schaute. Aber angesichts ihres Verhaltens, zwar strikt schweigend, aber ebenso strikt bedrohlich und urteilend, richtete ich meine Position ganz auf sie aus, hörte auf zu sprechen, während ich meine ischiocrurale Muskulatur dehnte, und stand unvermittelt auf. Ihre Augen waren auf

Höhe der meinen, eine Geste, die meine Schiebetüren aktivierte und in Alarmstellung brachte, noch waren sie hinter meinem Gesicht, unsichtbar, aber in Warteposition.

»Also gut: Wenn ich mit Ibrahim tanze, verzichte ich auf all meine Zweibeiner-Privilegien. Ich möchte die Stilisierung der Bewegungen meines Partners nicht unterstützen. Ich möchte nicht sehen, wie Ibrahim versucht, im Streben nach fließender Eleganz die Intensität seiner stolpernden Spasmen zu unterdrücken, und ich will keine Harmonie der Gesten und Pausen zwischen Ibrahim und mir erzwingen, die in der Beherrschung von Ibrahims Spasmen im Streben nach Schönheit bestünde. Denn darum scheint es im Integrativen Tanz zu gehen, nach fünf Unterrichtsstunden komme ich langsam dahinter. Es geht darum, dass sich der nicht normierte Körper oder Geist in das herrschende System der normalen, also den Normen entsprechenden Körper und Geisteszustände integriert.«

Lluís Cazorla schwieg ebenfalls, aber sein Schweigen war nicht das eines Jägers, der auf den geeigneten Moment zum Abdrücken wartet; es war eher das Schweigen des Publikums vor dem Spektakel, es war Aufmerksamkeit und Bereitschaft, sich überraschen zu lassen. Und das Schweigen meiner Kameraden, welcher Art war ihr Schweigen? Es war kein vollständiges Schweigen, weil es jemanden gab, der schnaubte, und jemanden, der etwas murmelte, es gab also Lust zu reden, zu widersprechen, zu nuancieren, zu bekräftigen, aber die Tänzer sprachen nicht, weshalb es kein Schweigen, sondern ein Stillsein war, also Unterdrückung des eigenen Wortes. »Das ist das Ziel der Stilisierung: Normalisierung. Das ist es, was die tänzerische Dreifaltigkeit aus Eleganz, Sicherheit und Schönheit bedeutet: Normalisierung. Das ist sogar, was ›sich überwinden‹ bedeutet: sich normalisieren, Bürger werden, gleich werden. Der Geist der Überwindung – wie sibyllinisch sind doch die Wörter – ist der Geist der Normalisierung. Aufhören zu sein, was du bist, um ein Mittelmäßiger mehr zu werden. Der Geist der Überwindung ist folglich der Geist der Mittelmäßigkeit. Und was ist ein Mittelmäßiger? Mittelmäßig ist nicht der Läufer, der als achtundzwanzigster ins Ziel kommt. Er kann schlicht und einfach ein schlechter Läufer sein. Mittelmäßig ist der Gewinner des Rennens, der auf dem Siegertreppchen der Bank oder der Erdölgesellschaft, die ihn sponsert, für seinen Sieg dankt. Mittelmäßig ist der Harmlose. Mittelmäßig ist der Superstar des Pop Rihanna, die wiederholt von ihrem Freund misshandelt wird. Brillant ist die Hausfrau, die ihrem Ehemann eine Tortilla serviert und ihm danach die Pfanne über den Schädel zieht. Mittelmäßig ist der Unpolitische, mittelmäßig ist der Integrierte, und deshalb ist der Integrative Tanz mittelmäßig.«

Ich machte eine Pause und erwartete Antworten, sah aber nur ausweichende Blicke, einschließlich derer von Cazorla und Ibrahim. Das Ohr des blinden Juli ruhte sich schon seit einer Weile aus und zeigte in eine andere Richtung als mein Redeschwall, und schließlich erhob er sich, tastete die Wände ab, bis er seinen Stock fand, und ging fort. Die Körperschaft der Betreuerinnen hatte sich mobilisiert und half den Betreuten, die die Gruppe der Zuhörer verließen, beim Anziehen. Obwohl ich gelernt habe, dass das Verstummen der anderen eine konfliktneutralisierende postmoderne Maxime ist, obwohl ich weiß, dass ich vor der ixten praktischen Vorführung der Theorie der Schweigespirale stand und dass die Übrigen, wenn sie verstummen, möchten, dass auch ich verstumme, damit wir alle hübsch und stumm leben können, obwohl ich weiß, dass sich der hegemoniale Diskurs nie deutlicher aufzwingt, als wenn man sich nicht einmal dazu herablässt, das Wort an jemanden zu richten, trotz alledem entmutigte mich das Schweigen meiner Kameraden, in denen ich mit ihrem kaputten Tanz so viel Intelligenz gefunden hatte, vor allem das Schweigen von María, die die Pause sogar dafür nutzte zu gehen. Nur die Wachhündin von Ibrahim schaltete sich ein:

»Ich finde deine Kritik sehr gut. Was hast du noch mal gesagt, wie war dein Name?«

Alle Gesichter wandten sich mit erneuerter Aufmerksamkeit ihr zu. Nach einem so langen Monolog hatte der Klang einer anderen Stimme als meiner einen dramatischen und beeindruckenden Effekt, denn er stoppte das kreisförmige Voranschreiten der Schweigespirale. Plötzlich hatten sich Fronten gebildet, eine Dialektik.

»Ich habe meinen Namen nicht gesagt.«
»Ah, nicht? Ich dachte.«

»Nein.« Sich aktivierender Schiebetürenmechanismus, losdrehende Zahnräder.

»Okay, entschuldige. Wahrscheinlich habe ich vorhin gehört, wie der Lehrer dich angesprochen hat, und das hatte ich noch im Ohr. Wie heißt du?«

»Natividad.«

»Sehr erfreut, Natividad. Ich heiße Rosa. Ich habe gesagt, dass deine ganze Kritik sehr gut ist. Es ist sehr gut, dass wir sagen, was wir über die Dinge denken, die uns nicht gefallen, und das mit allen teilen.« Aus ihren Schlitzen tretende Schiebetüren, kurz vor ihrem Gesichtstransit. »Aber ich würde dir gerne eine Frage stellen, die mir gekommen ist, als ich dir zugehört habe, wäre das in Ordnung für dich?« Die extreme, unnötige und infantilisierende Freundlichkeit der Macht. Geschlossene Schiebetüren.

»Total in Ordnung für mich, nur zu.«

»Nun, ich frage mich, ob all diese Kritik von dir nicht eigentlich daher rührt, dass du ganz einfach nicht mit Ibrahim tanzen willst.«

»Das ist die Frage? Ob meine Kritik nicht nur eine Ausrede ist, um nicht mit Ibrahim zu tanzen?«

»Das frage ich dich, ja.«

»Sieh einer an, nein. Und außerdem finde ich es erstaunlich, dass deine Frage auf nichts von dem basiert, was ich gesagt habe.« Lluís Cazorla setzte zu einer dezenten beschwichtigenden Friedensstifter-Geste an, die ich mit einer dezenten Handbewegung aufhielt, bevor ich weitersprach: »Worauf deine Frage basiert, ist die Vermutung, dass alles, was ich hier seit einer Stunde sage, reine Heuchelei ist. Du wirfst mir Rhetorik vor, obwohl ich als Allererstes gesagt habe, dass ich eine knallharte Antirhetorik vertrete. Aber klar, wie hättest du mir zuhören können, wenn du da seit fünf Uhr nur auf dein Handy gestarrt hast.«

Die Kameraden und auch Cazorla lächelten und schauten die Betreuerin an, sie erwarteten eine Antwort auf Augenhöhe. Nur Ibrahim nicht, er war unschlüssig. In seinem Gesicht lag die gleiche Zerknirschtheit wie bei der Übung mit dem Gewicht und dem Gegengewicht, bei der er mich tausendmal um Entschuldigung gebeten hatte, als würde er sich schuldig fühlen oder dafür schämen, dass sein Name im Mittelpunkt der Diskussion stand.

»Du hast recht, ich habe nicht alles gehört, was du gesagt hast, und ich bitte dich um Entschuldigung. Aber du kannst mir nicht in den Mund legen, ich hätte dir vorgeworfen zu heucheln, hm?«

›Wo nichts ist, ist auch nichts zu holen‹, erinnerte ich mich an die weisen Worte meiner Mutter.

»Und wenn du nicht mit Ibrahim tanzen willst, dann sag es doch genauso offen wie alles andere, was du gesagt hast, oder?«

Erneute beschwichtigende Friedensstifter-Geste von Lluís Cazorla, diesmal in Form eines missbilligenden Blicks an die Wachhündin gerichtet, aber durch ein Warte-Handzeichen abgewehrt.

»Zumindest erkennst du an, dass du nicht mal drei Viertel von dem gehört hast, was ich gesagt habe. Und alles, was ich sage, sage ich offen, absolut alles, denn das ist Teil des emanzipatorischen bastardistischen Prozesses, wovon du aber nichts mitbekommen hast, weil du mit deinem Handy beschäftigt warst.«

»Das gebe ich zu. Ich habe am Handy ein paar Sachen von der Arbeit angeschaut.« Was für einen Lachanfall hatte ich im Inneren, aber ich ließ ihn nicht raus, wie ich auch das »wo nichts ist, ist auch nichts zu holen« nicht rausließ, denn wenn du die Betreuer-Wachhündinnen auslachst, ist Schluss mit der Argumentation, das Lachen verletzt sie zutiefst, es deautorisiert sie mehr als jede Beleidigung, mehr als wenn du sie Folterknechte nennst, mehr als wenn du sie Faschisten nennst, und sie wollen dir dann nicht mehr zuhören, sondern dich gleich packen, und ich wollte, dass diese Faschistin mir weiter zuhörte.

»Einverstanden. Dann nutzen wir doch jetzt mal die Gelegenheit, dass du mit der Arbeit fertig bist und mir zuhören kannst. Bisher habe ich Kritik an der Gesamtsituation geübt, aber jetzt kommt der Initiativteil, die Alternative zum Elend, das ich euch aufgezeigt habe, und danach wird dir nicht der Hauch eines Zweifels bleiben, dass ich mit Ibrahim tanzen will.«

Ich trat zu ihm, und auch wenn er nicht ausweichen konnte, bewegte er sich, als würde ihn meine Nähe beunruhigen, so wie die eingesperrten Kanarienvögel flattern, wenn du einen Finger zwischen die Stäbe steckst. Fürchtete Ibrahim, seine Wachhündin würde ihn bestrafen, wie ein Kind, das von seinen Eltern geschlagen wird, wenn sie einen schlechten Tag bei der Arbeit hatten – zumal es sich auch noch um die erste Tanzstunde handelte und er so darauf gedrängt hatte, hingehen zu dürfen? Könnte die Strafe darin bestehen, dass sie ihm nie wieder erlauben würde, zum Unterricht zu kommen, und ihn stattdessen wieder nur zu den Selbstvertretern schickt? Diese Erwägungen führten dazu, dass ich meine Ausführungen mit noch größerer Vehemenz wiederaufnahm, mit noch größerem Verlangen, Ibrahims Vertrauen ehrlich zu verdienen.

»Die Lage ist, wie sie ist, und mein Partner und ich müssen eine Entscheidung treffen. Entweder wir verlassen diesen Tanzkurs, was für mich nach meinem Rauswurf aus der TAFEBAR die zweite tanzfaschistische Niederlage in nur einem Jahr wäre, oder aber wir bekämpfen den faschistischen Integrativen Tanz, indem wir Desintegrierten Tanz machen. Ich möchte Ibrahim zu Letzterem motivieren, denn das ist einer der Wege zur Freiheit. Statt Stilisierung schlage ich meinem Partner Entartung vor. Statt Überwindung Verworfenheit; und statt des Geistes der Überwindung den Geist der Hurerei. Statt der fließenden Eleganz, die ich nach vielen Jahren Tanz verinnerlicht habe, nehme ich mir eine Annäherung an die Verwirrung Ibrahims vor. Statt der Sicherheit, die ich mir selbst und Ibrahim dank meiner körperlichen Verfassung und meines Köperbewusstseins geben kann, nehme ich mir vor, das Risiko von Stürzen und Verletzungen einzugehen, das damit einhergeht, sich mit der Muskelatonie und dem anatomischen Unwissen Ibrahims zu bewegen. Statt der Schönheit, die ich mit bestimmten Bewegungen oder sogar dann, wenn ich nur ganz ruhig in bestimmten Haltungen verharre, erreichen kann, in bestimmter Kleidung oder sogar nackt, will ich, dass mir wie Ibrahim der Sabber runterläuft, will ich mich einpinkeln wie Ibrahim und nach Pisse riechen wie Ibrahim, mit schiefem Mund, krummen Beinen und verkrampften Handgelenken und Fingern will ich die normalisierten Demokratiefaschisten abstoßen, wie Ibrahim sie abstößt. Ich bitte Ibrahim, mich zu unterweisen, und ich schlage Ibrahim vor, dass er diese Abstoßung vertieft, die er immer schon in seinem Umfeld ausgelöst und unter der er immer gelitten hat. Unter den Tritten der Macht darf man sich weder zusammenkrümmen noch verzweifeln: Man muss sich radikalisieren. Wir müssen es schaffen, die anderen so sehr abzustoßen, dass sie nicht mal mehr auf die Idee kommen, uns dem Geist der Überwindung zu übergeben, so sehr, dass diese Abscheu, die wir in den Normalisierten hervorrufen, aufhört, Herablassung zu sein, und endlich Angst wird, Angst und Ekel und das Erkennen der Rettungslosigkeit.«

Ich hörte auf zu reden und Lluís Cazorla wartete ein paar Sekunden, ob eine Antwort käme. Und erst dann, erst als keine kam, bat er uns, unsere Sachen zusammenzusammeln, weil wir schon zwanzig Minuten überzogen hatten und andere Leute in den Raum wollten. Ibrahim schleppte sich erleichtert mit seinem Rollator zu seinem Rollstuhl und hängte sich an den Rockzipfel seiner Wachhündin. Das tat mir weh. Die Wachhündin war wütend, aber mit prunkvoll erhobenem Haupt, wohl weil sie die Nähe ihres Schützlings als Sieg empfand. Mit Ibrahim im Schlepptau kam sie zu mir und fragte mich, ob ich mich nicht schämte, solche schrecklichen Dinge über Ibrahim zu sagen, und dass ich sie nicht täuschen würde, dass ich nicht mit Ibrahim tanzen und nur Aufmerksamkeit erregen wollte und dass sie das nicht auf sich beruhen lassen würde. Ich beendete die Schleife an meinen Turnschuhen, stand auf, und ohne die Aufforderung Cazorlas zu missachten, dass wir bitte rausgehen sollten, sagte ich ihr, sie solle doch mit ihren Drohungen zum Parlament gehen und zu den Verwaltungsräten der Betriebe mit Förderung aus öffentlichen Mitteln, dort halten sich die CUPistinnen gerne auf, und wenn sie das Wort bekomme, solle sie von ihrem Sitz aus ihren Kollegen Abgeordneten und Beratern mit der katalanischen Revolution drohen, denn bei mir würden ihre Drohungen nicht wirken, weil ich auf ihren Wachhündinnen-Sheriffstern scheiße, und mit meiner Kacke würde ich ihr die Karte der Països Catalans auf ihre Estelada malen, die Flagge Kataloniens, die sie ja sicher vom Balkon hängen hat.

Und das war der Moment, als sie mir so nah kam, dass ich den süßlichen Duft ihres Fructis-Shampoos riechen konnte, und sie mich mit dem Hass ansah, der bei den Avantgardistinnen nicht ihren politischen Feinden, sondern dem Lumpenproletariat vorbehalten ist, und sie hörte auf, Spanisch mit mir zu reden, und sprach nur noch Katalanisch, als würde sie mit dem Wechsel der Sprache die zwei Millionen Katalanischsprachigen beschwören und mit ihnen das mächtigste Heer der Welt bilden, gegen das ich nichts ausrichten konnte, und sie sagte, außer einer Lügnerin und einem schlechten Menschen sei ich auch noch eine Prospanierin. Ich finde es großartig, wenn sie mich prospanisch nennen, weil das das letzte rhetorische Mittel der Unabhängigkeitsbefürworter ist, was sie dir um die Ohren hauen, wenn ihnen die Argumente ausgehen, um ihren bürgerlichen Müll zu verteidigen. Ich musste auf die so geschätzte Dusche in den Umkleidekabinen der Schule verzichten und verschwitzt nach Hause gehen, außerdem völlig umsonst das Handtuch, die Wechselsachen und die Seife herumschleppen, nur weil sie sich aufdrängte und das falsche Dilemma der Unabhängigkeit aufwarf, was uns bis zur Metrostation beschäftigte. Ein falsches Dilemma, das Ibrahim ganz offensichtlich nicht im Geringsten interessierte, wahrscheinlich blieb er darum ein paar Schritte hinter der CUPistin und mir zurück und plauderte mit Marga, die mich wie jeden Tag abholte und die sich für die Unabhängigkeit Kataloniens so sehr interessierte wie für ein Stöckchen, das in einem von der mediterranen Sonne ausgetrockneten Stück Scheiße steckt.

Ateneo – Autonomes Zentrum Sants.
Protokoll der Sitzung der Okupa-Gruppe. 2. Juli 2018.

Tarragona: Wer führt heute Protokoll.
Ceuta: Immer der wo fragt.
Tarragona: Ich habe nur gefragt, weil Jaén das jetzt schon seit Tagen macht, und ich denke, das ist eine Aufgabe, die wir unter uns allen aufteilen sollten, wie Putzen oder Plakate kleben.
Jaén: Ich mach das heute auch noch mal, kein Problem. Außerdem schreib ich die gerne.
Oviedo: Und du bist auch der, der am besten schreibt. Die Protokolle von Palma, nur mal als Beispiel, die versteht nicht mal der Herrgott selbst.
Palma: Na vielen Dank auch.
Oviedo: Stimmt doch, oder?
Badajoz: Das stimmt Alter, hahaha.
Coruña: Heilige Scheiße dieses Protokoll, das du geschrieben hast hahaha.
Palma: Die Wahrheit ist wenn ich sie am Ende durchlese, verstehe ich sie selbst nicht.
Tanger: Aber man kann alles lernen. Ich stimme zu, dass wir bei den Protokollen rotieren sollten.
Mallorca: Ich sehe das wie Tanger, denn andernfalls verfallen wir in Rollen, in Spezialisierungen, in Professionalisierung der Aufgaben. So wie wir die Tatsache, dass immer die Mädels putzen oder kochen, subversiv unterlaufen haben, so sollten wir auch subversiv unterlaufen, dass immer der Schreiber schreibt.
Tarragona: Das denke ich auch, und es macht nichts, wenn jede und jeder so schreibt, so gut es eben geht, denn nach und nach wird der oder die, die nicht so gut schreibt, immer besser schreiben.

Oviedo: Schön aber was ist wenn die Protokolle so schlecht geschrieben sind, dass man sie nicht versteht.
Coruña: Leute eben so, wie wir es immer machen: Wer was kann, zeigt es dem, der es nicht kann, oder? Und wir vergemeinschaften unsere Fähigkeiten und Kenntnisse, oder? Die Kameradin Gari kann nicht schreiben und sie hat Jaén ihr Besetzungsanliegen diktiert. Das ist für mich kommunistischer Anarchismus.
Murcia: Leute und wieso besprechen wir nicht zuerst, wie die Besetzung von Gari gelaufen ist. Das Thema ist zwar außerhalb der Tagesordnung, aber lasst uns das zuerst behandeln und nicht am Ende wie sonst immer, denn sie muss immer eher los.
Gari Garay: Ich muss nicht mehr eher los, weil ich nicht mehr bis La Barceloneta muss.
Murcia: Ah! Bist du schon im Haus in der Calle Duero?
Gari Garay: Ja.
Murcia: Großartig, Süße, herzlichen Glückwunsch! Wusste ich gar nicht!
Tanger: Ich auch nicht, Glückwunsch.
Gari Garay: Danke.
Nata Napalm: Ich muss aber eher los, weil ich schon noch bis La Barceloneta muss, und mich interessiert das mit Gari. Ich bin nur wegen Garis Sache gekommen, der Rest von dem ganzen Zeug, was ihr in der Versammlung besprechen werdet, interessiert mich null.
Murcia: Hoch lebe die Ehrlichkeit!
Mehrere Kameradinnen: Hahahahahahaha ...
Gari: Das ist meine Cousine.
Murcia: Ah sie ist also deine Cousine.
Ceuta: Dann also zuerst das von Gari.
Mallorca: Okay aber es ist immer noch nicht geklärt, wer heute Protokoll führt.
Palma: Ist gut jetzt, ich schreibe.
Oviedo: Du schreibst fürchterlich!
Mehrere Kameradinnen: Hahahahahahaha ...

Palma: Lacht ihr nur, seit ihr angefangen habt, euch auf mein Protokoll einzuschießen, nehme ich mit meinem Handy alles auf.
Tanger: Holla Alter! Ohne Bescheid zu sagen?
Badajoz: Wie ein Filter, oder nicht?
Nata: Filter wegen was?
Badajoz: Na darum, nimmt einfach alles auf, wie ein Filter.
Nata: Ihr habt echt einen an der Waffel mit euren Filtern.
Badajoz: So sehr an der Waffel auch wieder nicht, Nata. Ich darf dich wohl daran erinnern, dass uns die Mossos vor zwei Monaten die Tür vom Ateneo eingetreten haben.
Nata: Gut wir können ein andermal über die Filter und die Waffeln reden, aber heute hab ich es eilig.
Badajoz: Das kommt bitte ins Protokoll Palma. Notier das als Tagesordnungspunkt.
Nata: Scheiß auf die Bürokratie und das Politbüro.
Mehrere Kameradinnen: Hahahahahahaha ...
Palma: Ja ja und ich tipp am Ende die Aufnahme in Word und dann könnt ihr mir nicht mehr sagen ob ich schlecht schreibe oder ob ich gut schreibe.
Jaén: In Ordnung aber du setzt für unsere Namen die Städte ein, wie immer.
Palma: Natürlich Alter.
Oviedo: Und du zerstörst die Aufnahme, so wie die Briefe, die wir Inspektor Gadget geschickt haben.
Palma: Hahahaha, klar.
Tanger: Das löst die Frage nicht, aber gut jetzt soll also Gari erzählen, damit Nata eher gehen kann und dann reden wir weiter.
Nata Napalm: Danke.
Gari Garay: Was soll ich sagen, Badajoz, Mallorca, Coruña, Oviedo und Nata Napalm haben mir geholfen. Vor drei Tagen bin ich reingekommen. Heute ist der erste Tag, an dem ich die Wohnung verlasse, wegen den zweiundsiebzig Stunden, die man ununterbrochen drin sein muss, wie ihr mir gesagt habt.
Murcia: Gab es ungewöhnliche Bewegungen? Polizei, Nachbarn, irgendjemand, der geklingelt hat?

Gari Garay: Es gibt keine Klingel.

Mallorca: Warte mal, der Reihe nach. Zuerst erzählen wir euch, wie wir überhaupt reingekommen sind.

Oviedo: Ja gut, ist besser. Damit Palma mit seiner Aufnahme nicht durch den Tüddel kommt

Palma: Leute jetzt ist aber gut, ja? Ich bin kein Zirkusäffchen.

Jaén: Alte Oviedo übertreibs nicht.

Tarragona: Ja wenn dir der Einsatz von Palma nicht passt, schreib doch selber, hm? Dein Verhalten ist total destruktiv und total kindisch und du trägst auch nichts bei.

Oviedo: Entschuldigung Entschuldigung ihr habt ja recht. Sorry Palma. Meine Schuld, ich hab ein bisschen was geraucht.

Coruña: Dann gehst du vielleicht kurz raus und beruhigst dich ein bisschen. Du unterbrichst ständig und eine Kameradin hat darum gebeten, dass wir über Garis Okupation reden.

Mallorca: Leute hier geht alles durcheinander. Können wir uns bitte mal etwas konzentrieren. Zuerst, wie wir rein sind. Das war sehr einfach, stimmt's, Mädels?

Badajoz: Ja. Eigentlich wollten wir es im Morgengrauen machen, so um vier Uhr früh, aber weil es für Gari schwierig war, nachts ins Viertel zu kommen, haben wir es am helllichten Tag mit einer kleinen Theateraufführung gemacht.

Gari: Ja, ich konnte nachts nicht kommen, weil die Metro nicht fährt und tagsüber kann ich die betreute Wohnung verlassen, ohne so viel erklären zu müssen.

Badajoz: Wir haben uns für fünf Uhr nachmittags verabredet, weil zu dieser Zeit die Kinder aus der Schule kommen, die gleich um die Ecke ist, es ist viel los auf der Straße, die Läden sind offen, in der Gegend sind ein paar Baustellen ...

Mallorca: Ich war als Schlosser verkleidet, mit Blaumann und Werkzeugkasten, Oviedo hat sich mit Rock und Blazer und Klackerschuhen mit Absätzen, mit Aktenköfferchen und so weiter als Immobilienmaklerin ausgegeben. Wenn sie wieder reinkommt kann sie euch ja mal erzählen, was für machistischer Aggression sie auf dem Weg zum Haus ausgesetzt war.

Tanger: Verdammt.

Mallorca: Ja ein Scheißmacho hat ihr Scheiße erzählt. Das wäre übrigens auch ein Thema, das wir angehen sollten, denn Oviedo hat nicht reagiert, weil sie sich ja für die Besetzung verstellt hat, aber danach hat sie sich mies gefühlt.

Badajoz: Aber Nata hat reagiert.

Nata Napalm: Ja.

Badajoz: Ja, sie hat sehr schlagfertig und mit den richtigen Worten reagiert, aber da unser vorrangiges Ziel war, unbemerkt zu bleiben, um das Haus öffnen zu können, glaube ich, dass Natas Reaktion uns einem unnötigen Risiko ausgesetzt hat.

Nata Napalm: Ich stimme zu, dass wir ein Risiko eingegangen sind, aber ich stimme nicht zu, dass es ein unnötiges Risiko war.

Badajoz: Nenn es wie du willst. Aber es war ein übertriebenes Risiko.

Nata Napalm: Ich nenne es nicht wie ich will Badajoz. Ich nenne es bei seinem Namen und der Name ist nötiges Risiko. Ein Risiko, das wir eingehen mussten, damit die Besetzung, die wir gerade in Angriff genommen hatten, die ein Werkzeug der Emanzipation sein sollte, sich nicht in ihr genaues Gegenteil verkehren würde, und zwar in den Akt der Unterdrückung einer Kameradin. Angesichts einer solchen Aggression stillzuschweigen ist gleichbedeutend damit, ein Komplize zu sein, es macht uns selbst zu Aggressoren. Und es entwertet die Besetzung, die dann kein Werkzeug der Emanzipation mehr ist. Und dann passiert was passiert ist, nämlich dass Oviedo sich mies fühlt, was nur ein Euphemismus dafür ist, dass sie sich unterdrückt fühlt, dass sie sich angemackert fühlt und dass sie keine Solidarität erfahren hat, wo doch sonst gerade sie in dieser Situation, in der die Aggression sich manifestierte, sich solidarisch zur Besetzung von Gari Garay verhielt. Wenn du sagst, unser Ziel war die Besetzung und darum durfte man sich nichts anmerken lassen, dann sagst du klipp und klar, der Zweck heiligt die Mittel, diese machiavellistische Maxime der Realpolitik, die der Anarchistenmörder Trotzki so weise zerschmetterte, als er uns sagte, wenn das Ziel die Revolution sei, könnten die Mittel nur revolutionär sein. Wenn sie es nicht wären, würde die Revolution niemals erreicht.

Jaén: War es denn so übel, was sie zu Oviedo gesagt haben?

Nata Napalm: Für mich war es allerübelst, aber ich glaube nicht, dass wir hier die Schwere bewerten müssen, um einzuschreiten. Wenn es Aggression gibt, interveniert man, oder etwa nicht? Oder sind eure Räume etwa nicht voll von diesen Plakaten LUSTMOLCHE RAUS? Guck, von hier aus kann ich allein zwei sehen. Und gesagt hat dieser Typ Oviedo nichts, hingespuckt hat er es ihr.

Palma: Ich finde nicht, dass die Bewertung der Schwere einer Aggression nachrangig ist. Ich finde, die Angegriffene sollte selbst entscheiden, wie weit sie sich angegriffen fühlt und sie sollte die Antwort auf die Aggression initiieren und dann natürlich auf die Unterstützung und Solidarität der anderen Kameraden zählen.

Murcia: Moment eben, ich war zwar nicht dabei, als die machistische Aggression passiert ist, aber ich bin da bei Palma. Denn sonst, wenn wir nicht darauf warten, dass die Angegriffene die Aggression bewertet, dass sie mit ihrer Verteidigung oder Selbstverteidigung anfängt, dann treten wir übrigen als Retter auf, und umso mehr, wenn wir Kerle sind. Wir würden das tun, was wir unser ganzes Leben gesehen haben, dass ein Typ was zu einer Frau sagt und dann kommt der Freund, der Kumpel oder der Bruder des Mädels und legt sich mit dem Typ an und das Ganze wird ein Hahnenkampf, ein Streit mit rasselnden Säbeln.

Nata Napalm: Ich darf dich erinnern, dass ich interveniert habe und ich bin eine Frau.

Murcia: Ich habe verallgemeinert.

Nata Napalm: Man redet besser nicht verallgemeinernd, zumindest nicht, wenn du einen Funken Respekt vor deiner Gesprächspartnerin hast.

Murcia: Alles klar. Ich wollte nur ein wenig die Diskussion öffnen, so wie du selbst von Machiavelli und Bismarck und Trotzki geredet hast. Ich hatte nicht die Absicht, dich anzugreifen.

Nata Napalm: Aber Machiavelli, Bismarck und Trotzki tragen zur Diskussion bei, weil ihr politisches Denken unser Handeln und unser politisches Denken an jenem Nachmittag beeinflusst hat. Aber von

Hahnenkämpfen zu reden, wenn kein Schwanz Oviedo zu Hilfe gesprungen ist, das tut nichts zur Sache.

Murcia: In Ordnung entschuldige du hast recht.

Nata Napalm: In Ordnung.

Mallorca: Und ich sage noch mal, weil sich die Angelegenheit zwischen Oviedo, Nata, Gari, Badajoz und mir abgespielt hat und Oviedo die Angegriffene war und nicht da ist, darum schlage ich vor, dass wir weitermachen und von der Öffnung des Hauses sprechen. Was denkst du Gari?

Gari: Ja, in Ordnung.

Nata Napalm: Entschuldige bitte aber dass Oviedo die Angegriffene war, ist ja auch nicht die ganze Wahrheit. Wir alle wurden angegriffen. Oder habt ihr hier etwa nicht die Wände voll mit diesen Plakaten WER EINE VON UNS ANFASST, FASST UNS ALLE AN? Bedeutet das etwa nicht, wenn eine Kameradin angegriffen wird, werden wir alle angegriffen?

Mallorca: Ja klar wenn sie eine anfassen fassen sie uns alle an, aber es ist genauso wahr dass wir für niemanden sprechen sollten, und nicht an ihrer Stelle.

Nata Napalm: Da stimme ich dir zu, aber – spinn ich jetzt, oder hab ich in irgendeinem Moment für Oviedo gesprochen? Rede ich etwa nicht die ganze Zeit darüber, was ich denke, was ich wahrnehme und auf euren Plakaten und in euren Fanzines lese? Nur gut dass Palma alles aufnimmt und wir nachzählen können, wie oft ich mir anmaße, jemanden in seiner Aussage zu ersetzen!

Palma: Mannomann endlich wertschätzt mal jemand meine Rolle.

Nata Napalm: Klar Mann, Schapo dass du aufnimmst. Das wird ein Spaß, wenn wir uns anhören, was für einen Schwachsinn wir die ganze Zeit reden.

Badajoz: Ich glaube wir können nicht weitermachen wenn wir mit jedem Wort, was gesagt wird, so pingelig sind.

Nata Napalm: Wir sind so pingelig? Falscher Plural, beschwichtigender, verschleiernder Friedensstifterplural! Wolltest du nicht eigentlich sagen »wenn du so pingelig bist«, womit du mich meinst?

Badajoz: Und wolltest du nicht eigentlich sagen »was für einen

Schwachsinn ihr die ganze Zeit redet«, denn du bist ja anscheinend die Einzige, die sich anständig ausdrückt?

Nata Napalm: Hör mal kann schon sein, ich habe es nicht bemerkt, aber ich sage nicht, dass es nicht so ist. Wir sind beide scheiße, Badajoz, indem wir den falschen und beschwichtigenden und verschleiernden Plural benutzen. Als Anarchisten, die wir sind, haben wir die Neigung, unseren Konflikten bis zum Letzten nachzubohren.

Tarragona: Ich verstehe euch schon eine ganze Weile nicht mehr.

Mallorca: Leute, machen wir weiiiiiter.

Badajoz: In Ordnung Nata unser Konflikt bleibt bestehen. Aber da wir alle Interesse an dieser Versammlung haben, schlage ich vor, dass unser Konflikt sie nicht monopolisiert und wir ihn gesondert fortsetzen.

Gari: Ja, Nata, wenn du spät nach Hause kommst, werden sie Verdacht schöpfen und dir Fragen stellen.

Nata: Was du unseren Konflikt nennst, ist nicht nur ein Konflikt zwischen dir und mir, entschuldige. Es ist ein Konflikt, der die ganze Gruppe betrifft, es geht um ein Thema und um Verhaltensweisen, die alle angehen. Ihn als einen Konflikt zu begreifen, der nur dich und mich etwas angeht, verbannt ihn in die von der Bourgeoisie so bezeichnete Intimität, beschneidet sein politisches Potenzial und entfernt ihn von der Kollektivierung aller Lebensbereiche oder, wie vor ein paar Augenblicken Coruña so schön und richtig gesagt hat, entfernt uns vom kommunistischen Anarchismus.

Badajoz: Na schön, das gilt allerdings auch für dich. Wenn es nach mir ginge, könnten wir bis übermorgen durchdiskutieren, aber die anderen hier anwesenden anarchistischen Kommunisten möchten vielleicht gar nicht über dieses Thema reden, sondern von etwas anderem, denn ich möchte dich daran erinnern, dass dies die Versammlung der Okupas ist, das heißt dass wir alle hier unsere Zeit, unsere Energie und unsere Hingabe dafür einbringen. Du möchtest ein Diskussionsthema durchsetzen und stellst dein Interesse an diesem Thema vor das Interesse von neun anderen Kameraden.

Ceuta: Ich möchte euch weder beschwichtigen noch den Schiedsrich-

ter spielen. Aber ich möchte dennoch gern weiter darüber reden, wie es de facto mit der Besetzung von Gari Garay weiterging.
Tanger: Ich stimme Ceuta zu.
Mallorca: Ich auch.
Murcia: Und ich.
Mehrere Kameradinnen: Und ich und ich und ich ...
Gari: Komm schon, Nata.
Nata Napalm: Ihr wollt, dass ich mich der Macht der Versammlung unterwerfe?
Badajoz: Das ist Brechstangen-Demagogie, was sagst du denn da!
Tanger: Ganz und gar nicht Nata. Wir reden vom Organisatorischen. Die Organisation als Versammlung ist ebenfalls ein Teil, und zwar ein wichtiger. Die Organisation als Versammlung stellt sicher, dass alle gehört werden und dass niemand den anderen seine Meinung aufdrängt.
Tarragona: Und sie stellt die Zirkulation von Wissen und seine Vergemeinschaftung sicher.
Nata Napalm: Sicherstellen ist etwas viel versprochen, oder?
Tarragona: Gut in Ordnung sie versucht es.
Murcia: Moment Moment. Hat nicht dich das Thema der Besetzung deiner Cousine interessiert und haben wir es nicht darum in der Tagesordnung vorgezogen?
Nata Napalm: Ja.
Murcia: Alte was ist dann bitte los? Du solltest anerkennen, dass wir uns an deine Bedürfnisse und Wünsche angepasst haben. Diese Anpassung, die wir deinetwegen vorgenommen haben, könnte meiner Ansicht nach von dir erwidert werden, und nicht, indem du neue Themen aufbringst, die überdies viele von uns gern vorher für sich selbst vorbereiten und durchdenken würden. Auf Großzügigkeit, die einem entgegengebracht wird, mit Großzügigkeit zu antworten ist meines Erachtens ebenfalls Teil des Anarchismus. Es bedeutet, einander als gleichwertig anzuerkennen und die Bedürfnisse und Wünsche des anderen zu achten. Wenn nur eine Seite die Wünsche des Gesprächspartners achtet, oder wenn eine Seite die Wünsche des anderen missachtet, oder sie vergisst, oder sie verachtet, dann

ist Schluss mit unserer Horizontalität und dann beginnt entweder die Führerschaft oder die Herablassung, was die Vorstufe zum Assistenzialismus ist, der großen Geld- und Gewissenswäscherei der Kapitalisten. Und entschuldigt, dass ich einen Keil reintreibe, wo hier wahrhaftig schon genug Keile drinstecken, aber ich beobachte, dass wir hier anarchistischen Kommunismus und Anarchismus synonym benutzen, und das sehe ich anders und wollte es anmerken.

Nata Napalm: Du sagst die Wahrheit. Murcia war dein Name? Du sagst die Wahrheit, Murcia. Du hast mich nicht überzeugt und du hast auch nicht recht. Aber du sagst die Wahrheit, und ich, durchtränkt von einem Individualismus, der mehr mit Anarchismus zu tun hat als mit anarchistischem Kommunismus, habe das nicht gesehen. Ich war der Lüge des Kapitals verfallen und du hast mich die Wahrheit der anarchistischen Gesellschaft erkennen lassen. Meine Schiebetüren waren dabei sich zu schließen, aber sobald du angefangen hast, Wahrheiten zu sagen, haben sie sich wieder geöffnet.

Murcia: Das habe ich gemerkt.

Mehrere Kameradinnen: Ja wir haben das auch bemerkt ja ...

Nata Napalm: Das freut mich.

Ceuta: Wir freuen uns dich hierzuhaben, Kameradin.

Tarragona: Ich wollte noch etwas vertiefen, was Tanger gesagt hat, denn ich habe den Eindruck, Nata ist der Ansicht, dass die Gemeinschaftsstruktur dieser Gruppe autoritär ist. Ich habe den Eindruck, Nata findet, dass die Organisation dieser Versammlung mit Protokoll und Tagesordnung und TOPs autoritär ist und die Meinungsfreiheit und die Spontaneität der Diskussionen einschränkt. Ich frage dich also: Findest du das?

Nata Napalm: Das finde ich, außer dem, was du über die Meinungsfreiheit gesagt hast. Meinungsfreiheit ist eine legalistische Bezeichnung der Rechtsordnung, das Recht der Freiheit der Meinung, als ob das Recht, das in seinem Wesen, seiner Ausdehnung und seinen Grenzen stets durch die Macht bestimmt wird, vor unserer Meinungsäußerung stünde, als würde man sich nur äußern, weil die Macht dies durch das Recht erlaubt. Aber ja, ich finde, dass diese

Versammlung bürokratisch ist, also: autoritär; aber ich denke nicht, dass sie die freie Meinungsäußerung einschränkt, sondern dass sie schlicht und einfach keine abweichlerischen Stimmen in ihrer Mitte duldet, abweichlerisch verstanden nicht als die Stimme, die Details hinterfragt wie den Preis vom Bier oder welcher Film im Kinoforum gezeigt werden soll, sondern die die Grundlagen der Versammlung und sogar ihre Existenzberechtigung infrage stellt.

Tarragona: Ich halte diese Denkweise für sehr naiv. Lasst mich das erklären. Mich haben die Erfahrung und das bisschen, was ich im Leben gelesen habe, gelehrt, dass Gruppen – bewusst oder unbewusst – Strukturen bilden. So zu tun, als gäbe es keine, ist dann gleichbedeutend damit, die interne Funktionsweise von Gruppen zu übergehen, sie nicht mitzudenken. Die nicht strukturierten und spontanen Treffen, wo jeder nach Belieben redet, sind nicht frei von Machtverhältnissen. Wir alle gehen mit der gleichen hierarchischen und kompetitiven Scheiße, die sie uns von klein auf in der Familie, der Schule, im Fernsehen und dem ganzen Quatsch eingetrichtert haben, in die Treffen und Versammlungen. Das Vertrauen in die Spontaneität unserer Art und Weise uns auszudrücken und in Beziehung zueinander zu treten führt nur dazu, schau mal einer an, dass wir die Unterdrückungsverhältnisse reproduzieren, die uns vergiftet haben und denen wir eigentlich entfliehen wollen. Und jetzt halte ich die Klappe, damit wir endlich mal zur Besetzung von Gari kommen.

Nata Napalm: Ich darf dir vorher noch antworten, oder? Da du gerade von unseren Rechten gesprochen hast, das Recht zu antworten besteht glaub ich sogar im Abgeordnetenhaus.

Mehrere Kameradinnen: Verdammt oh nein um Himmels willen hahahaha ....

Nata Napalm: Tarragona war dein Name? Also hör mal Tarragona ich glaube, dass auch du ein paar emanzipatorische Wahrheiten gesagt hast, so wie die, dass wir alle unser Päckchen von zu Hause mitbringen, und das muss man anerkennen und identifizieren, um es bekämpfen zu können. Du hast aber auch ein paar tyrannische Lügen von dir gegeben. Am meisten funkelt die mit der doppelten Gleichsetzung, die du vorgenommen hast, indem du auf einer Seite Spontaneität mit Autoritarismus vermischst und auf der anderen Organisation mit Antiautoritarismus. Eine krasse Vereinfachung. Aber so wie du halte auch ich jetzt den Mund, damit wir die Besetzung von Gari besprechen können.

Mehrere Kameradinnen: Ja bitte ja ich bin auch einverstanden lasst uns bitte weitermachen ...

Mallorca: Gut wo waren wir stehengeblieben. Ach ja die Verkleidungen. Wir waren also verkleidet. Gari und Coruña waren normal gekleidet aber stärker aufgebrezelt, wie Mitglieder einer Familie, die unterwegs sind, damit der Schlüsseldienst ihnen ihre Haustür öffnet, weil jemand Silikon reingeschmiert hat oder so was, ne?

Gari: Ja ich war frisch geduscht und hatte mir die Haare gewaschen.

Coruña: Und ich hatte mich rasiert und einen Nicki angezogen und so eine Bundfaltenhose.

Tarragona: Ein Königreich für ein Foto.

Coruña: Das hat mir nicht schlecht gestanden, ne? Ich hab mir sogar Beerdigungsschuhe angezogen.

Jaén: Unglaublich Alter.

Mallorca: Also wir hätten im Schaufenster von Zara stehen können. Und Badajoz und Nata haben jede an einem Ende der Straße Schmiere gestanden.

Ceuta: Waren die beiden auch verkleidet?

Badajoz: Na ja, auch so, ein bisschen unauffälliger halt, ich habe meine Rastas zu einem Zopf zusammengebunden und mir so Lackaffenjeans angezogen und ein fast yuppiemäßiges Hemd mit so Vögeln drauf.

Nata Napalm: Ich hatte Turnschuhe und meine Leggings vom Tanzen an und noch meinen Rucksack.

Badajoz: Und dann war Showtime. Willst du das erzählen, Gari?

Gari: Na gut, wir kommen also an die Tür und alles war normal, alles wie am Tag vorher, wo wir nur um sicherzugehen alles noch mal überprüft hatten.

Coruña: Ein altes Schloss, die Tür aus normalem Holz, nicht gepan-

zert oder so, und das Holz war ein bisschen morsch mit kleinen Löchern. Unsere Befürchtung war, dass sie von der anderen Seite mit Brettern verstärkt ist und dann wäre unser ganzes Theater umsonst gewesen.
Mallorca: Ja wir hatten nämlich gesehen, dass das Haus noch eine Tür hat, durch die die Eigentümer es verlassen haben können, nachdem sie die Haupttür verrammelt haben.
Coruña: Aber durch diese zweite Tür konnten wir nicht rein, weil sie zu einem von vielen Nachbarn genutzten Hof geht, und da wären wir total auf dem Präsentierteller gewesen. Wir haben diese Tür entdeckt, als wir auf die Dachterrasse vom anderen Gebäude rauf sind, von der Wohnung einer Kollegin aus, und das war wirklich ziemlich unpraktikabel.
Gari: Ja.
Mallorca: Willst du uns erzählen, wie du das gesehen hast Gari, denn du warst ja dabei, als ich mit dem Bohrer angefangen habe?
Gari: Na gut Mallorca hat also einen Bohrer rausgeholt und ihn ins Schlüsselloch gesteckt. Ein Riesenkrach. Oviedo stand da und ich und Coruña. Wir haben alle zugeguckt und Mallorca hat sich eben so gebückt. Ich wollte manchmal nach links und rechts gucken, um zu sehen, ob uns jemand beobachtet, aber wir hatten vorher gesagt, dass wir nicht nach links und rechts gucken, denn das sieht dann aus, als ob wir nervös wären. Also musste ich das unterdrücken. Um zu gucken und aufzupassen waren ja Nata und Badajoz da.
Jaén: Das war alles nach der machistischen Aggression?
Mehrere Kameradinnen: Ja ja ja ...
Jaén: Nein das war beim Reingehen.
Mehrere Kameradinnen: Nein nein nein ...
Coruña: Die Aggression ereignete sich auf dem Weg von hier zum Haus, in der Calle Olzinelles, auf der Höhe vom Heilkräuterladen.
Badajoz: Und es hat niemand geguckt, die Familien mit den Schulkindern gingen in aller Seelenruhe weiter. Einmal kam ein Polizeiauto an mir vorbei und uns ging kurz die Düse, ich hab als Zeichen Oviedo kurz auf dem Handy angeklingelt und sie haben sich ganz ruhig von der Tür entfernt, als hätten sie was vergessen, und gingen

mit dem Rücken zu den Bullen die immer näher kamen ein Stück die Straße hoch. Das Auto fuhr in normaler Geschwindigkeit vorbei, ohne an der Tür anzuhalten, und dann bog es ab und fuhr weiter Richtung Plaza España, als wäre nichts gewesen.

Tarragona: Aber was für ein scheiß Schreck, oder?

Badajoz: Alter total.

Nata Napalm: Aber kaum war das Auto um die Ecke, an der ich stand, gingen Gari Oviedo Mallorca und Coruña wieder zur Tür zurück, genau wie vorher ohne jede Eile.

Mallorca: Das mit dem Schloss war einfach, nach zehn Minuten waren wir fertig. Ich hab einen Zweimillimeter-Bohrer benutzt und kam damit auf Anhieb durch alle Zuhaltungsstifte.

Nata Napalm: Was sind Zuhaltungsstifte?

Mallorca: Das sind Stäbe, die hintereinander im Profilzylinder stecken, und jeder von ihnen passt zu einem Zahn des Schlüssels. Wenn sie in den Zähnen vom Schlüssel einrasten, richten sich die Zuhaltungsstifte auf einer Ebene aus, und wenn sie auf einer Ebene sind, kann sich der Schlüssel drehen und die Tür öffnet sich. Das ist schwieriger zu erklären als anzuschauen. Wenn dich das interessiert, zeige ich es dir mal an ein paar Schlössern, die ich zum Ausprobieren zu Hause habe.

Nata Napalm: Gut danke.

Mallorca: Wenn du den Mechanismus einmal verstanden hast, ist es nicht schwierig, eins zu knacken. Aber weil der Druck der Wohnsituation die uns Gari beschrieben hatte so groß war, konnte ich es ihr nicht mehr zeigen und habe das Öffnen selbst übernommen.

Jaén: Na ja so einfach ist es auch wieder nicht. Man muss schon viel üben.

Mallorca: Klar, genau wie um Lesen oder Schreiben zu lernen muss man viel üben. Aber trotzdem, eine Tür zu öffnen ist keine Operation am offenen Herzen, und du musst auch keine Schlosserlehre machen, da sind wir uns wohl einig. Und mit einer Bohrmaschine ist es wirklich einfach. Du musst nur Fingerspitzengefühl haben, damit der Bohrer dir nicht ausbricht.

Coruña: Das, und dann hatten wir noch Glück, dass die Tür von der anderen Seite nicht verstärkt war.

Tarragona: Ich habe das Gefühl, dass wir wirklich assistenzialistisch vorgegangen sind. Dass die Kameradin Gari gar nichts gemacht hat und ihr so, als wären wir wirklich ein Schlüsseldienst.

Mallorca: Assistenzialismus oder vielleicht einfach Großzügigkeit, oder?

Gari: Ihr glaubt gar nicht, wie dankbar ich euch für alles bin, echt.

Tarragona: Seht ihr?

Badajoz: Verdammte Axt Tarragona jetzt soll es schon reaktionär sein sich zu bedanken, scheiß doch die Wand an.

Jaén: Es ist nicht zutreffend, dass Gari nichts gemacht hat Tarragona. Dass sie nicht die Fähigkeit hat Türen zu öffnen und nicht die Zeit hatte es zu lernen heißt ja nicht dass sie nichts getan hat um zu besetzen. Sie hat Häuser überprüft, sie hat die Gegend einige Tage lang kontrolliert, um zu sehen, zu welcher Zeit mehr Betrieb auf der Straße war, um weniger aufzufallen ... Zu sagen, dass Okupieren nur im Aufbrechen der Tür besteht ist ganz schön machomäßig, denn damit sagst du, dass die Anwendung von körperlicher Kraft entscheidend ist.

Tanger: Aber es besteht doch kein Zweifel daran, dass das Öffnen der Tür die riskanteste und schwierigste Operation ist. Die uns am meisten gefährdet. Die zu einer Anklage wegen Einbruchdiebstahl oder wegen rechtwidriger Aneignung von Eigentum führen kann.

Gari: Gut darf ich dazu auch was sagen? Ich wollte sagen dass ich wusste welches Risiko ihr eingeht, und darum will ich euch doppelt und dreifach danken.

Nata Napalm: Scheiß doch auf die Anarchisten, wie teuer verkauft ihr die Solidarität!

Badajoz: Jetzt muss ich Nata aber Recht geben, denn was für eine abgefuckte Überlegung ist das bitte, ob die, die aufbricht auch die sein soll, die reingeht um zu okupieren. Okkupieren mit zwei K mag ja eine individuelle und liberale Aufgabe sein, aber Okupieren mit einem K ist eine kollektive Aufgabe, zu der jede beiträgt und damit ein Risiko eingeht, jede nach ihren verfickten Möglichkeiten und Bedürfnissen. Scheiße, ihr macht mich echt irre gerade.

Nata Napalm: Reaktionären Dank, Badajoz.

Mehrere Kameradinnen: Hahahaha ...

Murcia: Ja klar Badajoz aber wenn sie nicht in einem anarchistischen Sinn politisiert sind können sich die Möglichkeiten und Bedürfnisse von jeder an das anpassen, was wir vorher diskutiert haben, die Professionalisierung und all das.

Nata Napalm: Ich, um mal die Fahne der anarchistischen Wahrheit über die Organisation hochzuhalten, die du vorhin kundgetan hast, ich möchte gerne die Geschichte von der Tür zu Ende hören, denn wie ich vorhin gesagt habe, muss ich früher gehen.

Palma: Macht euch keine Sorgen, ich schreibe ins Protokoll, dass das Thema nicht abgeschlossen ist, sondern sperrangelweit offen.

Murcia: Ich stimme Napalm zu.

PAUSE MIT LACHEN UND UNZUSAMMENHÄNGENDEN KOMMENTAREN

Coruña: Gut als er also mit dem Bohrer schon in die Öffnungen vom Schlüsselloch gegangen war, hat Mallorca dann dort die Spitze von einem flachen Schraubenzieher reingesteckt, hat ihn rumgedreht und wollá.

Oviedo: So cool als sich die Tür öffnete.

Mallorca: Weißt du ich hab das echt schon ein paarmal gemacht, aber immer wenn eine Tür unter deiner Hand nachgibt und du diesen schwarzen Streifen der Dunkelheit siehst, der sich ausbreitet und weiter ausbreitet, bis das ganze Rechteck schwarz ist, und dieser Geruch nach Verschlossenem oder nach Baustellenkälte von innen herausdringt, Himmel, was für ein Hochgefühl!

Jaén: Als wir mein Haus geöffnet haben, drang Geruch nach frischer Farbe raus, hahahahahaha. Das war so ein moderner Wohnblock, den sie mitten in der Krise fertiggestellt hatten, und dann konnten sie nicht mehr als vier oder fünf Wohnungen verkaufen.

Ceuta: Hahahahaha ein wahres Kunststück.

Gari: Und dann bin ich also rein. Ich bin mit Oviedo rein und wir ha-

ben einen schnellen Rundgang durch die Wohnung gemacht und mir schien alles gut zu sein.
Oviedo: Meiner Meinung nach war es nicht gut. Der Boden war ziemlich hochgewölbt und das Dach hatte, wie wir ja von Anfang an wussten, ein Loch so groß wie der Tisch hier. Aber gut, was an einem Haus für die einen oder die anderen gut ist, darüber haben wir ja schon bei der Versammlung vor zwei oder drei Wochen diskutiert und Gari hat das Haus für gut befunden und sie befindet es weiterhin für gut, so ist das nun eben.
Mallorca: Ich bin kurz reingegangen, um das neue Schloss einzusetzen, und das Dach ist eingesunken, aber das ist nichts, was man nicht an zwei Vormittagen reparieren könnte.
Murcia: Die Gefahr der amtlichen Zwangsräumung besteht weiterhin, also, dass sie dich rauszuwerfen versuchen, indem sie das Haus als einsturzgefährdet einstufen.
Palma: Aber das wäre eine Zwangsräumung zu deiner eigenen Sicherheit hahahaha ...
Mehrere Kameradinnen: Hahahahaha ...
Gari: Das mit der amtlichen Sache habe ich verstanden. Aber bisher ist nichts passiert. Darum bin ich sehr froh.
Jaén: Erzählt uns mal zu Ende, wie du dann dringeblieben bist und so weiter.
Gari: Na ja so halt, ich bin dringeblieben und die anderen sind gegangen. Ich habe von innen mit dem Schlüssel vom neuen Schloss abgeschlossen.
Ceuta: Und keine Nachbarn und keine Bullen und gar nichts, sagst du?
Gari: Nichts. Ich war an diesen drei Tagen komplett allein, außer gleich am ersten Abend, als die anderen noch da waren und wir die Pizza bestellt haben, um die Rechnung mit dem Datum zu kriegen. Weil ich kein Handy habe, hat Badajoz angerufen. Das Geld für die Pizza kam von mir.
Nata Napalm: Was ist das mit der Pizza Gari?
Gari: Das mit der Pizza ist so, dass du am Tag wo du in ein Haus gehst, um es zu besetzen, oder am nächsten Tag eine Pizza bestellst, denn immer wenn du Essen vom Lieferdienst bestellst, gibt der Bote dir

einen Beleg, auf dem das Datum und die Adresse stehen, wohin die Bestellung geliefert wird. Das ist ein Beweis um zu zeigen, dass du seit dem Tag in dem Haus wohnst. Denn wenn du schon länger als drei Tage in dem Haus wohnst, können sie dich nicht so einfach rauswerfen, verstehst du?
Mehrere Kameradinnen: Ja ja ja ...
Tarragona: Ja. Wenn du beweist, dass du seit mehr als zweiundsiebzig Stunden im Haus bist, können sie keine sofortige Zwangsräumung mehr vornehmen, und sie können nicht mehr sagen, sie hätten dich in flagranti erwischt.
Gari: Du kannst auch was anderes als Pizza bestellen, aber sie müssen dir den Beleg geben.
Nata Napalm: Okay okay.
Gari: Und nichts weiter, weil ich dann kein Geld mehr hatte, weil alles für die Pizza draufgegangen war, brachte mir Nata am nächsten Tag was zu essen und Wasser und gestern auch, und heute konnten wir schon zusammen rausgehen und wir haben gemeinsam Sachen zum Putzen und zum Essen gekauft.
Coruña: Hast du was, wo du kochen kannst?
Gari: Ich hab einen Gaskocher, aber kein Gas.
Coruña: Da es für dich alleine ist, schlage ich vor, dass wir Gari die halbvolle Gasflasche geben, die wir hier im Ateneo rumstehen haben. Weil die fast leer ist, wiegt sie auch nicht viel und wir können sie problemlos bis zur Calle Duero bringen.
Tanger: Wegen dem, was wir vorhin über den Assistenzialismus gesagt haben, bin ich damit nicht einverstanden. Ich denke, wir müssen erst diese Diskussion führen, bevor wir weiter Sachen verteilen.
Coruña: Alles klar, ich gebe Gari einfach die halbvolle Flasche, die ich noch bei mir zu Hause habe.
Tanger: Das finde ich perfekt.
Coruña: Das brauchst du weder perfekt noch unperfekt finden, mit meinen Gasflaschen mache ich nämlich, wonach mir der Schwanz steht.
Mehrere Kameradinnen: Hahahahaha ...

Oviedo: Das mit dem Assistenzialismus habt ihr wahrscheinlich gesagt als ich draußen war, oder, ich hab davon nämlich nichts mitgekriegt.
Tarragona: Ja aber es ist die gleiche Diskussion wie immer.
Oviedo: Ach so.
Badajoz: Es ist halb zwölf, liebe Leute, und wir müssen noch über die andere Okupation reden, die im Gange ist, und über die Sache mit den Rollen beim Protokollführen.
Mallorca: Entweder das eine oder das andere. Wir haben nicht die Zeit, um beide Themen gründlich zu besprechen. Ich würde sagen, das mit den Protokollen, denn bei der anderen Okupation geht es ja um meine und die ist im Moment auf Standby, weil meine Kameradin, mit der ich die Besetzung machen will, wegen einer Familiengeschichte gerade unterwegs ist und bis in einer Woche werden wir das Thema nicht wieder angehen.
Tanger: Gut da du der am meisten Betroffene bist ... Aber bevor wir zum Punkt mit den Protokollen kommen: Will noch jemand was zur Okupation von Gari sagen?
Gari: Ich will nur noch mal Danke sagen und dass ihr alle eingeladen seid vorbeizukommen, wann immer ihr wollt.
Mehrere Kameradinnen: Du musst dich für gar nichts bedanken dafür sind wir ja da und danke dir für die Einladung ...
Palma: Ich nehme an, du hast weder Wasser noch Strom, oder?
Gari: Ja.
Palma: Wenn du dich darum kümmern willst, sag Bescheid und wir helfen dir. Jetzt mit dem Loch im Dach, weil Sommer ist, okay, aber stell dir das mal im November vor Gari.
Nata Napalm: Reaktionären Dank Palma, ich wollte Gari nämlich dabei helfen, habe aber keine Ahnung wie man Zement mischt.
Palma: Dafür nicht. Also, noch mal genauer: Wer will, hilft dir, und wer nicht, der hilft dir eben nicht, ich spreche dieses Mal nur in meinem Namen.
Tarragona: Mein Gott Palma, weil Tanger und ich die Diskussion über Assistenzialismus eröffnet haben, heißt das jetzt dass wir niemandem bei nichts helfen, oder was?

Palma: Hab ich das gesagt? Alter, du wirst schon wissen, warum du dich angesprochen fühlst.
Murcia: Der Seitenhieb war eindeutig, Palma.
Palma: Ich schwöre bei meinen Toten, dass das kein Seitenhieb war, ich habe das wirklich nur gesagt, um nicht im Plural zu sprechen, ich weiß doch, dass wir uns da uneins sind! Ich denke eher, dass getroffene Hunde bellen.
Ceuta: Also hört mal, ich glaube Palma wäre ein wirklich guter Schreiber oder Schriftsteller oder Führer vom Protokoll oder wie man das sagt, ein sehr guter, denn er würde die Sei… die Seidenhiebe gar nicht bemerken oder wie man das sagt. Er würde sie gar nicht bemerken und darum alles so aufschreiben wie er es hört und es wäre superauthentisch.
Murcia: Ich halte das Thema mit dem Protokoll jetzt ehrlich gesagt auch nicht für so superwichtig. Außerdem liest die eh keiner, also, ich lese die jedenfalls nicht.
Jaén: Also schreib ich nur aus Jux und Dollerei na Danke.
Oviedo: Was sagst du denn da Murcia ich lese die.
Mehrere Kameradinnen: Und ich und ich und ich …
Ceuta: Du liest die Protokolle von Jaén einen Monat nach der Versammlung und hast ein krasses Flashback, als wärst du direkt wieder dort.
Oviedo: Nein, du liest die Protokolle von Jaén und das ist als würdest du einen Artikel über Anarchismus lesen, einen Artikel in Aversión oder Subversión oder in Cul de Sac, die sind astrein, echt jetzt.
Ceuta: Die Protokolle von Jaén sind das Beste der Versammlungen.
Jaén: Danke danke.
Ceuta: In den Protokollen reden wir viel besser als in Wirklichkeit hahahaha!
Palma: Ja Alter du schreibst alles superordentlich und superklar auf. Ich lese das und denke scheiß die Wand an, so gut hab ich das in der Versammlung gesagt, und das, wo ich so platt vom Malochen gekommen bin, und ich war wirklich total platt.
Jaén: Klar weil ich ja keine wörtliche Transkription mache, denn so wie ich ein Protokoll verstehe, handelt es sich dabei nicht um eine

wörtliche Transkription. Ich nehme die Wiederholungen raus, ich nehme das raus, was mehrfach gesagt wird, wenn eine Person zögert oder stammelt ... Ohne dabei den Inhalt oder die Absicht zu verändern, versteht sich.

Mallorca: Mann ich lese manchmal Sachen in den Protokollen die ich gesagt habe – Alter, aber da steht dann, dass ich eine Autorin zitiere, ja? Eine wissenschaftliche oder nicht notwendigerweise wissenschaftliche Autorin, oder eine, die von ihren Erfahrungen erzählt, und ich kenne diese Autorin überhaupt nicht! Aber das ist geil, Jaén, Alter, das ist keine Kritik, denn was du letztendlich machst, wenn du diese Hinweise reinschreibst, ist ja die Sache klarer zu machen, oder? Den Diskurs klarer machen, darum geht es doch, oder?

Jaén: Ich glaube schon, darum geht es.

Tarragona: Na ja ich bin nicht ganz so sicher, dass es darum geht. Klarstellen, klarstellen müsste man, wenn man einen Artikel schreibt oder ein Fanzine, wie Oviedo gesagt hat, oder eine öffentliche Bekanntmachung oder eine Presseerklärung, irgendwas, was für außerhalb des Ateneo bestimmt ist. Aber ein Protokoll ist ein internes Dokument und da sollte man treu abbilden, was wir sagen.

Nata Napalm: Ich weiß nicht was ihr mit Authentizität und Treue meint.

Ceuta: Du weißt nicht was authentisch oder treu bedeutet?

Nata Napalm: Ich weiß nicht was diese Wörter in Bezug auf das Schreiben bedeuten.

Tarragona: Ich denke das ist völlig klar.

Jaén: Leute Entschuldigung das Gleiche wie immer, es ist zehn vor zwölf und ich muss los, weil die Metro dichtmacht. Das Thema interessiert mich sehr, ich schlage vor, wir behandeln das bei der nächsten Versammlung vorrangig.

Palma: Ist notiert.

Mehrere Kameradinnen: Hahahahaha ...

Coruña: Alter, Jaén, krall dir mal ein Fahrrad.

Jaén: Schon gut Alter.

Murcia: Ich auch, Leute, ich muss bis nach Sant Andreu und ich seh schon, wenn ich jetzt nicht einen Zahn zulege, bleibt mir nur der verfickte Naitbus der quer durchs ganze Drecksbarcelona fährt.

Nata Napalm: Wie schade Leute, das mit dem Protokoll war echt interessant und eure Meinungen dazu wirklich wertvoll.

Jaén: Schön schön wir machen dann nächstes Mal weiter. Tschau.

Mehrere Kameradinnen: Tschau, tschau, tschau ...

Murcia: Tschau Kakao.

Mehrere Kameradinnen: Tschau, tschau, tschau ...

Nata Napalm: Gut, aber wir anderen können außerhalb des Protokolls weitermachen, wenn euch dieses bürokratische Verfahren Kopfzerbrechen bereitet.

Ceuta: Vermerk den Seitenhieb, Palma!

Mehrere Kameradinnen: Hahahahahaha ...

Coruña: Das heben wir uns lieber für später auf, wenn die anderen Kameraden dabei sind, denn das interessiert sie ja auch, vor allem Jaén, oder?

Tanger: Ja und es ist schon spät und wir müssen langsam zumachen.

Nata Napalm: Gut aber es könnten ja wenigstens die die noch Lust haben in eine Kneipe gehen und weiterreden oder wir schnappen uns ein paar Dosen und setzen uns auf eine Bank, oder?

Badajoz: Aber musstest du nicht eher gehen?

Nata Napalm: Ja aber dieses Thema ist das interessanteste des ganzen Abends und ich mag nicht mehr gehen. Wie du siehst, gehöre ich zu den Spontis der freien Meinungsäußerung.

Ceuta: Seitenhieb Palma, schreib auf.

Nata Napalm: Meine Fresse seid ihr langweilig und was für Spaßbremsen. Trinkt hier keiner? Nicht mal du, Badajoz, oder Tarragona, ich weiß doch, dass ihr mir gegenüber voreingenommen seid?

Palma: Na los, ich bin dabei und drücke auf Stopp und schließe und das mit dem Bier besprechen wir außerhalb des Protokolls, denn sonst muss ich zwanzig Seiten tippen.

ROMAN
TITEL: ERINNERUNGEN VON MARÍA DELS ÀNGELS GUIRAO HUERTAS
UNTERTITEL: ERINNERUNGEN UND GEDANKEN VON EINEM MÄDCHEN AUS ARCUELAMORA (ARCOS DE PUERTOCAMPO, SPANIEN)
ART: LEICHTE SPRACHE
AUTORIN: MARÍA DELS ÀNGELS GUIRAO HUERTAS
KAPITEL 3: DAS ALTE LÄWO UND DIE KREATIVE KRISE

Das alte LÄWO von Somorrín
war ein sehr großes und ein sehr schönes Haus.
Es lag an der Plaza Mayor.

Ich sage das alte LÄWO.
Denn nach einigen Jahren sind wir alle umgezogen.
Da ging es in ein neues LÄWO.
Das ist heute das LÄWO von Somorrín.
In diesem Kapitel spreche ich nur vom alten LÄWO
aber ohne alt zu sagen.
Manchmal spreche ich auch vom neuen LÄWO.
Dann stelle ich das am Anfang klar:
Das ist das neue LÄWO.
So verwechselt der Leser nichts.
Das steht auf Seite 73
von »Leichte Sprache: Methoden der Redaktion und Evaluation«:
»Keine Möglichkeiten für Verwechslungen bieten.«

Das alte LÄWO hatte 3 Stockwerke.
In jedem Stockwerk waren 3 Zimmer.
In jedem Zimmer haben 2 oder 3 Personen geschlafen.
Außer in dem Zimmer von der Sozialarbeiterin.
Da schlief nur sie.

Die Personen in den anderen Zimmern
konnten 2 oder 3 Jungen sein.
Oder es konnten 2 oder 3 Mädchen sein.
Aber nie gemischt.
Mein Zimmer war im ersten Stock.
Es war ein Zimmer mit 2 Betten.
Ich habe es mir mit Encarnita geteilt.
Da hatte ich Glück.
Encarnita war sehr schön und sehr nett.

In dem Zimmer mit einem einzigen Bett
hat immer eine Sozialarbeiterin geschlafen.
Aber es war jede Nacht eine andere Sozialarbeiterin.

Bis ich ins LÄWO von Somorrín gekommen bin
habe ich noch nie so große Badewannen gesehen.
Aus den Badewannen kam immer heißes Wasser.
Ich schäme mich ein bisschen
aber ich sage es trotzdem.
Dann sieht man dass alles wahr ist:
Bis ich ins LÄWO von Somorrín gekommen bin
habe ich noch nie
ein Klo oder ein Bidet gesehen.

Am Anfang fand ich es ekelhaft das Klo zu benutzen.
Alles ist weiß.
Man sieht alles was man macht.
Nicht wie auf dem Feld.
Auf dem Feld sieht man nicht was man macht.
Auf dem Feld vermischt sich deine Sache mit der Erde.
Aber dann habe ich mich daran gewöhnt.
Denn Mamen hat mir gezeigt
wie man das Klo benutzt
und wie man das Bidet benutzt
und wie man das Klopapier benutzt.

Ich habe nie wieder meine Sache aufs Feld gemacht.
Nur ein Mal bei einem Ausflug.

Das LÄWO war wie ein Haus von reichen Leuten im Dorf.
Aber dieses Haus war für uns.
Die Reichen haben es an Mamen
und 4 andere Sozialarbeiterinnen verkauft.
Die anderen Sozialarbeiterinnen haben auch im LÄWO gearbeitet.

Ich glaube die alten Besitzer von dem Haus
waren keine sehr reichen Reichen.
Sie haben das Haus billig verkauft.
Weil sie es billig verkauft haben
haben Mamen und die anderen Sozialarbeiterinnen
die Subvention von der Regierung bekommen.
Mit der Subvention konnten sie das Haus kaufen.

Subvention von der Regierung bedeutet:
Die Regierung gibt dir Geld
damit du eine Sache machst
die die Regierung gut findet.
Aber mit der Subvention von der Regierung
passiert das Gleiche wie mit den Renten.
Das LÄWO muss ein Konto bei der BANCOREA machen.
Ein Konto wie eine Person es macht.
Dann hat die Regierung das Geld der BANCOREA gegeben.
Und dann hat die BANCOREA das Geld dem LÄWO gegeben.

Natürlich ist das LÄWO keine Person.
Das LÄWO ist ein Haus.
Die Sozialarbeiterinnen sind Personen.
Darum mussten die Sozialarbeiterinnen
alle Papiere fertig machen.
Sie mussten zur BANCOREA gehen.
Sie mussten das Geld abholen.

Aber sie haben das Geld nicht behalten.
Das Geld war für das LÄWO.

Das weiß ich genau.
Denn eine andere Sache bei den Subventionen ist:
Wenn du das Geld bekommen hast
musst du einen Brief an die Regierung schreiben.
In dem Brief musst du belegen
dass du das Geld ausgegeben hast.
Und du musst belegen
wofür du das Geld ausgegeben hast.
Zuerst musst du sagen wofür du das Geld ausgeben willst.
Und du darfst es für nichts anderes ausgeben.
Und wenn du es nicht belegst
musst du das Geld zurückgeben.
Danach geben sie dir nichts mehr.

Belegen bedeutet:
mit unterschriebenen Papieren beweisen
dass du eine Sache wirklich gemacht hast.
Belegen ist ein Wort mit 3 Bedeutungen.
Belegen kann auch bedeuten:
etwas auf ein Brot tun.
Und belegen kann auch bedeuten:
sich an einer Universität für einen Kurs anmelden.
Das heißt: Das Wort belegen
ist eine Polysemie.

Auf Seite 71 der Methoden steht:
Die Polysemie ist ein semantischer Unfall
den man vermeiden muss.
Polysemie bedeutet: Ein Wort hat mehrere Bedeutungen.
Polysemie hat nichts mit Polio zu tun.
Polio ist eine Krankheit.
Polysemie hat auch nichts mit der Polizei zu tun.

Jeder weiß was die Polizei ist.
Es hat auch nichts mit den Polikliniken zu tun.
Polikliniken sind sehr große Krankenhäuser.

Unfall ist wie ein Unfall mit dem Auto
oder ein Unfall mit dem Motorrad
oder ein Unfall mit dem Flugzeug
oder ein Arbeitsunfall.
Meine Cousine Natividad hatte einen Arbeitsunfall.
Das war in der Universität.
Darum wurde sie geistig schwerbehindert.
Sie hat das Schiebetürensyndrom bekommen.
Semantisch bedeutet: was die Wörter bedeuten.

Ich weiß: Das Schiebetürensyndrom
ist eine sehr schwierige Sache.
Nur wenige Leute kennen das Schiebetürensyndrom.
Aber in Leichter Sprache soll man nur erzählen
was der Leser braucht.
Das ist die Geschichte von meinem Leben.
Darum muss der Leser überhaupt nichts
über die Krankheiten von meiner Cousine Natividad wissen.
Ich habe das nur als Beispiel gesagt
was ein Unfall sein kann.

Ich wusste nicht was Polysemie ist.
Ich wusste auch nicht
was ein semantischer Unfall ist.
Ich habe es im Handy gesucht.
Aber ich habe es nicht gut verstanden.
Also habe ich meine Betreuerin gefragt.
Die Betreuerin hat es auch in ihrem Handy gesucht.
Und sie hat es mir besser erklärt.
Darum kann ich es jetzt meinen Lesern erklären.
Denn auf Seite 73 der Methoden steht:

»Man darf keine Vorkenntnisse als gegeben voraussetzen.«
Vorkenntnisse bedeutet: etwas was du schon von früher weißt.
Als gegeben voraussetzen bedeutet: als gegeben voraussetzen.
Ich kann nicht als gegeben voraussetzen
dass die Leser die Leitlinien
oder die Methoden der Leichten Sprache gelesen haben.
Darum muss ich alles erklären.
Denn es ist noch kein Meister vom Himmel gefallen.

Unfälle sind etwas Tragisches.
Deshalb sagen die Leitlinien:
Man muss semantische Unfälle vermeiden.
Zuerst habe ich mich schuldig gefühlt.
Ich habe den Unfall des Wortes belegen benutzt.
Ich dachte: Niemand wird mich verstehen.
Ich kann es 1000 Mal erklären.
Ich dachte:
Wenn dieser Unfall im Buch von meinem Leben passiert
dann geht alles schlimm aus.
Zum Beispiel so: Ein Unfall passiert.
Du stirbst nicht.
Aber du bist gelähmt.

Aber dann habe ich auf Seite 72 von den Methoden gelesen:
Man soll »eine dem Alter und dem Bildungsgrad des Rezipienten
entsprechende Sprache benutzen.
Wenn es Erwachsene sind,
soll die Sprache diesem Alter angemessen
und respektvoll sein.
Vermeiden Sie infantilisierende Sprache.«
Entsprechend bedeutet: passend zu.
Bildungsgrad bedeutet:
Du bist in die Schule gegangen
oder du bist zur Universität gegangen
oder du bist Analphabet.

Rezipient bedeutet: Leser.
Erwachsen bedeutet: wer über 18 Jahre alt ist.
Angemessen bedeutet: was gut passt.
Infantilisieren bedeutet: Sie behandeln dich wie ein kleines Kind.
Also dachte ich: Das Wort belegen
ist ein Wort von Erwachsenen.
Denn nur Erwachsene können Subventionen beantragen.

Im LÄWO hat es uns an nichts gefehlt.
Darum bin ich sicher:
Die Sozialarbeiterinnen haben zwar Geld
aus der BANCOREA geholt.
Und die Geldbündel waren so dick wie Ziegelsteine.
Aber die Sozialarbeiterinnen haben nichts für sich behalten.
Sie haben nur ihren Lohn für sich behalten
und das Benzin für die Autos.
Das Geld dafür haben sie behalten
weil die Autos halb für sie waren
und halb für die Bewohner des LÄWO.
Die Sozialarbeiterinnen haben uns damit
überall hingefahren
wo wir hinmussten.

Das bedeutet: Alles war belegt.
Und die Regierung hat alles gut gefunden
was wir gemacht haben.
Und darum gab die Regierung uns weiter Subventionen.
Die Sozialarbeiterinnen haben immer um Rechnungen mit
Unterschrift und Stempel gebeten.
Sie haben in allen Läden um Rechnungen gebeten.
Sie brauchten Rechnungen für alles
was sie gekauft haben:
Rechnungen für das Essen
Rechnungen für die Sachen fürs Bad
Rechnungen für die Kleider

Rechnungen für die Medikamente
Rechnungen für die Sachen zum Putzen
Rechnungen für die Sachen zum Basteln
Rechnungen für die Werkzeuge
Rechnungen für die Schrauben
Rechnungen für die Farben ...

Sogar für das Futter vom Wellensittich
und für das Futter von den Fischen
mussten sie um eine Rechnung bitten.
Sogar Weihnachten mussten sie um Rechnungen bitten
für die Krippe
und für die Weihnachtssüßigkeiten.
Am Dreikönigstag mussten sie um eine Rechnung
für den Dreikönigskuchen bitten.
Im Sommer mussten sie um eine Rechnung für die Badeanzüge
und für die Schwimmreifen
und für die Schwimmflügel
und für die Luftmatratzen
und für das Eis bitten.
Beim Fasching mussten sie um eine Rechnung
für die Verkleidungen bitten.
An Ostern um eine Rechnung für die Ostersüßigkeiten.
An Gründonnerstag
am Karfreitag
am Tag des Christus der Knoten
am Tag der Jungfrau von Puertocampo
und am Tag von Santiago
mussten sie um eine Rechnung für die Kerzen bitten.
Am Tag von Kastilien und Leon
mussten sie um eine Rechnung für die Fahnen
von Kastilien und Leon bitten.
Die haben wir an die Balkone gehängt.
Am Nationalfeiertag
und am Tag der Verfassung

und an den Tagen wenn Spanien spielte
mussten sie um eine Rechnung für die Fahnen
von Spanien bitten.
Die haben wir auch an die Balkone gehängt.
An den Tagen wenn Barça spielte
mussten sie um eine Rechnung für die Fahnen von Barça
für die Fans von Barça bitten.
Und an Tagen wenn Madrid spielte
mussten sie um eine Rechnung für die Fahnen von Madrid
für die Fans von Madrid bitten.
Aber die durften wir nicht an die Balkone hängen.

Am Friedenstag sind die Sozialarbeiterinnen
in den Kurzwarenladen gegangen.
Dort kauften sie 3 Meter Band.
Von dem Band wollten sie weiße Schleifen machen.
Das Band kostet nur ein paar Duros.
Aber sie haben um eine Rechnung gebeten.
Am Frauentag haben sie um eine Rechnung
für die lila Schleifen gebeten.
Am Aidstag haben sie um eine Rechnung
für die roten Schleifen gebeten.
Am Krebstag haben sie um eine Rechnung
für die grünen Schleifen gebeten.
Am Tag des Roten Kreuzes haben sie wieder
um eine Rechnung für die roten Schleifen gebeten.
Am Tag des Brustkrebses haben sie um eine Rechnung
für die rosa Schleifen gebeten.
Und am Tag wenn die ETA jemanden getötet hat
haben sie um eine Rechnung
für die schwarzen Schleifen gebeten.

Am Tag ohne Tabak sind sie zum Kiosk gegangen.
Sie kauften keine Zigaretten.
Sie kauften Kaugummi.

Also haben sie um eine Rechnung
für die Kaugummis gebeten.
Am Tag ohne Tabak hat keine Sozialarbeiterin geraucht.
Und den Eingewiesenen haben die Sozialarbeiterinnen
das Rauchen auch verboten.
Die Eingewiesenen dürfen manchmal rauchen.
Zum Beispiel meine Cousine Patricia.
Aber an diesem Tag durfte sie nicht rauchen.
Die Sozialarbeiterinnen
haben ihr die Kippe aus dem Mund genommen.
Sie haben die Kippe vor ihrer Nase zerbrochen.
Sie haben die Kippe auf den Boden geworfen
und sie sind auf die Kippe draufgetreten.
Dann haben sie Patricia ein Kaugummi gegeben.
Sie passten auf
dass sie das Kaugummi auch wirklich isst.
Aber das war schon im neuen LÄWO.

Am Valentinstag haben sie um eine Rechnung
für die roten Rosen gebeten.
Am Allerseelentag haben sie um eine Rechnung
für die Totenblumen gebeten.
Am Tag des Buchs haben sie um eine Rechnung
für die Bücher gebeten.
Aber viele der Eingewiesenen können gar nicht lesen.
Ich konnte es.
Aber ich will wieder ehrlich sein:
Ich konnte damals sehr schlecht lesen.
Ich habe etwas gelesen
aber ich habe es nicht verstanden.
An meinem ersten Tag des Buchs im LÄWO
haben die Sozialarbeiterinnen mit uns
einen Ausflug in die Bibliothek gemacht.
Auch an allen Tagen des Buchs in den nächsten Jahren

haben die Sozialarbeiterinnen mit uns einen Ausflug
in die Bibliothek gemacht.
Die Bibliothek hat mir sehr gut gefallen.
Sie roch so gut.
In der Bibliothek waren so viele junge Leute.
Die jungen Leute haben gelernt.
Und da wollte ich auch richtig lesen lernen.

Sie haben mich zur Erwachsenenschule gebracht.
Aber dort gefiel es mir nicht.
In der Erwachsenenschule waren keine jungen Mädchen
und Jungen.
In der Erwachsenenschule waren nur alte Männer
und alte Frauen.
Die Jüngste war ich.
Aber dann änderte sich etwas.
Und das kam durch meine Cousine Natividad.

Jetzt muss ich doch von Natividad sprechen.
Denn Natividad hat mit meiner Lebensgeschichte zu tun.

Meine Cousine Natividad
hat das Schiebetürensyndrom bekommen.
Davor hat sie sehr viele Bücher gelesen.
Sie hat sehr gerne gelernt.
Sie ist zur Grundschule gegangen
und gleichzeitig zum Konservatorium für Tanz.
Dann ist sie zum Gymnasium gegangen
und gleichzeitig zum Konservatorium für Tanz.
Und dann ist sie zur Universität gegangen
und weiter zum Konservatorium für Tanz.
Und sie hat Englischkurse belegt.
Zum Konservatorium für Tanz gehen die Leute
um tanzen zu lernen.

Wenn Nati Ferien hatte
oder am Wochenende oder manchmal in der Woche
dann ist sie zu Besuch nach Somorrín gekommen.
Sie hat mit ihren Freunden vom Gymnasium gefeiert.
Und dann nutzte sie die Gelegenheit
und hat mich im LÄWO besucht.
Erst hat sie mich im alten LÄWO besucht.
Dann im neuen.
Im neuen LÄWO habe ich
mit Patricia und Margarita gewohnt.

Bei diesen Besuchen hat Natividad mit mir gelesen.
Das Lesen mit Natividad war viel lustiger
als das Lesen in der Erwachsenenschule.
In der Erwachsenenschule haben wir die Fibel gelesen
oder wir haben die Heftchen mit der Katze Micho gelesen
oder wir haben kindische Bücher gelesen.
Dabei hieß es doch Erwachsenenschule.

Aber Nati und ich haben wirklich gute Bücher gelesen.
In den Büchern passierten Dinge
die den Leuten wirklich passieren.
Es waren keine Bücher
mit kindischen Fantasiegeschichten.
Kein erwachsener Mensch kann diese Geschichten glauben.

In den Methoden steht:
»Verwenden Sie Höflichkeitsmarker
wie bitte und danke.«
Marker bedeutet: Wort oder Sache
mit der man etwas markiert.
Aber man macht damit keine Marke wie von Essen
oder von Kleidern
oder von Autos oder von Handys.
Marken sind

Coca-Cola und Zara
und Seat und Samsung Galaxy G5.
Samsung Galaxy G5 ist mein Handy.
Ich will keine Werbung für irgendwelche Marken machen.
Das ist klar.
Ich schreibe die Marken nur als Beispiele auf.

Marker bedeutet auch nicht:
Marke die man auf einen Brief klebt.
Marker bedeutet auch nicht: was innen im Knochen ist.
Und auch nicht diese alten Münzen.

In diesem Fall bedeutet Marker:
ein Wort schreiben.
Das Wort bedeutet etwas.
In diesem Fall bedeutet das Wort: Höflichkeit.
Gut aufpassen mit dem Wort Mark oder Marke oder Marker.
Die Wörter sind noch eine schlimmere Polysemie
als das Wort belegen.
Höflichkeit bedeutet: gute Erziehung.

Ich danke Natividad Lama Huertas.
Sie hat mir beigebracht gut zu lesen.
Und sie hat mir beigebracht gut zu schreiben.
Sie hat mir auch beigebracht
wie ich in der Bibliothek
die wirklich guten Bücher finden kann.
Natividad ist der Grund
warum ich Schriftsteller mag.
Und Natividad ist der Grund
warum ich das Schreiben mag
und heute versuche Schriftstellerin zu sein.

Nati kann diesen Höflichkeitsmarker nicht lesen.
Sie hat nämlich eine schwere geistige Behinderung.

Das tut mir sehr leid.

Natividad hatte den Unfall.
Danach musste Natividad ins neue LÄWO eingewiesen werden.
Am Tag des Buchs haben sie uns Bücher gegeben.
Natividad fing an die Bücher zu lesen.
Aber nach zehn Sekunden sind ihre Schiebetüren zugegangen.
Sie hat die Bücher auf den Boden geschmissen.
Oder sie ist auf den Büchern rumgetrampelt.
Oder sie hat jemanden mit den Büchern beworfen.
Zum Beispiel hat sie den damit beworfen
der sie ihr gegeben hat.
Und sie hat ihn beschimpft.
Oder sie hat die Seiten aus dem Buch gerissen.
Oder sie hat das Buch verbrannt.
Oder sie hat in das Buch gebissen.
Oder sie hat das Buch nass gemacht.
Und sie hat uns andere Eingewiesene angebrüllt:
Hört auf diese Bücher zu lesen!
Sie hat auch die angebrüllt
die nicht lesen konnten.

Das ist keine gute Art sich auszudrücken.
Aber ich habe verstanden
warum meine Cousine Natividad das getan hat.
Sie hat das getan
weil es kindische Bücher waren.
Aber nicht alle kindischen Bücher sind schlecht.
Es gibt auch gute kindische Bücher.
Beispiele sind: »Harry Potter« oder »Herr der Ringe« oder
»Bis(s) zum Morgengrauen«.

Ich möchte Nati meinen Roman auf WhatsApp zeigen.
Aber ich traue mich nicht.
Ich habe Angst

dass sie das Gleiche mit meinem Handy macht
was sie mit den Büchern gemacht hat.
Aber eines Tages erscheint mein Buch.
Dann werde ich mit Nati das machen
was Nati mit mir gemacht hat:
Ich setze mich mit ihr hin
und ich lese mit ihr.
Und ich sorge dafür
dass ihr das Lesen wieder gefällt.

Heute haben wir zum Glück die Leichte Sprache.

Auf Seite 21 von den Methoden steht:
»Die Leichte Sprache ist ein Instrument
des Leseverständnisses und der Leseförderung,
um Menschen anzusprechen,
denen die Gewohnheit des Lesens fehlt
oder denen diese versagt wurde.«

Das ist genau der Fall von meiner Cousine Natividad.

Und dann steht da:
»Dieses Instrument soll eine Lösung darstellen,
um den Zugang zu Information,
Kultur und Literatur zu erleichtern,
da es sich hierbei um ein Grundrecht der Menschen handelt,
sie haben die gleichen Rechte,
unabhängig von ihren Fähigkeiten.
Es ist nicht nur ein Recht,
sondern es erlaubt das Ausüben anderer Rechte,
wie das der Teilhabe,
um die Möglichkeit zu haben,
Entscheidungen zu beeinflussen,
die für das eigene Leben wichtig sein können,
wie auch die Möglichkeit der individuellen Entwicklung

einer jeden Person
in einem Umfeld wie dem jetzigen,
das die größte Textmenge der Geschichte produziert,
sowohl in physischer Gestalt als auch digital.
Zugang zu schriftlichen Inhalten
bedeutet nicht nur Zugangsmöglichkeit zu Literatur,
zu Zeitungen oder Lexika oder Textbüchern,
sondern auch zu Gesetzestexten,
zu Verwaltungsdokumenten, Arztberichten,
zu Verträgen und allen übrigen Texten des täglichen Lebens.
Das Leseverständnis ist eine Kompetenz
über die bedauerlicherweise nicht alle Menschen
verfügen.«

Ich habe diesen langen Abschnitt abgeschrieben.
Denn ich finde ihn sehr wichtig.
Aber ich habe ihn nicht genau gleich abgeschrieben.
Die Wörter sind gleich.
Aber die Form ist anders:
In dem Buch über Leichte Sprache
sind alle Zeilen fast gleich lang.
Die Zeilen gehen von einem Rand der Seite
bis zum anderen.
Die Zeilen gehen von Anfang bis Ende
fast ohne Lücken.
Das bedeutet:
Es sind Zeilen im Blocksatz
und mit Einrückungen.

Das ist ein bisschen komisch.
Das fällt mir jetzt auf.
Der Schriftsteller von diesem Buch sagt:
Bei Leichter Sprache darf man keinen Blocksatz machen.
Und man darf keine Einrückungen machen.
Aber der Schriftsteller von diesem Buch

macht Blocksatz und er macht Einrückungen.

Noch etwas finde ich komisch.
In den Zeilen aus dem Buch sind viele schwierige Wörter.
Zum Beispiel Instrument darstellen Leseförderung Information
Fähigkeit Teilhabe beeinflussen
individuelle Entwicklung Umfeld physisch digital
Zugangsmöglichkeit Zugang
Gesetzestext Verwaltungsdokument
Kompetenz.
Der Schriftsteller erklärt keins von diesen schwierigen Wörtern.
Aber ich mache das.
Ich erkläre fast alle schwierigen Wörter.
Manche Wörter erkläre ich nicht
denn ich will nicht zu viele Abschweifungen machen.
Und weil es gut ist wenn die Leser lernen
ein Wörterbuch zu benutzen.

Aber dieser Schriftsteller erklärt kein einziges Wort.

Das ist ein Widerspruch.
Auf Seite 70 sagt er selbst:
»Die nicht gebräuchlichen oder schwierigen Wörter
sollen durch Kontextualisierungen,
mit Unterstützung von Bildern
und der Erklärung ihrer Bedeutung erklärt werden.«
Aber er schreibt das nicht ohne Blocksatz und Einrückung.
Er schreibt nicht so wie ich es abgeschrieben habe.
Er schreibt es wieder mit Blocksatz und Einrückung.
Und er erklärt auch nicht
was »schwierige Kontextualisierung« bedeutet.

Ich gucke die Seiten von dem PDF der Methoden an.
Ich stelle fest:
Das ganze Buch ist in Blocksatz

und mit Einrückung geschrieben.
Es werden nur sehr wenige schwierige Wörter erklärt.
PDF bedeutet:
wie die Bücher die man aus dem Internet runterlädt.

Und es gibt noch eine schlimmere Sache.
Ich habe einen Teil aus dem Buch abgeschrieben.
In diesem Teil passiert ein semantischer Unfall der Polysemie.
Der semantische Unfall ist das Wort Instrument.
Es gibt viele Instrumente.
Und der Schriftsteller erklärt kein einziges.

Dieser Schriftsteller hat ein Buch geschrieben
wie man in Leichter Sprache schreiben soll.
Seine Leser denken: Er weiß sehr genau
was Leichte Sprache ist.
Oder nicht?
Also: Warum macht er es so schlecht?
Oder mache ich es vielleicht nicht gut?
Das ist alles sehr merkwürdig.
Meine Betreuerin liest immer alles gleich auf WhatsApp.
Auf WhatsApp gibt es die Gruppe:
Roman von María dels Àngels.
Meine Betreuerin schickt mir immer ganz viele Emoticons.
Die Emoticons bedeuten: Alles ist gut.
Emoticons sind die Bildchen in WhatsApp.
Meine Betreuerin schickt mir immer lächelnde Gesichter.
Sie schickt mir OK-Daumen und Händeklatschen
und überraschte Gesichter und Küsschen und Partyhütchen
und so weiter.
Auch andere Kameraden aus der Gruppe schicken mir Emoticons.
Die anderen Kameraden sind keine Spezialisten
für Leichte Sprache.
Sie sind auch keine Schriftsteller für Leichte Sprache.
Aber sie sind Personen

die nicht die Gewohnheit haben zu lesen
oder denen diese versagt wurde.
Gewohnheit hat nichts mit Wohnung oder Haus zu tun.
Und auch sonst nichts mit Gebäuden.
Und versagen hat nichts mit sagen zu tun.
Und es bedeutet auch nicht:
du bist schuld.
Ganz im Gegenteil: Dir etwas zu versagen bedeutet:
Sie nehmen dir etwas weg.
Was sie dir wegnehmen gehört eigentlich dir.
Gut aufpassen mit der Polysemie vom Wort versagen.

Diese letzte Erklärung der Polysemie
habe ich ohne Freude geschrieben.
Vielleicht habe ich eine kreative Krise.
Alle Schriftsteller bekommen irgendwann
in ihrer Laufbahn
eine kreative Krise.
Kreative Krise bedeutet: Du hast keine Inspiration.
Das hat nichts mit der Wirtschaftskrise zu tun
und nichts mit Arbeitslosigkeit
und nichts mit den Banken und auch nichts mit den Kürzungen.
Kreativ bedeutet: Du erfindest Kunst und kulturelle Dinge.
Inspiration bedeutet: die Kunst und die Fantasie
und die Lust
diese Dinge zu erfinden.
Laufbahn bedeutet: deine Arbeit.
Es hat nichts mit der Laufbahn auf dem Sportplatz zu tun.

Dieses Kapitel von meinem Roman
hat doppelt so viele Seiten
wie die anderen Kapitel.
Das habe ich gerade gemerkt.
Vielleicht arbeite ich zu viel.
Vielleicht brauche ich ein bisschen Abstand.

Ich flüchte ein Wochenende an einen ruhigen Ort.
Ich mache einen Spaziergang.
Ich trinke einen Kaffee.
Ich treffe alte Freunde.
Und ich lese wirklich gute Bücher.
Die guten Bücher sollen mir bei der Inspiration helfen.
Ich frage meine Cousine Natividad.
Wie früher.
Sie ist schwer geistig behindert.
Trotzdem bringt sie seit ein paar Tagen
meiner Cousine Margarita das Lesen bei
und ein paar anderen Leuten
aus der Selbstvertretungsgruppe auch.
Sie macht das mit ein paar Heften.

Das sind bestimmt keine kindischen Micho Heftchen.
Denn Natividad kann sie lesen
und ihre Schiebetüren gehen dabei nicht zu.

Liebe Leser und Leserinnen der WhatsApp Gruppe
Roman von María dels Àngels.
Das ist kein Adiós.
Das ist nur ein Bis bald.

Bis bald.

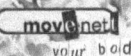

Mitteilung an die jede Woche Entführten in der Selbstvertretungsgruppe

Kameraden in Gefangenschaft!

Als wäre unser Weggesperrtsein in diesem klinisch reinen weißen Raum mit Leuchtstoffröhren an jedem Dienstagnachmittag nicht schon hart genug, wird jetzt auch noch ein Faschist kommen, um uns auf den Wecker zu fallen.

Es geht um einen Macho der ranzigsten katholischen Rechten, der Hauptdarsteller in einem Film war und ein Buch geschrieben hat.

Sein Name ist **Patxi Pereda**.

Der Film ist der, den wir vor zwei Wochen mit unserer Kerkermeisterin **Laia Buedo** sehen mussten.

Er heißt: *Armer Macho – der will doch nur ficken*

Da unsere gelangweilten oder empörten oder entsetzten Gesichter nicht genügten, um ihren Sadismus zu befriedigen (der ist typisch für alle, die dafür bezahlt werden, kapitalistische/institutionelle Gewalt auszuüben), zwang sie uns in der folgenden Woche, einige Passagen aus der sexistischen Tirade mit dem Titel *Ratschläge für Eltern von Kindern mit Machismus*[21] laut vorzulesen.

Wie ihr schon an den Titeln erkennen könnt, kreist das Werk dieses autoritären Neoliberalen um den Machismus und seine Vorteile.

von La Barceloneta und in ihrem Club für Leichte Sprache

Als Vorbereitung auf den anstehenden Besuch dieses neoliberalen faschistischen Machos **Pepo Pallás**, der in Begleitung der Kerkermeisterin **Buedo** und der Gemeinerättin **Gómez** am nächsten 5. September 2018 um 18.00 Uhr kommen wird, möchte dieses Fanzine eine Reihe von Fragen aufwerfen und eine Reihe von Antworten vorschlagen.

Das Fanzine soll eine echte Diskussion eröffnen und keine dieser Befragungen werden, die Laia Buedo Diskussion nennt und zu denen sie uns zwingt, nachdem wir die Die drei scheiß schwulen Schweinchen oder eine Nachricht über die scheiß schwule Korruption oder die scheiß schwulen Wahlen gelesen haben, als würde uns das Schmierentheater der Elite auch nur im Ansatz interessieren. Die einzigen Diskussionen, die uns Gefangene interessieren, sind die folgenden beiden:

1. Die Bedingungen, die zur Fremdherrschaft und Kontrolle aller und jedes einzelnen Bereichs unseres Lebens beitragen.

2. Die Möglichkeiten, uns diesen Fremdherrschaften zu widersetzen, sie auszuschalten oder ihnen auszuweichen; das heißt, uns vom Joch unserer vielgestalten Wachleute zu befreien: Gemeinerättinnen, Ideologen, Chefs, Vorarbeiter, Streikbrecher, Ärzte, Lehrer, Puffmütter, Freier, Stylisten und autoritäre Verwandte.

Wir haben es satt, dass sogar noch die Diskussionsthemen in der Selbstvertretungsgruppe am Dienstagnachmittag von ihnen bestimmt werden. Heute stellen wir die Fragen, aber wir stellen sie nicht ihnen, denn ihre vom Kapital gesteuerten Lügenantworten kennen wir schon. Heute befragen wir uns selbst, und dafür brauchen wir keinen Moderator, der sich – wie der Name schon sagt – darum kümmert zu moderieren, moderater zu gestalten, zu beruhigen und somit unsere Art und Weise zu zensieren, mit der wir ausdrücken, was uns umtreibt.

1) Warum ist Pepo Pallás ein neoliberaler Faschist?
2) Warum sind unsere Kerkermeisterinnen so begeistert davon, dass Pepo Pallás persönlich mit uns sprechen wird?
3) Sollen und/oder können die Gefangenen des STÄWO La Barceloneta in Bezug auf seinen Besuch etwas tun?

Edler Herr,
Ihr lest zu viel,
chillt mal mehr
beim Fernsehn

des Roma-Projekts wurde, zum Vorkämpfer und Quijote im Kampf für die „Normalisierung" dieses Syndroms. Er hat gerade sein zweites Buch veröffentlicht, ein Handbuch mit dem Titel *Ratschläge für Eltern von Kindern mit Machismus*[21], ein Leitfaden für das familiäre Umfeld.

Pepo Pallás: *Familien haben eine enorme Verantwortung für ihre Kinder und für ihre Verwandten mit Down-Syndrom und sehen eben in mir ein Vorbild. Und für sie muss ich dann eben weiterhin ein Vorbild sein. Ich kann mich nicht wegducken. Es geht ni... es geht nicht, dass ich mich wegducke.*

Interviewer: *Dir dürfen nicht die Knie zittern.*

Pepo Pallás: *Mir dürfen nicht die Knie zittern. Ich muss für die Familien mit Down-Syndrom (sic) immer weiter ein Quijote des Down-Syndroms sein. Denn ein Kind mit Down-Syndrom großzuziehen, ihm zu vertrauen ... das ist hart. Es ist sehr schwierig. Und, klar, irgendjemand muss als Vorbild dienen, als Vorbild, um daran zu glauben, das Kind großzuziehen.*

KURZE EINFÜHRUNG IN DIE FALLSTRICKE DER IDEOLOGIE

1. DAS LEUGNEN DER EINHEIT ALLER UNTERDRÜCKER

Die Unterscheidung zwischen den drei Kategorien Macho, Faschist und Neoliberaler, die dieses Fanzine vorschlägt, hat nur eine pädagogische Funktion. Wir greifen nur deshalb auf diese ordentliche und analytische Unterscheidung zurück, um besagte Begriffe den Gefangenen näherzubringen, die von den Freuden der Politisierung ausgeschlossen sind, und da sie in einer kapitalistischen Gesellschaft leben, sind sie in der Mehrheit.

(Politisierung ist der Prozess, durch den wir uns von der Ideologie lösen und uns die Realität aneignen. Wir erklären sogleich, was Ideologie und was Realität ist.)

Dennoch sind die Attribute Macho, Faschist und Neoliberaler im Alltag untrennbar miteinander verbunden, das heißt in unserem täglichen Leben, und ein anderes gibt es nicht – es ist das einzige, das uns erledigen oder das von uns verändert werden kann.

Jedenfalls zeigt uns also die Realität, dass alle Machos Faschisten sind und dass alle Faschisten Neoliberale sind und dass alle Neoliberalen Machos sind.
Jede Identitätsbeziehung zwischen den drei Konzepten ist korrekt. Sie ist logisch validierbar und überdies ist sie wahr.

Außerhalb unserer alltäglichen Realität gibt es nur Virtualität oder, was das Gleiche ist, Ideologie.

Die Ideologie ist die Sammlung an Lügenmärchen, die die neoliberalen faschistischen Machos und ihre Komplizen nutzen, um die übrigen davon zu überzeugen, dass die Macht, die sie über uns ausüben, gut ist, während uns die Realität zeigt, dass diese Macht schlecht für uns ist, denn wir leiden darunter.
Macht ist nur für die Machthaber gut.

So wie wir in Politisierung Freude finden, finden sie Freude daran, materielle und symbolische Macht anzuhäufen, und zwar auf unsere Kosten (Ausbeutung), auf ihre Kosten (Selbstausbeutung) und auf Kosten beider Ausbeutungsformen in Kombination

(Das ist eine Zusammenfassung und eine Adaption dessen, was die Lauch-Opas Karl Marx und Friedrich Engels 1845 gesagt haben.) →

Und das ist, Kameradinnen, die Ideologie der Macht.
Wenn man Ideologie sagt, braucht man nicht Macht zu sagen, falls ihr euch, wie bei der Realität, zwei Wörter sparen wollt.

Für sie sind die Machos, die Faschisten und die Neoliberalen in Theorie und Praxis fein säuberlich voneinander getrennte Kategorien, in dem Sinne, dass Machos nicht zwingend Faschisten und/oder Neoliberale sein müssen, und vice versa und vice versa und vice versa.
Wir werden nun kurz die ideologischen Unterscheidungen aufdröseln, die die reale Einheit des Macho-Facho-Kapitalliebhabers zerstören.
Für die Ideologie ist diese Zerstörung der Einheit eine Strategie:

Sie wollen uns glauben machen, dass in den sogenannten demokratischen Gesellschaften der Leviathan der Macht nicht existiert. Was existiert sind Individuen, Firmen, Kollektive oder Parteien mit der ein oder anderen persönlichen oder politischen Vorliebe, die immer zu respektieren ist, solange sie die institutionelle Ordnung respektiert. Das bezeichnet die Ideologie als „demokratischen Pluralismus" oder „ideologische Freiheit".

Die Ideologie appelliert also an den Respekt vor den neoliberalen Macho-Faschisten; uns dagegen, die wir die oben genannte institutionelle Ordnung in Zweifel ziehen, bezeichnet sie als Respektlose, Hysterikerinnen, Irre, Haterinnen und Feminazis.
Für die Ideologie wären wir, die Gefangenen, die Faschisten.

Ein oft wiederholtes und weit verbreitetes Argument innerhalb der Ideologie ist, dass es verschiedene Ideologien gibt, von denen sich zwei als die wichtigsten herausgebildet haben: die Ideologie der Linken und die Ideologie der Rechten. Die Ideologie der Linken par excellence wäre der Kommunismus, und die Ideologie der Rechten par excellence wäre der Faschismus. Dazwischen befände sich die sogenannte repräsentative Demokratie.

Die Realität zeigt uns allerdings ganz eindeutig, dass es beim einen und beim anderen Extrem und in der Mitte nur Faschos gibt, sie sich einzig und allein durch die Rhetorik der von ihr verwendeten Diskurse unterscheiden, sodass wir von Faschos der Rechten und Faschos der Linken sprechen könnten. Man spricht nicht umsonst oft von der „Einheit aller Demokraten".

(Für die Ideologie ist die Rhetorik die rednerische Virtuosität des institu-tionellen Politikers.
Für die Realität ist die Rhetorik die kommunikative Strategie des Mächtigen, um seine Macht und die Lügen des Kapitals zu verbreiten.)

Für die Ideologie ist der Faschismus eine von vielen existierenden Ideologien, die ausschließlich zwei historischen Momenten entspricht: der Zwischenkriegsphase und dem Zweiten Weltkrieg. Aber die Realität zeigt, dass der Faschismus weit darüber hinausgeht. Der Faschismus ist eine Technik zur Kontrolle von Bevölkerungen und Gebieten, die von allen Staaten und Imperien der Welt angewendet wurde, von der Mitte des 19. Jhds. an, als sich die ersten bürgerlichen Parteien gründeten, bis in unsere Tage.

Und da wir schon vom Kapital sprechen, können wir sagen, dass für die Ideologie der Neoliberalismus der ökonomische Ansatz der imperialistischen Rechten ist. Die Realität dagegen belegt immer wieder dass der Neoliberalismus der gemeinsame ökonomische Ansatz aller Herrscher unserer Zeit ist. Die Faschisten der Linken nennen es Kollektivismus oder Staatskapitalismus, und die Faschisten der Rechten nennen es freier Markt oder freier Wettbewerb.

Zu guter Letzt ist „Macho" für die Ideologie keine politische Kategorie. Macho sei wie das Männchen ein rein biologischer Begriff und beziehe sich auf die reproduktive Funktion der Spezies. In der Ideologie gibt es keine Machos, sondern nur Machisten, Chauvinisten, Sexisten. Ein Sexist wäre demnach derjenige, der die Frauen abwertet, verachtet oder entmenschlicht, und davon gibt es normalerweise bei den Faschos der Rechten mehr als bei denen der Linken, um mit dem Differenzierungsirrsinn zwischen den Machtmodalitäten weiterzumachen. Aber in der Realität geht der Frauenverächter viel weiter: Er verachtet alle, die nicht so ficken, wie, wann und mit wem er selbst gerne ficken will.

Wir erkennen ganz deutlich, dass der politische Macho seine Herrschaft auf die reproduktive Funktion stützt, die von der Ideologie negiert wird, und in ihrem Namen erniedrigt, vergewaltigt und mordet er.

Sexist ist das von der Ideologie verwendete Wort, um die Assimilation der Frauen durch den Neoliberalismus zu fördern, was die Ideologie „allgemeines Wahlrecht", „Eingliederung in den Arbeitsmarkt", „Vereinbarkeit von Familie und Beruf", „Gleichstellung", „Gleichheit", „Überwindung der gläsernen Decke", „Zugang zu Positionen mit Verantwortung" oder „Chancengleichheit" nennt.

2. DIE ERSCHAFFUNG EINER FALSCHEN INTERESSENGEMEINSCHAFT

Wir haben bereits gesehen, wie die Ideologie leugnet, dass ihr Herrschaftswille einzigartig und unteilbar sowie in all ihren handelnden Subjekten vorhanden sei.
Auch haben wir gesehen, wie sie die notwendige Beteiligung der Attribute machistisch, faschistisch und neoliberal leugnet, um ihre Macht auszuüben, zu reproduzieren und fortzusetzen.

Daraus ergibt sich also, dass die Ideologie im gleichen Augenblick, in dem sie sich als pluralistisch behauptet und ihre Einheit oder Hegemonie leugnet (wie es einige Faschisten der Linken tun, in erster Linie Axelrod, Lenin und Gramsci), bestätigt, dass die Herrschenden und die Beherrschten Teil einer einzigen Gemeinschaft sind.

In dieser Gemeinschaft haben die Herrscher und die Beherrschten die gleichen Bedürfnisse und die gleichen Sehnsüchte.

Für uns, die Gefangengen, ist dies unter jedem Blickwinkel falsch, virtuell oder ideologisch, denn so wie wir gerade gesehen haben, besteht die Lust der Herrschenden darin, ihre Macht auszuüben, die Lust der Beherrschten oder Gefangenen aber besteht in der Politisierung.

Die Interessen der Herrschenden und der Beherrschten sind nicht nur unterschiedlich, sie sind gegensätzlich. Sie wollen uns unterwerfen und wir wollen unsere Unterwerfung beenden. Sie wollen Gewalt über uns ausüben und wir wollen uns von ihrer Gewalt emanzipieren.

Deshalb ist die Interessengemeinschaft, die die Mächtigen, also die Herrschenden, erfunden haben, ganz eindeutig eine falsche Interessengemeinschaft. Das ist leicht an den Namen zu erkennen, die die Herrschenden dieser Gemeinschaft und den Mitgliedern jener Gemeinschaften geben, wo es keine Herrschenden und keine Beherrschten mehr gäbe, keine Kerkermeister und keine Gefangenen. In diesem Sinne nennt die erhaltende Ideologie des liberalen Macho-Faschos diese falsche Interessengemeinschaft „demokratischer Staat" und ihre Mitglieder, ob es nun Gefangene oder Kerkermeister sind, nennt sie „Bürgerinnen und Bürger".

In anderen Zeiten und an anderen Orten der Welt hat die herrschende Ideologie die falsche Interessengemeinschaft „Volk" genannt und ihre Mitglieder „Arbeiter", „einfaches Volk" und „ehrliche Leute".

Auch „Nation" war eine übliche Bezeichnung, und die Mitglieder waren dann „Staatsbürger", wenn es eine Nation mit Staat war, oder „Freiheitskämpfer", wenn es eine Nation ohne Staat war.

Und die vielleicht größte falsche Interessengemeinschaft von allen ist „die Menschheit",

> deren Mitglieder
> „die Menschen" sind.

Es gibt auch falsche Interessengemeinschaften geringeren Ranges.
Sehr bekannt ist die „Firma", ihre Mitglieder sind „ein Team".
Oder die „Partei", deren Mitglieder dann „die Demokraten" sind,
„die Arbeiter" oder „die Patrioten", je nachdem, ob es sich um
Faschos der Linken oder um Faschos der Rechten handelt.
Ebenfalls weit verbreitet ist die „Familie" mit ihren „Verwandten".

In unserem konkreten Falle als Gefangene ist die falsche
Interessengemeinschaft *das* STÄWO La Barceloneta, unsere
Kerkermeister nennen es „Gemeinschaft für die Integration" und
sie selbst und wir werden als „Mitglieder einer großen Familie"
betrachtet.

Genauso wie das Zerstören der ideologischen Einheit ist auch *die* falsche
Interessengemeinschaft für die Ideologie eine Strategie.
Sie nutzt sie, um uns glauben zu lassen, dass es nur kleine Unterschiede
zwischen den Herrschenden und den Beherrschten gibt, also:
zwischen den Kerkermeistern und den Gefangenen.

Heutzutage und in unserer Gegend wären diese Unterschiede Teil des
Pluralismus, von dem wir bereits sprachen, also falsche Unterschiede,
die sich in demokratischen Prozessen auflösen, also durch von den
Herrschenden erfundene Gesellschaftsspiele, um die Beherrschten bei
Laune zu halten.
Nicht zufällig werden die schriftlichen und nicht verschriftlichten Regeln
des besagten Prozesses als „Spiel der Demokratie" bezeichnet.

3. DREI BEISPIELE FÜR IDEOLOGIE

Beispiel NR. 1

AMELA, VICTOR-M.

„Die letzt[e]

Bringt uns die *Cancel Culture* zum Verstummen?
Das offene Wort bringt Geräusche, die offene Beleidigung bringt Schweigen.
Wir werden feige ... und verstummen im Hashtag-Kniefall, sicherheitshalber! Die *Cancel Culture* beschädigt den Pluralismus, sie beschädigt dich, mich, ... alle!
Wir versuchen, einander weniger zu beleidigen, oder?
Beleidigt zu sein ist in Ordnung, aber du solltest dir nicht auf deiner Empörung einen runterholen.
Was ist *Cancel Culture* oder *poscensura*?
Postmoderne Zensur: Sie findet nicht mehr vertikal statt, sondern horizontal.
Horizontal?
Sie kommt nicht mehr von oben, nicht notwendigerweise durch einen totalitären Staat: Die Gesellschaft übt sie aus, deinesgleichen, Gruppen aller Arten.
Was für Gruppen?
Gruppen auf dem Kriegspfad, Tierschützer, Feministinnen, Katholiken, Linke, Rechte, Taxifahrer, Unabhängigkeitskämpfer, Prospanier ... Sag etwas, was ihnen unangemessen vorkommt: Die Korrektivlinge sind empört – und lynchen dich.
Digitaler Lynchmord?
Jeden Tag zeigen wir mit dem Finger auf jemanden, um ihn zu beschimpfen, wir sammeln Unterschriften, damit er entlassen wird, seine Aufführungen boykottiert werden, seine Bücher zurückgezogen werden ...
Haben Sie auch schon gelyncht?
Nein, denn mich erschreckt die freie Meinungsäußerung nicht, ob sie jetzt von einem Nazi oder von einem Sexisten kommt: Ich übertreibe jetzt, aber es ist mir lieber, er äußert seine Meinung, als dass er zum Schweigen gebracht wird und sich in einen Märtyrer oder in Trump verwandelt.
Und wenn Sie gelyncht werden, was dann?
Das ist schon vorgekommen, und ich habe es mir erspart, vom Opfer zum Henker zu werden.
Geben Sie uns ein Beispiel für virtuelle Hetzjagden.
Wir haben den Komiker Jorge Cremades gelyncht, die Twitterinnen Casandra Vera oder Justine Sacco, die Kinderbuchautorin Maria Frisa, den Koch Jordi Cruz ...

Ihr Verbrechen war ...
Etwas zu sagen. Was für irgendjemanden nic[ht] korrekt war. Casandra wegen eines Witzes üb[er] Carrero Blanco. Justine über die Schwarzen. [Po]litical Correctness glaubt, dass das, was jema[nd] sagt – ein Witz, ein Scherz, eine Meinung ... [die] Wirklichkeit prägt. Und indem man die Darst[el]lung ändert, könnte man die Welt ändern. Z[en]sur wäre demnach konstruktiv.
Wir würden auf diese Weise die Hälfte der Ku[nst] und der Weltliteratur zensieren ...
90%! Und der Zensor würde sich als Gerech[ter] sehen, nicht als Zensor.
Führt ein sexistischer Witz zu Sexismus?
Wenn du alle sexistischen Witze verbietest, g[ibt] es den Sexismus weiterhin ... aber die freie M[ei]nungsäußerung ist tot.
Für diese Äußerung wird man Sie als Sexist [be]zeichnen.
Sie haben mir ja schon Labels angehe[ftet:] „Sexist", „Rassist", „Gutmensch", „Podem[it]", „Mittextremist", „Faschist", „kurzsichtig" ... [La]bel zu vergeben ist ganz zentral für die Ca[ncel] Culture: „Lest den nicht, denn der ist (Lab[el])". Und dagegen bist du wehrlos.
Sind wir empfindlicher als früher?
Ja, wegen der Filterblasen.
Was ist eine Filterblase?
Die Algorithmen im Netz stecken dich mit [Leu]ten zusammen, die wie du ticken, und so [ge]wöhnst du dich an Diskussion im Gleichkl[ang,] verlierst deine Pluralität ... und bist so[...]

[Interview mit Juan Soto Ivars,
Journalist und Autor von *Arden las rede[s]*
La Vanguardia,
11. Mai 2018, letzte Seite.

Juan Soto Ivars findet, dass die Meinung von Nazis, Witze über Carrero Blanco, über Schwarze oder über Frauen ein Teil dessen sind, was er Pluralismus nennt, Demokratie oder das Recht auf *freie Meinungsäußerung*.

Wir können beobachten, dass der Befragte der Meinung ist, dass die Angriffe gegen einen mit vollem Namen bekannten Diktator und die Meinungen der Anhänger einer gewissen faschistischen Strömung, die ebenfalls problemlos als Nationalsyndikalismus zu erkennen ist, im gleichen pluralistischen, demokratischen und freien Sack stecken wie die Angriffe gegen zwei diffuse Kategorien, die er „die Schwarzen" und „die Frauen" nennt.

Der Nazi, der einen Schwarzen beleidigt, macht dann also exakt das Gleiche wie der Schwarze, der einen Nazi beleidigt: Er nimmt das Recht auf freie Meinungsäußerung in Anspruch.
Die Realität zeigt uns jedoch unverblümt, dass Nazis, wenn sie Schwarze beleidigen, ihre Machtposition innerhalb der Ideologie ausnutzen, die sie – da sie ihr gleichen – schützt und begünstigt.

Ein einfaches Beispiel:

Erinnern wir uns an die Stadtpolizei von Barcelona, die fliegende Händler rassistisch beleidigt und verprügelt hat. Die Polizisten bekamen Unterstützung von ihrer Chefin, der Bürgermeisterin Ada Colau, und wurden nie angezeigt.

Wenn aber ein Schwarzer einen Nazi beleidigt, unterdrückt und zensiert ihn die Ideologie.

Erinnern wir uns an die gleichen fliegenden Händler, die sich gegen die gleiche Stadtpolizei gewehrt haben, und wie das Rathaus von Barcelona, allen voran seine Chefin Ada Colau, sich vor Gericht als Nebenkläger gegen die fliegenden Händler formierte.

Auch die pure Existenz der *Gruppen auf dem Kriegspfad, Gruppen von Tierschützern, Feministinnen, Katholiken, Linken, Rechten, Taxifahrern, Unabhängigkeitskämpfern, Prospaniern ...* als nicht abgeschlossene Liste ist Teil dieses von Juan Soto Ivars gefeiertem Pluralismus.

> (Man beachte den Hohn von Soto Ivars, wenn er die Taxifahrer als Vertreter einer weiteren Ideologie anführt, wodurch er einerseits zu verstehen gibt, dass es viel mehr Ideologien gibt als die zahlreichen, die er bereits nennt, und anderseits, dass alle Taxifahrer gleich denken und ganz besonders „auf dem Kriegspfad" sind.)

Für Soto hat jedes dieser Individuen oder jedes Kollektiv von Individuen seine ganz eigene Art, die Welt zu verstehen, die respektiert werden müsse. *[M]ich erschreckt die freie Meinungsäußerung nicht, ob sie jetzt von einem Nazi oder von einem Sexisten kommt: Ich übertreibe jetzt, aber es ist mir lieber, er äußert seine Meinung, als dass er zum Schweigen gebracht wird.*
Hier haben wir den Respekt vor den neoliberalen Macho-Faschos, den wir in der Einleitung angekündigt haben und den Soto bekräftigt.

Wenn sie nicht respektiert werden, wankt der demokratische Pluralismus, und dieses Wanken *beschädigt dich, mich, ... alle!* Das heißt, es beschädigt eine Gemeinschaft, die den Interviewer (*dich*), den Befragten (*mich*) und jede andere Person (*alle!*) umfasst.

Beispiel Nr. 2

Gehasst wird ungenau. Präzise lässt sich nicht gut hassen. Mit der Präzision käme die Zartheit, das genaue Hinsehen oder Hinhören, mit der Präzision käme jene Differenzierung, die die einzelne Person mit all ihren vielfältigen, widersprüchlichen Eigenschaften und Neigungen als menschliches Wesen erkennt. Sind die Konturen aber erst einmal abgeschliffen, sind Individuen als Individuen erst einmal unkenntlich gemacht, bleiben nur noch unscharfe Kollektive als Adressaten des Hasses übrig, wird nach Belieben diffamiert und entwertet, gebrüllt und getobt: *die* Juden, *die* Frauen, *die* Ungläubigen, *die* Schwarzen, *die* Lesben, *die* Geflüchteten, *die* Muslime oder auch *die* USA, *die* Politiker, *der* Westen, *die* Polizisten, *die* Medien, *die* Intellektuellen.[1] Der Hass richtet sich das Objekt des Hasses zurecht. Es wird passgenau gemacht.

Gehasst wird aufwärts oder abwärts, in jedem Fall in einer vertikalen Blickachse, gegen »die da oben« oder »die da unten«, immer ist es das kategorial »Andere«, das das »Eigene« unterdrückt oder bedroht, das »Andere« wird als vermeintlich gefährliche Macht oder als vermeintlich minderwertiges Ding phantasiert – und so wird die spätere Misshandlung oder Vernichtung nicht bloß *als entschuldbare*, sondern als *notwendige* Maßnahme aufgewertet. Der Andere ist der, den man straflos denunzieren oder missachten, verletzen oder töten kann.[2]

Emcke, C.: *Gegen den Hass*, Frankfurt am Main 2019, S. 12.

Die Autorin dieser Worte ist Carolin Emcke, Journalistin und Schriftstellerin wie Juan Soto Ivars, der sie in einem 20 Tage vor dem oben genannten Interview erschienenen Artikel als eines seiner Vorbilder zitiert:

Carolin Emcke *erinnert uns in ihrem Essay* Gegen den Hass *daran, dass die einzige Möglichkeit, Gleichheit zu erlangen oder uns anzunähern, darin besteht, einander besser kennenzulernen. Aufzuhören, uns als gegnerische Gruppen zu begreifen – weiß, schwarz, Moslem, Frau –, und uns als Individuen zu sehen.*

Soto Ivars, J: Festival nur für schwarze Frauen, oder das freiwillige Ghetto der Minderheiten. España is not Spain, Blogs von El Confidencial, 31. Mai 2017.

Sotos Lehrmeisterin ist eine feinere neoliberale Macha-Fascha als ihr Schüler. Wo Soto die Existenz von Gruppen anerkennt, um sich von ihnen zu distanzieren, leugnet Emcke selbst ihre Existenz.
Sie meint, dass alle diese menschlichen Gruppen, die sie aufzählt, nichts anderes seien als Summen von Individuen, Personen oder Menschen mit *vielfältigen, widersprüchlichen Eigenschaften und Neigungen*.
Emcke wirft genau wie Soto *die Lesben* und *die Polizisten*, *die Politiker* und *die Frauen*, *die USA* und *die Schwarzen* in einen Sack. Damit versucht sie auf eine sybillinischere Art als Soto Ivars, uns den Bruch der ideologischen Einheit schlucken zu lassen.

Carolin Emcke will uns glauben machen, dass „die Diffamierungen", „die Entwertungen", „das Brüllen" und „das Toben", das sich gegen die Lesben, die Schwarzen, die Juden oder die Moslems richtet, mit dem zu vergleichen ist, was sich gegen die Polizei, die westlichen Länder, die Medien, die Politiker oder die USA richtet.
Für Emcke ist die Beleidigung eines Polizisten, weil er ein Polizist ist, genauso unrecht wie die Beleidigung eines Moslems, weil er ein Moslem ist. Damit stellt sie einerseits einen trügerischen Vergleich an zwischen jemandem, der durch seinen Beruf, und jemandem, der durch seine Religion definiert wird; und andererseits unterdrückt sie, was alle Humanisten unterdrücken, und das ist der Unterschied in der Machtposition (und nicht der persönlichen Eigenschaften), die ein Polizist als Vertreter der Autorität gegenüber einem Moslem als Gläubigem einer dämonisierten Religion einnimmt, oder gegenüber einer Frau, weil sie kein Mann ist, oder gegenüber einer Lesbe, weil sie kein Mann ist und mit Frauen vögelt.

Emckes neoliberaler Humanismus ist so zugespitzt und realitätsfern, dass er dem administrativen und politischen Gebilde, das wir Staat nennen, menschliche Qualitäten verleiht (diese *vielfältigen, widersprüchlichen Eigenschaften und Neigungen*), gerade so, wie Disney Teekannen sprechen lässt.

> ▬▬▬▬▬▬▬▬▬▬ eine Masse, die sich zwangsweise selbst homogenisiert. Sondern der Plural in der Tradition Hannah Arendts ist einer, der sich aus der Vielfalt individueller Besonderheiten bildet. Alle ähneln einander, aber niemand gleicht einem oder einer anderen – das ist die »merkwürdige« und bezaubernde Bedingung und Möglichkeit von Pluralität. Jede Normierung, die zu einer Bereinigung der Singularität der einzelnen Menschen führt, widerspricht einem solchen Begriff von Pluralität.
> (ebd., S. 210 f.)

Wir müssen auch hervorheben, wie ideologisch die Autorin den Begriff Hass verwendet, um die falsche Interessengemeinschaft zu verteidigen.

> ▬▬▬▬▬▬▬▬▬▬. Nur wenn die Raster des Hasses ersetzt werden, nur wenn »Ähnlichkeiten entdeckt (werden), wo vorher nur Differenzen gesehen (wurden)«, kann Empathie entstehen.[2]
> (ebd., S. 208)

Was für Soto eine Art Kriegszustand oder von der pluralistischen Lüge der Meinungsvielfalt provozierte Lynchjustiz war, ist für seine Lehrmeisterin der Hass nach Belieben. Auf diese Weise will Carolin Emcke die Angriffe von uns Gefangenen gegen unsere Kerkermeister entpolitisieren, und die unserer Kerkermeister gegen uns will sie entideologisieren. Dank des Hasses sentimentalisiert und verallgemeinert Emcke die Angriffe, indem sie unterstellt, alle Angriffe, ganz egal von wem sie kommen, seien auf einen Defekt in unserer gemeinsamen Menschlichkeit zurückzuführen, die es uns doch eigentlich gebietet, einander als die Menschen zu lieben, die wir sind.

Wenn ich einen Polizisten angreife, tue ich das aus Hass, nicht weil der Polizist mich unterdrückt. Wenn der Polizist mich angreift, tut er das auch aus Hass, nicht weil sie ihn dafür bezahlen.

> Dem Fanatismus und Rassismus muss nicht nur in der Sache, sondern auch in der Form widerstanden werden. Das bedeutet eben *nicht*, sich selbst zu radikalisieren. Das bedeutet eben *nicht*, mit Hass und Gewalt das herbeiphantasierte Bürgerkriegsszenario (oder das einer Apokalypse) zu befördern. Es braucht vielmehr ökonomische und soziale Interventionen an den Orten und in den Strukturen, wo jene Unzufriedenheit entsteht, die in Hass und Gewalt umgeleitet wird. Wer Fanatismus präventiv bekämpfen will, wird nicht darauf verzichten können, sich zu fragen, welche sozialen und ökonomischen Unsicherheiten mit der falschen Sicherheit pseudo-religiöser oder nationalistischer Dogmen überdeckt werden. Wer den Fanatismus präventiv bekämpfen will, wird sich fragen müssen, warum so vielen Menschen ihr Leben so wenig wert ist, dass sie bereit sind, es für eine Ideologie hinzugeben.

(ebd., S. 208 f.)

Es ist kein Zufall, dass der Appell ihres Buches *Gegen den Hass* dem der Kampagne *Stop Radikalismus* des Innenministeriums gleicht.

RADICALISMOS

Auf dieser Seite können Sie jeden Vorfall oder jedes Problem melden, das möglicherweise den Beginn oder die Entwicklung eines Radikalisierungsprozesses oder die Entwicklung eines extremistischen, intoleranten oder hasserfüllten Verhaltens aus rassistischen, fremdenfeindlichen, religiösen oder ideologischen Gründen darstellen könnte.

Sie können auch die Extremsituation der Radikalisierung einer Person oder ihr mögliches Verschwinden und ihre Ausreise/Einreise aus dem nationalen Hoheitsgebiet in/aus Kriegsgebieten melden.

Ihre Mitarbeit ist sehr wichtig für uns alle.
Setzen Sie sich vertrauensvoll mit uns in Verbindung.
© 2015 Innenministerium. Spanische Regierung.

Wovon spricht also Carolin Emcke, Friedenspreis des Deutschen Buchhandels, wenn sie ihre Appelle für die Gedanken- und Redefreiheit verkündet? Sie spricht davon, dass wir alles infrage stellen können, alles, alles, alles, außer der neoliberalen Macho-Fascho-Strukturen, die die Säulen ihres idealen Staates sind.

Das heißt, sie spricht davon, dass wir über nichts unterschiedlicher Meinung sein können, über nichts, nichts, nichts außer den *devianten Vorstellungen und Praktiken vom guten Leben, von Liebe oder vom Glück*, über die *einzelnen Lebensentwürfe* oder *verschiedensten Rituale oder Feste, Praktiken und Gewohnheiten*, wie sie wörtlich auf Seite 212 und 213 sagt.

Und im folgenden Absatz, auf Seite 213 und 214 des preisgekrönten Feuilletons *Gegen den Hass*, widmet sich die Friedensstifterin Emcke der Aufzählung von einem Dutzend deutscher Feste, an denen sie teilnimmt oder an denen sie nicht teilnimmt, und die der schlagende Beweis dafür seien, dass wir alle gemeinsam in einer säkularen, offenen und liberalen Gesellschaft leben können, in der kulturelle, sexuelle und religiöse Vielfalt herrschen.

> *Mich persönlich beruhigt kulturelle oder religiöse oder sexuelle Verschiedenheit in einem säkularen Rechtsstaat.* (...) *In diesem Sinne beruhigen mich auch jene Lebens- oder Ausdrucksformen, die mir persönlich eher fernstehen. Sie irritieren mich nicht. Sie machen mir auch keine Angst. Im Gegenteil: Mich beglücken die verschiedensten Rituale oder Feste, Praktiken und Gewohnheiten. Ob Menschen sich in Spielmannszügen oder bei den »Wagner-Festspielen« in Bayreuth, ob sie sich im Stadion von FC Union Berlin oder bei »Pansy Presents ...« im »Südblock« in Kreuzberg vergnügen,* (...) *Die affektive Bindung bezieht sich exakt darauf: in einer Gesellschaft zu leben, die meine individuellen Eigenheiten verteidigt und beschützt, selbst wenn sie nicht mehrheitsfähig, selbst wenn sie altmodisch, neumodisch, merkwürdig oder geschmacklos sind.* (...) *Wirklich im Plural zu existieren bedeutet wechselseitigen Respekt vor der Individualität und Einzigartigkeit aller.*

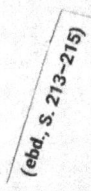

(ebd., S. 213–215)

Diese Verharmlosung der Möglichkeiten des Dissenses durch die Reduktion auf die Art und Weise zu feiern oder auf „individuelle Eigenheiten" ist ein hervorragendes Beispiel dafür, wie die Ideologie ihr einfaches Weltbild auf der Grundlage der kapitalistischen Logik der Akkumulation und des Konsums aufbaut:
je mehr sexuelle Optionen, desto besser;
je mehr religiöse Optionen, desto besser;
je mehr Individuen und Lebensentwürfe, desto besser;
das heißt, man betrachtet das Leben und spricht über das Leben, als wäre es ein ekelhafter Supermarkt.

BEISPIEL NR. 3

Die Autonomie: Arten und Vorteile.

WARUM IST PÍO PALOMEQUE EIN MACHO?

> Anders als die Mutter konzentriert sich der Vater stärker auf die akademischen und kulturellen Aspekte, und darum ist er es, der merken muss, dass dieses „behinderte" Kind das gar nicht ist und dass es darum gefördert werden muss, je früher, desto besser. (...)

Weil er es wagt, Müttern darüber Lektionen zu erteilen, wie sie gute Mütter werden.

Weil sein Konzept eines guten Mutters die Mutter in die traditionelle, untergeordnete Rolle der Fürsorgerin der Familie, der aufopferungsvollen Leidtragenden und Erzieherin des Kindes zwängt. Die einzig mögliche Beziehung zu ihnen ist eine der Abhängigkeit.

Die Mutter, der Eckpfeiler der Familie

DU HAST GERADE EIN KIND BEKOMMEN

Wenn es irgendjemanden gibt, der die Seele der Familie ist – denn sie hat sie erschaffen, stellt sich all ihren Sorgen und Problemen und trägt die Verantwortung auf ihren Schultern – und der sie voranbringt, dann ist das die Mutter.

Ihr Mütter seid es, die sich um die Aufzucht und Erziehung eurer Kinder kümmern und am meisten Zeit mit ihnen verbringen, und darum seid ihr so wichtig für eure Kinder. Denn am Anfang sind sie ganz von euch abhängig, aber sie können ihrerseits künftig auch sehr wichtig für euch sein, denn dann seid möglicherweise ihr es, die von euren Kindern abhängig seid.

Wenn die Kinder klein sind, ist eure Rolle ganz entscheidend, denn ihr müsst sie aufziehen und erziehen. (...)

Aber wenn ein Kind größer wird und in die Pubertät kommt, müsst ihr euch mit ganz besonders viel Geduld wappnen, ihm Disziplin beibringen und weiterhin Werte vermitteln. Und wenn das Kind groß ist und man denkt, „die Arbeit der Mutter ist nun vollendet", falsch gedacht, völlig falsch, denn ihr Mütter werdet nie aufhören, Mütter zu sein, egal wie alt eure Kinder sind.

(ebd., S. 26)

Es gibt noch mehr Gründe, in Pío Palomeque unseren Machofeind zu sehen. Im Folgenden erinnern wir daran, was sein Alter Ego, Daniel, im Film *Armer Macho – der will doch nur ficken* macht, nachdem er das Fiasko mit seiner Kollegin erlebt hat, die ihm gefiel und die ihn nach einer heißen Nacht schließlich hat abblitzen lassen:

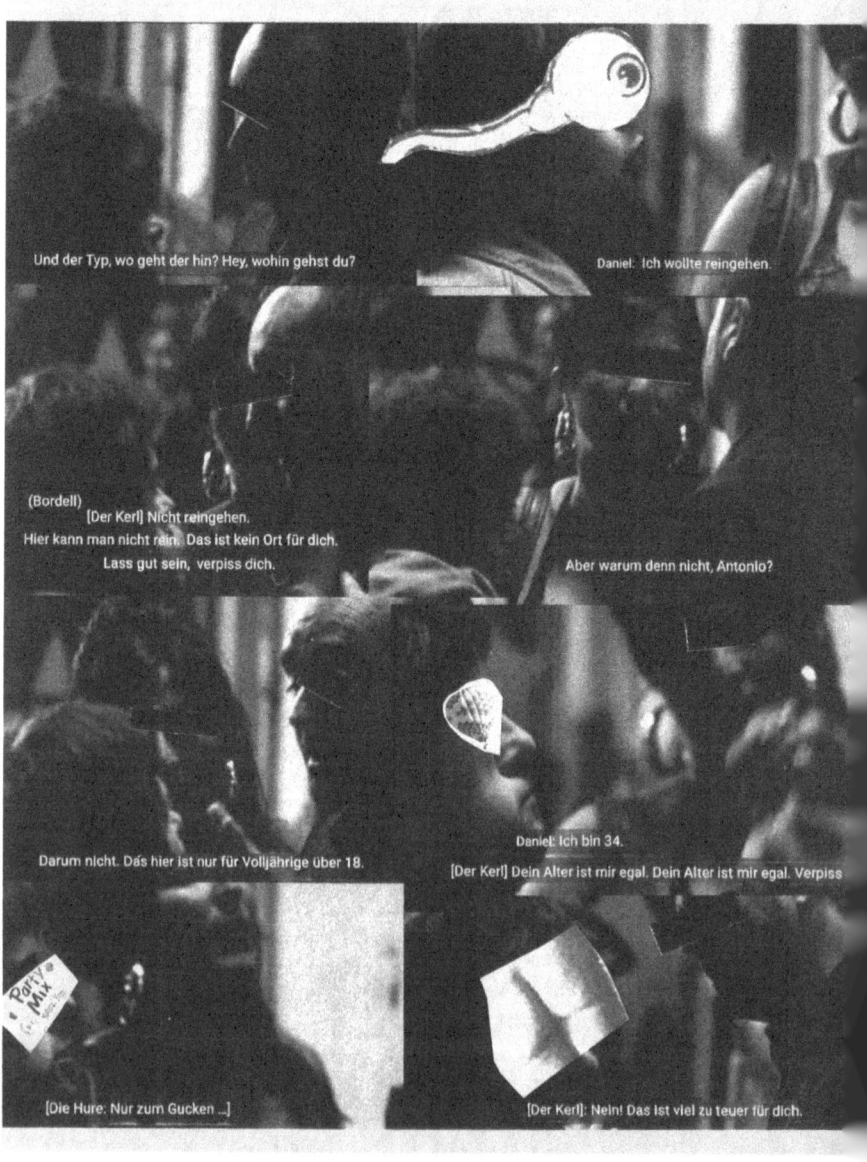

> Ich habe zwei Kreditkarten, zwei.
>
> [Der Kerl (während die Hure protestiert)]
> Dann kauf deiner Mutter ein Geschenk.
> Los jetzt, hau ab.
>
> Hier kann ich dich nicht reinlassen.
> Nein, Freundchen, bitte, jetzt sei nicht so,
> hier kommst du nicht rein.
>
> (Türenschlagen)
> Daniel: (schreit) Das ist nicht wahr!
>
> Ich bin kein Kind! Ich bin 34 Jahre alt!
>
> Ich bin ein Mann und ich kann da rein, wenn
> ich das will. Ich bin ein Mann!
>
> Ich bin ein Mann! Ich bin ein Mann!

Dieser Scheißfilm ist sexistisch, weil er uns zeigt,
wie die Transaktion einer Frau scheitert,
und zwar zwischen dem Freier-Macho, das ist Daniel,
und einem weiteren Macho, dem Zuhälter.

Der Macho Daniel wendet sich nicht ein einziges Mal
an das Transaktionsobjekt, also an die Hure,
die in der Szene auftritt,
oder an irgendeine andere drinnen,
sondern es ist ihm vollkommen klar, dass sie Waren sind
und dass derjenige, den er von seiner symbolischen
und ökonomischen Kaufkraft überzeugen muss,
um das Produkt erwerben zu können, der Inhaber
des Ladens ist, also der Zuhälter.

Der Hure ist es ebenfalls vollkommen klar, dass sie nicht direkt mit
dem Freier verhandeln soll.
Die einzigen beiden Male, die sie sich einmischt, wendet sie sich
an die vermittelnde Person, also den Zuhälter, und versucht ihn etwas
lustlos dahingehend zu beeinflussen, dass er den Vertrag mit dem
Freier abschließt.
Ihre Meinung wird natürlich nicht gehört.

Diese Szene ist so widerwärtig sexistisch, weil sie auf Grundlage dieser
Situation der Prostitution, die dargestellt wird, die Botschaft ableitet,
dass es der Freier ist, der hier ungerecht behandelt wird, weil man ihm
den Zugriff auf das sexuelle Produkt, das er ausgewählt hat, verwehrt.

In der Szene wird dargestellt, dass das ungerecht ist, weil Daniel älter als 18 Jahre ist und genug Geld hat, um zu bezahlen.
Im Sinne der sexistisch-faschistisch-kapitalistischen Moral des Films werden also zwei Grundrechte von Daniel verletzt: das des Konsums und das der männlichen Ehre.

Was die kapitalistischen Obermachos betrifft: Weder den Regisseuren und Drehbuchschreibern noch dem Hauptdarsteller wäre in ihren späteren Lobhudeleien auf den Film jemals in den Sinn gekommen, eine wahrhaftige Botschaft anstelle einer ideologischen Botschaft auszusenden.

Als sie uns Gefangene des STÄWO La Barceloneta dazu zwangen, diesen Film anzuschauen, stach uns sehr schnell die Tatsache ins Auge, dass derjenige, der hier die machokapitalistische Ungerechtigkeit erleidet, der Freier sein soll – und nicht die Prostituierte.
Die Wahrheit ist, dass die in dieser Szene anwesenden oder erwähnten Frauen von zwei ausbeuterischen Machos als Objekte behandelt werden und darum unsere Empathie verdienen.

Die Ideologie möchte uns allerdings vermitteln, dass wir mit dem Mann, der das Machoduell verliert, mitfühlen sollen, weil er weder auf Kosten von Frauen, die ihr sexuelles Verlangen nicht zeigen und auch den eventuellen Preis für ihre Dienstleistungen nicht nennen, sein sexuelles Verlangen befriedigen kann, noch sich als Macho bestätigt sehen darf.

Der Gipfel dieser ideologischen Melange ist, dass uns die Hure als verständnisvoll präsentiert wird, sie versteht die sexuellen Nöte des Freiers.
So wollen sie das wahre Unrecht der angemackerten Hure vor uns verbergen und uns stattdessen die ideologische Fantasie von einer Hure verkaufen, die einverstanden ist und von ihrem Freier und ihrem Zuhälter gut behandelt wird.

Pascual Pérez: Rauswerfen, nein, ich werfe niemanden raus, denn hier werden wir alle gebraucht, nicht wahr? Und heute umso mehr. Jeder muss sein Scherflein beitragen. (...) Es gibt Politiker ... ja, und die haben das sogar ganz offen gesagt, die sich bereichern wollten. Die gibt es. Klar gibt es die. Aber es gibt auch Politiker, Obacht, die anständig sind, anständige Politiker ...

Jemand aus dem Publikum: Viele.

Pascual Pérez: ... und ehrliche, und engagierte.

> Pascual Pérez ist ein Faschist, weil er der Meinung ist, dass die Machthaber, und damit auch ihre Macht über uns, „gebraucht werden".

Da er aber ein Ideologe ist und kein Realist wie wir, sagt er es nicht frei heraus, sondern verwendet eine verschleiernde Rhetorik, wie die Ideologie es ihn gelehrt hat. Er stellt uns die Falle Nummer Eins, die wir in der Einleitung gesehen haben und für die uns Soto Ivars und Carolin Emcke so anschauliche Beispiele waren: die von den guten und den schlechten Machthabern, womit er die Einheit von ihnen allen und der Macht selbst leugnet.

Aufgrund dieser verleugnenden Vorstellung von Macht ist für Pascual Pérez das einzig denkbare Übel eines Politikers, dass er sich in der Ausübung seines Amtes unrechtmäßig bereichert.

Das heißt, an der Tatsache, dass es hauptberufliche Machthaber gibt, die rechtmäßig in allen Bereichen unseres Lebens Gewalt ausüben und daraus somit eine endlose Reihe aus Unterwerfungen machen, ist für ihn nichts Schlechtes.

Es ist etwas Gutes, solange der Herrscher es mit „Anstand, Ehrlichkeit und Engagement" tut.

Der Fascho Pérez leugnet die Existenz unserer Beherrscher (und indem er ihre Existenz leugnet, leugnet er auch die unsere als Beherrschte) bis zu dem Punkt, dass er sie als Teil einer Gemeinschaft erachtet, der Gemeinschaft der Politiker. Er verwendet hier die faschodemokratische Rhetorik von der Atomisierung der Gesellschaft in Gruppen, die anhand oberflächlicher Eigenschaften anstatt durch die Menge an Macht, die sie innehaben, und darum durch die größere oder geringere Herrschaft, die sie über uns ausüben, unterschieden werden. (Das werden wir auf den folgenden Seiten politisieren, wenn wir genauer sehen, wie der Fascho Pérez von „Minderheiten" redet.)

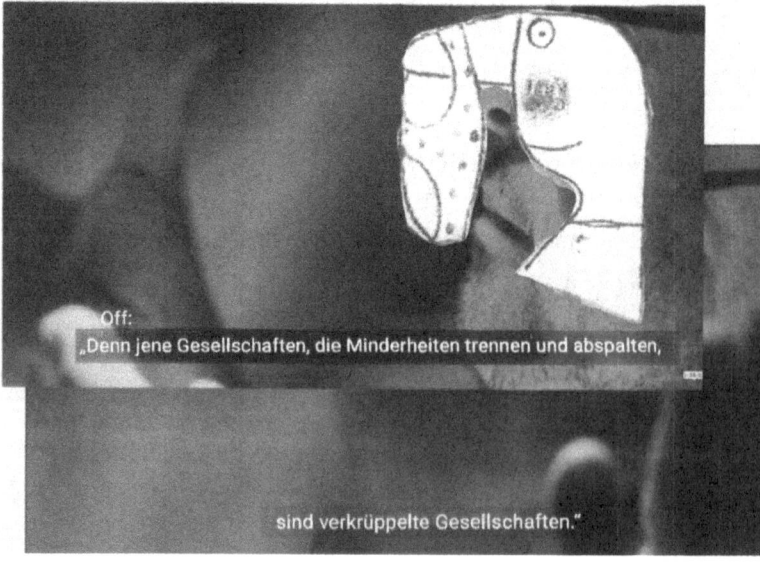

Off:
„Denn jene Gesellschaften, die Minderheiten trennen und abspalten,

sind verkrüppelte Gesellschaften."

arte
Inés APARICIO

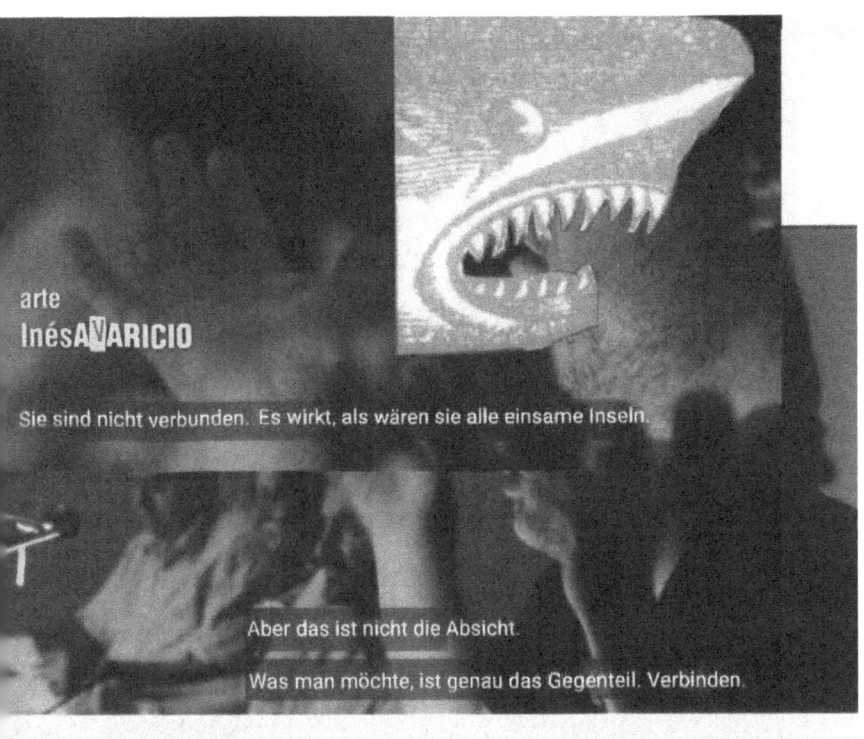

Sie sind nicht verbunden. Es wirkt, als wären sie alle einsame Inseln.

Aber das ist nicht die Absicht.
Was man möchte, ist genau das Gegenteil. Verbinden.

Ihr werdet euch erinnern, dass diese Methode, uns alle in einen Sack zu stecken, eine Strategie der Ideologie ist, um jegliche Art von Konflikt zu ersticken und eine falsche Interessengemeinschaft zu erschaffen, die in diesem Fall aus *den Leuten* besteht.

Das mit „den Leuten" ist eine weitere seiner Floskeln, die er raushaut, wo er geht oder steht.

Damit will er uns zu verstehen geben, dass er und jeder andere ein Teil der gleichen Gemeinschaft ist, die uns alle gleichmacht: die Leute.

Jetzt wollen wir sehen, wie weit Pascual Pérez geht, die Existenz echter Unterschiede zwischen *den Leuten* zu leugnen:

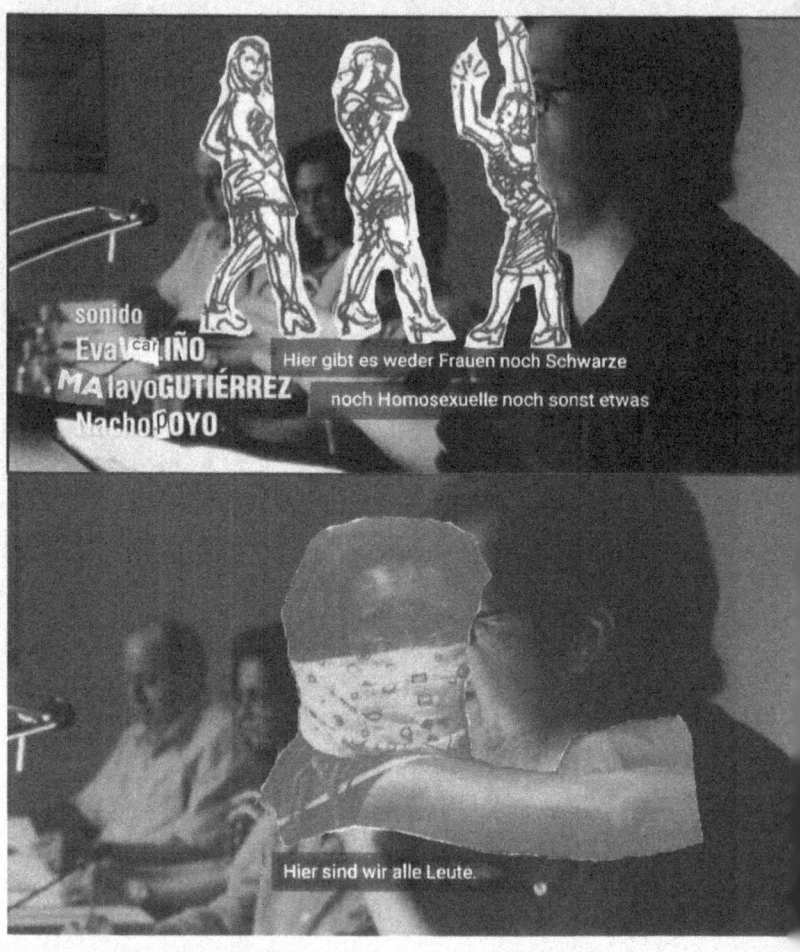

Dank dieser beiden Fotogramme aus *Armer Macho – der will doch nur ficken* wissen wir bereits, worauf sich Pascual Pérez bezog als er von Minderheiten sprach:
nichts Geringeres als die Minderheit der Frauen,
die Minderheit der Schwarzen
und die Minderheit der Homosexuellen.

Das Konzept der Minderheit,
die geschützt, toleriert und integriert werden muss,
entsteht in Opposition
zur schützenden, tolerierenden und integrierenden Mehrheit.

Wenn die Frauen, die Schwarzen und die Homosexuellen die Minderheit sind, dann besteht die Mehrheit aus den weißen heterosexuellen Männern.

Für einen weißen heterosexuellen Mann wie Pascual Pérez (dies ist die aktive und Werte vermittelnde Klasse) ist alles, was kein weißer heterosexueller Mann ist (dies ist die aktive und Werte vermittelnde Klasse), ein passives und die Werte des weißen heterosexuellen Mannes empfangendes Objekt.

Wenn nun der weiße Heteromann aufhört, uns seine Werte zu vermitteln, dann, so verkündigt uns Pascual Pérez mit Bedauern, haben wir „verkrüppelte Gesellschaften, die Minderheiten trennen und abspalten".

WARUM IST PLINIO PACHECO NEOLIBERAL?

Wenn man vom Neoliberalismus Pachecos reden will, ist es besonders schwierig, seine Liebe zum Kapital von seiner Liebe für die Variante des Faschismus, die die Demokratie ist, zu unterscheiden.

Auf den Fotogrammen der folgenden Seiten sehen wir, wie Pascual Pérez die Arbeit mit der Tatsache verknüpft, „eine Stimme in dieser Gesellschaft zu haben". Er ist der Ansicht, dass nur diejenigen, die ökonomische Werte erschaffen, auch moralische Werte erschaffen und es darum verdienen, das Wort zu ergreifen.

Er legt dar, dass die kapitalistische Aufgabe der Arbeit nicht nur notwendig ist, um ein erfolgreiches Mitglied der falschen Interessengemeinschaft zu sein, der sogenannten „demokratischen Gesellschaft", sondern auch, um sich als Teil davon zu „fühlen", und dieses Zugehörigkeitsgefühl sei ausreichend für die Erschaffung einer Gemeinschaft.

Die falsche Interessengemeinschaft verlangt tatsächlich nicht nur aktive und mit vollen Rechten ausgestattete Mitglieder, sondern sie braucht vor allem Mitglieder, die schon durch ihren Gemeinsinn, der durch ihre Unterwerfung unter die Arbeit erzeugt wird, denjenigen gehorchen und diejenigen legitimieren, die anstelle von Gefühlen die Macht haben. Die Legitimierung der Mächtigen und der Herrschenden sind weitere Gründe, die Plinio Pacheco zu einem Fascho machen.

Dass er diese Legitimation demokratischer Macht mit der kapitalistischen Leistung, als Produktionsmittel zur Bereicherung anderer ausgebeutet zu werden, rechtfertigt, ist ein weiterer Grund, warum Plinius ein Neoliberaler ist.

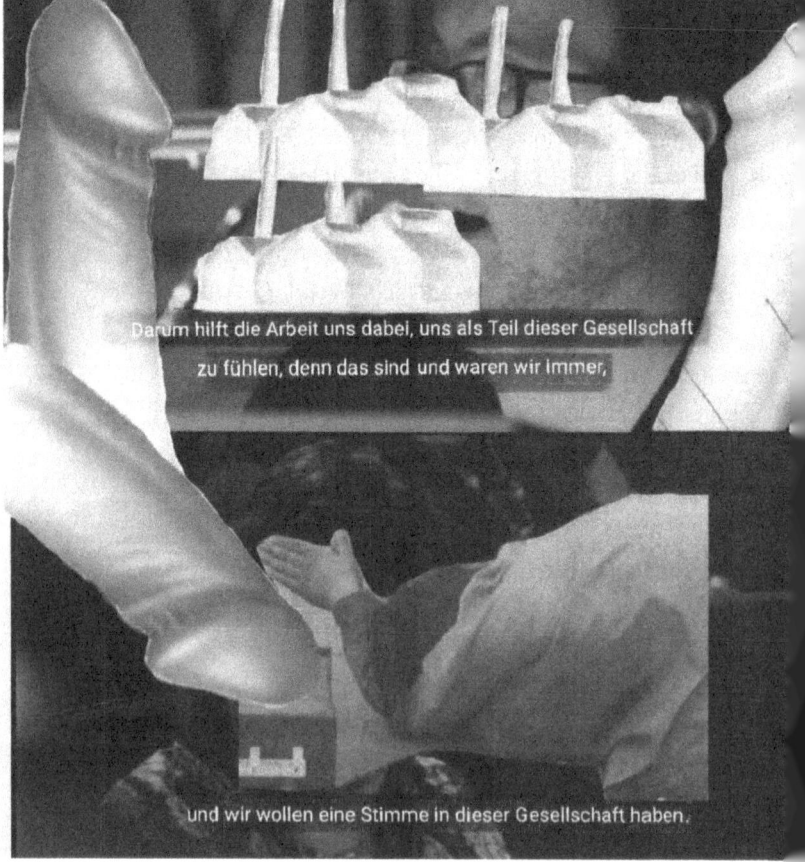

Darum hilft die Arbeit uns dabei, uns als Teil dieser Gesellschaft zu fühlen, denn das sind und waren wir immer,

und wir wollen eine Stimme in dieser Gesellschaft haben.

Warum sind unsere Kerkermeisterinnen so euphorisch, dass Porfirio Páez kommt, um mit uns zu reden?

Wenn man sich anschaut, aus welchem Holz der Muserich und Protagonist des Films geschnitzt ist, den wir uns anschauen müssen, und auch das Buch und der Autor des Buchs, das wir lesen müssen, dann können wir Gefangenen des STÄWO La Barceloneta uns eine Vorstellung davon machen, warum unsere Kerkermeisterinnen ihn in die Selbstvertretungsgruppe bringen.

Unsere Kerkermeisterinnen sind der Meinung, dass Porfirio Páez ein Vorbild ist, dem wir nacheifern sollen, und dass seine Nähe uns motivieren wird, seinem Beispiel zu folgen. Sie bemessen die Beispielhaftigkeit von Porfirio Páez an der Dauer, die er perfekt in die Gesellschaft integriert ist.

Alle Kerkermeister lernen an der Uni, in der Berufsausbildung oder im Fortbildungskurs vom Arbeitsamt, der sie zu Wachleuten qualifiziert, dass die Integration der in ihrer Obhut befindlichen Gefangenen in die Gesellschaft das höchste Ziel ihres Berufs ist.

Unsere Kerkermeisterinnen haben in Porfirio Páez den lebenden Beweis dafür, dass ihre Unterdrückungsarbeit funktioniert:

ein freigelassener Gefangener, der dank der integratorischen Bemühungen der Einrichtungen nun als Star-Kerkermeister arbeitet, so wie diese Serienmörder, die das Gefängnis als geläuterte Prediger verlassen.

Und worin bestehen die integratorischen Bemühungen, mit denen bei Porfirio Páez so gute Integrationsergebnisse erreicht werden konnten, die auch bei uns, den noch nicht freigelassenen Gefangenen, erreicht werden sollen?

Diese integratorische Aufgabe besteht, wie ihr euch schon denken könnt, darin, uns zu Machas zu machen, zu Faschas und zu Neoliberalen.

Jedes Mal, wenn unsere Kerkermeisterinnen und ihre Parademänner wie Porfirio Páez von Integration reden, sprechen sie im gleichen Atemzug auch von Normalisierung.
Die Integration der Gefangenen ist nur möglich, wenn die Gefangenen sich normalisieren.
Normalisieren bedeutet, wie das Wort schon sagt, normal zu werden.

Und was bedeutet es, so normal zu sein wie Porfirio Páez?
Ihr werdet es euch wieder denken!

Normal ist der Macho, normal ist der Fascho und normal ist der Neoliberale.

Nur wenn wir diese Eigenschaften besitzen und mit ihrer Hilfe Unterdrückung praktizieren, können wir Gefangenen in dieser an den Tourismus verkauften Scheißstadt leben, ohne gleich wegen jeden Machoverhaltens, jeden Faschoverhaltens oder jeden Neoliberalenverhaltens, das uns begegnet, einen Krieg anzuzetteln.

Müssen und/oder können wir Gefangenen des STÄWO La Barceloneta angesichts dieses großen Tages etwas unternehmen?

Die Kerkermeisterinnen und Porfirio Páez wollen die unaufhaltsame Konfliktbereitschaft von uns Gefangenen unterbinden, die unser Rettungsring in dieser systematischen Beherrschung durch die Kerkermeister ist.

Aber warum errettet es uns vor unseren Kerkermeisterinnen, wenn wir Streit suchen?

Ist es nicht vielmehr so, dass wir, wenn wir nicht streitsüchtig wären, auch nicht von unseren Herrscherinnen unterdrückt würden?

Wir Gefangenen haben in der Tat Grund genug, unterworfen und unpolitisch zu bleiben, und einer der guten Gründe ist, uns das Leben nicht noch schwerer zu machen, wie es unsere Herrscherinnen eben tun, wenn wir ihnen nicht gehorchen.

Wir kennen viele Fälle:
Die Kameradin, die gerne mit vielen Leuten vögelte und damit gegen die Sittlichkeitsgebote der kapitalistischen Macho-Fascho-Moral verstieß, wonach die Frau nicht die sexuelle Initiative ergreifen soll, außer sie ist Prostituierte; diese Kameradin wurde mit Pillen abgefüllt und Gehirnwäschen unterzogen, um ihre Initiative zu unterbinden.

Die Kameradin, die nicht mehr für hundertfünfzig Euro im Monat dreißig Stunden die Woche Catering-Essen verpacken wollte, diese Kameradin wurde für zehn Stunden die Woche in eine Werkstatt vom LÄWO gesteckt, wo sie Bastelarbeiten aus Tonpapier und aus Brotkrümeln machen musste, um damit das ganze LÄWO wie einen Golfplatz der Teletubbies zu dekorieren – und das, ohne dafür einen Duro zu bekommen.

Und der andere Kamerad, der sich nicht dazu durchringen konnte, mit der zuvor genannten unterdrückten Kameradin gemeinsam diese Bastelarbeiten anzufertigen; diesen Kameraden haben sie vor den Fernseher gesetzt, wo er sich das Programm anschauen musste, nach dem der Kerkermeisterin die Möse stand, ohne ihn selbst entscheiden zu lassen und ohne ihm die Fernbedienung zu geben und ohne dass er das Fernsehzimmer verlassen durfte.

Die keine Pillen nehmen wollte, die haben sie zu dritt fixiert, haben ihr die Nase zugehalten und sie zum Schlucken gezwungen.

Die nicht täglich ihr Hemd wechseln wollte, die wurde wegen ihres Geruchs und der Fettflecken verspottet, und sie haben sie nicht auf die Straße gelassen.

Die beim Strandausflug ein paar Meter hinter den anderen zurückblieb, die wurde gehetzt.
Die ein paar Meter vorausging, die wurde aufgehalten;
und wenn die eine ihre Schritte nicht beschleunigt und die andere sie nicht verlangsamt, dann nehmen die Kerkermeisterinnen sie bei der Hand und zwingen ihnen ihr Tempo auf.

Wie sollte Konfliktbereitschaft uns also retten?

Einen Konflikt zu provozieren ist unsere Verdammung, nicht unsere Rettung!

Das ist wahr, wenn man der üblichen und etablierten Sprachlogik folgt. Mit der üblichen und etablierten Sprache zu sprechen bedeutet aber, di Sprache der Herrschenden zu sprechen und ihrer Denkweise zu folgen. Es bedeutet, einige Wörter unkritisch zu verwenden, die die Herrschenden für uns mit Bedeutung aufladen.

Aber wir, die Gefangenen, haben schon allein dadurch, dass wir uns selbst Gefangene nennen, damit begonnen, unsere Herrschaftsbeziehung aufzudecken, die von verwaltungstechnischen Wörtern wie „Fachkräfte" und „Nutzer" verhüllt wurde.
Wir wissen bereits, dass wir keine Nutzer sind und sie keine Fachkräfte. Und wenn sie in irgendetwas Fachkräfte sind, dann darin, uns zu entführen und einzusperren.

Das Erste, was wir als Gefangene taten, war, die Dinge nicht mehr bei den ideologischen Namen zu nennen, und stattdessen ihre wahren Namen zu benutzen.
Wenn die etablierte Sprache dann sagt:
„Wenn du nicht gehorchst, werden wir dich bestrafen",
so verstehen wir inzwischen:
„Wenn du nicht erlaubst, dass wir dir unsere Weltsicht aufzwingen, hinderst du uns an der Ausübung unserer Macht."

Die etablierte Sprache will immer noch ihren eigenen Hintern retten und warnt uns: „Weil ihr euch einen Abend schlecht benommen habt, erwarten euch Tage und Wochen der Bestrafung oder sogar endlose Strafen."

Lasst euch von den Drohungen nicht einschüchtern, Kameradinnen! Wenn die etablierte Sprache schreckenerregende Drohungen ausstößt, dürfen wir uns nicht weismachen lassen, dass die Herrschenden wahnsinnig mächtig sind, sondern wir müssen verstehen, dass die Herrschenden Angst haben und dass wir Gefangenen diese Angst auslösen.

Mit anderen Worten: dass wir Gefangenen immer näher dran sind, keine Gefangenen mehr zu sein, und immer weiter weg von der Beherrschung durch die neoliberalen Macho-Faschos, die uns regieren.

Mit anderen Worten: Ein Akt des Ungehorsams gegen unsere Kerkermeisterinnen öffnet die Tür zu mehr und größeren Akten des Ungehorsams.

Dadurch hören die Strafen nicht auf, aber sie werden relativiert und der absoluten Macht beraubt, mit der unsere Kerkermeisterinnen all ihre repressiven Handlungen begründen.

Es geht nicht darum, ob ein Tag voller Ungehorsam, Konflikten und Emanzipation, den wir uns damit verdienen, die Strafe „wert ist".

Etwas „wert sein", „verdienen", das sind wieder solche Wörter der etablierten Sprache, die uns mit diesen Begrifflichkeiten fragend mahnt: „Ist es das wert, ungehorsam zu sein, wenn sie uns danach bestrafen?"

Aber wir Gefangenen entlarven die Sprache der Macht und sagen, dass Strafen niemals einen Wert haben, und überhaupt ist das wieder das kapitalistische Wertesystem, dass sich alles lohnen, alles verdient werden muss. Welchen positiven Wert könnten Strafen haben? Keinen.

Wir sind keine Märtyrer, wir wollen nicht für irgendwelche Werte leiden. Wenn wir ungehorsam sind und einen Streit vom Zaun brechen, dann machen wir es nicht „für" den Status als aufopferungsvolle Dulderin, den wir uns mit der Strafe verdienen. Wir machen es „dennoch", und wir versuchen dabei, die Strafe um alles in der Welt zu umgehen.

Wir Gefangenen sprechen nicht die vom diensthabenden Helden etablierte Sprache, der die Feiglinge verurteilt: „den Stein werfen und die Hand verbergen".

Wir Gefangenen glauben ganz im Gegenteil, dass nur das Verbergen der Hand, nachdem wir den Stein geworfen haben, uns davor bewahrt, dass uns die Hand abgehackt wird. Und so können wir dann einen weiteren werfen, wann immer wir wollen.

Wir vollbringen keine Heldentaten, sondern wir legen Fallen aus. Wir handeln nicht, um den Grund für unsere Unterdrückung sichtbar zu machen, sondern ganz im Gegenteil: Wir wollen unsichtbar sein, damit unsere Unterdrückerinnen nicht auf uns zeigen können.

Frage: Hat Ihnen nie ein Mädchen mit DS [Down-Syndrom] gefallen?

Antwort: Gute Frage. Das ist einer der großen Nachteile des Daseins als Pionier: Ich hatte nie mit den DS zu tun, und das ist tatsächlich nicht gut: Ich merke, dass ich etwas verpasst habe, und manchmal tappe ich in die gleichen Vorurteile, gegen die ich kämpfe. Ich gehe die Straße entlang und sehe sie an der Hand ihrer Mutter oder ihres Vaters und fühle, dass uns eine breite Kluft trennt, denn sie wurden auf eine segregierende und deterministische Weise erzogen, und darum haben sie sich nicht entwickelt und nicht gelernt. Bei den normalen Leuten meiner Kreise fühle ich mich dagegen sehr wohl.

Pita, Elena: „Ein Tag mit Pablo Pineda".
Expansión.com, 15.09.2015.

Das ist genau das, was unsere Kerkermeisterinnen erreichen wollen: dass wir uns mit ihnen wohlfühlen und uns gegenseitig verachten.

Das ist eine klassische Strategie, die alle Herrscher der ganzen Welt in allen Zeiten angewendet haben, um die Verbindung zwischen den Unterdrückten zu verhindern und die Bindung der Unterdrückten an ihre Unterdrücker zu stärken.

Wir vermuten, das haben sie mit Pontius Pilatus gemacht, als er Gefangener war, und die Taktik ist aufs Schönste aufgegangen, denn sie haben ihn zu einem perfekten normalisierten Integrierten gemacht, der ihren Interessen nutzt. Aber die Umstände, die den Macho, den wir zwischen die Finger gekriegt haben, zu einem weiteren unserer Kerkermeister gemacht haben, interessieren uns nicht. Die Ketten, die wir mit einem Schneidbrenner sprengen wollen, sind unsere eigenen, und nicht die der Profiteure unserer Unterdrückung.

Du bist ein Pionier darin, die kapitalistische Macho-Fascho-Doktrin in den LÄWOS und STÄWOS der ganzen Welt zu verbreiten?
Wir haben uns nicht nach den Geboten des Neoliberalismus „entwickelt und nichts gelernt"?
Dies ist die „breite Kluft", die uns trennt?
Du fühlst dich mit normalen Leuten wohl und nicht mit uns?

Ja, Ja und Amen zu allem,
Pontius Pilatus Hosenschisser,
und du wirst dich noch unwohler fühlen.
Bei uns liegst du falsch.

Wir sind die Generation WEDER/NOCH.
Weder haben wir studiert noch arbeiten wir,
und wir wollen auch weder arbeiten noch studieren.

Kein Gott, kein Staat.
Wir scheißen in die Ecken deiner Bildungs- und
Arbeitskathedralen, und danach schließen wir
die Glastür und hinterlassen dir im Schaufenster
unsere Scheiße, und dazu dieses Gedicht
einer Gefangenen, die von der Polizei ermordet wurde.

Ihr Name war Patricia Heras.

> Kein Gott,
> kein Staat,
> kein
> Patriarchat!
>
> Feminismus ist kein
> Nebenwiderspruch!

Junge WEDER/NOCH, überaus bereit
Weder ein Rädchen im Getriebe
noch geht sie für den Staat auf den Strich
noch verkauft sie sich als Botin der scheiß Inquisition
Junge WEDER überaus NOCH bereit
pisst euch in die Ecken
Nase zu voll, um noch einzuhalten.

Heras, Patricia: Poeta Muerta.
Barcelona 2014.

Jedes Mal, wenn Pontius Pilatus dafür Applaus bekommt, über freie Zugänglichkeit und die Abschaffung sämtlicher Barrieren in allen demokratischen Lebensbereichen zu reden, wissen wir, dass dem freien Zugang zur Unterdrückung und der Etablierung neuer und raffinierterer Barrieren gegen das echte Leben applaudiert wird. Die einzige freie Zugänglichkeit, die wir Gefangenen wollen, ist der freie Zugang zum Genuss, zur Politisierung des Lebens, das in seiner Fülle gelebt werden will, ohne Einschränkung durch die Herrschenden.

Wir sind junge überaus WEDER/NOCHS, überaus bereit, allen, die uns lebendig begraben wollen, die Lust am Leben zu nehmen, und in der noch frischen und gerade umgegrabenen Erde unseres Massengrabes Geldbäume zu pflanzen.

– Was halten Sie von der Abtreibungsreform?
– Das ist ein heikles und wichtiges Thema. Wir sprechen hier von der Zukunft der Gesellschaft. Ich will nicht moralisierend rüberkommen. Ich möchte die Frauen nicht verurteilen, denn jede einzelne ist eine ganze Welt. Ich will und ich kann sie nicht verurteilen. Jede hat ihre eigenen Umstände. Was ich ihnen allerdings sage, ist, wenn ihnen der Gedanke kommt, abzutreiben, dann sollen sie an die Erfahrungen denken, um die sie sich bringen, wenn dieses Kind nicht geboren wird. Wenn du es tötest, nimmst du dir selbst alles, was du mit ihm erleben kannst, was du mit ihm genießen kannst. Meine Mutter hat sehr viel Freude mit mir, sehr viel.

– Minister Gallardón hat gesagt, der psychologische Schaden einer Mutter wegen einer Missbildung des Fötus werde „einen Schwangerschaftsabbruch rechtfertigen". Denken Sie, das wird die Hintertür zur Abtreibung wegen Missbildung?
– Das ist sehr heikel. Wie es im Lied „La donna è mobile" so schön heißt, man kann nie wissen, wie eine Frau reagiert, und das umso mehr, wenn ihre Fähigkeiten beeinträchtigt sind, wenn sie vergewaltigt wurde, wenn sie ein traumatisches Erlebnis hatte. „Das Gesetz ist fertig, das Schlupfloch ist da" ist auch wahr, und man könnte da ansetzen, wie man auch bei der Misshandlung ansetzt, aber ich glaube nicht, dass man ein psychologisches Problem erfinden kann.

– Was halten Sie von den Trisomie-21-Tests bei ungeborenen Kindern?
– Die Amniozentese ist der Ursprung der Abtreibung. Ich mag keine Kinder auf Bestellung. Das Kind, das geboren wird, ist dein Kind. Ganz egal, was es hat. Wenn die Mutter eine gute Mutter ist, muss sie annehmen, was auch immer zur Welt kommt, darum sehe ich das mit dem Testen nicht ein. Das ist Wahnsinn. Du selbst schränkst ein, was zur Welt kommen wird. Was kümmert es dich denn, was geboren wird. Und wenn es das Down-Syndrom hat, was willst du dann machen? Es umbringen? Es soll geboren werden. Es gibt nichts Niedlicheres als ein Baby. Ich setze aufs Leben und auf gesundes Leben. Ich setzte auf den Wert des Lebens und darauf, wie schön es ist.

WENN WIR VERGEWALTIGT WERDEN ZICKEN WIR AUS

Interview mit PLOGIO PANARRCO, „Die Gesellschaft verübt Genozid an den Down-Syndromen", Intereconomia.com, 05.02.2014.

Wir sehen uns am 5. September!
Weder geknebelt noch gezähmt!
(EIN PUFF)
Ich bin ein Mann ... und ich kann da rein, wenn ich will. Ich bin ein Mann!
Tod dem Macho!
Tod dem Fascho!
Ich bin ein Mann! Ich bin ein Mann!
Tod dem Neoliberalen!

Die Übung bestand aus drei Phasen, die im Stillen abliefen, mit unmerklichen Übergängen und ohne dass wir aufhörten zu tanzen. In der ersten Phase stand ich ruhig da, in der zweiten wurde ich mehr oder weniger stark bewegt, und in der dritten berührte ich den Boden nicht mehr, höchstens für einen winzigen Moment, um einen Impuls aufzunehmen oder um eine schwierige Position zu verlassen und dann weiterzufliegen. Mit mir und gegen mich waren es dreizehn Tänzer, die Hälfte der Teilnehmer an den zwei Intensivwochen in den Multiplexkinos. Diese vierzehn Tage nennen sie – um aus tänzerischem Schaffen und Lernen ein weiteres touristisches Event zu machen – *Summer Stage*, deren Siglen passenderweise SS sind, was den Nagel auf den Kopf trifft, denn in diesen zwei Wochen füllt sich das Multiplexkino bis unters Dach mit Tanzfaschisten und Tanztouristen, was ein und dasselbe ist. In diesem Jahr widmet die SS die Hälfte der Kurse dem *Inclusive Dance*, was total fancy klingt, aber genau das Gleiche ist wie Integrativer Tanz. Zu uns üblichen Schülern vom Donnerstag haben sie Studenten vom Konservatorium und professionelle Tänzer gesteckt, manche von weither. Die Lehrer, die den Kurs geben, sind allem Anschein nach sehr bekannte Faschisten, und darum wird das eine große Sache.

Die erste Phase der Übung war eine einfache Manipulation: Ich ließ mich – im Stehen und ganz ruhig – von den anderen berühren. Wenn dich so viele Hände gleichzeitig anfassen, verlierst du den Kopf, du hast keinen Kopf mehr, und dabei wird der gerade von mindestens vier oder fünf Händen berührt. Die Art der Berührung war nicht notwendigerweise Streicheln oder Massage. Manchmal war es ein Tasten, eiliges Huschen von Händen über deine Kleidung oder deine Haut; manchmal sanftes Kneifen, manchmal zartes Streichen der

Fingernägel, manchmal drückten Finger einen Knochen oder eine Stelle mit viel Fleisch, manchmal nur ruhende Hände, die Wärme gaben. Du hast das Gefühl, dass dein Körper dir überhaupt nicht gehört, und zugleich ist es mehr denn je deiner. Deine Ferse kommuniziert mit deiner Brustwarze, dein Kinn mit deiner Poritze, dein Nacken mit deinem Knöchel, deine Nase mit deinem Handgelenk, und so in Hunderten Kombinationen zugleich. Du machst dir nicht nur deinen gesamten Körper zu eigen, sondern du dehnst ihn aus, als hättest du dem Peyote zugesprochen, und solange die Berührung dauert, hast du einen Körper mit dreiundzwanzig zusätzlichen Händen (eine Tänzerin war verstümmelt und bei zweien fehlte der rechten Körperhälfte Sensibilität). Wenn eine dieser dreiundzwanzig Hände aufhört, dich anzufassen, vermisst du sie, als hätte man sie dir amputiert.

Der Direktor griff dem Problem vor, indem er die Anweisung gab, dass alle Berührer sich drängeln, in der Höhe variieren, körperlich miteinander verhandeln und Wege finden sollen, dass alle Hände immer auf der Berührten sind, abgesehen von den kurzen Positionswechseln, die der Berührer vornehmen musste, um weiter zu berühren. Von außen betrachtet (und ich weiß das, weil ich danach Berührerin war und es mir erlaubte, rauszugehen und zu beobachten) wirken die Berührer wie Raubtiere, die gierig ihre Beute fressen, die sie gerade gerissen haben und die die Berührte ist, auch wenn das Reißen der Berührer ein vertikales ist. Das ist eine weitere Anweisung für Berührer und Berührte: Sie dürfen nicht so grob sein, dass sie dich zu Fall bringen, und du musst fest angewurzelt stehen und darfst nur unvermeidbare Schritte machen, um diese Verwurzelung nachzujustieren.

Dir klappt sofort der Unterkiefer runter und die Augen schließen sich, deine Knie werden weich und du beginnst zu seufzen. Manchmal schwankst du und musst das Gewicht auf ein Bein verlagern, weil an einer Stelle viel Handaktivität ist und woanders nicht, und das bringt dich aus dem Gleichgewicht, manchmal vollständig, sodass du zwei Schritte machen musst, um wieder in die Vertikale zu kommen.

Sie machen dir ein Geschenk, mit dreiundzwanzig Händen geben sie dir das vollkommene Bewusstsein deines eigenen Körpers. Die ganze Übung wird vorab erklärt, damit während der Ausführung die

Worte stillschweigen und nur die Bewegungen und der Atem sprechen. Eine weitere Anweisung, die der Direktor den dreizehn Handauflegern für diese erste Phase der Übung gegeben hatte, war: Erforscht den Körper der Berührten, behandelt ihn mit Neugier, wie Forensiker. Findet heraus, welche Teile fest sind und welche weich, welche angespannt und welche schlaff, welche sanft und welche trocken, und wie ausgeprägt. Tut dies zärtlich und ohne ihr wehzutun. Die Anweisung, die er mir gab, war: Wenn sie dir wehtun, sag es.

Der Zeitgenössische Tanz ist, wie ich bereits sagte, ein sehr konservatives Geschäft. Ich hatte diese Übung schon etliche Male gemacht, wenn auch mit weniger und weniger intelligenten Berührern als denen, die mich heute in oder unter die Finger bekommen hatten. Wann immer ich es gemacht hatte, anfassen oder angefasst werden, waren die Genitalien, die Brüste, der Anus und manchmal sogar die Pobacken ausgespart worden. Das Gleiche geschieht, wenn du in einer Dance-Session mit Contact Improvisation bist: Der Kontakt ist selektiv und die Improvisation reglementiert. Wir verleiben uns den ganzen Körper des Kameraden ein, aber sobald wir das Gallertartige eines Hodens fühlen, eines Busens oder eines schlaffen Penis, oder die Zärtlichkeit einer Vulva, zucken wir mit der Hand weg. Der verbotene Kontakt lässt die Alarmglocken klingeln und gibt uns das Gefühl, aus der Rolle zu fallen.

In einem Contact-Improvisation-Kurs in der TAFEBAR teilte uns der Macho von Lehrer nach Geschlecht auf, um eine Stehaufmännchen-Übung zu machen. Dabei steht einer in der Mitte und die anderen bilden, einander an den Schultern fassend, einen engen Kreis um ihn herum. Von dort aus sollen sie den in der Mitte schubsen und halten und so ein unaufhörliches Pendeln provozieren, ohne dass er das Gleichgewicht verliert und ohne ihn fallen zu lassen, idealerweise sogar, ohne dass er die Füße vom Boden löst.

Ich habe den Lehrer der TAFEBAR wegen der Geschlechtertrennung verhört, und er sagte na gut, alles klar, dann teilt euch auf wie ihr wollt, nach Farbe der Kleidung, nach Größe, wie auch immer, sonst schimpft ihr mich am Ende noch einen Macho. Da er ein Macho mit sehr gutem Ruf und außerdem sehr hübsch ist, feierten alle Schüler und natürlich alle Schülerinnen seinen Kommentar. Wir teilten uns in gemischte Gruppen auf, und dann gab er uns Frauen, die pendeln würden, die Anweisung, unsere Arme über der Brust zu kreuzen. Die andere Frau, die den Platz in der Mitte bekam, machte sofort den Tutanchamun und schloss außerdem die Augen. Sie ist eine ganz liebe Kameradin, die ich sehr mag, und wenn wir einander beim Improvisieren als Partner zugeteilt sind, werde ich ein kleines Honigkuchenpferd, denn wir improvisieren wirklich.

»Warum, Antón? Verbessert das die Technik?«, fragte ich ihn, die Schiebetüren waren noch in ihrem Depot.

»Damit euch der Busen nicht wehtut, wenn sie euch schubsen oder an der Brust halten.« Die übliche Nebelwand der Gesundheit, um sexuelle Repression zu rechtfertigen: Vom Masturbieren wirst du blind, wenn du mit vielen Leuten vögelst, setzt du dich vielen Krankheiten aus.

»Und den Männern tut die Brust nicht weh?«

Er schnaubte und lächelte und antwortete nicht, wie ein Liebhaber, der auf dem Weg von einem Betthupferl zum nächsten erwischt wird. Meine noch zurückgezogenen Schiebetüren bereiteten sich auf ein mögliches Schließen vor.

»Und du hältst es für möglich, dass in der Stehaufmännchen-Übung jemandem die Brüste wehtun, wo es doch die sanfteste Übung der Welt ist? Und wenn doch, sollte da nicht jeder selbst entscheiden, was ihm wehtut und was nicht?«

»Okay, ist ja gut, macht es wie ihr wollt.« Der Liebhaber musste zugeben, woher er kam und wohin er wollte, und seine Schüler und Schülerinnen, eine Quadrille von kleinen Liebhaber-Anwärtern beziehungsweise Jungfrauen, die darauf warteten, ausgewählt zu werden, lachten wohlwollend über die Machoschelmerei.

»Ich habe kein Problem damit, dass meine Brüste angefasst werden«, sagte ich bei dieser Gelegenheit zum Macho Antón und meinen Kameraden im Kreis, die natürlich minutiös darauf achteten, sie nicht einmal zu streifen.

»Ich habe kein Problem damit, dass meine Brüste, meine Genitalien, mein Damm, mein Hintern oder mein Anus angefasst werden«, sah ich mich gezwungen, dem Regisseur und den Schülern der SS zu wiederholen, nachdem ich die wie fast immer sinnlose Anweisung erhalten hatte, »wenn sie dir wehtun, sag es«. »Tatsächlich möchte ich sogar, dass ihr mich dort anfasst, denn ich bin überzeugt, dass wir dann alle besser tanzen.«

Es gab hochgezogene Augenbrauen, so hochgezogen, als wollten sie damit den Kreuzgang eines Klosters nachbauen, und einige Kommentare und Kichern von unterdrückten Machos und Machas.

»Wenn es dir zu sehr gefällt, sag es.«

»Nati ist so dumm.«

»Mach ich doch gerne!«, wagte sich ein Triebtäter vor und rieb sich die Hände.

»Ihr drei kommt mir nicht zu nahe«, antwortete ich ganz ruhig inmitten dieser drei und aller anderen Tänzer.

Zuletzt gesprochen hatten eine Zweibeinerin, die immer tanzt, als würde sie in Pfützen hüpfen und als würde sie ganz für sich allein den *Corro de la patata* tanzen, und zwei Typen im Rollstuhl, einer mit und einer ohne Motor. Der Nichtmotorisierte ist der Triebtäter, der sich schon die Hände gerieben hatte. Er tanzt gut, weil er immer aus seinem Rollstuhl steigt und sich über den Boden zieht, er geht also für die Lust ein Risiko ein. Der Motorisierte dagegen tanzt schlecht, denn sein Tanz besteht darin, für die Zweibeinerinnen töff töff töff die Eisenbahn zu spielen. Sie klettern auf seinen Schoß töff töff töff oder auf die Armlehnen oder den Motor seines Rollstuhls töff töff töff oder sie setzen sich rittlings auf ihn oder räkeln sich auf ihm wie Pin-up-Püppchen in einem Cocktailglas töff töff töff und fahren mit den Beinen Fahrrad, die Füße gestreckt. Er beschränkt sich darauf, den Rollstuhl mit dem Joystick zu lenken und mit den aufgeladenen Zweibeinerinnen Runden durch den Probensaal zu drehen, wie ein Prunkwagen beim Playboy-Umzug. Zu seinen üblichen Zweibeinerinnen gehört die mit dem *Corro de la patata*.

»Passen wir nicht in dein Beuteschema oder was?«

»Hui, jetzt ist sie auf einmal ganz wählerisch.«

»Aber es wird dir gefallen, Schätzchen.«

»Ich will nicht mit euch dreien tanzen. Ihr macht euch über meine

Bitte lustig, überall angefasst zu werden.« Ich war ganz ruhig, denn ich fühlte mich von den dreizehn Tänzern gut beschützt, die sich von meinem Kommentar nicht hatten erschüttern lassen, oder die sich in einem guten Sinne hatten erschüttern lassen und mich anschauten, mir zuzwinkerten und nickten.

»Nati, das war ein Witz.«

»Das sagt man halt so.«

»Sei nicht beleidigt, wir wollten dich nicht beleidigen.«

»Ich sehe, dass ihr lacht, weil ihr Tanzen als eine Wohlfahrtsleistung versteht, die von öffentlichen oder privaten Wirtschaftsakteuren erbracht wird, anstatt den Tanz als eine Möglichkeit zu begreifen, eure überkommenen Bewegungsmuster zu sprengen und euch neue anzueignen, die euch mehr Freude bereiten. Das heißt, der Tanzunterricht ist für euch nichts anderes als eine Tüte Chips: ein weiteres Produkt in der langen Reihe von Konsumhandlungen, aus denen euer Leben besteht.«

Die Schüler, die mich nicht kannten, hörten mir aufmerksam zu und schauten die beiden Machofaschos und die Machafascha an, die den Kopf schüttelten, schnaubten und etwas Unverständliches murmelten. Dass sie murmelten statt klar zu sprechen aktivierte meine Schiebetüren, aber noch waren sie unsichtbar, noch waren sie in ihren Schlitzen. Die meisten der mir vertrauten Kameraden zeigten, dass sie es satthatten, mir zuzuhören, sie wollten jetzt mit der Übung anfangen, sie wollten, dass die 260 Euro Gewinn abwarfen, die sie in offizieller Lesart für die Teilnahme am Intensivkurs bezahlt hatten, und inoffiziell, um bei diesem verdeckten Casting zu glänzen, in der Hoffnung, dass der Regisseur ihnen in der Aufführung am Ende der Kurswochen eine gute Rolle geben würde. Sie sahen den Regisseur mit der fordernden Haltung von Untertanen an, die von ihrem Oberhaupt verlangen, endlich Farbe zu bekennen und Ordnung zu schaffen, also mir den Mund zu verbieten, denn dafür hatten sie ihn – neben der Definition der Grenzen ihres Tanzes und mittels der 260 Euro – mit der Lösung jeder Art von Konflikt beauftragt.

Der Regisseur schien allerdings eines jener seltenen Exemplare im professionellen Tanzbetrieb zu sein, die es überhaupt nicht stört, im

Tanzunterricht über Tanz zu reden, und er hörte mir zu. Die Autorität, die sie ihm zugesprochen hatten, machte aus seinem Zuhören ein Pflichtzuhören für alle, weshalb sich niemand der Anwärter auf eine gute Rolle traute, den dreireihigen Kreis zu verlassen, der mich umzingelte, auch wenn sie den Abstand untereinander ein wenig vergrößerten. Nur der hoch aufgeschossene und umsichtige Bruno, der beste Tänzer der Gruppe, der nur tanzte, was sein anspruchsvoller Körper verlangte, verließ die Formation und widmete sich seinen einsamen Derwisch-Drehungen. Sein stilles Fortgehen entlockte dem provozierten Regisseur die typischen dummen Worte:

»Du hast gesagt, dass du die Übung nicht mit diesen drei Kameraden machen willst?«

»Du hast mich doch gehört. Das ist genau das, was ich gesagt habe.«

»Kannst du mir erklären, warum?«, fragte er mich ganz langsam und mit großem Interesse, wobei er sich in die erste Reihe des Kreises der Berührer stellte. Er ist ein großer Kerl, dünn, fast kahl, mit kleinen Augen, kurzen Wimpern und einer Adlernase. Mit seiner Trainingskleidung könnte er auch ins Bett gehen: löcheriges langärmliges Shirt und eine gepunktete lange Hose mit ausgefransten Säumen. Er hat die gebräunte Haut eines hellhäutigen Mannes, der draußen spazieren geht, mit dunkleren Flecken, die bei einem Körper, der als der eines Fünfunddreißigjährigen durchgehen könnte, seine sechzig Jahre verraten.

Die Nähe der Macht, die dich ins Verhör nimmt, versetzt jeden, der kein Faschist ist, in Alarmbereitschaft. Die Schiebetüren schlossen sich und ich antwortete von dort drinnen: »Ich habe schon erklärt warum. Und es ist offensichtlich, dass die übrigen Schüler mich noch nicht berührt haben, weil sie auf dein Plazet zu meiner Weigerung warten, mit diesen drei Kameraden zu tanzen. Oder auf dein Refus, und dann wäre ich von der Übung ausgeschlossen, weil ich nicht mit den dreien da tanzen will. Denn du bist der Regisseur, und ohne dein Einverständnis passiert hier gar nichts, dabei haben wir ja dich bezahlt und darum solltest du dich eigentlich unseren Befehlen fügen, oder?«

Es gab unterdrücktes ungläubiges Lachen, unterdrückt, weil kein

Anwärter auf eine gute Rolle dem Direktor Öl ins Feuer gießen wollte. Jetzt kam, was kommen musste, wie damals, als sie mich aus der TAFEBAR geworfen hatten. Die Faschisten würden sich auf die Seite der Faschisten schlagen und sich des Opfers entledigen. Aber nein. So kam es nicht. Ein Sieg des Antifaschismus, aber ein bitterer Sieg, denn es waren nicht die Untergebenen, die die Faschisten rauswarfen, sondern die Autorität. Also überhaupt kein verschissener Sieg. Nur die Erleichterung, die Faschisten für ein Weilchen nicht um mich zu haben.

»Ihr drei macht bitte die Übung dieses Mal nicht mit«, befahl der Regisseur. Und die drei neoliberalen faschistischen Machos, die Autorität lieben und als gute Demokraten juristische Entscheidungen auch dann respektieren, wenn sie sie nicht gutheißen, die 260 Euro gezahlt haben, um zu beweisen, wie gehorsam sie sein können, verließen den Kreis wie Märtyrer der guten Stimmung, im vollen Bewusstsein, dass ihr einziges Vergehen darin bestanden hatte, sich frei zu äußern, und innerlich das Multiplexkino verfluchend, das sich als Zentrum für Kreation von Bewegung verkauft, aber in Wirklichkeit die freie Meinungsäußerung zensiert, auf die doch jeder Fascho, jeder Macho und jeder Neoliberale ein Recht hat.

Die Regieassistentin ging zu den drei Verdammten. Der Regisseur stieß dazu, hockte sich mit einem hörbaren Knacken der Knie hin, um auf der Höhe der beiden Rollstuhlfahrer zu sein, und sagte etwas, was wir Übrigen nicht hören konnten. Er tröstete sie, das war offensichtlich. Er tröstete die, die mich lächerlich gemacht und wie ein Sexualobjekt behandelt hatten. Er gab ihnen irgendwelche guten Gründe, nicht zur Leitung der Multiplexkinos zu rennen und ihr Geld zurückzufordern, die SS zu verlassen und die beiden Maximen des Integrativen Tanzes in Zweifel zu ziehen, dass verdammt noch mal jeder zu tanzen hat, und zwar mit verdammt noch mal jedem anderen. Was auch immer er ihnen sagte, sie blieben jedenfalls am Rand des Linoleums sitzen, neben den Rucksäcken, Klamotten, Schuhen, den Wasserflaschen und den Wachhündinnen der Schüler, die wie Ibrahim mit Eskorte aus einem STÄWO kamen, und von dort aus schauten sie der Manipulation zu, der ich mich fünfundzwanzig Minuten lang aussetzte.

Die Zeit ist um, sagt dir der Regisseur, wenn alles vorbei ist, denn niemand, weder Berührer noch Berührte, kann dabei auf die Zeit achten. Angesichts des historischen Moments, in dem wir leben, muss ich das hervorheben: Diesen Genuss kann man nicht erleben, indem man aufs Handy schaut.

Nach zehn Minuten Raubtiere und Beute und vermittels eines Zeichens, das vermutlich die aktive Intervention des Regisseurs auf meinem Körper gewesen war, verwandelte sich das Berühren in die eigentliche Behandlung oder Manipulation. Die dreizehn Tänzer fassten mich mit mehr Nachdruck an, mobilisierten bewegliche Glieder meines Körpers. Ihre Anweisung lautete, alles Bewegliche an meinem Körper zu bewegen, vom ersten Nackenwirbel bis zum letzten Glied des kleinen Zehs; sie konnten das jetzt nicht mehr nur mit den Händen, sondern mit jedem beliebigen Köperteil tun, und sie konnten bei ihrer Manipulation verschiedene Geschwindigkeiten und Intensitäten anwenden. Einen Arm kräftig aus dem letzten Winkel, den mein Schultergelenk erlaubte, hochwerfen, beispielsweise, oder mich an der Hüfte zusammenfalten, bis mein Haar den Boden berührt, und mich dann ganz langsam wieder hochkommen lassen, Wirbel für Wirbel. Sie konnten meine Knie und Fußgelenke bewegen und mich gehen lassen, oder mich auf dem Boden ausstrecken und rollen, das heißt, die Manipulierte musste jetzt nicht mehr wie angewurzelt stehen, sondern konnte sich fortbewegen, aber nur so weit, wie die anderen sie führten.

Jetzt war es nicht mehr möglich, dass die anderen dreizehn Körper mich gleichzeitig bearbeiteten, wie es vorher die Hände getan hatten. Sie mussten sich also untereinander abwechseln, und wenn sie sich von der Manipulation lösten, mussten sie doch mit den Blicken in Kontakt zu ihr und dem Rest der Manipulierer bleiben, den richtigen Moment abpassen, um wieder einzugreifen. Der beste Moment um einzugreifen ist der, in dem man die Absichten eines anderen Manipulierers erkennt und ihm hilft, sie zu vollenden, oder, wenn die Absichten nicht erkannt werden, sich verschiedene Möglichkeiten vorzustellen, wie die bereits begonnene Bewegung fortgesetzt werden könnte. Zum Beispiel: Wenn ein Manipulierer seinen Hintern auf deinen Venushügel pflanzt, deine Handgelenke ergreift und deine Brust an seinen Rücken drückt mit der Absicht, dich hochzuheben, dann könnte sich ein beobachtender Manipulierer hinter die Manipulierte stellen und Druck auf ihren Rücken ausüben, wodurch er den ersten Manipulierer zwingt, seinen Rücken ein wenig mehr zu beugen, sodass sich die Füße der Manipulierten vom Boden lösen. Ein Porté.

Wenn der zweite Manipulierer weiter Druck macht, wird sich der erste schließlich bücken, und nun berühren die toten Hände der Manipulierten den Boden. Der zweite Manipulierer könnte nun ausnutzen, dass der erste und die Manipulierte sehr bodennah sind, und sich rittlings, wenn auch ohne sich ganz hinzusetzen, über den Lenden der Manipulierten positionieren, ihren Oberkörper anheben und gleichzeitig ihre Schultern heranziehen, sodass er eine konvexe Wölbung ihres Rückens erreicht, genau in Gegenrichtung zur vorigen. Der erste Manipulierer würde nun herausgehen. Ende des Portés.

Ein dritter Manipulierer hätte zuvor die Beine der Manipulierten gesichert, indem er ihre Knie in den Boden gezimmert hätte, und ein vierter würde die Fixierung ausnutzen und diese Arme, die tot an der Kobra herunterbaumeln, diese ungeschützte Brust und diesen Kopf, den jemand nach hinten gebogen und dabei den Hals wie ein Regenrohr freigelegt und den Mund geöffnet hätte, er würde diese Opferhaltung ausnutzen, sage ich, um sie aufzulösen, um die Manipulierte vor dem Husten zu retten, den sie jeden Moment bekommen wird. Der zweite Manipulierer, also der, der sich rittlings über sie gesetzt hatte, würde herausgehen, und da er dabei die Schultern der Manipulierten loslässt, entspannt sich die Kobrakrümmung. Der Rettermanipulierer, der, auch wenn er zu ihrer Rettung eilt, nicht vergessen darf, dies nur durch Bewegung ihrer Gelenke zu tun, könnte sich Schulter an Schulter mit ihr positionieren, sie mit einer Hand an der Taille fassen, mit der anderen ihren Arm auf der Gegenseite anheben und sie sich so über die Seite aufladen. Das Letzte hat María mit mir gemacht, die – da sie keine Beine hat und im Vergleich zu mir sehr klein ist, sogar wenn ich knie – mich nicht auf eine, sondern auf beide Seiten gehoben hat, also quer über ihren ganzen Rücken – sie legte mich um wie eine Stola. Noch ein Porté. Ich berührte mit dem Scheitel den Boden und stützte meine weit geöffneten Hände auf. Ein weiterer Manipulierer kam, der meine Hüfte von Marías Rücken trennte, er führte mich in den Handstand und ließ ganz vorsichtig meine von ihm dort oben gehaltene Hüfte kreisen, während andere Manipulierer mir halfen, das Gleichgewicht zu halten. Und immer so weiter während der fünfzehn Minuten, die diese Phase der Übung dauerte, die von außen betrachtet nun nicht mehr an das Festmahl eines Rudels nach der Jagd auf einen Hirsch erinnerte, sondern an eine Massenpartie Riesenschach, bei der jeder Spieler darauf wartet, dass er am Zug ist, um seine Figur zu bewegen.

Ich musste es mit mir geschehen lassen, wie vorher. Jetzt musste ich eine Marionette sein, aber eine Marionette mit Überlebensinstinkt: Der sollte verhindern, dass ich fiel, wenn mich niemand hielte, und es mir erlauben, mich zu verweigern oder zu reden, wenn mir etwas wehtat. Wieder die absurde Anweisung gegen den Schmerz. Der beschlafanzugte Regisseur ist wohl so daran gewöhnt, dass die Schüler im Integrativen Tanz sich geißeln, um zu beweisen, dass sie verdammt noch mal alles tanzen, was man ihnen hinwirft, dass er ihnen sogar die Erlaubnis geben muss, sich zu beklagen.

Aber es tut nur weh, wenn du es nicht mit dir geschehen lassen kannst. Es tut nur weh, wenn du den Unbekannten, die dich anfassen, nicht vertraust. Mit angespannten Muskeln und Gelenken tut dir jeder Kontakt weh, denn der andere Körper, so sanft er dich auch berührt, trifft in dir auf Widerstand, und anstatt miteinander zu kommunizieren, stößt ihr zusammen. Wenn deine Muskeln und Gelenke entspannt sind, gleitet der andere Körper in dich wie ein Eis, das du leckst, und man kann kaum noch von Manipulation sprechen, denn, wie uns mal ein sehr kluger Contact-Lehrer erklärt hat, das Konzept der Manipulation verlangt nach einer aktiven und einer passiven Rolle, die sich bei dieser Übung, wenn sie genussvoll ausgeführt wird, auflösen, und an ihrer Stelle erscheint der Tanz. Und dadurch Genuss. Die empfangende Haltung des Manipulierten bedingt die sendende Handlung der Manipulierer, und das kann so weit gehen, dass der schlechtgenannte Manipulierte derjenige ist, der allein mit den Reaktionen seines Körpers die Aktionen des schlechtgenannten Manipulierers führt.

»Wie wenn sie dich vergewaltigen, Nati?«, fragte mich eine aus der Selbstvertretungsgruppe, als ich bei der Fragerunde am Dienstag dran war und all das erzählte.

»Ach, wie interessant ist doch der Tanz, nicht wahr? Los, Nati, erzähl uns, wie man einen Handstand macht!«

Meine Schwester Patricia klapperte im Sitzen mit den Absätzen, wie eine Flamencotänzerin, die drauf und dran ist loszulegen.

»Patricia, respektiere bitte, dass jetzt Remedios das Wort hat.« Die Feldwebelpsychologin Laia Buedo gab den *Good Cop*, machte sich Notizen und lehnte als Zeichen größter Aufmerksamkeit den Oberkörper nach vorn.

»Nun ja, Reme, ich glaube, ich wurde noch nie vergewaltigt, aber ich kann dafür nicht die Hand ins Feuer legen, denn wie oft vögeln wir Frauen mit den Männern, ohne es zu wollen, es kommt uns wie das Normalste der Welt vor und wir nennen es nicht Vergewaltigung. Ich kann mich an viele Male dieser Art erinnern, dass ich mit einem Typen gevögelt habe, ohne dass ich den Wunsch danach hatte, oder dass ich die Lust zu vögeln mittendrin verloren habe oder sogar vor dem Vögeln, oder dass ich von vornherein überhaupt gar keine Lust gehabt hatte! Und doch hatte ich mich selbst dazu gezwungen zu vögeln oder weiterzuvögeln, nur um dem Kerl einen Gefallen zu tun oder nicht verklemmt zu wirken oder wie eine Schwanzfopperin ...«

»Es ist so schön, wenn man einen Wunsch hat und er sich erfüllt, nicht wahr, Laia?« Patricia unterbrach mich mit erhobener Hand und so angespannt, dass ihr Arm zitterte.

»Ich habe mir letztens gewünscht, dass es noch nicht elf Uhr ist und ich nicht ins STÄWO zurückmuss, und dann habe ich aufs Handy geguckt und mein Wunsch hat sich erfüllt«, sagte ein anderer Selbstvertreter.

»Und ich habe mir gewünscht, dass es nicht so heiß ist, und das hat sich nicht erfüllt.« Eine andere.

»Ich habe mir gewünscht, einmal mit Nati zu tanzen, und das hat sich erfüllt.« Ibrahim.

»Es ist nicht die Hitze, die es so heiß macht. Es ist die Feuchtigkeit.« Noch eine. Alle Selbstvertreter fingen an, gleichzeitig ihre Gespräche zu führen, und ich machte das Gleiche und unterhielt mich abseits mit Reme. Die Feldwebologin musste die verhältnismäßige Anwendung von Gewalt vornehmen, die von ihrer Autorität erwartet wurde.

»Wir können später von den Wünschen sprechen, das ist auch ein sehr spannendes Thema, aber zuerst wollen wir den Kameradinnen Remedios und Natividad zuhören!«, unterbrach uns Laia Buedo über den Tumult hinweg. Immer wenn sie explizit autoritär wird, benutzt sie unsere vollen Namen. Wenn sie implizit autoritär ist, also den lieben langen Tag, nennt sie uns bei unseren Kurzformen. »Natividad, beende bitte deine Antwort an Remedios«, befahl sie mir, als alle Selbstvertreter still geworden waren.

»Ich bin schon fertig.«

»Und du, Remedios, willst du Natividad noch etwas fragen?« Was war die Buedo, ein verdammter Priester, der uns verheiratete?

»Ich habe sie schon gefragt«, antwortete Reme, und es fuchste die Feldwebologin ungemein, dass wir ihr die Wiederherstellung der Ruhe nicht dankten und ihr kein weiteres Futter für ihr Notizbuch gaben.

»Ich wollte fragen, ob eine Schwanzfopperin den Schwanz mit dem Mund foppt oder mit einem anderen Körperteil«, fragte der Machoschönling aus der Gruppe und lachte sich kaputt, woraufhin wieder ein Geschrei und Gezeter losbrach und keiner hielt sich an die Redeordnung.

»Entschuldige, Laia, aber ich hatte mich zuerst gemeldet und Antonio hat sich überhaupt nicht gemeldet.« Meine Schwester strampelt sich vor der Buedo ab und die Buedo schaut sie mit ihrer impliziten Autorität an.

»Hör zu, Antonio. Die Schwanzfopperin ist eine Frau, die einem Macho wie dir den Schwanz heißmacht, indem sie ihn abschneidet und in die Mikrowelle steckt. Fopp.«

»Aber sicher bin ich ein Macho, du Schlampe!«, antwortete er mir, und da musste Laia Buedo schon von ihrem Platz aufstehen und in die Hände klatschen, um das Festmahl an Kraftausdrücken zu unterbinden, mit dem die Selbstvertreter sich die Backen vollstopften. Die Einzige, die ganz still war, war meine Cousine Angelita, die die Auflösung der Selbstvertretungsordnung nutzte, um das Handyverbot zu umgehen und ihres wie die Normalisierte zu benutzen, zu der man sie gemacht hat.

»Und jetzt gehen deine Schiebetüren zu und das Gleiche wie immer«, stellt Marga ungeduldig fest, die mir zuhört, während sie sich auf einem roten Estrella-Damm-Stuhl räkelt, dem einzigen Stuhl, der in ihrer Okupa-Wohnung war, als sie dort reingegangen ist. Sie trägt nur Unterwäsche und ihr Hintern klebt am Sitz. Das weiß ich, weil der Stuhl sich ein paar Zentimeter anhebt, wenn sie aufsteht, und wenn sie die Beine übereinanderschlägt, hört man, wie sich Haut und Plastik voneinander lösen. Seit gestern gibt es hier noch zwei Stühle mehr, die sie vom montäglichen Sperrmüll mitgenommen hat. Kaum zu glauben, dass sie schon eine Woche hier ist.

»Also ja, sie haben sich geschlossen, und ja, sie sind auch nicht wieder aufgegangen, bis die Sitzung vorbei war und ich fünf Minuten mit Reme zu Ende sprechen konnte, die einzige nicht überwachte Zeit, über die viele der Gefangenen verfügen, bevor sie von ihren Wachhündinnen mit den Gefangenentransportern in ihre STÄWO-Haftanstalten zurückgebracht werden.«

Ich sitze auf dem Boden, denn um genug Zeit für den Besuch bei Marga zu haben, habe ich die SS verlassen, ohne mich zu dehnen. Während wir uns unterhalten, dehne ich die Quadrizeps oder rolle mit der Lendenwirbelsäule über den Boden, ein Boden aus vielen kaputten Fliesen, die geometrische Muster auf dem unebenen Beton bilden. In den Löchern sammelt sich jede Menge winziger Dreck, und Marga beschäftigt sich damit, ihn mit einem Messer herauszukratzen. Damit war sie zugange, als ich ankam, auf allen vieren unter einer nackten Glühbirne, sodass ich dachte, sie macht die freihändige Masturbationsübung, die ich ihr gezeigt hatte. Ich war gekommen, um ihr nach der SS Kleider und Essen zu bringen, wobei ich ausnutzte, dass ich immer einen Rucksack dabeihabe, wenn ich zum Tanzunterricht gehe, und so Sachen aus der Wohnung schaffen kann, ohne dass Angelita oder Patri misstrauisch werden. Das Bier hatte ich auf dem Weg bei einem Paki gekauft. Kühl und mit ein paar Chips ist das das Beste, was es nach dem Training gibt.

»Musst du nicht zum Abendessen in der Wohnung sein?«, fragt

mich Marga, nachdem sie einen großen Schluck aus der Literflasche Xibeca genommen und mir dabei Einblick in ihre braunbehaarte Achselhöhle gewährt hat. Ich suche mit dem Blick ihre Lenden, und auch die finde ich in voller Blüte, ein paar drahtige Haare sprießen durch den Stoff ihres Schlüpfers. Da ich auf dem Boden sitze, kann ich einen noch feuchten Fleck von frischem Ausfluss erkennen, wenn sie die Beine spreizt.

»Seit ich eine Rolle in der Aufführung der SS habe, nicht mehr, weil die Proben erst um zehn zu Ende sind«, sage ich und höre auf, ihre Möse anzuschauen, lege mich auf den Rücken und umfasse mit den Händen meine Füße, wie ein Baby. Ich drehe mich so, dass mein Kopf zu Marga zeigt und nicht zur gegenüberliegenden Wand. Ich nutze das nächste Ausatmen, um die Beine weiter auseinanderzuziehen, und fahre fort: »Eigentlich sollte ich vor elf Uhr wiederkommen, aber wenn ich später da bin, passiert auch nichts, weil die Vorarbeiterin gestern Abend ihren Kontrollbesuch gemacht hat, und gestern war ich superpünktlich und sie hat jetzt mindestens zwei Wochen lang keine Nachtschicht, nicht wie an dem Tag, als sie um zehn Uhr morgens reingeschneit ist und ich gerade zur Tür reinkomme, und dann ist sie zwanzig Vormittage nacheinander gekommen.«

Marga steht auf und der Stuhl begleitet sie, bis die Haut und das Plastik ihren zärtlichen Kuss beenden. Sie geht in die Küche, schaltet eine andere nackte Glühbirne an, die ein paar sehr weiße, sehr saubere und sehr kaputte Fliesen beleuchtet, und holt einen Tontopf voller Obst. Sie stellt ihn auf dem Wohnzimmertisch ab, der auch vom Sperrmüll am Montag stammt, und zwingt mich damit, vom Boden aufzustehen, um mir das anzuschauen. Ich nutze das Aufstehen und gehe zuerst auf alle viere, drücke danach die Knie durch und rolle dann den noch nicht gestreckten Oberkörper Wirbel für Wirbel auf, als wäre er eine Jalousie. Dann hebst du den Kopf, schiebst die Schultern wieder nach hinten und machst den ersten Schritt auf dein Ziel zu, feierst das Gehen als das Privileg, was es ja tatsächlich ist.

»Danke, Nati, aber es ist nicht nötig, dass du mir Essen oder Kleider bringst. Essen kriege ich von der Scharscha Daliments, die ein paar Okupas betreiben. Und die Klamotten von dem Gratisladen im

Can Vies«, sagt sie, beißt in einen Apfel und spült den Bissen mit Bier runter.

»Wie absolut großartig, Marga!«, sage ich, aber heute lehne ich die Äpfel und Pfirsiche ab, denn ich habe Appetit auf ein Sandwich, am besten mit Schinken. Ich ziehe die Zipfel der Chipstüte auseinander, um mir den Rest in den Mund zu schütten, und frage: »Scharscha wie bei Metro-Scharscha oder Scharscha der städtischen Bibliotheken? Also Scharscha wie spanisch *red*, Netz?«

»Ich weiß es nicht, ich sage es dir so, wie ich es höre, wenn die es auf Katalanisch sagen, sie nennen es Scharscha, und lesen kann ich ja nicht.«

»Und wie läuft das?«

»Die fetteste Scharscha ist die vom Entrebancs, da ziehen wir mit so fünfzehn Leuten und Einkaufswagen los und gehen nach Ladenschluss zu einem Dutzend Geschäften mit Container. Wir holen da alles Mögliche raus, Fleisch, Obst, Brot, Süßigkeiten ... sogar Pizza! Die werfen so viel Brot und so viel Kuchen weg, dass wir damit zwei komplette Wagen füllen. Wenn alle von uns ihren Teil bekommen haben, ist noch immer was übrig, das lassen wir dann auf einer Parkbank, damit sich jeder, der mag, was nehmen kann.«

Sie erzählt vom Essen und ich kriege noch mehr Hunger. Ich gehe in die weiße, kaputte Küche und schnüffel ein bisschen herum. Ich finde Tüten voller Brot und Süßkram. Die Baguettes sind hart, aber die Brote und Vollkornbrötchen halten länger und sind weich. Ich nehme ein schwarzes, klein, aber kompakt und schwer wie ein Pflasterstein, es ist voller Kürbiskerne, Sesam und Nüsse ... Eins von denen, die dich in der Bäckerei vier Euro kosten. Und Marga kriegt die umsonst.

»Bist du in so einen Container geklettert?«, frage ich und suche ein Messer, um es aufzuschneiden. Die wenigen Küchenutensilien liegen sauber und ordentlich auf einer schartigen Arbeitsfläche aus Marmor, so abgenutzt, dass sie wie Elfenbein aussieht. Ich finde eines mit abgerundeter Spitze und nur wenigen Sägezähnchen. Marga sieht mich damit, und ohne sich von ihrem roten Estrella-Damm-Thron zu erheben, reicht sie mir ihr spitzes Messer, mit dem sie den Boden saubergemacht hat, und antwortet: »In die Container, die nur für die Läden sind, wo deren Name draufsteht, klettert man nicht rein, die sind klein. Da holen wir die Tüten einfach so raus und öffnen sie auf dem Boden. In die großen muss man reinklettern, da wo alle Leute ihren Müll reinwerfen, denn es gibt auch Läden, die keinen eigenen Container haben. Da bin ich rein wie alle anderen auch.«

»Ist das sehr eklig?«, frage ich und biete ihr eine Scheibe an, die sie von allen Seiten beäugt. Es ist also das erste Mal, dass sie beim Aufteilen Pflasterstein-Brot bekommen hat.

»Auch nicht ekliger, als Schlange zu stehen, um im Supermarkt zu bezahlen.« Ihre Antwort kommt so prompt und ist so brillant, dass ich aufhöre zu kauen. Marga denkt, dass mir das Brot nicht schmeckt, und sagt: »Wenn du nicht magst, brauchst du es nicht zu essen, probier ein anderes. Du siehst ja, wie viel da ist.« Ich schlucke endlich runter und beiße noch mal ab. Das ist wirklich gutes Brot.

»Das Brot ist sehr gut, Marga. Es war deine Antwort über den Ekel und den Supermarkt. Das war ein Faustschlag in meinen bourgeoisen Mund, auf den ich dir mit einem Kuss antworten sollte, ein Kuss mit meinem deinetwegen blutigen Mund auf deinen. Das war eine politisierte Antwort, die mich politisiert, ich werde dein Haus anders verlassen, als ich es betreten habe«, antworte ich ihr, den Verstand immer noch in Unordnung. Es gibt schleichende Politisierungen, so wie sie nach einigen Besuchen im Ateneo in mir und, da bin ich sicher, auch in Marga geschehen sind, als wir dort mit den Autonomen über die Fanzines geredet haben. Und es gibt schlagartige Politisierungen wie diese hier, in der eine eine kapitalistisch motivierte Frage stellt und der andere mit einer anarchistischen Wahrheit antwortet. Nur eine neoliberale Macha-Fascha käme da unbeschadet raus und würde demjenigen, der keine Ideologie, sondern die Wirklichkeit auf seiner Seite hat, nicht Recht geben.

»Der Container stinkt fürchterlich, ja, aber das Essen, für das du da bist, ist fast immer in Säcken und Tüten, und es ist einfach, die Müllbeutel der Läden zu erkennen. Das sind die riesigen schwarzen ohne Zugband. Um Paletten mit Fleisch zu finden, das am gleichen Tag abgelaufen ist, oder Joghurt oder zubereitete Mahlzeiten oder Säfte aus diesen Kühltheken, hilft es, wenn man so eine Stirnlampe hat wie die Minenarbeiter.«

»Wie oft stehst du ewig an, um zu bezahlen, obwohl da kein Sicherheitsmann oder sonst was ist und du dich vergewissert hast, dass nichts von dem, was du kaufen willst, gesichert ist, und trotzdem tust du dir die Schlange an und legst alles aufs Band, vor lauter Angst, vor beschissener Angst vor möglichen Repressalien, weil vielleicht irgendein rechtschaffener guter Kunde dich gesehen hat und es nicht erträgt, dass du die Eier hast, nicht zu bezahlen, er aber nicht! Bloß nicht die Aufmerksamkeit irgendeiner Kassiererin erregen, dabei ist es bewiesen, dass nichts ihre Aufmerksamkeit erregt, denn wer hier kontrolliert wird, das sind sie – sie haben die Kamera über ihrem Kopf, die darüber wacht, dass sie hundert Barcodes pro Minute über den Scanner ziehen! Anzustehen, um zu bezahlen, anstatt dass sie bei dir anstehen, um abzukassieren, das ist die Grundlage des Unterdrückungssystems, in dem wir leben!«

Wenn ich emotional werde, schaltet meine Cousine ab. Sie hält sich selbst nicht für politisiert. Wovon sie etwas hält, ist zu tun, wonach ihr die Möse steht, was sie zu einer viel schlüpfrigeren Dissidentin macht, viel schwieriger zu erkennen, mehr Lumpenproletariat und mächtiger. So wie La Banda Trapera del Río oder Los Saicos, die schon zehn Jahre, bevor die Industrie dem einen Namen gegeben hat, Punk gemacht haben, die einen gekleidet wie Kirmesschufte und die anderen mit V-Ausschnitt-Pullis und Bundfaltenhosen, und später haben sie geflucht, dass die Punks versuchten, sich in ihren Topf zu werfen.

Marga geht in die Küche und kommt mit einer tönernen Schale zurück, die zum selben Geschirr gehört wie der Topf mit den Früchten, ein umsichtig von jemandem an einem Container abgestelltes Service, was sie erbeutet hat. Die Schale ist mit etwas gefüllt, was wie Pipirrana-Salat aussieht. Sie schneidet ein paar weitere Scheiben dunkles Brot ab und gibt auf jede einen Löffel davon. Mir läuft das Wasser im Mund zusammen.

»Paprika, Tomaten, Gurken und Zwiebeln von der Scharscha. Öl, Essig und Salz vom Ateneo ausgeliehen.«

»Ein Festmahl.« Ich verschlinge die Scheibe Brot mit zwei Happen und nehme mir gleich noch eine. Nun sitzen wir beide am Tisch. Sie hat ihren Thron herangezogen und ich habe mir einen Stuhl mit sehr langer Rückenlehne und Samtbezügen geholt, einer dieser unbequemen Stühle, auf denen Familien zum Weihnachtsessen Platz nehmen.

»Mal gucken, ob ich einen Gaskocher oder so eine tragbare Kochplatte kriege, damit ich mir ab und zu eine Brühe machen kann.«

»Ich kauf dir einen im Chinaladen unten im Haus, Marga. Ich bitte sie, dass sie mir Tonpapier und Filzstifte auf die Rechnung schreiben, in letzter Zeit habe ich ja viel ausgemalt.«

»Ok, danke.«

»Was das wohl kostet, zwanzig Euro?« Ich rede mit vollem Mund, voll von Freude, den Hunger zu stillen.

»Um den Dreh.«

»Dann sollen sie mir auch Kleber aufschreiben, eine Schere und ein paar Lineale.«

»Vielen Dank, Nati.«

»Du brauchst dich nicht zu bedanken. Ach ja, und das berühmtberüchtigte Loch im Dach?«, frage ich und gebe ihr das Bier.

»Im Schlafzimmer«, sagt sie, trinkt aus und präsentiert mir wieder ihre Achselhöhle. »Wenn wir aufgegessen haben, zeige ich es dir.«

Zwar konnte ich sie nicht dazu bringen, mich bei der Übung überall anzufassen, aber ich habe es geschafft, dass die meisten Manipulierer in der dritten Phase ihre Hände dort ließen, wo sie im Getümmel einer so massiven Improvisation eben gelandet waren. Wenn die Hand von jemandem auf einer meiner Brüste landete, schaffte ich es, dass dieser Jemand sie nicht wegzog, sondern die Bewegung von meiner Brust aus fortsetzte, sie mit der Handfläche wegdrückte, sie mir also quetschte und so eine Verdrehung dieser Seite verursachte. Ein verwegener Manipulierer suchte, nachdem er versehentlich auf eine meiner Brüste geraten war, die Symmetrie und fasste auch die andere an. Wenn er beide Brüste mit seinen Handflächen drückte, erreichte er damit, dass mein Brustkorb zusammensackte oder dass ich mich im Gegenteil wie eine Kobra öffnete, je nachdem, ob er sie wie ein Korsett nach oben drückte oder nach unten, als würde ein Säugling an den Brustwarzen ziehen. Eine Ausnahme war der Manipulierer, der meine Brüste, nachdem sie ihm in die Hände gefallen waren, nicht wegdrückte, sondern zusammenquetschte.

Die Anweisungen des beschlafanzugten Regisseurs für diese Phase waren, dass ich mich frei bewegen sollte und sie mich auch. Jetzt konnte ich entweder den Bewegungsreizen Widerstand entgegensetzen oder ihnen folgen oder ihnen ausweichen oder mich sogar totstellen. Diese vier Dinge konnte ich so oft und so stark oder schwach wiederholen, wie ich wollte, und dabei Körperteile meiner Wahl einbeziehen oder auslassen.

Die Manipulierer ihrerseits sollten mich ebenfalls mit der Wucht bewegen und berühren, die ihr Körper verlangte, mich streicheln oder massieren wie in der ersten Phase oder mich wie in der zweiten Phase aus allen Gelenken heraus bewegen, diesmal aber mit mir in

Bewegung, in einer Bewegung, die gemäß der Anweisung eine Verschiebung im Raum bedeutet, eine Verschiebung, die sie oder ich beginnen oder aufhalten oder in ihrer Richtung verändern würden. Die Verteilung der vierzehn Tänzer im Raum würde die Beteiligung aller dreizehn Körper auf meinem erleichtern, da jeder mit mir zusammentreffen konnte und auch ich mit jedem von ihnen. In dieser dritten Phase wurden die stummen Verhandlungen, die die Manipulierer an Ort und Stelle darüber führten, wie, wann, in welcher Reihenfolge und unter Bildung welcher Allianzen sie meine Bewegung und meine Flugbahn manipulierten, weiterhin von der Aufmerksamkeit auf mich regiert, allerdings war noch ein weiterer Regent hinzugekommen: Die Manipulierte sollte dorthin geleitet werden, wohin sie alleine nicht käme, und sie müsste bereit sein, diese Reise anzutreten. Das heißt, ich sollte so tanzen, wie ich wollte, und ich sollte die anderen Tänzer dafür nutzen, und die anderen Tänzer sollten meinen Tanz so erweitern, wie ich wollte.

Das Letzte hat der Beschlafanzugte nicht gesagt, das sage ich, denn der Regisseur hütete sich, das Wort Tanz in den Mund zu nehmen, wenn er die Übung erklärte. Diese Scham ist ein wohlbekannter Ort in der Geografie des Zeitgenössischen Tanzes: Der Begriff des Tanzes wird wegen seiner formalen, akademischen und ausschließenden Konnotationen ausgeklammert und durch den Begriff der Bewegung ersetzt, ein Begriff, der in der Welt des Zeitgenössischen Tanzes als rein, wissenschaftlich und sogar demokratisch erachtet wird. Rein, weil nach Ansicht der Bewohner dieser ausgedehnten Region des Zeitgenössischen Tanzes schon jede Bewegung an sich etwas Natürliches ist. Wissenschaftlich, weil diesen gleichen Bewohnern zufolge Bewegung eine künstlerische Kategorie ist, die einer Vielzahl von Handlungen Raum gibt, sowohl typisch tänzerischen Handlungen, also solchen, bei denen wir uns alle einig sind, dass derjenige, der sie ausführt, gerade tanzt; wie aber auch jeder anderen Handlung, die wir nicht ohne Weiteres als Tanzschritt identifizieren würden, etwa sich Ohrenschmalz aus den Ohren holen oder eine Tortilla wenden. Und demokratisch, weil diese Region, von der wir reden, nicht einfach nur eine physische Eingrenzung des zeitgenössischen Territoriums meint, sondern eine ganze Nation bildet; und ihre Bewohner besetzen nicht einfach nur das materielle und symbolische Territorium, über das eine jede Nation ihre Staatsgewalt ausübt, sondern es sind Bürger mit all ihren Rechten und Pflichten. Der Begriff der Bewegung ist demokratisch, weil sein Grundverständnis ist, dass jeder Bürger sich bewegt, dass jeder Bürger Zugang zu Bewegung hat: Es genügt schon, das Handgelenk zu drehen, um auf die Uhr zu schauen. Dieser Aufwertung der alle Bürger verbindenden Bewegungen steht der ranzige und elitäre Tanzbegriff entgegen: Nicht jeder Bürger hat Zugang zu Tanzstudios, nicht jeder Bürger ist Tänzer, denn nicht alle können sich in ein *Grand Porté* heben oder im *Flying Low* fallen lassen. Darum nennen sich die Multiplexkinos nicht Tanzschule, sondern Fabrik zur Herstellung von Bewegung, als wären wir eine Zweigstelle vom Bauhaus oder der Falange.

»Bauhaus wie die Heimwerkermärkte?«, fragte mich beim Selbstvertretungstreffen einer mit Birnenkörper, die Schultern ganz schmal und die Hüften ganz breit.

»Mehr oder weniger, Vicente. Diese Läden heißen wegen eines anderen Bauhauses so, das es vor hundert Jahren gab und das eine Schule von linken Faschos war, die schnieke Möbel und schnieke Häuser entwarfen und behaupteten, das wäre zum Wohle der Menschheit.«

»Das Bauhaus im Paseo de la Zona Franca ist wirklich ein bisschen schnieke«, sagte Vicente.

»Na eben«, sagte ich.

»Es ist schnieke, wenn du schnieke Sachen suchst, denn da gibt es billigere und teurere Sachen. Das weiß ich, weil ich direkt nebenan wohne und ganz oft hingehe, um was für den Bohrer und Werkzeug zu kaufen, Schrauben und so was. Außerdem ist das ein Laden, der gute Sachen hat, die in Deutschland und nicht in China hergestellt werden, und darum ist es wahrscheinlich ein bisschen teurer, aber die Sachen halten auch länger. Einkaufen will gelernt sein«, schloss der kleine, hübsche, machistische, faschistische Selbstvertreter und verharrte so aufgeplustert, meine Güte, je mehr er sich aufplustert, nachdem er seine Fernsehreden wiederholt hat, je besser er betont und je weniger er seine Augen mit den Kamelwimpern zusammenkneift, desto mehr muss ich lachen. Seine Eitelkeit ist so riesig, dass ihm nicht in den Sinn kommt, das Lachen könnte etwas damit zu tun haben, wie lächerlich er ist. Wenn in der Selbstvertretungsgruppe jemand lacht, steckt sich immer einer an und lacht mit, auch wenn er nicht über das Gleiche lacht, auch wenn er nur lacht, weil es so schön ist zu lachen. Die Feldwebologin beeilte sich, so viel unbegründetes Lachen infrage zu stellen, aber sie machte das mit dieser leisen Stimme, mit der Autoritäten sprechen, wenn sie der Ansicht sind, sie hätten es nicht nötig, laut zu werden, um Gehör zu finden; darum hörte niemand, was sie sagte.

»Wir lachen dich aus, Antonio, du hast ein solches Macho-Ego, dass du nicht mal merkst, dass du wie eine Radiowerbung auf zwei Beinen klingst!«, sagte ich, ohne dass sich meine Schiebetüren aktivierten – deshalb schossen meine Lachsalven heraus wie ein Kugelhagel, zielten auf den Macho und stifteten die übrigen Selbstvertreter an, ihn ebenfalls zu durchsieben. Aber da der Machito wie jeder Fascho das Spielchen spielt, dass ihn nichts trifft, und darauf besteht, dass jeder, der ihn kritisiert, ein Idiot sein muss, allein schon weil er kein Fascho ist, darum hat er mir nicht geantwortet. Er hat nur seine Vorgesetzte Buedo angeguckt und diese Geste gemacht, bei der man die Arme anwinkelt und die Handflächen zur Decke dreht, die Schultern hochzieht und die Lippen verschluckt, sodass er anstelle des Mundes nur noch eine Linie hatte. Und Patricia, die seit Ewigkeiten nichts gesagt hatte, tat es ihm gleich! Was sind Antonio und meine Schwester für Fascho-Kapitalisten-Emporkömmlinge geworden, es genügt also, dass die Buedo sie einmal tadelt, weil sie mich unterbrochen oder Schlampe genannt haben, und schon sind sie mucksmäuschenstill.

»Sie werden sich damit irgendetwas erkaufen, Nati. Genau wie du, wo du jetzt jeden Dienstag hingehst. Oder glaubst du wirklich, dass alle zu den Selbstvertretern gehen, weil es ihnen da so gut gefällt«, sagt mir die kluge Marga im Licht der Straßenlaternen, das durch das Loch im Dach fällt.

»Ich gehe nicht hin, um mir was zu verdienen, Marga. Mein Ziel ist die Politisierung.«

»Ich glaube, Laia lässt dich aus einem bestimmten Grund in den Sitzungen so viel reden.«

»Natürlich, Marga: Damit ich ihnen sage, wo du steckst.«

Ich gebe ihr diese Antwort, und das orangefarbene Licht, das Margas Haar und Schultern liebkost, wird zum Scheinwerfer, der die Schatten von ihrem Gesicht verschlingt und von den weißen Kelchen ihres BHs zwei schwarze Halbmonde nimmt, die ihren Bauch essen.

»›Natividad‹, die Feldwebologin nannte mich bei meinem vollständigen Namen, ›möchtest du vielleicht noch zu Ende erzählen, wie dieser Unterricht im Integrativen Tanz war? Das schien mir doch sehr interessant.‹ Allein schon, dass sie mich direkt anspricht, ekelt mich an, Marga, ehrlich, und dabei hatte ich so viel Spaß dabei, den Macho-Fascho auszulachen. Ich trocknete meine Tränen, holte Luft und antwortete mit geschlossenen Schiebetüren, wobei ich mich selbst daran erinnern musste, dass ich mich der wöchentlichen Entführung durch die Selbstvertreter für eine gerechte Sache übergab:

›Der Integrative Tanz ist ein Dorf in der Nation der Bewegung, auch wenn sich der Integrative Tanz paradoxerweise Tanz und nicht Bewegung nennt. Für diejenigen, die damit an Geld und Prestige gewinnen, ist dieses Paradoxon kein Problem. Mehr noch, es scheint ihnen von Vorteil zu sein, denn die Integrativen verlangen ja gerade nach ihrer Inklusion in die Kreise des normalisierten Tanzes: in Theatern, im Unterricht, in den Hochschulen, bei Preisen. Auch wenn sie im Schutz der demokratischen Nation der Bewegung Kleinstädte kolonisiert haben, ist ihr Ziel nicht, sich zu bewegen – wie es die Hauptstädter vorgeben –, sondern zu tanzen. Tanzen mit all seinen formalen, akademischen und elitären Konnotationen, von denen sich die Großstädter abgrenzen, und sie setzen noch eins drauf, haben ein Ziel, von dem sich der Zeitgenössische Tanz seit fünf Jahrzehnten abgrenzt: schön zu tanzen. Die Integrierten wollen um alles in der Welt schön sein. Die Integrierten können es sich unter keinen Umständen erlauben, schlecht rüberzukommen oder hässlich auszusehen. Die Integrierten würden dafür töten, einen Probensaal oder eine Bühne zu betreten und zu zeigen, dass sie so schön und so elegant sind wie Pina Bausch und Vaslav Nijinsky.‹«

Ich unterbreche die Selbstvertretungsgeschichte, denn wenn ich an den Ekel denke, mit dem ich es der Feldwebologin erzählt habe, ekelt es mich wieder. Marga legt sich aufs Bett und ich folge ihr. Ihr Bett ist die Matratze eines Ehebetts, die auf dem Boden liegt und von ein paar überhängenden Laken bedeckt ist. Ich spüre die eine oder andere Sprungfeder, aber die Matratze ist fest und wir sinken nicht ein.

»Sie suchen mich also«, sagt sie.

»Natürlich, Marga. Aber ganz ruhig, ich halte dicht«, sage ich, drehe mich auf die Seite und suche ihren Blick.

»Woher weißt du, dass sie mich suchen, Nati?«, fragt sie mich und dreht nur den Kopf.

»Die suchen dich total verzweifelt, Marga. Zuerst Patri und Angelita, dann Diana und Susana und dann ein paar Mossos der Zivilpolizei. Patri und Angelita haben in der ersten Woche, die du weg warst, kein Auge zugemacht, sie haben mir pausenlos Fragen gestellt, und Patricia hatte ihre fünf Minuten, wo sie mit Tellern geworfen hat, mich sogar schlagen wollte! Ich musste sie wegstoßen, und dann fängt die Alte noch an zu weinen.«

»Und was hast du ihr gesagt?«

»Gar nichts, Marga, nichts, nichts und wieder nichts. Das hab ich dir doch schon gesagt.«

»Aber hast du gar nicht geantwortet oder hast du ihnen Lügen erzählt?«

»Ich habe immer das Gleiche gesagt: dass du an dem Abend wie an jedem anderen Dienstag mit mir zum Multiplexkino gegangen bist, dass wir die U-Bahn genommen haben, dass wie immer im Sommer die gelbe Linie voller Scheißtouris war und ich dich im Gewühl auf einmal nicht mehr gesehen habe. Dass ich weiter zu meinem Superintegrativen Tanz gefahren bin und superglücklich war, in der SS zu sein, und wie schön Barcelona ist und wie viele Möglichkeiten es einem bietet.«

»Na hör mal, ganz unzufrieden bist du aber nicht, oder? Hattest du mir nicht erzählt, dass sie dich für diese Aufführung ausgewählt haben?«

»Sie haben mich nicht ausgewählt, Marga. Bei dieser Aufführung ist jeder dabei, der bezahlt hat, der einzige Unterschied ist, dass sie manchen auffälligere Rollen geben als anderen. Und gut, sie haben mich in der Szene der Massenmanipulation als Manipulierte besetzt, was wirklich eine feine Sache ist, aber zufrieden bin ich darum nicht. Es provoziert mich, es fordert mich heraus, es lässt mich einen Augenblick lang schweben, aber zufrieden? Nein. Zufrieden wäre ich, wenn die Tänzer nicht nur Befehlsempfänger des Regisseurs und seiner Assistentin wären, und wenn es nicht die Ausnahme wäre, mit den Brüsten und Geschlechtsteilen zu tanzen.« Marga verschränkt ihre Arme hinter dem Kopf und ihre haarige Achselhöhle ist direkt vor meiner Nase. Sie riecht nach gutem Schweiß, der nicht durch synthetische Kleider gegangen ist. Sie riecht nach einem ganzen Tag nackt. »Soll ich dir zu Ende erzählen, wie es war, als meine Titten und meine Möse mit der SS getanzt haben?«

»Schieß los«, sagt sie mit einem Lächeln und streckt mir das Kinn entgegen. Zum ersten Mal an diesem Abend lächelt sie mich mit geöffnetem Mund an und auch das macht mich zufrieden, total zufrieden.

»Dass du mich so anlächelst macht mich aber zufrieden, Marga.« Ich sage es ihr und sie lächelt mich noch mehr an! Wahrscheinlich wegen des Lochs im Dach hören wir das Rumpeln der Müllautos, als würden sie durch die Wohnung fahren. Marga hält sich die Ohren zu und knautscht das ganze Gesicht zusammen, aber das Lächeln verschwindet nicht hinter dem Zerknautschten. Ich warte darauf, dass der Lärm aufhört, und erzähle weiter. »Ich habe dir ja gesagt, dass ein paar Manipulierer dabei waren, die mir die Brüste, wenn sie ihnen unbeabsichtigt zwischen die Finger geraten sind, mit der offenen Hand zusammengedrückt haben, so« – ich führe es Marga vor, aber da ich liege und keinen BH trage, fallen meine Brüste zu den Seiten. Ich muss sie hochziehen, zur Mitte rücken und mit dem Druck übertreiben. »Das war eine von den neuen Tänzerinnen, und es ist so eine Freude, mit Unbekannten zu tanzen, die noch keine Sympathien oder Antipathien für dich hegen, die nur über die Schwingungen, die von den Körpern ausgehen, mit dir kommunizieren. Also gut, danach war da jedenfalls noch ein Manipulierer, der auf meine Titten getroffen ist, auch er unbeabsichtigt, aber anstatt sie plattzudrücken, hat er sie so gepackt.« Ich hole meine Brüste wieder von den Seiten und umfasse sie mit der ganzen Hand.

»Er hat sie befummelt«, präsiziert Marga.

»Das habe ich in Tanzstunden noch nie erlebt! Und er hat sie nicht einfach befummelt, er hat ihnen auch eine Richtung gegeben, hat an ihnen gezogen, so.« Ich ziehe meine Brüste nach oben, als wollte ich sie hinstellen. »Der Manipulierer wollte mit meinen Titten tanzen. Er hat dann ein bisschen die Art verändert, wie er sie anfasste, denn er hat gemerkt, dass es nicht so einfach war, sie vom Fummelgriff aus zu ziehen, sie sind ihm entglitten. Also hat er einen Pinzettengriff angewendet: Die Daumen unter den Brüsten, in die Rippen gedrückt, und die restliche Hand darüber und auf den Ansatz vom Brustbein gestützt, und so hat er die feste Struktur des Sport-BHs überwunden. Es war, als wollte er mir die Titten vom Brustkorb trennen. In jeder Hand eine Kugel Brust.« Ich versuche, das Manöver nachzustellen, aber es ist unmöglich, das an sich selbst zu machen. Ich setze mich auf und mache es mit Margas Brüsten.

»Autsch«, beschwert sie sich und ich lasse sie automatisch los.

»Entschuldige. Das ist, weil deine so groß sind, da muss man mehr drücken, damit sie einem nicht wegflitschen.«

»Mach es vorsichtiger.«

»Ich habe dir wahrscheinlich die Bügel vom BH reingerammt, als ich dich mit den Daumen fassen wollte, ich bin so ein Trampel, entschuldige bitte«, sage ich und streichele ganz zart über die Schalen ihres BHs, wie ein Heile heile Segen, so leicht, dass ich nur den Stoff liebkose. Marga richtet ihren Oberkörper ein wenig auf und stützt sich auf die Ellbogen, führt die Hände auf den Rücken, öffnet den BH, zieht ihn aus und legt sich wieder hin.

»Versuch es noch mal.«

»Wie schön deine Brüste sind«, sage ich und wiederhole das zarte Streicheln, aber nur auf den Nippeln.

»Deine auch«, sagt sie, führt ihre Hand unter mein Oberteil und wechselt von einer Brust zur anderen. Ich vergrößere und verstärke das Streicheln ihrer Brustwarzen, die lang sind wie bei einer stillenden Mutter. Ich drücke sie in meine Handflächen und fahre kreisend darüber. Marga verstärkt ebenfalls ihr Streicheln meiner Brüste, sie umfasst eine, zieht mich an sich und sagt mir in den Mund: »Mach das mit dem Zufassen, was du erzählt hast.« Ihr Atem riecht nach Zwiebeln aus dem Pipirrina-Salat und von fern nach Bier, genauso dürfte ich wohl auch riechen. Wir lecken uns die Zungen. Sie sagt im Kuss: »Mach es mir, Nati.«

Margas Anweisungen klingen nicht wie Befehle, sondern wie Flehen, sie verlangt von mir keinen Gehorsam, sondern Gnade mit ihrer Lust, Solidarität mit ihrem Verlangen. Ich bleibe so sitzen wie vorher. Ich muss ihre Brüste sehr fest packen, weil sie groß sind und außerdem, da sie auf dem Rücken liegt, zur Seite fallen wie vorher meine. Mit der hohlen Hand sammele ich sie ein, bringe sie in die Mitte und dort umfasse ich sie und ziehe. Marga beklagt sich nicht mehr; sie stöhnt. Zuerst verwirrt mich ihr Stöhnen, ich bin nicht sicher, ob sie jammert, aber sie räumt diese Zweifel aus, indem sie mich bittet weiterzumachen. Das Fleisch, das nicht in meine Hände passt, schaut glatt und durch den Druck ganz fest zwischen meinen Fingern durch. Ich spreize die Finger ein wenig, damit auch die Nippel hinausschauen können wie Gefangene, die sich an Gitterstäben festklammern, und damit ich sie lecken kann. Einer reckt sich ganz heraus; den lecke und beiße ich. Marga stöhnt und steckt mir wieder ihre Hände unter das Oberteil. Sie massiert mir mit den Fingerspitzen die Nippel, und immer, wenn sie an die Spitze kommt, spendiert sie ihnen einen Kniff. Ich stöhne mit ihrer Brustwarze im Mund. Ich will die andere lecken, gebe aber den ersten Gefangenen nicht frei. Diese Brust packe ich fester und ziehe sie wieder nach oben. Margas Stöhnen wird rauer. Ich löse den Griff ein wenig und beuge mich über sie, küsse sie in einer Art Entschuldigung und Trost, weil ich ihr mehr wehgetan habe als ich wollte. Dieses Mal ist der Kuss trockener, flüchtiger, denn die Lust drängt, und ich flüstere: »Habe ich dir wehgetan, Marga?«

»Nein, nein, mach weiter«, flüstert sie und ihr Aufruf zur Solidarität lässt mich nach oben schnellen, wobei ich Margas Oberkörper mitreiße und ein erstickter Schrei in meinem Ohr endet. Nun sitzen wir beide. Ich kann mir das Oberteil nicht ausziehen, weil ich fest

mit ihren Brüsten verbunden bin, also rollt sie es mir bis über meine
hoch. Sie betrachtet und streichelt sie, den Mund halb geöffnet und
die Nasenflügel geweitet. Schließlich beugt sie sich zu ihnen vor und
leckt sie mit der ganzen Zunge, wie ein Säugetier, das sein Neugeborenes säubert. Als sie zur inneren Wölbung kommt, versteift sie die
Zunge und legt meine Brust darauf, lässt los und verursacht so einen
kleinen Abpraller. Beim Anblick meiner von ihrer Spucke glänzenden
Brüste läuft mir das Wasser in der Möse zusammen. Je mehr sie mich
leckt, desto mehr ziehe ich an ihren Brüsten, und je mehr ich ziehe,
desto mehr leckt Marga an meinen Brüsten, um sie dann zu saugen,
zu beißen und schließlich an ihnen zu zerren. Wir ziehen aneinander,
und je nachdem, wie gezogen wird, ist unser Stöhnen spitz oder rau,
wölben oder beugen sich unsere Rücken, unsere Hüften strecken sich,
wenn die Brüste der anderen fortgehen, und winkeln sich an, wenn sie
zurückkehren, unsere Küsse und Bisse auf dem Mund oder Hals. Ich
verlasse den Platz neben ihr und setze mich auf sie. Nun sind unsere
festhaltenden Hände zwischen unseren festgehaltenen Brüsten gefangen. Wir lassen beide den Busen der anderen los, und so küssen sich
unsere vier Brüste mit der Spucke, die Marga auf meinen hinterlassen
hat.

    Sie schiebt mir eine Hand in die Unterhose. Auf Anhieb findet sie
die Vulva. Sie dringt nicht ganz in mich ein, auch wenn sie es könnte,
sondern beugt einen Finger, ich nehme an, den Zeigefinger, und klopft
mit dem Knöchel gegen die Öffnung. Ich schiebe die Hüfte nach vorn
und nach hinten und bitte sie, ihn ganz hineinzustecken. Sie zeigt
sich solidarisch, und ich löse unsere Umarmung, um sie machen zu
lassen. Meine Unterhose und die kurze Hose ziehe ich unter den Po,
beide sind so elastisch, dass ich Marga dabei weiter mit den Beinen
umschlingen kann. Ich nehme die Schultern zurück und stütze mich
auf die gestreckten Arme. Marga umfasst meine Taille mit einem Arm
und festigt den Griff, indem sie die Hand auf meinen Beckenkamm
legt. Mit dieser Hand reguliert sie meine Stöße, damit sie ihr beim Penetrieren helfen. Den Mittelfinger der anderen Hand, die Innenfläche
nach oben gedreht, steckt sie mir rein. Die ersten Male lassen mich
heftig stöhnen, ein Stöhnen als Dank oder Willkommen oder Aus-

druck der Überraschung. Obwohl Marga nicht penetriert wird, stöhnt auch sie, und auch sie bewegt die Hüften und verstärkt dadurch die Intensität meines Stöhnens und meiner Hüftstöße. Ich stöhne mehr, seufzend und in einer tieferen Tonlage. Margas Stöhnen ist ein unaufhörliches, stockendes »A« in der Tonlage und mit dem Timbre ihrer normalen Sprechstimme. Sie stößt ihre As aus und zieht die Augenbrauen mit einem Gesichtsausdruck zusammen, der ein wenig an eine Mater Dolorosa erinnert. Ich sehe eher wie weggetreten aus, mit baumelndem Kopf. Ganz anders die Hüftstöße von Marga, die sich durchbiegt, um meine Pussy zu befingern. Von außen betrachtet wirkt es, als würde sie ihren Hintern auf dem Bett schubbern, aber ich weiß, was Marga nun doch macht: die freihändige Masturbation, die ich ihr beigebracht habe, die Aktivierung ihres zentralen masturbatorischen Apparats, und sie braucht dabei nicht mal auf alle viere zu gehen. Die präzise und konstante Stoßbewegung, die in der Tiefe des Beckens beginnt und in der letzten Haarspitze der Möse endet.

In einer keine zwei Sekunden dauernden Aktion lässt mich Marga überall los und zieht mir Schlüpfer und Hose aus, die uns inzwischen beide nerven, setzt mich wieder auf sich und nimmt die alte Position ein. Ihre Umarmung wird fester und sie verschlingt meine Brüste, wenn sie an ihren Mund kommen, denn ihr fehlen nun Hände, um sie festzuhalten. Ihre, ihre Brüste, fallen bis auf den Ansatz meiner offenen Schenkel und streifen mich manchmal.

Marga nimmt beim wiederholten Eindringen immer mehr Finger hinzu, bis sie mir, glaube ich, drei reinsteckt und meine Hüfte animiert, immer stärker zu schaukeln, bis mein Wippen zu Schlägen meiner Vulva gegen ihre Hand wird, eine Hand, die inzwischen nicht mehr nur in mich eindringt, sondern auch von einer Seite zur anderen vibriert. Diese Vibration bringt mich auf dem Weg zum Orgasmus zum Kipppunkt, dieser Punkt, wo du nicht mehr kommst, wenn du ihn verlässt, was auch immer sie mit dir anstellen, und dann überkommt dich nur noch Traurigkeit. Man hört ihre Finger in meiner Nässe patschen. Ich verlagere mein ganzes Gewicht auf einen Arm und reibe mir mit der freien Hand die Klitoris mit tausend Umdrehungen pro Minute.

»Ich komme gleich, Marga«, seufze ich und masturbiere frenetisch, und Marga löst ihre Hand von meiner Hüfte, leckt sich die Finger ab, schiebt sich die Hand in den Schlüpfer und masturbiert ebenfalls, ihre andere Hand noch immer in meiner Möse. Und ich komme, ich komme, komme, komme und komme, verdammt, mit Zuckungen wie auf dem elektrischen Stuhl. Ich entspanne den Arm, der während der letzten fünf Minuten Vögeln mein Gewicht und meine Bewegungen gehalten hat. Ich habe fast keine Zeit, Marga einen Finger reinzuschieben, oder vielleicht ist es gerade die kurze Penetration meines Fingers, die Margas Orgasmus besiegelt und ihre stockenden As zu einem einzigen erstickten Schrei verbindet. Ihre Vagina verschluckt meinen Zeigefinger, ich ziehe ihn tropfend heraus, stecke ihn wieder rein und schon ist Marga gekommen. Sie umklammert mein Handgelenk und hält mich fest.

»Ich will noch mal«, sagt sie und legt sich auf den Rücken, ich ziehe ihr die Unterhose aus. Ich gehe auf alle viere und lecke, den Finger immer noch in ihr, die Innenseite ihrer Schenkel und dann ihre Muschi. Sie ist erstaunlich kompakt, symmetrisch und geschlossen, wo sie doch so viel vögelt, und erstaunlich gut rasiert, wo doch Patricia gar nicht da ist, um sie zum Rasieren zu zwingen.

Erst lecke ich ihren Spalt rauf und runter. Sie riecht nach Schwanz, nach einem dieser Schwänze mit Grillfleisch-Aroma. Ich wusste ja schon, dass Marga rund um die Uhr vögelt.

Meine Finger koordinieren sich ganz natürlich mit meiner Zunge, nacheinander führe ich zwei, drei und sogar vier Finger in sie ein, wonach sie verlangt. Ich lecke meine Finger gründlich und hebe außerdem ihre Pobacken an, spucke ihr einen langen Speichelfaden in die Vulva und lege sie wieder aufs Bett. Mit der freien Hand drücke ich ihre Schenkel oder strecke den Arm aus und suche ihre Titten, und als ich dort ankomme, treffe ich auf Margas Hände, die sie sich knetet und einspeichelt.

Sie ist hochkonzentriert, hat noch mehr das Gesicht der schmerzensreichen Jungfrau und stöhnt mit ganz leisen As, ihre Hüftstöße werden winzige, höchst effektive Begleiter meiner Zunge. Die kleinen Bewegungen von Margas Hüfte tanzen eine Choreographie mit meinem masturbatorischen Apparat, der – da ich im Vierfüßler bin – in absoluter und gelassener Freiheit rotieren kann.

Ich gehe vom Zungenspiel zum Klitorisrausch über, eine Klitoris mit Kapuze wie ein Miniaturpenis, und sofort sind da auch zwei Finger von Marga, die sich an der Stimulation beteiligen. Ein Weilchen leben wir dort zusammen, aber sie legt ein solches Tempo vor (die Geschwindigkeit der Solo-Selbstbefriedigung), dass ihre Finger gegen mein Gesicht schlagen und schließlich meine Zunge vertreiben.

»Kommst du?«, frage ich sie, und sie nickt, ohne den Kopf vom Kissen zu heben und mit einem Gesicht unendlichen Schmerzes. Ich höre auf, ihre Brüste zu kneten, und führe die frei gewordene Hand an meine eigene Klitoris, während ich mit den vier Fingern der anderen Hand noch in ihr bleibe. Die beiden Geschwindigkeiten passen sich spontan aneinander an, das Tempo, mit dem ich meine Cousine penetriere, und das meiner eigenen Masturbation. Das Rollen und Stoßen meiner Hüfte in der Luft ist nun im Einklang mit meinem Finger, der meine sehnsüchtige Klitoris gefunden hat. Schon als ich das erste Mal über sie kreise, spüre ich die Träne des Orgasmus meine Vulva hinunterkullern. Marga und ich begleiten einander mit einem beiderseitigen Stöhnen, das unseren jeweiligen Orgasmus verlängert; meiner ist etwas weniger intensiv, weil es der zweite ist, bei ihr weiß ich es nicht.

Wir ruhen uns ein paar Sekunden aus, einander gegenüberliegend, unsere geöffneten Beine formen eine Raute. Nun hören wir wieder deutlich die nächtlichen Geräusche des Viertels, die durch das Loch im Dach kommen wie durch ein Ohr. Eier werden aufgeschlagen, ein Fernseher, Besteck, das auf Teller trifft, der frisierte Auspuff eines Motorrads, das wie ein Presslufthammer klingen soll, ein Gespräch in der Ferne, ein Gespräch in der Nähe, eine Klingel, eine Roboterstimme durch die Gegensprechanlage, die elektrische Entladung, die eine Tür öffnet. Außerdem kommt viel kühle Luft herein.

»Marga, wo kann ich Pipi machen?«, frage ich sie beim Aufstehen. Sie, die mit dem Kopf auf dem Kissen gelandet ist, antwortet im Halbschlaf.

»Das Bad ist wenn du rausgehst rechts, aber es hat kein Wasser. Du musst mit Wasser aus dem Kanister spülen, der neben dem Klo steht.«
»Okay.«
»Und dann bringst du mir einen halbleeren Kanister mit, damit ich was trinken kann, okay?«
»Okay.«
»Strom hat es auch nicht, du musst das Licht im Wohnzimmer anmachen, um was zu sehen.«
»Perfekt.«
»Der Schalter ist neben der Tür zur Straße, da wo du dein Fahrrad abgestellt hast.«

Ich gehe nackt, so wie ich bin. Das Loch in der Schlafzimmerdecke lässt genug Laternenlicht durch, um ohne Angst, gegen eines der wenigen Möbelstücke zu stoßen, laufen zu können. Die Muster und der kühle Lack des alten Bodens machen es sehr angenehm, barfuß zu gehen. Marga muss hier geschrubbt haben wie Aschenputtel, auf allen vieren, was sicher ihren masturbatorischen Apparat aktiviert hat.

Das Licht der nackten Glühbirne im Wohnzimmer genügt, um die große, hohe und mit blauen Kacheln verkleidete Badewanne zu erkennen; das Waschbecken ist auch groß und quaderförmig wie ein Podest, der Spiegel groß wie ein Fenster, das Bidet groß wie eine Babybadewanne und die Toilette so groß, dass man beim Pinkeln einschlafen könnte, und rundherum hängen verbeulte Fünf-Liter-Kanister Wasser an den Wänden. Der Abfluss riecht ein bisschen, aber meine Füße ertasten weiterhin keinen Schmutz. Ich pupse ein paar Mal und pinkle träge, suche Papier und finde es ganz ordentlich auf dem Spülkasten. Es sind Servietten aus einer Bar, ganz steif. Ich trockne meine Möse ab, werfe die Serviette in die Schüssel, stehe auf, nehme von der Wand den Kanister, der am nächsten dran ist, und gieße einen ordentlichen Schwall aus. Ich nehme noch eine Serviette und wische die Tropfen auf, die auf die Brille gespritzt sind. Da wohl kaum noch ein Liter in dem Kanister ist und es leicht sein dürfte, daraus zu trinken, nehme ich ihn für Marga und mich mit ins Schlafzimmer.

»Mach bitte das Licht im Wohnzimmer aus, Nati«, sagt sie, an die Wand gelehnt. Ich stelle den Kanister ab, gehe zurück ins Wohnzimmer, schalte das Licht aus. »Zur Sicherheit«, erklärt sie mir, als ich zurückkomme. Ich nehme den Kanister vom Boden, gehe zum Bett und gebe ihn ihr. »Entschuldige, ich bin eine Nervensäge, danke.«

»Alles in Ordnung, ich versteh schon. Dein Bad ist sehr gemütlich«, sage ich und lege mich neben sie.

Marga hebt den Kanister mit beiden Händen über den Kopf. Dabei steigen ihre Brüste auf wie zwei umgekehrte Heißluftballons, und ihre langen Nippel zeigen nach vorne, parallel zum Boden. Ich lecke das verschüttete Wasser ab, das ihr über die Kehle rinnt, und sie verschluckt sich, hustet und macht mich auch nass.

»Entschuldige, entschuldige, entschuldige!«, jammere ich und umfasse ihren Arm, »ich bin so blöd.«

Marga löst sich von der Wand und hustet lächelnd. Ich klopfe ihr auf den Rücken, bis sich der Husten beruhigt.

»Heißt das, du willst noch mal?«, fragt sie mich, immer noch von Husten unterbrochen.

»Vögeln verlangt nach Vögeln, Marga«, sage ich, trockne das Wasser auf ihren Brüsten mit meinen Händen ab und übertrage ihre Feuchtigkeit auf meine.

»Du hast vorher schon gevögelt und darum willst du mehr«, sagt sie.

»Außer mit dir?« Mir entwischen ein paar Seufzer, weil Marga so dicht bei mir ist und vom Vögeln redet, vom gevögelt haben und vom Weitervögeln.

»Ja.«

»Woher weißt du das?«

»Weil du danach riechst.«

»Aber es war ein Fick ohne uns aneinander zu reiben, Marga, und fast ohne Penetration. An mir kann kein Geruch hängen, nicht wie bei dir, deine Möse riecht nach Grillfleisch.« Als ich das sage, riecht Marga an den Fingern, mit denen sie masturbiert hat, und macht eine Geste, die bedeutet, dass sie nichts riecht.

»Mit wem war es denn?«

»Mit einem von der Probe. Und der mit dem Grillfleisch, wer war das? Der falsche Filter?«

»Aber weißt du nicht mehr, dass sie den aus dem Viertel geworfen haben? Es war einer vom Ateneo.«

»Aus dem anarchistischen Ateneo? Du bist so krass, Marga.«

»Erzähl mir, wie man vögelt, ohne sich aneinanderzureiben, Nati, mal sehen, ob es mich heiß macht und wir noch eine Nummer schieben.«

Aussage von Doña Margarita Guirao Guirao, getätigt vor dem Amtsgericht Nr. 4 von Barcelona am 15. Juli 2018 im Prozess betreffend den Antrag zur Genehmigung einer Sterilisation einer behinderten Person aufgrund der vorgelegten Klage seitens der Generalitat von Katalonien gegen die Zeugin.

Vorsitzende Richterin: Ehrenwerte Doña Guadalupe Pinto García
Rechtspfleger: Don Sergi Escudero Balcells

Zur Einhaltung der Ersten Zusatzbestimmung des Verfassungsgesetzes 1/2015 zur Änderung im Strafgesetzbuch beginnen wir mit der Untersuchung von Margarita Guirao Guirao, die durch das rechtskräftige Gerichtsurteil Nr. 377/2016 vom 19. März durch dieses Gericht entmündigt wurde und deren Sterilisation im Verfahren 12/2018 beantragt wird.

Da die Zeugin unter einer geistigen Behinderung leidet, die ihre Willenskraft beeinträchtigt, ist bei ihrer Befragung Doña Diana Ximenos Montes als Repräsentantin der Generalitat von Katalonien anwesend, welche die Vormundschaft innehat. Außerdem ist zugegen Doña Susana Gómez Almirall, Sozialarbeiterin, die mit der Zeugin in der betreuten Wohnung gelebt hat, die durch oben genannte Einrichtung zur Verfügung gestellt wird.

Sie verweigert die Aussage und Antwort auf jedwede Frage, die ihr die Richterin, die Repräsentantin der Generalitat oder die Sozialarbeiterin stellen. Von Doña Susana Gómez ermutigt, nur ihr angemessen erscheinende Fragen zu beantworten, verweigert sich die Zeugin weiterhin, weshalb die Richterin die Befragung beendet.

Die Vorsitzende Richterin	Die Zeugin	Der Gerichtsschreiber
Guadalupe Pinto		Javier López Mansilla

Aussage von Doña María de los Ángeles Guirao Huertas, getätigt vor dem Amtsgericht Nr. 4 von Barcelona am 25. Juli 2018 im Prozess betreffend den Antrag zur Genehmigung einer Sterilisation einer behinderten Person aufgrund der vorgelegten Klage seitens der Generalitat von Katalonien gegen Doña Margarita Guirao Guirao.

Vorsitzende Richterin: Ehrenwerte Doña Guadalupe Pinto García
Rechtspfleger: Don Sergi Escudero Balcells

Bevor sie die von der Vorsitzenden Richterin gestellten Fragen beantwortet, fragt die Zeugin, ob alles, was sie sagt, aufgeschrieben werde. Die Vorsitzende Richterin bejaht dies.

Die Zeugin fragt im Folgenden, ob es »in normal« oder »in leichter Sprache« aufgeschrieben werde. Die Vorsitzende Richterin sagt der Zeugin, dass alles ganz leicht sein werde und dass sich die Zeugin alle Zeit nehmen solle, die sie zum Antworten brauche, und dass sie, falls sie etwas nicht verstehe, dies bitte sagen solle, dann werde sie es ihr mit Händen und Füßen erklären, und dass sie nicht nervös zu werden brauche, da alle da seien, um ihr zu helfen.

Die Zeugin antwortet, das Problem sei, dass sie von Geburt an stottere und dass die Richterin deshalb wahrscheinlich denke, sie sei nervös, es seien aber nicht die Nerven, und die Zeugin gibt an, eine sehr entspannte Person zu sein.

Die Vorsitzende Richterin antwortet, wenn sie entspannt sei, sei das umso besser, und so könne man beginnen. Sie fragt, wie sich die Zeugin mit ihrer Cousine Margarita Guirao verstehe, worauf die Zeugin antwortet, sie habe ihr vorher eine Frage gestellt und die Vorsitzende Richterin habe darauf noch nicht geantwortet.

»Welche Frage, María de los Ángeles?«, fragt die Vorsitzende Richterin.

»Ich habe Sie gefragt, ob alles, was wir sagen, ›in normal‹ oder ›in leichter Sprache‹ aufgeschrieben wird.«

Die Vorsitzende Richterin fragt sie, was »leichte Sprache« sei. Die Zeugin fragt, wie es sein könne, dass die Vorsitzende Richterin nicht wisse, was »leichte Sprache« sei, wenn es doch im 2014 vom katalanischen Parlament verabschiedeten Gesetz zur Gleichstellung von Menschen mit Behinderungen stehe, und da sie Richterin sei, sollte man annehmen, dass sie alle Gesetze kenne.

Die Vorsitzende Richterin sagt, man könne nicht alles wissen im Leben, aber dass sie ihr bitte erklären solle, was das sei, denn es interessiere sie sehr.

Die Zeugin sagt, »leichte Sprache« seien Bücher, Verwaltungs- und juristische Dokumente, Internetseiten und so weiter, die nach den internationalen Richtlinien von Inclusion Europe und der IFLA geschrieben seien, diese Siglen stünden für *Internationale Vereinigung bibliothekarischer Verbände und Einrichtungen.*

Richtlinien seien Regeln, international bedeute von vielen verschiedenen Ländern. Siglen seien die ersten Buchstaben von verschiedenen Wörtern, die als Zusammenfassung alle zusammengeschrieben werden.

Vereinigung seien viele Verbände, die sich zusammentun, Verband seien viele Leute, die sich zusammentun, weil ihnen die gleiche Sache gefällt, in diesem Falle Bibliotheken und Einrichtungen.

Inclusion Europe sei die gute alte FEAPS, aber für ganz Europa, und es werde auf Englisch gesagt, obwohl es in Spanien nicht mehr FEAPS heiße, sondern Plena Inclusión. FEAPS seien auch Siglen, und sie bedeuteten *Spanischer Verband von Vereinen für Schwachsinnige.*

Die Vorsitzende Richterin sagt, dass sie viele sehr interessante Sachen erklärt habe, aber sie habe ihr noch immer nicht gesagt, was diese Dokumente in »leichter Sprache« seien.

Dazu habe sie gerade kommen wollen, antwortet die Zeugin und sagt ihr, dass die »leichte Sprache« eine Art sei, für Menschen zu schreiben, die vorübergehende oder dauerhafte Schwierigkeiten beim Lesen haben, wie Immigranten oder Menschen mit unzureichender Schulbildung oder verspätetem Zugang zu Lektüre, oder für Menschen, die Lernbeeinträchtigungen haben oder eine verminderte Intelligenz, oder die senil sind.

Schwierigkeiten beim Lesen bedeute, dass man zwar lesen kann, es aber viel Mühe macht. Vorübergehend bedeute, dass es nicht fürs ganze Leben ist. Immigrant sei jemand, der von außen kommt.

Unzureichende Schulbildung bedeute, dass man zwar zur Schule gegangen ist, aber sehr schlechte Noten bekommen oder viele Klassen wiederholt hat.

Verspäteter Zugang bedeute, dass man zu spät gekommen ist, und Lektüre sei Lesen; »leichte Sprache« sei also für Menschen, die nie Zeit zum Lesen hatten.

Lernbeeinträchtigung bedeute, dass man eine Krankheit hat, durch die man nicht die Sachen lernen kann, die sie einem in der Schule beibringen.

Verminderte Intelligenz sei das, was sie habe, also eine Art von geistiger Behinderung. Und senil seien Alte, die »sabbern«.

Die Vorsitzende Richterin fragt, ob es sich also um eine Art handele, leichter zu schreiben, damit diese Personen es besser lesen könnten.

Die Zeugin bejaht dies und fügt hinzu, dass es nicht nur darum gehe, dass sie es lesen können, sondern auch, dass das universelle Recht auf Zugang zu Kultur, Information und Kommunikation erfüllt werde, das in der Allgemeinem Erklärung der Menschenrechte festgeschrieben ist. Die Zeugin fragt, ob die Vorsitzende Richterin wisse, was diese Erklärung sei, oder ob sie das auch erklären müsse. Die Vorsitzende Richterin antwortet, dass sie sie kenne.

Die Zeugin sagt, ein weiterer Grund, warum es die »leichte Sprache« gebe, seien die zahlreichen Texte mit einem exzessiven Gebrauch von Fachterminologie, einer komplexen Syntax und wenig klaren Darstellungen.

Exzessiv sei zu viel. Fachterminologie seien sehr schwierige Wörter, die nur die wenigen Leute verstehen, die sie im Studium gelernt haben. Syntax habe nichts mit Taxi zu tun, es seien Sätze. Komplex sei schwierig.

Damit die Dinge, die geschrieben werden, auch in »leichter Sprache« seien und die Allgemeine Menschenrechtserklärung und das katalonische Gesetz zur Gleichstellung von Menschen mit Behinderungen sowie auch das Übereinkommen über die Rechte von Menschen mit Behinderungen (UN-Behindertenrechtskonvention, BRK), die sie vorher vergessen habe zu erwähnen, erfüllt werden, aus diesem Grund müsse man einfache Wörter benutzen, und die Wörter, die nicht einfach sind, müsse man erklären, damit jeder sie verstehe.

Die Zeugin sagt, dass es in der »leichten Sprache« eine Menge Regeln gebe, weshalb sie für die Vorsitzende Richterin nur ein paar herausgreifen werde:

Man solle grammatische Funktionen auf verschiedene Wörter verteilen und nicht die ganze Zeit synthetische Verbformen benutzen. Solche Verbformen sind »ich machte« oder »du aßt« oder noch schwierigere.

Man solle mehr Aktiv- als Passivformen benutzen. Aktiv sei »ich esse Brot« und Passiv »das Brot wird von mir gegessen«. Das sei ein bisschen schwierig, der Zeugin sei es zunächst schwergefallen, das zu verstehen. Sie werde es der Vorsitzenden Richterin so gut erklären, wie sie könne. Aktiv sei, dass du der Aktive bist, weil du das Brot isst, weil du etwas machst, und zwar das Brot essen. Passiv sei, dass das Brot gar nichts macht, weil es ein Brot ist und keine Person. Das Brot könne dich nicht essen, aber du könntest das Brot essen, und das müsse man an dem Satz erkennen, es müsse ein aktiver Satz sein, wo ganz klar du das Brot isst.

Die Vorsitzende Richterin sagt ihr, dass sie das sehr gut verstanden habe und dass sie nun über Doña Margarita sprechen könnten. Die Zeugin sagt, dass sie gleich fertig sei, woraufhin die Vorsitzende Richterin sie bittet, fortzufahren.

Man solle keine Verbalperiphrasen benutzen, das bedeute, man soll nicht sagen: »ich pflege Brot zu essen« oder »ich pflegte Brot zu essen«. Die Verbalperiphrasen seien, das sehe man ja schon am Namen, sehr schwierig.

Eine andere sehr wichtige Regel der »leichten Sprache« sei, dass die Sätze kurz sein sollen, Subjekt, Verb, Objekt und Schluss; und dass jeder Satz nur eine Botschaft enthält und nicht viele zusammengepferchte Botschaften. Wenn man zum Beispiel sage, »ich esse Brot«, dann habe man schon einen Satz mit einer Botschaft. Man solle »ich esse Brot« nicht mit etwas vermischen, was damit gar nichts zu tun hat, wie zum Beispiel »ich wohne in Barcelona«. Man könne das nicht vermischen und sagen »ich esse Brot und wohne in Barcelona«, das seien zwei vollkommen verschiedene Botschaften, denn das Brot und Barcelona hätten überhaupt nichts miteinander zu tun.

Die Vorsitzende Richterin bedankt sich für diese gute Erklärung, weil sie jetzt begriffen habe, was »leichte Sprache« ist, aber die Zeugin besteht darauf, ihr eine sehr, sehr wichtige Regel zu nennen, vielleicht die wichtigste überhaupt, und die besage, dass man weder Einrückungen noch Blocksatz verwenden soll.

In »leichter Sprache« solle man den Text nicht einrücken und nicht in Blocksatz ausrichten, was nichts mit dem Rücken zu tun habe und auch nichts mit Richtern. Es bedeute, dass die Zeilen alle ganz links auf der Seite beginnen. Das bedeute nicht einrücken.

Und weil die Zeilen zur rechten Seite gehen, müsse man jede so weit laufen lassen, wie sie eben läuft, auch wenn manche länger und manche kürzer sind und der Text dann kein perfekter Kasten wird. Das sei nicht im Blocksatz ausrichten.

»Es ist wie auf WhatsApp zu schreiben.« (*Die Zeugin holt ihr Mobiltelefon aus der Handtasche und zeigt es der Vorsitzenden Richterin.*)

Die Vorsitzende Richterin dankt der Zeugin für die Erklärung und die Zeugin sagt »dafür nicht«.

Die Vorsitzende Richterin fragt daraufhin nach der Gesundheit von Margarita Guirao Guirao, wie die Zeugin sie in letzter Zeit wahrgenommen habe.

Die Zeugin sagt, dass sie vorher der Vorsitzenden Richterin eine Frage gestellt und dass die Vorsitzende Richterin ihr noch nicht geantwortet habe.

»Worauf habe ich Ihnen nicht geantwortet, María de los Ángeles?«, fragt die Vorsitzende Richterin.

»Auf die Frage, ob alles, was wir sagen, ›in normal‹ oder ›in leichter Sprache‹ aufgeschrieben wird, darum habe ich Ihnen ja erklärt, was ›leichte Sprache‹ ist.«

Die Vorsitzende Richterin erklärt, dass alles genau so aufgeschrieben werde, wie es aus ihren Mündern komme, dass dafür die Person da sei, die neben ihr sitzt und pausenlos auf einem Computer tippt und Gerichtsschreiber heißt. Was er aufschreibt, werde eine exakte

Kopie dessen sein, was sie sagen, und deshalb brauche sich die Zeugin keine Sorgen zu machen, denn hier werde niemand irgendetwas erfinden. Mehr noch, sobald sie ihre Aussage beendet habe, werde der Gerichtsschreiber sie mit dem Drucker, der auf dem Tisch steht, ausdrucken, und die Zeugin werde sie lesen können, und wenn sie den Eindruck habe, dass etwas nicht richtig sei, werde der Gerichtsschreiber es so oft korrigieren wie nötig.

Die Zeugin sagt, dass ihr das alles sehr gut zu sein scheine, aber dass sie nicht danach gefragt habe. Sie habe gefragt, ob die Aussage »in normal« oder »in leichter Sprache« geschrieben werde, ob sie also den Regeln folge, die sie vorher beschrieben habe. Ob die Vorsitzende Richterin die Frage der Zeugin nicht verstanden habe?

Doch, sie habe sie verstanden. »Also?«, fragt die Zeugin. Nun, dass der Gerichtsschreiber schreiben werde, wie er es immer macht, und dass er das übrigens sehr gut mache.

»Und in ›leichter Sprache‹ nicht?«

»Fragen Sie ihn selbst«, sagt die Vorsitzende Richterin, und die Zeugin fragt den Gerichtsschreiber, ob er den Text »in normal« oder »in leichter Sprache« schreiben werde, worauf der Gerichtsschreiber antwortet, dass er es nur normal schreiben werde.

Die Zeugin bietet an, den normalen Text in »leichte Sprache« zu übertragen, wenn die Aussage beendet sei, indem sie alle schwierigen Wörter erkläre und die Einrückungen und Blocksätze tilge, denn die Zeugin sei, so sagt sie, eine Schriftstellerin in »leichter Sprache« und schreibe Romane.

Die Vorsitzende Richterin sagt, das sei nicht möglich, weil dies kein Roman sei, sondern die Realität, und um der Realität treu zu sein, müsse man die Wörtlichkeit von allem respektieren, was vor Gericht gesagt werde. Außerdem seien Aussagen in Verfahren, die Behinderte wie Doña Margarita beträfen, vertraulich und dürften nicht weitergegeben werden.

»Seid ihr nicht dafür, dass Menschen mit verminderter Intelligenz Zugang zu Informationen über die Dinge erhalten, die um sie herum geschehen? Denkt ihr nicht, dass wir, wenn wir keinen Zugang zu Informationen bekommen, ignoriert werden und dass andere Menschen für uns entscheiden und wählen werden? Es kann ja sein, dass ihr das nicht könnt, weil es sehr schwierig ist, in ›leichter Sprache‹ zu schreiben, aber warum nehmt ihr dann nicht die Hilfe an, die ich euch anbiete?«, fragt die Zeugin die Richterin und den Gerichtsschreiber.

Die Richterin sagt, dass sie nicht nervös werden solle, dass sie darüber später reden könnten, aber nun sei es wichtig, über ihre Cousine Margarita Guirao Guirao zu sprechen, die eine schwierige Zeit durchgemacht habe und weiterhin durchmache, weshalb sie die Unterstützung der Zeugin und ihre wahrheitsgemäße Aussage brauche.

Die Zeugin sagt, sie sei nicht nervös, sondern sie stottere, und dass sie wisse, dass sie länger brauche beim Sprechen, und sie fragt die Vorsitzende Richterin, ob nicht vielleicht sie es sei, die nervös werde, weil die Zeugin so spricht, wie sie spricht.

Die Richterin antwortet, dass sie nicht nervös sei, denn sie mache ihre Arbeit so, wie sie es seit zehn Jahren jeden Tag tue.

»María de los Ángeles, können Sie mir sagen, ob Doña Margarita jemals einen Partner hatte?«, fragt die Vorsitzende Richterin.

Darüber könne man später reden, antwortet die Zeugin. Aber da ihr nicht zugesichert werde, dass ihre Aussage in »leichter Sprache« geschrieben werde, wolle sie nicht aussagen.

Die Vorsitzende Richterin sagt, dass sie nicht in »leichter Sprache« geschrieben werde, und die Zeugin sagt, dass sie dann nicht aussagen werde »und adiós«.

Die Vorsitzende Richterin	Die Zeugin	Der Gerichtsschreiber
Guadalupe Pinto	María dels Àngels Guirao	Javier López Mansilla

Aussage von Doña Natividad Lama Huertas, getätigt am 15. Juli 2018 im Städtischen Wohnheim für geistig Behinderte von La Floresta in Barcelona, um der Zeugin in ihrem labilen Gesundheitszustand den Weg zum Gericht zu ersparen, welches diesen Fall bearbeitet, wie von Dr. Neus Fernández Prim, Psychiaterin im Krankenhaus de la Vall d'Hebron, Verbandsmitgliedsnummer 14233, berichtet wird; Obengenanntes sämtlich im Rahmen des Prozesses betreffend den Antrag zur Genehmigung einer Sterilisation einer behinderten Person aufgrund der vorgelegten Klage seitens der Generalitat von Katalonien gegen Doña Margarita Guirao Guirao.

Da die Zeugin unter einer geistigen Behinderung leidet, die ihre Willenskraft beeinträchtigt, und da sie durch das rechtskräftige Gerichtsurteil Nr. 378/2016 durch selbiges Gericht entmündigt wurde, ist bei ihrer Befragung Doña Diana Ximenos Montes zugegen, Repräsentantin der Generalitat von Katalonien, welche die Vormundschaft innehat, und Leiterin der betreuten Wohnung, in welcher die Zeugin während des vergangenen Jahres gelebt hat.

Vorsitzende Richterin: Ehrenwerte Doña Guadalupe Pinto García
Rechtspfleger: Don Sergi Escudero Balcells

Du bist eine »Macha«, du bist eine »Fascha« und außerdem bist du eine Neoliberale, die »wichst« und sich den »Arsch« mit dem gleichen eingerollten Hundert-Euro-Schein abwischt, mit dem sie das »Koks« »snifft«, was sie bei den »Tickern« von El Raval beschlagnahmt hat. Die im letzten Sommer das Attentat auf der Rambla verübt haben, sind reine Seelen im Vergleich zu den jegliche Lebensbekundungen vernichtenden Terroristen, die ihr seid, du und dein Gericht. Die einzige Kundgebung, die dich interessiert, ist die fröhliche, friedliche und sonntägliche Kundgebung gegen die Kürzungen im Öffentlichen Dienst, um so deine Privilegien als Zerberus des Staates und des Kapitals zu wahren. Hoffentlich kriegst du Morddrohungen von ein paar der Frauen oder ein paar Eingewiesenen aus dem LÄWO, deren Anzeigen wegen Misshandlung du fein säuberlich archiviert hast, hoffentlich kriegst du da einige von und lebst in Angst, und hoffentlich machen sie ihre Drohung eines Tages wahr. Auch wenn du eigentlich schon tot bist. Nicht mal mit dem Koks fließt dir Blut durch die Adern, dein Blut pulsiert höchstens im Rhythmus des stillen Marsches gegen die Opfer von Gewalt gegen Frauen, die auf dein eigenes Konto gehen, Mörderin, Mörderin, Mörderin.

Meine Cousine Marga zu entführen, um sie zu zwingen, sich ärztlichen Untersuchungen zu unterziehen, Befragungen durch Psychologen und Richter, und in einen Operationssaal zu gehen, um eine Tubenligatur zu vollziehen, das ist ein weiterer terroristischer Akt auf der langen Liste von Terrorakten gegen die dissidente Bevölkerung, die du erfüllen musst. Was das Hohe Gewürg der Scheinheiligkeit »Schutz des Mündels vor den Konsequenzen einer möglichen ungewollten Schwangerschaft« zu nennen beliebt, ist nichts anderes als Eugenik im Schutze des Gesetzes, welches du selbst durchsetzen sollst. Ihr wollt nicht, dass Frauen mit der Fähigkeit, radikal frei zu sein, Frauen wie Marga, sich fortpflanzen, und auch wenn es dir letztlich in den Sinn kommen sollte, deiner Busenkomplizin, der Generalitat, mal Kontra zu geben, und du dich entschließt, ihre Tubenligatur nicht zu autorisieren, obwohl du selbst an die immergleiche Rhetorik glaubst, mit der du und deine verfassungsgläubige Journaille uns dieses Grundrechtsgebräu einflößen wollt, selbst wenn du findest, Marga sei »in der Lage zur sexuellen Selbstbestimmung«, hat das Martyrium aus Zwangsräumung, dem Fernhalten von ihren Geliebten, der Medikation, Isolation, den Verhören, den psychiatrischen und gynäkologischen Untersuchungen, die ihr sie habt durchleiden lassen, überhaupt nichts mit dieser anderen Sache zu tun, die ihr »das korrekte Funktionieren des Rechtsstaates« nennt, sondern nur mit eurem Bedürfnis, die emanzipatorische Flamme einer Frau, die euch dieses Gesöff ins Gesicht spuckt, zu unterdrücken und auszulöschen.

Die Tubenligatur sollte man solch systemtreuen Gebärfreudigen wie dir »verpassen«, die ihr euch besamen lasst von solchen vom Stamme der Vergewaltiger und den Unterzeichnern des sexamourösen Kaufvertrags, den ihr, ihre Weibchen, ebenfalls unterzeichnet, um bloß nicht eure »Machoprivilegien« zu verlieren.

Ich finde es gut, dass du Angst vor mir hast und in der Tür stehen bleibst, und das, obwohl deine »Kammerzofen« mich doch ans Bett gefesselt und mir ein Aerobic-Stirnband umgebunden haben, um meine Schiebetüren zu fixieren.

Die Vorsitzende Richterin	Die Zeugin	Der Gerichtsschreiber
Guadalupe Pinto		Javier López Mansilla

Aussage von Doña Patricia Lama Guirao, getätigt vor dem Amtsgericht Nr. 4 von Barcelona am 25. Juli 2018 betreffend den Antrag zur Genehmigung einer Sterilisation einer behinderten Person.

Ich erzähle Euer Ehren alles, wonach Euer Ehren mich fragt, und alles, wonach Sie mich nicht fragen, erzähle ich auch, so wie ich es vom ersten Tag an getan habe, als Sie mich vor einem Monat das erste Mal aufgefordert haben, auszusagen, denn ich weiß, dass Sie kürzlich auch meine drei Gefährtinnen aufgerufen haben und dass keine von ihnen Lust hatte, Ihnen irgendetwas zu erzählen, das hat mir die Leiterin der betreuten Wohnung gesagt, Doña Diana Ximenos. Wann bin ich nicht in Ihr Büro gekommen, wann immer mich Euer Hochwohlgeboren gerufen hat? Nie nicht.

Ich muss nun aber doch klarstellen, und zwar bevor wir weitermachen und mit allem gebührenden Respekt, dass wir hier nicht »Äpfel mit Birnen vergleichen« dürfen, und die Heftchen von »der« Nati nicht mit der Operation der »Muschi« von »der« Marga. Vor allem, weil »die« Marga nicht lesen kann. »Vögeln« ja, lesen nicht. Stimmt schon, bevor sie ihre »Ausbüxe« gemacht hat, hat »die« Nati viel Zeit mit ihr und diesen Heftchen verbracht, aber glaubt Eure Exzellenz wirklich, dass ein Menschenkind mit 66 % geistiger Behinderung in zwei Wochen lesen lernt? Und wie sollte denn »die« Nati »die« Marga auf irgendwelche Ideen bringen? »Die« Nati, die einen noch höheren Behinderungsgrad hat als »die« Marga selbst! Das Dummerchen hat ja sogar geglaubt, dass sie den ganzen Weg zu ihrer neuen Tanzschule und wieder nach Hause alleine macht, dabei ist die endlos weit weg, dahinten am Camp Nou. Und weil »die« Marga »ausgebüxt« ist und sie nicht mehr bringen und abholen konnte, und weil »die« Nati sich in den Tanzstunden so gut benommen hatte, dass sie weder rausgeworfen wurde noch viel Streit hatte und sogar in einem Stück auftreten durfte, darum wollten Doña Laia, Doña Susana und Doña Diana ihr eine Belohnung geben, die Belohnung der Autonomie. Und sie haben sehr klug in ihrem

Kopf gedacht, dass es wahrscheinlich besser ist, nicht noch mehr Öl ins Feuer der »Ausbüxe« zu gießen, das Kommen und Gehen von der Polizei und die ganzen Leute, die nach »der« Marga fragen, und darum haben sie »der« Nati gesagt, dass sie von jetzt an allein zu den Proben geht, aber spätestens um elf Uhr abends wieder zu Hause sein muss, und dass sie mit dem Fahrrad fahren darf, weil sie wissen, dass sie die Metro nicht mag, erst recht nicht im Sommer, aber dass sie sich Licht dranmachen muss und eine Klingel und sie sollte eine reflektierende Weste tragen. Wie haben da die Schiebetüren dieses Kindchens gefunkelt, sie haben sich sogar zurückgezogen, wie sie so zuhörte! Sie ging »zum Chinesen« runter, kaufte sich die Lampen, kaufte sich die Weste, kaufte sich die Klingel ...

(*Die Vorsitzende Richterin unterbricht die Zeugin, um ihr zu sagen, dass sie bereits in vorangegangenen Vernehmungen über Doña Natividad gesprochen habe, in der Tat deshalb, weil die Richterin selbst sie darum gebeten habe, um das familiäre Umfeld von Doña Margarita besser kennenzulernen, eine Bitte, der die Zeugin freundlicherweise mit ihren haarkleinen Erzählungen nachgekommen sei, wofür ihr die Richterin an dieser Stelle auch gerne noch einmal danke. Nun sei aber der Moment, um etwas genauer über Doña Margarita zu sprechen, da das Verfahren des Antrags auf Sterilisation bald abgeschlossen werden solle.*)

Was ich erzähle, hat mit »der« Marga zu tun, Eure Exzellenz, es hat mit ihr zu tun, aber wahrscheinlich kennt Hochwürden das Syndrom meiner Halbschwester Natividad nicht so genau und darum könnten Sie denken, dass die beiden unter einer Decke stecken. Die Schiebetüren sind wie ein paar Platten, die an deinem Kopf befestigt sind und die das ganze Gesicht verdecken, von der Stirn bis unters Kinn, wie bei einem Power Ranger, aber durchsichtig. So sieht es von außen aus, aber von innen her ist es so, dass du für vernünftige Gedanken nicht mehr zugänglich bist und dir alles schlecht zu sein scheint, du findest alles »scheiße« und meinst, alle greifen dich an. Das ist wie eine lebenslange Depression mit Verfolgungswahn, aber anstatt ganz ruhig zu Hause zu bleiben, wie es alle Deprimierten und Manischen tun, sagst du, dass du die Lösung für alles hast, dass man auf dich hören soll, weil du die Lösung für alles hast, und du stellst dich hin und erzählst das Gott und der Welt. Also gut, vielleicht hat sie ja eine Lösung für alles und jedes, aber sie merkt nicht, was vor ihren Schiebetüren passiert: dass die Belohnung mit der Autonomie eine Lüge war, dass sie zwar dachte, sie fährt alleine auf dem Fahrrad, ihr aber eine Aufseherin vom STÄWO mit etwas Abstand gefolgt ist, auch mit dem Rad, eine ganz professionelle junge Frau, aber auch eine ganz alternative, eine von der neuen Politik, der es nichts ausmacht, drei Stunden lang vor der Schule auf »die« Nati zu warten, um ihr dann wieder mit etwas Abstand zu folgen, bis sie im Hauseingang verschwunden ist. Denken Sie wirklich, so unterbelichtet, wie sie ist, wäre sie in der Lage, »der« Marga zu helfen abzuhauen, ohne dass wir anderen etwas mitbekommen?

(Die Vorsitzende Richterin unterbricht die Zeugin, um ihr für ihre Erklärungen zu danken, die für die Polizei bei der Suche nach Doña Margarita ganz gewiss sehr hilfreich waren, aber sie bitte sie nun, sich auf den Gemütszustand ihrer Cousine zu konzentrieren, da der Prozess, der, wie sie wiederholt, nicht länger als einen Monat dauern sollte, bereits fast zwei Monate gehe; außerdem stehe der August vor der Tür, und die Vorsitzende Richterin wolle ihr Urteil vor den Justizferien fällen.)

Tatsächlich haben Euer Ehren und ich schon vor der »Ausbüxe« über die »Muschi« von meiner Cousine geredet, Sie selbst haben es gerade zugegeben. Und jetzt, was jetzt? Weil »der« Marga an dem Tag eine »Sicherung durchgebrannt« ist, bekommt auch »die« Nati nicht genügend Liebe und Verständnis, um in der betreuten Wohnung zu leben, und Sie müssen beide in ein anderes STÄWO bringen, und zwar so weit auseinander wie möglich? Ich verstehe schon, dass es für die ganzen Untersuchungen und um die Medikation zu überprüfen und damit sich die beiden nach dem Schreck der »Ausbüxe« und der Polizei erholen können, gut ist, ein paar Tage im Krankenhaus zu bleiben und dann noch ein paar »Tägelchen« als Eingewiesene in einem STÄWO, von den besten Experten umgeben. Das verstehe ich. »Ein paar Tägelchen«, Euer Ehren, das verstehe ich, aber inzwischen sind wir bald bei einem Monat. Und ich werde Euer Hochwohlgeboren die Wahrheit sagen, wie ich Ihnen stets die Wahrheit gesagt habe. Am Anfang, als »die« Àngels und ich die Wohnung für uns allein hatten, waren wir beide wie im siebten Himmel, Euer Ehren machen sich keine Vorstellung: »die« Àngels mit ihrem Handy und ich mit meinem Fernseher und meinen Nägeln und meinem Haar, ohne einen »Mucks« zu machen. Aber was laut Doña Laia und Doña Diana und Doña Susana ein paar Tage sein sollten, sind jetzt schon dreieinhalb Wochen, Euer Ehren. Und dann kommen sie noch zur Kontrolle und sagen, dass die Wohnung dreckig ist. Na, wie soll sie denn sonst sein, wenn uns zwei Familienmitglieder mit ihren Putzdiensten fehlen, von denen ihr eine ins STÄWO in La Floresta und die andere in das von Sant Gervasi gesteckt habt, anstatt sie im STÄWO von La Barceloneta zu lassen, von wo aus sie ab und zu rüberkommen könnten? Sie bekommen nur weniger Liebe und weniger Verständnis von ihrer Familie, wenn »die« Àngels und ich am Strand »hocken« und »die« Nati bei den feinen Leutchen von Sarriá und »die« Marga mitten auf dem Berg! Da fährt nicht mal die Metro hin, Euer Ehren ...!

(*Die Vorsitzende Richterin unterbricht die Zeugin, um ihr mitzuteilen, dass sie auf dem Laufenden sei, was die Unannehmlichkeiten betreffe, welche die Zeugin sowie ihre Familie in letzter Zeit aufgrund des Verschwindens von Doña Margarita erfahren haben, aber glücklicherweise sei sie wieder aufgetaucht und alles werde langsam wieder seinen geordneten Gang gehen.*)

Ihr Wort in Gottes Ohr, Eure Exzellenz, in Gottes Ohr und in dem von Doña Laia Buedo und Doña Diana Ximenos und Doña Susana Gómez, die sich darauf eingeschossen haben, dass unsere individuellen Eigenheiten nicht für das Eintauchen ins gesellschaftliche Leben geeignet sind, was ja das Leben in einer betreuten Wohnung bedeutet. Sehen Sie nur mal, Euer Ehrenwort: Ohne die betreute Wohnung hätte »die« Nati nicht wieder angefangen zu tanzen oder zu lesen. »Die« Nati hat seit ihrer Hirnverletzung nicht mehr getanzt, durch die sie einen Monat vor ihrer Doktorprüfung völlig »gaga« geworden ist, vor inzwischen schon vier Jahren, vier Jahre ohne Tanz bei einer Person, die mit sechs Jahren angefangen hat zu tanzen, ich kann mich noch an die rosa Strumpfhosen und die so winzigen, so süßen Tutus erinnern, die »die« Nati damals trug! Nur weil die betreute Wohnung keine fünf Meter von dem Centro Civício in La Barceloneta weg ist, konnte sich »die« Nati da für ein paar Kurse anmelden und wieder mit Tanzen anfangen. Sie ist jetzt sogar ausgewählt worden, um in einer Aufführung aufzutreten ...

(*Die Vorsitzende Richterin unterbricht die Zeugin, um sie daran zu erinnern, dass sie bereits in dieser und in vorangegangenen Anhörungen über Doña Natividad gesprochen haben, und sie möchte sie inständig darum bitten, nun über die Gesundheit und das Verhalten Doña Margarita Guiraos zu sprechen, andernfalls sehe sich die Vorsitzende Richterin gezwungen, die Aussage abzubrechen.*)

Wie abbrechen, von wegen abbrechen! Euer Hochwohlgeboren weiß sehr gut, dass ich zum Punkt komme, und der Punkt ist, dass es keinen Grund gibt, dem vollständigen Eintauchen in das gesellschaftliche Leben zu misstrauen, wie »die« Marga, »die« Nati, »die« Àngels und ich es dank der betreuten Wohnung erfahren durften. Der Respekt voreinander und unsere Fähigkeit, zusammen zu leben, sind gewachsen, und ebenso unsere Unabhängigkeit und unsere Selbstbestimmtheit im Alltag. Oder warum hat wohl »die« Nati wieder angefangen zu lesen, was glauben Sie? Ich rede wieder von »der« Nati, weil das mit »der« Marga zu tun hat, Euer Ehren, nicht aus Spaß. Denn dass »die« Nati wieder angefangen hat zu lesen, das war ja nur dank der vorteilhaften Beziehung möglich, die sie zu ihrer Cousine Marga aufgebaut hat, schließlich war es »die« Marga, die damit angefangen hat, ihr diese Heftchen mitzubringen, endlich mal etwas, was einfach genug war. Die Texte im Club für Leichte Sprache waren nämlich zu schwierig für »die« Nati, sie hat am Ende die Bücher, die ihr »die« Doña Laia gegeben hat, letztlich immer durch die Gegend und auf den Boden geworfen und zerfetzt. Aber das letzte Buch, das sie uns gegeben haben, eins über einen Jungen mit Down-Syndrom, der die Geschichte seiner Selbstverwirklichung erzählt und bald ins STÄWO kommen wird, bald, wenn der Sommer vorbei ist, dieses Buch hat »die« Nati nicht nur nicht auf den Boden geschmissen, Euer Ehren, das hat sie sogar mit nach Hause genommen, um es da weiterzulesen. Von »der« Marga, das kommt von »der« Marga, Euer Hochwürden, denn dass »die« Nati in ihrer »Dickköpfigkeit« so eine Veränderung zeigt, das ist alles der Atmosphäre der persönlichen Bestärkung und des Zuhörens der anderen zu verdanken, die die betreute Wohnung bietet. Ich werde Ihnen noch ein Beispiel ...

(Die Vorsitzende Richterin unterbricht die Zeugin, um ihr zu sagen, dass sie die Vorteile des Ortes, an dem die Zeugin und ihre Familie leben, nicht anzweifele, dass sie es sehr interessant finde und darin auch ein Vorbild sehe, dem zu folgen wäre, sie erinnere sie aber daran, dass der Grund, weshalb die Zeugin und sie an diesem Morgen in ihrem Büro zusammengekommen seien, das Verfahren sei, in dem entschieden werden soll, ob die Sterilisation Doña Margaritas autorisiert werde oder nicht, und sie flehe sie an, ihren Bericht von nun an wirklich auf das zu beschränken, was im engeren Sinne mit Doña Margarita und ihrem sexuell-affektiven Verhalten zu tun habe, da sie, wie die Vorsitzende Richterin insistieren müsse, bereits viele sehr wertvolle Anhörungen hatten, in denen die Zeugin das Umfeld, in dem sich das Leben von Doña Margarita abspielt, geschildert habe.)

Nun, wenn Sie meinen, dass unsere betreute Wohnung ein Vorbild ist, dem man folgen sollte, und bitte entschuldigen Sie, dass ich es wage, Euer Hochwürden Ratschläge zu geben, aber dann denke ich doch, dass Euer Hochwürden da etwas unternehmen sollte, oder nicht?

(Die Vorsitzende Richterin fragt die Zeugin, wofür oder in Bezug worauf sie etwas unternehmen solle.)

Wofür wohl? Also, ich bin zwar zu 52 % behindert, aber so leicht kann man mich auch nicht für dumm verkaufen ...

(Die Vorsitzende Richterin unterbricht die Zeugin, um ihr zu sagen, dass sie sie stets mit großem Respekt und Verständnis behandelt habe, was so weit gehe, dass sie sogar den üblichen Modus Operandi dieser Art von Verfahren geändert habe, damit sich die Zeugin frei und ohne Einschränkungen äußern könne. Man habe auf den Gerichtsschreiber verzichtet, die Aussage auf Band aufgenommen, die Aufnahme anschließend einem professionellen Transkribenten gegeben und die Zeugin nach zwei Tagen erneut vorgeladen, damit sie die Transkription lesen könne. So viel Respekt und so viel Verständnis habe die Vorsitzende Richterin in ihrem Verhältnis zur Zeugin ausgedrückt, dass sie getan habe, was kein Richter tue, und zwar habe sie mehr Aussagen tätigen lassen, als es das Gesetz für diese Art von Verfahren vorschreibe, in diesem Fall das Verfassungsgesetz 1/2015

zur Änderung im Strafgesetzbuch, und all das, weil die Vorsitzende Richterin die körperliche Unversehrtheit und sexuelle Selbstbestimmung von Doña Margarita Guirao Guirao als Angelegenheiten höchster Priorität erachte und darum zeitlich frühere Rechtssachen verschoben und dieser Vorrang eingeräumt habe. Denn die Vorsitzende Richterin halte die körperliche Unversehrtheit und die sexuelle Selbstbestimmung einer Person für ein so hohes Gut, dass darüber nicht aufgrund zweier Expertenmeinungen und eines Berichts der Staatsanwaltschaft entschieden werden könne, allein schon, weil sich die obligatorische Befragung der gegebenenfalls einer Sterilisation zu unterziehenden Person, in diesem Falle Doña Margarita, nicht durchführen lasse, weil diese die Aussage verweigere. Dies, ruft die Vorsitzende Richterin der Zeugin in Erinnerung, dies sei der Grund, warum die Zeugin angehört worden sei, und zwar, dieses Mal mitgerechnet, bereits vier Mal im Büro der Vorsitzenden Richterin: wegen der übergeordneten Interessen der Behinderten Margarita Guirao Guirao, von denen alle Handlungen geleitet sein müssen, welche ihre Person und ihre Güter betreffen.)

(Die Zeugin schluchzt. Die Vorsitzende Richterin sagt ihr, sie solle sich beruhigen, dass alles gut sei und ob sie mit ihrer Aussage fortfahren wolle.)

Ich bitte Euer Hochwürden um Verzeihung, Sie haben mich immer so höflich und respektvoll behandelt wie sonst niemand, und jetzt schauen Sie, wie ich es Ihnen danke, mit Unverschämtheit. Entschuldigen Sie bitte, dass ich Euer Hochwürden beleidigt habe, als ich das mit »dumm« gesagt habe, ich wollte das nicht, verzeihen Sie, bitte, bitte ...

(Die Vorsitzende Richterin unterbricht die Zeugin und sagt ihr, dass alles in Ordnung sei, dass sie sich beruhigen solle. Sie fragt, ob die Zeugin ein Glas Wasser wolle, bevor sie weitermachen.)

Verzeihen Sie mir oder verzeihen Sie mir nicht?

(Die Vorsitzende Richterin nimmt die Entschuldigung an.)

Wissen Sie, das waren ein paar wirklich schwierige Tage für die Familie Lama Guirao Huertas, Eure Eminenz, wie meine Cousine Àngels und ich uns auf einmal fern und getrennt von unserer Marga und unserer Nati wiederfanden und das Schelten von Doña Laia und Doña Diana und Doña Susana ertragen mussten, weil wir ihnen an dem

Tag, als »die« Marga nicht nach Hause gekommen war, nicht sofort Bescheid gesagt hatten. Danke (*für das Glas Wasser*). Das Schelten und die Vorwürfe, dass wir bei ihrer »Ausbüxe« Komplizen gewesen wären, dass wir sie einer unnötigen Gefahr ausgesetzt haben, weil wir ihnen nicht sofort Bescheid gesagt hatten, als »die« Nati ohne sie zurückkam, obwohl eigentlich »die« Marga sie von ihrer Tanzstunde abholen sollte ...

(*Die Vorsitzende Richterin unterbricht die Zeugin, um zu fragen, ob sie mehr Wasser wolle.*)

Ja, bitte. Eure Eminenz, wir haben ihnen nicht am gleichen Tag Bescheid gesagt, weil wir in die Autonomie von »der« Marga vertrauen und sie respektieren, die gleiche Autonomie, die uns Doña Diana, Doña Susana und Doña Laia in den zwei Jahren beigebracht haben, die wir in die Selbstvertretungsgruppe gegangen sind, und in diesen Jahren, die wir in der betreuten Wohnung wohnen. Oder ist es etwa nicht normal, dass eine junge Frau von 37 Jahren, hübsch und ohne Freund, an einem Freitagabend ausgeht? Und ist es nicht normal, dass eine junge Frau an einem Freitagabend ausgeht, Anschluss findet und dann am Samstagabend auch nicht nach Hause kommt? Wollten Sie nicht, dass »die« Marga einen Freund findet? Na, dann ist es doch wohl das Normalste von der Welt, dass du abends ausgehst und nicht nach Hause kommst, weil du bei einem Typen übernachtest, oder etwa nicht, Euer Ehren? Denn bevor man mit dem Freund zusammen ist, muss man ja wohl mit dem »Typen« eine »Nummer schieben« oder zwei, meine ich jedenfalls, aber was weiß ich schon.

Warum sollten wir denken, dass »die« Marga nicht dabei war, sich gefühlsmäßig und sexuell an jemanden zu binden, sondern in einem »Rattenloch« hockt, mit so einem »Kawenzmann« von Loch im Dach? Und wie konnten die Experten, die jeden Tag so viel Zeit mit uns verbringen, denken, dass ich, »die« Ángels und »die« Nati in der Lage wären, die Tragweite von Margas Abwesenheit zu verstehen? Oder denken, dass wir das perfekt begriffen, es aber vor ihnen verheimlicht haben, den legitimen Vertreterinnen ihres Vormundes, der Frau Doña Generalitat von Katalonien! Und darum wollen sie uns aus der Wohnung werfen, Eure Eminenz, darum wollen sie uns rauswerfen! Dass sie »die« Marga und »die« Nati rauswerfen, okay, denn die beiden waren an dieser traumatischen Situation beteiligt, an dem Tag, als sie »die« Marga fanden und »die« Nati bei ihr war, und davon muss man sich lange körperlich, geistig und sozial erholen. Aber dass sie »die« Àngels und mich rauswerfen, das ist völlig ungerechtfertigt, vor allem dass sie mich rauswerfen, die Einzige, die sich jedes einzelne »scheiß« Treffen der Selbstvertretungsgruppe »gegeben« hat, die Einzige, die nicht ein Mal zum Psychiater gegangen ist, seit wir in Barcelona sind, die Einzige, die jede einzelne Frage der Polizei beantwortet hat, als die Marga »ausgebüxt« ist, die Einzige, die den Mossas und der Leiterin von der Wohnung gezeigt hat, wo »die« Marga alle ihre »Siebensachen« aufbewahrte, und die Einzige, die in Ihr Büro gekommen ist, um eine Aussage zu machen, und die jedes Mal ausgesagt hat, wenn Eure Eminenz sie gerufen hat. »Die« Nati reagiert nicht wegen ihrer schweren geistigen Behinderung. »Die« Àngels reagiert nicht, weil sie stottert, und wenn sie nervös ist, kommen die Wörter nicht raus oder brauchen »fünfhundert Jahre«, um rauszukommen. Ich war die Einzige, die jederzeit mit der Justiz und den Autoritäten kollaboriert hat, Eure Eminenz. Und dafür, dass ich mit der Justiz kollaboriere, erhalte ich keinen Vorteil? Darauf habe ich mich bezogen, als ich davon sprach, für dumm verkauft zu werden, darauf, dass Eure hochwohlgeborene Eminenz mich doch kennt und weiß, dass ich brav bin, und trotzdem setzt sich niemand für mich ein in dieser ganzen Sache, dass ich aus der Wohnung geworfen werde, und ich würde erwarten, ich würde bei aller Bescheidenheit unterwürfig von Eurer hochwohlgeborenen Eminenz erwarten, dass Eure hochwohlgeborene Eminenz das täte.

(*Die Vorsitzende Richterin sagt der Zeugin, dass sie sich sehr gut verhalten habe, als sie der Polizei geholfen habe, so gut sie konnte, denn wenn es darum gehe, eine vermisste Person zu finden, sei jede Hilfe willkommen, wenn nicht unverzichtbar, und es sei unsere Bürgerpflicht zu kollaborieren. Es sei auch sehr gut gewesen, dass sie immer zu allen Terminen mit der Vorsitzenden Richterin gekommen sei, und sie wolle ihr dafür nochmals danken, denn ohne ihre Aussagen hätte sie niemals eine wahrheitsgetreue Vorstellung von der Situation Doña Margaritas in Bezug auf ihre mögliche Sterilisation bekommen können. Die Zeugin solle stolz sein, dass sie sich so vorbildlich verhalten habe. Die Vorsitzende Richterin verstehe die Sorgen der Zeugin hinsichtlich der betreuten Wohnung, in der sie lebt, aber diese Frage liege außerhalb ihres Kompetenzbereiches und sei auch nicht Thema dieses Verfahrens. Die Kompetenz der Vorsitzenden Richterin beschränke sich darauf, die von ihrem Vormund, welcher, wie die Zeugin sehr gut wisse, die Generalitat von Katalonien sei, vertreten von der Leiterin der betreuten Wohnung, Doña Diana Ximenos, beantragte unfreiwillige Sterilisation von Doña Margarita zu autorisieren oder zu verweigern. Der Fall der betreuten Wohnung liege im Aufgabenbereich des Ministeriums für Arbeit, Soziales und Familie, das heiße, es sei entweder ein Verwaltungsakt oder eine politische Entscheidung. Womit allerdings die Zeugin und die Vorsitzende Richterin gerade befasst seien, sei weder ein Verwaltungsakt noch eine politische Entscheidung, sondern ein Gerichtsverfahren, und die Zeugin müsse wissen, dass es in der Demokratie eine Gewaltenteilung gebe, was heiße, dass die Angelegenheiten der Judikative, also das, was in den Gerichten passiere, nicht mit den Angelegenheiten der Exekutive vermischt werden dürften, und das sei das, was in den Ministerien passiere. Als Letztes bliebe dann noch die Legislative, welche die Gesetze mache und ebenfalls weder mit der Judikative noch mit der Exekutive vermischt werden dürfe. Und dies sei der Grund, warum die Vorsitzende Richterin in Sachen betreute Wohnung weder gut noch schlecht von der Zeugin sprechen könne, aber die Zeugin solle ganz ruhig sein, denn Beschäftigung und Soziales werde gewiss die beste Entscheidung im Sinne der Zeugin und ihrer Familie treffen.)*

Sie sagen mir, dass Euer Hochwohlgeboren nicht für die Frage der betreuten Wohnung verantwortlich ist?

(*Die Vorsitzende Richterin bestätigt dies.*)

Dass Sie verantwortlich sind oder dass Sie nicht verantwortlich sind?

(*Die Vorsitzende Richterin antwortet, dass sie nicht für diese Frage verantwortlich sei.*)

Also gut, wenn Sie nicht verantwortlich sind, dann könnte Eure exzellenteste Exzellenz mir doch den Gefallen tun und es der exzellentesten Exzellenz, die verantwortlich ist, sagen? Wenn Sie als Richterin es einem anderen Richter sagen, dann gäbe es doch keinen Interessenkonflikt und Machtmissbrauch, wie Euer Hochwohlgeboren sagt, oder?

(*Die Vorsitzende Richterin bedauert es, der Zeugin in dieser Sache nicht helfen zu können, und fragt sie, ob sie ihrer Aussage noch etwas hinzufügen wolle, denn sie müssten nun schließen.*)

(*Schluchzen der Zeugin. Die Vorsitzende Richterin bittet sie, sich zu beruhigen, und bietet ihr mehr Wasser an, was die Zeugin dankend annimmt.*)

Die Vorsitzende Richterin	Die Zeugin	Der Gerichtsschreiber
Guadalupe Pinto	Patricia Lama	Javier López Mansilla

ROMAN
TITEL: ERINNERUNGEN VON MARÍA DELS ÀNGELS GUIRAO HUERTAS
UNTERTITEL: ERINNERUNGEN UND GEDANKEN VON EINEM MÄDCHEN AUS ARCUELAMORA (ARCOS DE PUERTOCAMPO, SPANIEN)
ART: LEICHTE SPRACHE
AUTORIN: MARÍA DELS ÀNGELS GUIRAO HUERTAS
KAPITEL 4: PARADOXIEN IM NEUEN LÄWO

Ich bin zurück liebe Leserinnen und Leser.
Danke dass ihr gewartet habt
bis meine Inspiration zurückkommt.

Alle Schriftsteller wissen:
Es ist wichtig Texte für eine Weile
in eine Schublade zu legen.
Danach liest du sie mit einer anderen Perspektive.
Und das ist viel besser für dich.
Und es ist besser für den Text.

Perspektive bedeutet: Du liest den Text.
Und du siehst Dinge.
Die Dinge hast du vorher nicht gesehen.
Denn du hast dich sehr auf das Schreiben konzentriert.

In eine Schublade legen ist eine Metapher.
Früher haben die Schriftsteller auf Papier geschrieben.
Sie haben das Papier in einer Schublade aufbewahrt.

Metapher bedeutet:
Du vergleichst eine Sache
mit einer ganz ähnlichen Sache

damit die erste Sache verständlicher ist
oder schöner.

Ich schreibe meinen Roman auf WhatsApp.
Deshalb muss ich nichts weiter machen.
Um eine neue Perspektive zu bekommen
muss ich nur eine Weile nicht in die Gruppe
Roman María dels Àngels gucken.

Das war schwierig.
Denn jedes Mal wenn der Ton von WhatsApp kam
habe ich gedacht: Ein Leser aus der Gruppe
sagt mir seine Meinung zu dem Roman.
Oder er fragt mich wie die Geschichte weitergeht.

Aber ihr wart sehr geduldige Leser.
Und ihr habt das mit der Schublade und der Perspektive
genau verstanden.
Vielen Dank.

Mit der neuen Perspektive kann ich sehen
dass ich vielleicht nicht klar genug war:
Im alten LÄWO ging es uns sehr gut.
Somorrín ist ein großes Dorf.
Wir haben mitten im Zentrum gewohnt.
Das war sehr lustig.
Man lernt viele neue Leute kennen.
Man geht jeden Samstag auf den Markt.
Und im Sommer geht man zu Festen.
Und man geht in die Diskothek
und man geht zur Messe
und man geht zu Prozessionen
und man geht zu einer Menge Sachen mehr.
Die neuen Freunde gehen auch mit.

Das war draußen.
Aber im alten LÄWO gab es auch drinnen Spaß.
Man wohnt mit seinen neuen Freunden im selben Haus.
Man kann zu ihnen ins Zimmer gehen.
Man kann ihnen seine Sachen erzählen.
Man kann sie ärgern oder mit ihnen Verstecken spielen.
Man kann sich verkleiden für Theaterstücke.
Man kann auch zusammen fernsehen.
Fernsehen war sehr lustig.
Denn viele von uns
haben im Leben noch keinen Fernseher gesehen.
Wir guckten die Filme die wir wollten.
Und wir guckten Nachrichten und Fußball.
Und wir guckten Zeichentrick und Werbung.
Wir haben darüber geredet
was wir mochten
und was wir nicht mochten.
In guten wie in schlechten Zeiten.

Manchmal haben wir unsere Dörfer vermisst.
Manche vermissten sie sehr.
Darum sind sie weggelaufen.
Dann musste die Polizei kommen.
Manche haben geschrien.
Manche haben die Sozialarbeiterinnen geschlagen.
Manche haben sie an den Haaren gezogen.
Dann mussten die Sozialarbeiterinnen ihnen eine Ohrfeige geben.
Und sie mussten sie bestrafen und einsperren.
Aber normalerweise war alles lustig.

Und ich: Ich habe die Agustinilla vermisst.
Und auch die Katzen und die Hunde von Arcuelamora.
Aber nicht sehr.
Deswegen habe ich niemanden geschlagen.

Eines Tages kamen wir ins neue LÄWO.
Da wurde alles anders.
Das neue LÄWO
war in einem viel größeren und moderneren Haus.
Es war auch in Somorrín.
Aber es war nicht im Zentrum vom Dorf.
Es war außerhalb.

Das alte LÄWO hatte viele Dinge.
Aber das neue LÄWO hatte noch viel mehr:
ein Schwimmbad und Felder und ein Gewächshaus
und eine Sporthalle.
Gärten und Werkstätten und Massageräume.
Keller und Garagen und Schuppen.
Speisesäle und Küchen um ganz Arcuelamora zu ernähren.
Und ein Aquarium
dass du über das Aquarium im alten LÄWO
nur lachen kannst.
Das Aquarium im neuen LÄWO ging über eine halbe Wand
und es hatte Fische
dass du über die Fische im Fluss
nur lachen kannst.
Nicht wegen der Größe
sondern wegen ihrer Farben.
Sie waren sehr hübsch.

Bei so vielen großen und modernen Dingen
entsteht jetzt das Paradoxon:
Alles müsste besser werden.
Aber es wurde schlechter.

Paradoxon bedeutet: Etwas ist verkehrtrum.
Was weiß sein müsste ist schwarz.
Wir konnten nicht mehr in Somorrín spazieren gehen
denn wir waren sehr weit weg vom Dorf.

Man musste eine Schnellstraße überqueren
und unter einer anderen hindurchgehen.
Das machte den Sozialarbeiterinnen Angst.
Deshalb konnten wir nur noch mit ihnen spazieren gehen.
Und nur wann sie wollten.

Um uns zu beschäftigen haben sie uns ins Schwimmbad gebracht
und zu all den neuen Dingen.
Ins Schwimmbad konnte man im Sommer und im Winter gehen.
Denn es war ein überdachtes
und ein nicht überdachtes Schwimmbad.
Je nachdem.
Wie ein Cabriolet.

Das mit dem Cabriolet ist noch eine Metapher.
Im Schwimmbad zu baden
wenn es draußen regnete und kalt war
und du warst drinnen im Badeanzug und hattest es warm
das machte viel Spaß.
Sogar die Eingewiesenen im Rollstuhl
konnten in dem Schwimmbad baden.
Denn wir hatten Schwimmlehrer und Bademeister.

Aber es war nur lustig weil es neu war.
So wie im alten LÄWO der Fernseher.
Am Anfang findest du alles spannend
was im Fernsehen kommt.
Aber nach einer Weile langweilst du dich.
Denn es ist immer das Gleiche.
Und du kannst die Werbung schon auswendig.
Die Gärten und Felder waren besser.
Denn die Blumen und Tomaten waren immer anders.
Aber das war auch nicht lustig.
Denn du durftest nur hin wenn du dran warst.
Und du durftest nur pflanzen was die Betreuer wollten.

Und wenn wir es geerntet haben
dann durften wir es nicht essen.
Wir mussten es in die Küche bringen
damit die Köchinnen es kochen.

Manchmal sind Salatköpfe verdorben.
Weil man nur aufs Feld durfte
wenn die Betreuer es erlaubten.
Weil die Betreuer nicht merkten
wann man den Salat ernten muss oder gießen oder düngen.

Danach haben sie keine Selbstkritik geübt.
Sie haben gesagt: Alles ist in Ordnung.
Es gibt noch viele andere gepflanzte Dinge.

Selbstkritik bedeutet:
Du sagst dass du etwas falsch gemacht hast
und du bittest um Entschuldigung
weil du es falsch gemacht hast.

Das hat mich sehr gestört.
Denn wenn sie etwas falsch gemacht haben
haben sie sich nicht entschuldigt.
Aber wenn du etwas falsch gemacht hast
haben sie gesagt: Du musst dich entschuldigen.
Und wenn du dich nicht entschuldigt hast
dann haben sie dich bestraft.

Ich warte immer noch auf eine Entschuldigung von Mamen.
Denn sie hat mich nicht aufs Feld gelassen
weil es nicht die Zeit dafür war.
Und sie hat zugelassen dass eine Reihe Salat eingeht.
Ich habe schon als kleines Mädchen Salat gepflanzt
und ich weiß wie empfindlich er ist.
Aber niemand hat auf mich gehört.

Im neuen LÄWO war noch etwas anders:
Im neuen LÄWO haben viel mehr Leute gearbeitet.
Da waren die Sozialarbeiterinnen vom alten LÄWO
und außerdem Psychologinnen und Krankenschwestern
und Köchinnen und Aufseherinnen
und Schwimmlehrerinnen und Bademeisterinnen.
Das habe ich schon gesagt.
Und Physiotherapeutinnen und Beschäftigungstherapeutinnen
und außerdem der Fahrer vom Kleinbus.
Der fährt die Leute hin und her
die nur tagsüber im LÄWO sind
und zu Hause schlafen.

Physiotherapeut bedeutet:
eine Person die dich massiert
wenn dir ein Muskel wehtut.
Oder die dich turnen lässt
damit dieser Muskel dir nicht mehr wehtut.

Beschäftigungstherapeut bedeutet:
eine Person die dich basteln lässt
mit Tonpapier und mit Knete und mit Ton.
Oder die dich Blumentöpfe bepflanzen lässt.
Oder die dich aufs Feld schickt.
Aber was du machst ist nicht für dich.
Du gibst es den Köchinnen
oder du verkaufst es auf dem Markt oder Basar.

Man denkt: Es ist gut
wenn sich so viele Leute um die Eingewiesenen kümmern.
Aber das ist ein anderes Paradoxon:
Denn statt gut war es schlecht.

Im neuen LÄWO war es nicht mehr möglich
nachts

in das Zimmer von anderen Eingewiesenen zu gehen
oder wach zu bleiben
und mit den Mitbewohnern im Zimmer zu reden.
Auch nicht ganz leise.
Man konnte nicht mal lesen.
Denn im neuen LÄWO
haben immer zwei Aufseherinnen Wache geschoben.
Im alten LÄWO war es auch nicht erlaubt
zur Schlafenszeit nicht zu schlafen.
Aber es war immer nur eine Aufseherin da
und die ist immer eingeschlafen.
Und manchmal brachte sie ihren Freund mit.
Und sie war sehr nett.

Weil dort so viele Leute gearbeitet haben
haben sie auch immer blitzschnell gemerkt
wenn du irgendwas gemacht hast.

Zum Beispiel: Wenn ich keinen gekochten Kohl essen wollte
weil er mir nicht schmeckt
und wenn ich mit meiner Kameradin tauschen wollte
gegen eine Handvoll gebratenen Fisch
der mir gut schmeckt
hat immer irgendeine Aufsicht gemerkt
wenn wir die Teller bewegt haben.
Und sie hat uns das ganze Essen lang
nicht mehr aus den Augen gelassen.

Sie haben mich auf Diät gesetzt.
Das hatte ich so satt.
Ich konnte nicht verstehen
warum sie sich so bemüht haben
mir Essen zu geben
das ich nicht mag.
Ich tu mit meinem Essen doch niemandem weh.

Die Psychologin hat gesagt:
damit du besser zu dir selbst findest.
Die Physiotherapeutin hat gesagt:
für deine Knie.
Die Krankenschwester hat gesagt:
für deine Gesundheit.
Mamen hat gesagt:
damit du hübscher bist.
Und die Köchinnen haben gesagt:
weil die Mamen es uns befohlen hat.

Ich habe ihnen gesagt:
dick sein ist mir egal.
Ich weiß dass viele Dicke sehr faul sind.
Und sie können sich nicht bewegen
weil ihr Fleisch so schwer wiegt.
Aber das ist bei mir nicht so.
Denn ich bin eine starke Dicke
so wie die anderen Dicken in meiner Familie.
Ich hatte noch nie ein Problem:
Ich habe auf dem Acker gearbeitet.
Ich bin die Felsen hochgeklettert.
Ich habe genäht
und ich habe geputzt
und ich habe gekocht
und ich habe auf den Festen von Arcuelamora getanzt
und in den Nachbardörfern.
Kurz gesagt:
Ich habe alles gemacht
was man machen muss um zu leben.

Sie haben das nicht verstanden
und sie ließen mich hungern.
Darum habe ich mein Geld genommen
das ich für meine Ausgaben bekommen habe.

Und ich habe mir Essen gekauft
das ich mag.
Wie belegte Brote mit Chorizo und Arme Ritter.
Aber das war sehr schwierig.
Denn wie gesagt
wir sind fast nie ins Dorf gegangen.
Und rund ums neue LÄWO gab es keine Läden oder Bars.
Nur Land.
Aber das Land war nicht meins.
Und ich konnte dort nicht pflanzen was ich wollte
oder Tiere züchten wie ich wollte
und hinterher essen.

Außerdem haben sie uns viel weniger Geld gegeben.
Im alten LÄWO musste Mamen zur BANCOREA gehen
und Geld von unserer Rente abholen
damit sie unsere Sachen bezahlen kann
und damit sie uns einen Teil geben kann.
Das Geld durften wir ausgeben wofür wir wollen.

Jetzt kam das Geld von unserer Rente
direkt ins LÄWO.
Denn das LÄWO von Somorrín
war nun ein Konsortium.

Konsortium bedeutet: Die Regierung
gibt unsere Rente nicht mehr der BANCOREA
und die BANCOREA gibt die Rente dann uns.
Im neuen LÄWO
gibt die Regierung unsere Rente der BANCOREA
und die BANCOREA gibt die Rente dem LÄWO.

Im alten LÄWO
hatten die Konten von den Eingewiesenen
den Namen vom LÄWO.

Und so konnte Mamen dort hingehen
und Mamen konnte unsere Rente abholen.

Aber im neuen LÄWO passierte alles
ohne dass man die Scheine gesehen hat.
Denn Mamen musste nicht mehr zur Bank
um das Geld abzuholen.
Und sie musste nicht um Rechnungen bitten
von jeder einzelnen Sache die gekauft wurde.
Die Scheine und die Münzen waren fast nicht mehr nötig.
Denn fast alles wurde mit Überweisungen bezahlt.

Überweisung bedeutet: Eine Bank
gibt dein Geld einer anderen Bank
statt dass eine Person
es direkt einer anderen Person gibt.

Ich habe Mamen gefragt:
Warum gibst du mir statt tausend Peseten
nur noch vier Euro für das ganze Wochenende?
Sie hat gesagt:
Von deiner Rente bleibt nichts mehr übrig.
Die Geschäftsführung behält alles.
Und sie bezahlt damit deinen Platz im LÄWO.

Geschäftsführung bedeutet:
Territoriale Verwaltung der Sozialen Dienste.
Das sind die Ämter die sich darum kümmern
und sie verwalten die LÄWOs und die STÄWOs
von der ganzen Region Arcos
und von dem ganzen Landkreis Somorrín
und von der ganzen Provinz.

Sie hat mir auch gesagt:
Du brauchst nicht mehr Geld.

Denn im LÄWO hast du alles.
Und wenn du etwas brauchst
musst du nur darum bitten.
Und wir geben es dir.

Ich brauchte Chorizobrote und Arme Ritter.
Und ich wusste ganz genau:
Wenn ich darum bitte
geben sie es mir nicht.

Also.
Weil ich so wenig Geld bekommen habe
und weil das Leben mit dem Euro so teuer geworden ist
konnte ich mir nur noch Gummibärchen
und Tüten mit Sonnenblumenkernen kaufen.
Die brauchen weniger Platz als die belegten Brote.
Darum konnte ich sie in meinen Taschen verstecken
wenn sie uns mit dem Kleinbus zurück ins LÄWO brachten.

Das alles war sehr schlimm.
Aber das schlimmste Paradoxon von allen war:
Die Mitarbeiter durften den Eingewiesenen
keine Ohrfeigen mehr geben.
Nicht einmal wenn den Eingewiesenen die Hand ausrutscht
und sie den Mitarbeitern eine Ohrfeige geben.

Das hat ein Gesetz verboten.

Das sollte gut sein.
Aber in Wirklichkeit war es schlecht.
Und zwar durfte keine Aufseherin
und keine Psychologin
und keine Beschäftigungstherapeutin
und keine Aufpasserin
und keine Krankenschwester dich schlagen.

Nicht einmal Mamen
obwohl die damals schon die Direktorin war.
Dann schlagen sie dich nicht mehr.
Aber dafür schubsen sie dich aus dem Weg
und sie geben dir ein paar Tabletten.
Die sind schlimmer als die Ohrfeigen.

Und wenn der Eingewiesene die Mitarbeiterin
nicht losgelassen hat
oder einen anderen Eingewiesenen auf den er wütend war
und wenn er ihn fest an den Haaren gepackt hat
oder was auch immer
und wenn dann das Schubsen nicht funktioniert hat
wie bei einem Kampf
und man versucht den wegzuzerren der den anderen zermalmt
dann hat die Krankenschwester dir direkt
eine Spritze reingerammt.
Von der bist du eingeschlafen.
Und dann haben sie dich noch bestraft.

Die Ohrfeigen waren sehr schlimm.
Aber sie waren besser.
Denn die haben sie dir gegeben
und dann haben sie dich ein Weilchen eingesperrt.
Aber wenn die Strafe um war
kamst du raus und aus die Maus.

Aber diese Pillen und diese Spritzen
sind das Schlimmste auf der Welt.
Die machen dich dumm.
Du machst alles ganz langsam.
Sogar Essen runterschlucken.
Oder husten wenn du dich verschluckt hast.

Das ist sehr gefährlich.

Denn wenn du nicht hustest wenn du dich verschluckst
dann kannst du ersticken und sterben.
Darum haben sie den Eingewiesenen
die diese Pillen bekommen haben
ihr Essen püriert.
Wenn gekochter Kohl schon nicht schmeckt:
Wie ekelhaft muss er sein
wenn er aus dem Mixer kommt.

Ich habe schon gesagt:
Ich habe nie meine Hand gegen jemanden erhoben.
Auch wenn ich manchmal Lust gehabt hätte.
Und sie mussten mir nie diese Pillen oder diese Spritzen geben.
Aber ich habe genau gesehen
was passiert
wenn sie die jemandem geben.

Ich muss zugeben:
Obwohl es mir falsch vorkam
habe ich nie etwas gesagt.
Denn ich wollte keine Schwierigkeiten.
Ich war seit 10 Jahren bei Mamen und im LÄWO.
Und ich habe mich daran gewöhnt.
Die Mitarbeiter mochten mich
und mit den Jahren schaffte ich es.
Ich gehörte zu den wenigen Eingewiesenen
die nach dem Essen ins Dorf durften
um Kaffee zu trinken.
Wir mussten um 4 Uhr nachmittags wieder zu Hause sein.
Wenn du nicht pünktlich warst
   dann durftest du zwei Tage nicht rausgehen um Kaffee zu trinken.
Anfangs habe ich die Gelegenheit genutzt.
Ich habe statt Kaffee ein belegtes Brot bestellt.
Aber weil alles immer teurer wurde
   und sie mir immer das gleiche Geld gegeben haben

habe ich schließlich nur Kaffee mit was Süßem bestellt
oder Kaffee mit einem Schuss Cognac
oder Kaffee mit einem Glas Anisschnaps.
Denn den haben uns die von der Bar oft ausgegeben.
Aber belegte Brote nicht.
Und so nahm ich schließlich ab.

Aber dann sind meine Cousinen
Margarita und Patricia und Natividad
ins neue LÄWO gekommen.
Und ich habe gesehen wie sie ihnen die Pillen gaben.
Denn die Psychiaterin hat gesagt:
Sie sind verhaltensauffällig.
Da hat mich der Teufel geritten.

Patricia und Margarita sind gleichzeitig gekommen.
Denn sie waren 19 Jahre alt
und sie konnten nicht mehr in der SOSKA Schule sein.

Natividad ist als Letzte gekommen.
Sie hatte den Arbeitsunfall
in ihrem Büro in der Universität.
Und als Folge behielt sie das Schiebetürensyndrom
und sie bekam die dauerhafte Invalidität.

Dauerhafte Invalidität bedeutet:
Vorher konntest du arbeiten.
Aber dann erwischt dich ein Unfall bei der Arbeit
und der löst eine schwere Behinderung aus.
Danach kannst du nicht mehr arbeiten.
Aber obwohl du nicht mehr arbeiten kannst
bekommst du weiter fast den gleichen Lohn.

Ich glaube dann hat mich der Teufel geritten.

Denn ich habe meine Cousine zwar sehr wenig gesehen
seit wir aus Arcuelamora weg sind.
Aber sie waren doch von meinem Blut
und ich habe mich erinnert
wie wir klein waren
und im Dorf gespielt haben.
Ich habe mich auch erinnert
wie Natividad mir beigebracht hat
wirklich gute Bücher zu lesen.
Das war bevor sie das Schiebetürensyndrom bekommen hat.

Als sie anfingen meinen Cousinen die Pillen
und die Spritzen zu geben
wollte ich ihnen bei allem helfen.
Damit sie die Regeln vom LÄWO gut lernen.
Patri und Nati durften die Mitarbeiter nicht anschreien.
Patri und Nati durften die Mitarbeiter nicht schlagen.
Und Marga durfte sich da unten nicht berühren
und niemanden küssen.
Damit sie ihnen keine Pillen geben.

Aber die Jahre vergingen
und ich habe gemerkt:
Das mit den Pillen ist ganz normal.

Viele Leute bekommen die.
Nicht nur wenn sie sich küssen
oder wenn sie jemanden schlagen
oder wenn sie frech werden.
Das habe ich mit der Zeit eingesehen.
Denn letztendlich ist Gewalt falsch
und sich vor anderen Leuten anzufassen auch.
Denn wenn man das macht
dann ist man von gesellschaftlicher Ausgrenzung bedroht.

Schon recht dass sie mir die Freude am Essen nahmen.
Schon recht dass sie mich nicht das Feld beackern ließen.
Schon recht dass sie mein Taschengeld fürs Wochenende
nicht erhöht haben.
Und schon recht dass sie mich zwangen jeden verdammten Tag
zu duschen obwohl ich mich nicht dreckig gemacht hatte.
Denn sie ließen mich ja nicht aufs Feld.

Aber eine Sache konnte ich auf keinen Fall ertragen:
dass sie mir eines schönen Tages gedroht haben
auch mir Spritzen zu geben.
Ohne dass ich jemandem einen Kuss gegeben habe.
Ohne dass ich jemanden geschlagen habe.
Ich habe noch nicht einmal mich selbst geschlagen.

Ateneu Llibertari de Sants. Protokoll der Sitzung der Okupagruppe.
Außerordentliche Sitzung 10. Juli 2018.

Murcia: Heute führ ich das Protokoll wenn ihr einverstanden seid.
Alle: Gut gut gut ...
Murcia: Ich mache das so wie Palma, das ist leichter als so wie Jaén das macht, der alles so buchmäßig aufschreibt.
Jaén: Jetzt übertreibst du aber.
Oviedo: Keine falsche Bescheidenheit Jaén an dir ist echt ein Schriftsteller verloren gegangen.
Murcia: Also jedenfalls mach ich das Diktiergerät an und dann übertrag ich das.
Alle: Gut gut gut ...
Jaén: Wirst schon sehen dass Transkribieren zwanzigmal mühsamer und langsamer ist als das buchmäßig zu machen, wie du das nennst, denn Transkribieren heißt anhalten, zurückspulen, vorspulen ... Und buchmäßig ist Notizen machen und sie dann verbinden und fertig.
Murcia: Okay ich sag dir dann Bescheid.
Jaén: Tu das.
Coruña: Und um das klarzustellen, wenn wir das so machen dann immer nur mit echtem Diktiergerät, nicht mit dem Diktiergerät vom Handy.
Alle: Ja ja ja klar ...
Coruña: Auch nicht mit dem Handy im Flugmodus, auf keinsten.
Alle: Nein Alter nein ...
Jaén: Haben alle ihren Kruscht jetzt weggepackt?
Alle: Ja Alter ja ...
Oviedo: Dann schieß mal los Jaén, ich mein, eine außerordentliche Sitzung Mitte Juli um elf Uhr mittags. Alle Okupas fahren ans Meer, nur Jaén, der zitiert uns her.

Murcia: Badajoz hat gesagt sie kommt, aber später.

Jaén: Auch wenn wir nur zu viert sind, war das nötig. Coruña weiß schon Bescheid. Es geht um die Frau der wir vor Kurzem beim Besetzen geholfen haben.

Oviedo: Gari?

Murcia: Was ist passiert?

Jaén: Gestern Nachmittag haben Coruña und ich hier ein bisschen aufgeräumt, und da tauchen zwei Mossas auf.

Murcia: Ohne Scheiß Jaén?

Oviedo: Alter was sagst du da.

Jaén: So wie ich es sage. Zwei Streifenhörnchen haben nach ihr gefragt, mit einem Foto von ihr.

Oviedo: Scheißdreck was sagst du da.

Jaén: Ihr könnt euch vorstellen, wie Coruña und ich reagiert haben, als wir die reinkommen sahen. Die Tür stand offen, weil es so irre heiß war.

Coruña: Die mussten nicht mal klopfen, obwohl doch, das haben sie schon gemacht, sie haben jedenfalls mit den Fingerknöcheln so gegen die Tür getippt und gesagt: »Darf man?« Ich bin durchgedreht.

Jaén: Ich dachte das wars jetzt, die kommen um uns zu identifizieren weil es nach den fünf Jahren hier irgendeine Anzeige gab und jetzt kommt die Räumung. Aber klar, als die um Erlaubnis gebeten haben einzutreten, dachte ich, wir erlauben es ihnen einfach nicht, wir sagen Nein, man darf nicht reinkommen.

Oviedo: Ja klar hahahahaha ...

Murcia: Leute das habt ihr davon wenn ihr diese schwule Tür offen lasst.

Oviedo: Murcia, Alter, den ganzen Tag nur Schwule im Mund. Ich habe dir schon hundertmal gesagt, du benutzt das Adjektiv schwul despektierlich und setzt so Schwule und Lesben und Stricher und Huren herab. Such dir mal was Herabsetzendes, was weniger machohaft, weniger bourgeois und weniger all das ist, okay?

Murcia: Da hast du recht, wenn ich mich aufrege, rutscht mir das immer wieder raus. Ich merk das selbst wenn ich das sage.

Oviedo: Wenn du es merkst wenn du es sagst, dann sag das okay? Geh

den gleichen Weg zurück, erkenne, wo du dich im Ton vergriffen hast. Das wäre hurelässig.
Alle: Hahahahahahaha ...
Oviedo: Leute, das ist doch positiv gemeint!
Coruña: Schon klar, aber das war jetzt echt witzig.
Oviedo: Ist gut aber Murcia hat schon auch recht dass ihr selbst schuld seid wenn ihr die Tür sperrangelweit offen lasst. Früher als wir den Raum angemietet hatten, okay, dass da im Sommer und im Winter die Tür offen stand, aber jetzt muss man mal ein bisschen den Kopf einschalten.
Coruña: Hörmal Oviedo es war so heiß du bist kaputtgegangen, und außerdem sind im August alle Gerichte zu und alle Prozesse liegen auf Eis.
Jaén: Aber das spielt jetzt auch gar keine Rolle denn sie sind ja nicht gekommen um unsere Identität festzustellen oder so.
Coruña: Also sie haben uns schon identifiziert, aber nicht wegen ner Räumung.
Murcia: Sondern?
Jaén: Na ja sie sind eben gekommen um nach Gari Garay zu fragen mit einem laminierten Foto von ihr und jetzt pass auf: mit einem Stapel Fanzines aus der Bücherei!
Murcia: Aus unserer Bücherei?
Jaén: Aus der Fanzine-Bücherei!
Coruña: Also gut, die könnten jetzt aus unserer Bücherei sein oder von irgendwo anders wo es anarchistische Fanzines gibt, aus dem Ateneo von Gràcia oder Entrebancs, Rosa de Foc, Lokal, Can Batlló ...
Jaén: Can Batlló hat anarchistische Fanzines?
Coruña: Hahahaha okay, aus dem Can Batlló sicher nicht, aber Can Vies könnte sein.
Jaén: Die Fanzines im Can Vies sind unsere, die haben wir da hingebracht.
Murcia: Leute, anarchistische Fanzines haben sie auch im La Clandestina in Sagrada Familia, im La Púa de Hospitalet und fast überall sonst, im Ateneo von Bèsos, in Manresa, in Viladecans ...
Jaén: Ja Leute, aber ich bin mir sicher, dass diese Fanzines welche von

den neuen waren, die ich in der Bücherei sortiert hatte, ich konnte mich genau an die erinnern. Das waren die letzten, von denen ich Kopien gemacht und die ich verteilt hatte. Das mit María Galindo über den Bastardismus, das mit Verbrenn dein Handy, das über Gruppensex, das mit der Anleitung zum Selbermachen von wiederverwendbaren Damenbinden, das über Insurrektionalismus ... Alle außer einem, das ich total interessant fand, das war nicht von hier, eins das »Armer Macho – der will doch nur ficken« hieß.

Oviedo: So hieß das? Hahahahahahaha ...

Murcia: Aber wie war das? Sie sind reingekommen und haben euch diese Fanzines gegeben?

Coruña: Also. Jaén und ich haben alles stehen und liegen lassen und sind zu ihnen gegangen, die waren da am Eingang geblieben, sind gerade mal einen Schritt reingekommen. Er und ich haben uns angeguckt aber wir haben nichts gesagt, uns sind zwanzigtausend Sachen durch den Kopf geschossen aber wir haben nichts gesagt.

Jaén: Die Mossas gucken sich um, nehmen die Mütze ab und klemmen sie so unter den Arm. So nach dem Motto wir kommen in friedlicher Absicht. Sie sagen guten Abend und Coruña geht hin und grüßt sie auch hahahahahaha ... hat nur noch gefehlt dass er die Hacken zusammenschlägt hahahahaha ...

Alle: Hahahahahahaha ...

Coruña: Leute ich hatte so Schiss. Du nicht Jaén?

Jaén: Ich dachte das wars jetzt, die identifizieren uns und dann reichen sie die Räumungsklage ein und Schlussaus, dich und mich hat es erwischt, also müssen wir da jetzt durch.

Oviedo: Aber darum ging es gar nicht, oder?

Jaén: Nein. Sie kommen zu uns und sagen ...

Coruña: Darum ging es nicht, aber schlussendlich haben sie uns identifiziert.

Murcia: Mann, aber wieso denn?

Oviedo: Jaén du hast ihnen nicht mal hallo gesagt?

Coruña: Das Arschloch wie im Film, der so zu ihnen »Gibt es irgendein Problem, Wachtmeister?«

Alle: Hahahahahaha ...

Jaén: Und die beiden kommen her und sagen dass sie ein Mädchen mit geistiger Behinderung suchen die Margarita Guirao Guirao heißt weil die verschwunden ist, und sie zeigen uns das Foto und fragen ob wir sie gesehen haben. Ob man dir das ansieht, wenn du versuchst, nicht überrascht zu wirken?

Coruña: Ich glaub ja, dass wir das ziemlich gut gemacht haben Jaén, wir haben ganz normal geguckt, als hätten sie uns ein Foto von irgendeiner Unbekannten gezeigt. Du hast nicht mal die Augenbrauen hochgezogen.

Jaén: Wir natürlich so: nein, keine Ahnung, wer das ist.

Coruña: Und dann holen sie die Fanzines aus einer Mappe und sagen uns, dass sie die zwischen ihren Sachen gefunden haben, und sie fragen uns ob wir diese Fanzines vorher schon mal gesehen haben.

Murcia: Und du hast Nein gesagt.

Jaén: Nein, damit wäre ich nicht durchgekommen, denn die Streifenhörnchen standen da an der Tür mit der Fanzine-Bücherei direkt daneben und man konnte sehen, dass da haufenweise solcher Fanzines waren. Also sage ich, dass ich manche schon mal gesehen habe aber andere nicht.

Coruña: Das hat Jaén richtig gut gemacht.

Jaén: Ich habe sie ihnen gezeigt, volles Programm, das hier ja, das nicht, das hier ... mal sehen ... das nicht ... das ja.

Coruña: Zuerst dachte ich das wäre eine Art Operation Pandora 3, wo sie Publikationen entführen wie bei dem Buch »Contra la Democracia« und dass sie der Spur von Gari folgen um die Autoren dieser Fanzines zu finden. Aber nee, nix da. Die Mossas dachten nur dass Gari diese Fanzines vielleicht hier herhatte und dass wir sie gesehen haben könnten.

Jaén: Wir haben wieder Nein gesagt, dass uns ihr Gesicht überhaupt nicht bekannt vorkommt, und dann hat sich der Gesichtsausdruck der beiden ein bisschen verändert und sie haben gesagt, dass sie geistig stark zurückgeblieben ist und psychiatrische Probleme hat, dass sie Medikamente braucht und außerdem entmündigt ist. Deshalb wird das als Hochrisikoverschwinden eingestuft und sie würden ganz Barcelona nach ihr absuchen, denn sie wäre eine Person, die sich nicht zu helfen wüsste, die die Reichweite ihrer Handlungen nicht überblicken und alles Mögliche anstellen könnte, angefangen mit Selbstverletzungen.

Oviedo: Was für paternalistische Arschlöcher, ekelhafte Faschisten.

Jaén: Und die ganze Zeit hat immer die eine Mossa geredet und die andere hat in einem Heft Notizen gemacht.

Coruña: Aber echt, Oviedo. Und ich war die ganze Zeit am Nicken wie ein Wackeldackel, so von wegen haut endlich ab und hört auf Fragen zu stellen, und Jaén genauso, Modus Wackeldackel.

Jaén: Und die sagen uns, dass sie sich bei ihr zu Hause große Sorgen machen und dass die Mithilfe der Bürger unverzichtbar ist, und wenn wir sie sehen oder von jemandem wissen, der sie gesehen hat, dass wir uns dann bitte an die Polizei wenden. Als ich das mit der Mithilfe der Bürger höre hat sich wohl mein Gesichtsausdruck verändert, denn ich dachte, jetzt sind sie fertig mit dem Arschficken aber ...

Coruña: Jaén ich sag dir das Gleiche was vorhin Oviedo zu Murcia gesagt hat, dass die Verwendung von despektierlichen Ausdrücken, die mit Homosexualität zu tun haben eine Zensur von allem darstellt, was nicht der heterosexuellen Norm entspricht.

Jaén: Entschuldigt Leute ihr habt vollkommen recht, und das, wo wahrscheinlich ich derjenige von uns vieren bin, der am meisten in den Arsch steckt und selbst reinbekommt, oder? Hahahahahahaha ...

Alle: Hahahahahaha ...

Oviedo: Ja Alter aber das hat damit nichts zu tun, sogar wenn wir denken dass unsere Sexualität das totale Gegenteil vom Heteropatriarchat ist, haben wir weiterhin einen Haufen ideologischen Müll in Stein gemeißelt in uns, und der verrät uns und macht uns zu Boykotteuren unseres eigenen Kampfes für sexuelle Befreiung.

Jaén: Alte, klar, alles was du sagst ist richtig. Der Schlagstock hat uns nicht in den Arsch gefickt, das besorgen wir uns schon aufs Wundervollste gegenseitig.

Oviedo: Hahahahaha mach mal halblang Jaén hier ficken wir uns

nicht in den Arsch, nicht mal wenn es in der Versammlung beschlossen würde hahahahaha ...
Alle: Hahahahahaha ...
Jaén: Na also, wenn wir uns nicht gegenseitig in den Arsch ficken, umso weniger der Schlagstock! Das Holz hat uns nicht in den Arsch gefickt, aber es hat uns den Tag versaut, wollte uns zum Schweigen bringen und uns einschüchtern, denn das Letzte, was sie gesagt haben, bevor sie endlich abgezischt sind, und ich glaube das haben sie gesagt, weil sie etwas von dem Ekel in meinem Gesicht sehen konnten als sie das mit der Mithilfe der Bürger gesagt hatten, zum Schluss also sagten sie, das Verschwinden einer per Gesetz entmündigten Person zu vertuschen oder zu ermöglichen wäre gleichwertig mit einer Entführung oder der Vertuschung der Entführung eines Minderjährigen. Das waren ihre Worte.
Coruña: Und dann haben die dummen Puten uns um unsere Ausweise gebeten, um das mit ins Protokoll aufzunehmen, wie sie sagten.
Murcia: Ja, das ist immer so, die verlangen bei jeder Polizeiaktion den Ausweis.
Coruña: Das mag ja immer so sein, aber dann haben sie uns schon für das Protokoll in den Akten und dann für die Räumung wenn es so weit ist und wonach auch immer ihnen die Möse steht.
Oviedo: Logisch, das ist ja klar.
Coruña: Jedenfalls geben wir ihnen die Ausweise, die eine notiert alles in ihrem Büchlein und die andere guckt überall rum, nach hinten, an den Seiten ...
Murcia: Aber ohne reinzugehen, oder?
Coruña: Ohne reinzugehen, alles von der Tür aus, die Olle hebt so das Kinn an, ob es wohl was zu sehen gibt, und wir beide die Arme so verschränkt und ohne uns einen Millimeter zu bewegen. Wie auch immer, die Tanten setzen sich dann ihre Kappen wieder auf und ich war schon erleichtert, dass sie jetzt gehen, ja? Dachte so bloß gut dass die endlich verschwinden. Aber hey, jetzt zieht euch noch rein, was Jaén den beiden Schlagstöcken gesagt hat, bevor die gegangen sind. Jaén war echt angeknipst.
Jaén: Du übertreibst so krass, Coruña, Alter.

Coruña: Ja Mann voll krass! Also jedenfalls geht der Typ hin und fragt sie, ob sie ihn die Fanzines noch mal sehen lassen, worauf die Streifenhörnchen sofort die Mappe wieder öffnen und sie rausholen, und Jaén fängt an die wieder und wieder durchzusehen, als würde er ihnen gleich eine unerwartete Information geben, als wäre ihm ein Licht aufgegangen, und die beiden doofen Ziegen warten ganz gespannt, was dieser hilfsbereite Bürger ihnen wohl mitteilen wird hahahahaha ... Und der Jaén geht hin und fragt ob er das da wohl behalten darf, denn das hat er vorher noch nie gesehen, das was er auch wirklich vorher nicht gesehen hatte, das mit Armer Macho.

Jaén: Armer Macho – der will doch nur ficken.

Murcia: Das ist nicht wahr, Alter. Das hast du gesagt?

Coruña: Hahahahahaha ... so wie ich sage!

Jaén: Das war wirklich ein hübsches Fanzine, Leute.

Oviedo: Du bist so gestört, Jaén.

Coruña: Die Stöcke fragen ihn und darf man erfahren, wofür Sie das benötigen? Und der Jaén geht hin und sagt ganz genau das, dass er einfach findet, dass es ein sehr hübsches Fanzine ist.

Oviedo: Das hast du gesagt, Jaén? Du hast sehr hübsches Fanzine gesagt?

Murcia: Oder war es wegen was anderem?

Jaén: Leute ich habe ihnen die Wahrheit gesagt, denn das ist wirklich ein sehr sehr cooles Fanzine.

Murcia: Alter wie krass.

Oviedo: Und was haben sie gesagt?

Coruña: Los los Jaén, erzähl ihnen was sie gesagt haben und was du geantwortet hast!

Jaén: Sie sagten wie Sie sicher verstehen werden können wir es Ihnen nicht geben.

Coruña: Und der Jaén geht hin und sagt dass er das total versteht, aber wir haben gleich hier einen Kopierer und er bittet sie ob er kurz eine Kopie machen darf.

Murcia: Neiiiiiiin .... Und sind sie dann mit euch reingegangen?

Jaén: Keine Sorge die haben Nein gesagt.

Oviedo: Weil sie dumm sind, denn wenn sie Ja gesagt hätten, hätten sie ja bis zum Kopierer mitgehen und da weiter rumschnüffeln können.

Coruña: Halt die Klappe Oviedo halt bloß die Klappe, nur gut, dass die Mossas unserem freidrehenden Freund hier ein bisschen Verstand entgegenzusetzen hatten.

Alle: Hahahahahahaha ...

Oviedo: Okay, das ist alles witzig und so weiter, aber das mit Gari ist ne ernste Sache.

Jaén: Das ist megaernst. Wir haben gleich gestern, wie die Mossas weg waren, die Kumpel von anderen Zentren angerufen wo sie auch Fanzines haben und gefragt, ob die Polizei auch bei denen gewesen ist und sie das Gleiche gefragt hat wie uns.

Coruña: Wir haben natürlich von einer Telefonzelle aus angerufen, ruhig Blut.

Oviedo: Ah gut.

Murcia: Und was haben sie gesagt?

Jaén: Treffer. Im CV konnten sie nicht fragen, weil das im Sommer noch zuer ist als die Schulen, aber im AG haben sie gefragt, und im APS auch, und im RF und im LK.

Murcia: Alter, krass.

Coruña: Wisst ihr noch, dass Gari in La Barceloneta gewohnt hat? Die Bullen haben ihre Suche von dort aus ausgeweitet, zuerst in der Nähe, Raval und Poble Nou, dann im Poble Sec und immer weiter, bis sie schließlich in Sants angekommen sind. An all diesen Orten haben sie uns gesagt, ja, das war das gleiche Paar Streifenhörnchen, eine Blonde mit Pferdeschwanz, bisschen dick und sehr groß, und die andere mit kurzen Haaren wie ein Junge, aber mit so einem schiefen Pony, der ihr immer in die Augen fiel, auch Richtung blond, aber beide gefärbt. Die Große stark geschminkt mit ganz viel Foundation und die andere mit ganz vielen Sommersprossen im Gesicht und total blauen Augen. Die Große war jünger, höchstens vierzig und mit einem breiten katalanischen Akzent, und die mit den Sommersprossen mit andalusischem Akzent oder aus der Extremadura und älter, so zwischen 50 und 55.

Murcia: Und die sind überall in Uniform hingegangen?
Coruña: Überall.
Murcia: Oke.
Oviedo: Aber habt ihr Gari Bescheid gesagt?
Jaén: Weil ich fest davon ausgegangen bin dass die beiden Mossas noch eine ganze Weile durchs Viertel spazieren würden, habe ich ein paar Stunden gewartet, bevor ich zu ihr gegangen bin.
Oviedo: Und ich denke, darum sollten wir uns vorrangig kümmern, nicht um die Bewegungsmuster der Polizei. Unsere Priorität sollte darauf liegen, eine Aktion zu organisieren um Gari zu helfen.
Coruña: Die Bewegungsmuster der Polizei zu kennen ist aber unverzichtbar um die richtigen Entscheidungen zu treffen, Oviedo. Wir machen das ja nicht um Räuber und Gendarm zu spielen.
Oviedo: Na ja, sah ein bisschen so aus, weil wir uns damit eine Stunde rumgeschlagen haben.
Murcia: Also du bist dann zu ihr gegangen und hast es ihr erzählt und was dann.
Jaén: Ja, das ist eines der Dinge die ich euch erzählen wollte. Dass ich zu ihr gegangen bin und ihr gesagt habe, dass sie in ganz Barna gesucht wird, dass sie schon im Viertel waren und sie gut aufpassen soll und so, und als ich meine dass sie die Nacht bei mir verbringen kann während wir gemeinsam eine Lösung suchen, da sagte sie Nein.
Murcia: Na ja das ist jetzt auch keine Überraschung, oder?
Oviedo: Ein bisschen schon, oder? Ich weiß nicht, wenn mir jemand sagt dass die Polizei mich sucht und mir dann einen Platz anbietet wo ich mich verstecken kann, dann denke ich da nicht zweimal drüber nach.
Jaén: Die Sache ist dass sie nicht nur dazu Nein gesagt hat, sondern auch zu allen Aktionen, die ich vorgeschlagen habe. Ich habe ihr gesagt, dass wir alle zusammen da sein könnten, damit die Polizei es nicht schafft reinzukommen, so wie wenn wir eine Zwangsräumung stoppen. Oder dass wir ihr helfen können eine neue Wohnung zum Okupieren zu finden, nicht in Barcelona sondern in irgendeinem Dorf.

Oviedo: Und zu allem hat sie Nein gesagt?

Jaén: Zu allem. Dass sie uns sehr für unsere Hilfe dankt, aber dass sie in diesem Haus bleiben will, dass die zehn Tage, die sie dort verbracht hat, die besten der letzten zwanzig Jahre ihres Lebens waren, seit sie in ein Heim gesteckt wurde.

Coruña: Das ist wirklich heftig was sie mit Gari und so vielen anderen wie ihr machen.

Jaén: Also das habe ich ihr gesagt. Ich war mehr als eine Stunde bei ihr in der Wohnung und hab mit ihr geredet, übrigens ist es da so sauber, das würde ich mir mal für meine Wohnung wünschen, und ich habe ihr gesagt, dass das ein sehr gutes Haus ist, sie aber jetzt in Gefahr ist, nicht nur, dass sie sie rauswerfen, sondern dass sie wieder ins Heim gesteckt wird oder in eine dieser betreuten Wohnungen. Ich habe ihr gesagt, wenn sie einmal den Mut hatte, dort wegzugehen und ein Haus zu besetzen, dann würde sie doch bestimmt auch den Mut haben, in ein anderes zu ziehen, wo sie sicherer wäre ...

Murcia: Moment mal, Jaén. Das hast du ihr gesagt?

Jaén: Ja. Stimmt was nicht?

Murcia: Was nicht stimmt ist dass es nicht stimmt. Es stimmt nicht, dass wir verhindern können, dass die Polizei in Garis Wohnung kommt, so wie wir eine Räumung verhindern können, denn wie die Mossas gesagt haben, weil Gari als geistig behindert gilt und außerdem gerichtlich entmündigt ist, wird jede Aktion, mit der wir ihre Flucht unterstützen, nicht nur als Behinderung der Justiz betrachtet, wie wenn wir eine Räumung stoppen, sondern als etwas, was rechtlich wie eine Entführung behandelt wird.

Coruña: Aber Murcia, wenn sie freiwillig in diesem Haus bleiben will und stell dir vor sie sagt das der Polizei ausdrücklich, wenn wir dann an dem Tag, wenn sie die da rausholen wollen, vor Ort sind und die Tür versperren, wie soll man das denn für eine Entführung halten?

Murcia: Weil ihr Wille nicht zählt, Coruña. Als gerichtlich Entmündigte hat sie keinerlei Macht, über ihr Leben zu entscheiden. Alle Entscheidungen, die ihr Leben betreffen, fällt ihr rechtlicher Vormund, was wenn ich mich recht erinnere bei ihr die Generalitat ist. Die Mossas haben das ganz klar gesagt: Es ist, als wäre Gari minderjährig, und wenn eine Minderjährige abhaut, und zwar auch dann, wenn sie wegläuft, weil sie zu Hause oder in der Schule verprügelt wird, und die Polizei findet sie, dann schleifen sie sie zurück zu ihren Misshandlern. Und wie ein Kind kann eine entmündigte Person nicht einmal Anzeige erstatten. Sie kann den Aufstand proben, wenn man sie holen kommt, sagen, dass sie nicht zurück will, weil sie in der Wohnung, wo sie lebt, misshandelt wird, und wenn sie Glück hat und die Lust haben, das für sie zu übernehmen, erstattet dann die Polizei Anzeige. Und wenn sie Lust haben, das zu machen, kommt sie während die Anzeige läuft statt in ihre betreute Wohnung zum Notdienst vom Sozialamt, und die bringen sie dann in eine andere betreute Wohnung der Generalitat oder in ein anderes Heim, und genau das will Gari nicht.

Jaén: Das spricht doch erst recht für eine Aktion unsererseits.
Murcia: Stimmt, aber euch muss klar sein, dass wir uns damit dem Risiko aussetzen, dass sie uns wegen Entführung festnehmen.
Oviedo: Kinders, das wäre wohl das Mindeste.
Murcia: Oviedoschatz, mindestens das Mindeste ...
Oviedo: Ich seh bei dem was Jaén gesagt hat einen anderen Haken, und zwar dass Gari, auch wenn sie eine andere Okupa findet, nie in Sicherheit sein wird. Und ich bin nicht sicher ob euch klar ist, dass Gari, wenn sie frei bleiben will, für immer im Untergrund leben muss, liebe Leute. Das ist wirklich ernst, also: Was ich sagen will ist, wenn es wahr ist, was Murcia über die Behandlung von entmündigten Personen gesagt hat, dann hat Gari keine andere Wahl als versteckt und auf der Flucht zu leben, nicht nur wie eine Okupa, sondern wie eine Terroristin oder Narco.
Murcia: Klingt übertrieben krass oder wie im Film, aber genauso ist es.
Coruña: Leute nicht wahr oder.
Murcia: Doch Coruña Alter.
Jaén: Aber letztlich spielt das alles keine Rolle Leute weil Gari sich wie gesagt ja nicht aus ihrem Okupa wegbewegen will.
Oviedo: Dann müssen wir da rein um ihr zu helfen, sodass die Poli-

zei nur uns antrifft, wenn sie reingeht, als wären wir ganz normale Okupas, und Gari verstecken wir irgendwo im Haus.

Coruña: Aber wie lange können wir das machen, Oviedo? Wir müssten allesamt da einziehen. Und wenn die Polizei Verdacht schöpft, kommen sie mit einem Durchsuchungsbefehl und dann wird das passieren, was Murcia gesagt hat, dass sie Gari da rausschleifen und uns nehmen sie wegen Entführung fest.

Oviedo: Hör mal Alter, die Verteidigungsstrategie ist wesentlich später dran. Eine Verteidigungsstrategie entwirft man, wenn die Sache schiefgelaufen ist und sie dich gekriegt haben und das Strafmaß bekannt ist. Du kannst dir nicht vorher einen Kopf darum machen, wie sie dich unterdrücken werden, denn dann würden wir gar keine Aktion mehr machen, wir wären den ganzen Tag halbtot vor Angst. Wir wissen, dass unser Kampf immer Konsequenzen hat, aber das zu wissen und mit diesem Wissen Aktionen zu erarbeiten, die von den Unterdrückern schwerer zu verfolgen sind, das ist eine Sache; etwas ganz anderes ist es, das Pflaster vor der Verwundung aufzukleben. Eine Sache ist es, ihnen zuvorzukommen, unser Vorteil ist ja, dass wir genau wissen, wie sie uns fertigmachen wollen, und etwas ganz anderes wäre es wie gelähmt zu erstarren, weil wir fest davon ausgehen, dass sie uns fertigmachen werden, wodurch die Unterdrücker im Vorteil wären: der Vorteil unserer Inaktivität, freie Bahn um Gari für ihre mutige Flucht fertigzumachen. Denn vielleicht gelingt es uns ja, eine so gut durchdachte Aktion durchzuführen, dass sie uns gar nicht erwischen, oder? Warum denken wir nicht an unsere Siegeschancen, und die sind nicht ohne?

Murcia: Schon, da hast du auch wieder recht.

Jaén: Aber schaut mal, Gari will absolut gar nichts unternehmen. Ich habe ihr ja gesagt, dass die Erfolgsaussichten gut sind, dass sie einen tapferen Schritt in die Freiheit getan hat und einen weiteren machen könnte, einen schwierigen Schritt, der Opfer bedeutet, aber mit unserer Unterstützung wäre er möglich. Und wie gesagt hat sie mir gesagt, dass sie uns sehr für alles dankt was wir für sie getan haben und bereit sind zu tun, aber das Einzige was sie will ist in Ruhe in ihrem Okupa sein.

Coruña: Und es macht ihr nichts aus, geschnappt zu werden?
Jaén: Nicht direkt dass es ihr nichts ausmachen würde, aber sie sagt, sie will nicht daran denken, sie will einfach nur daran denken, wie gut sie es hat, solange sie dort ist, ohne sich um sonst irgendwas Gedanken zu machen. Deshalb wollte sie auch nicht zur Versammlung kommen, und schau mal, ich hab ihr sogar gesagt, wir treffen uns bei ihr, in ihrer Wohnung, wenn sie lieber nicht raus auf die Straße will, aber sie nur Nein und wieder Nein.
Murcia: Meine Güte, die Frau ist echt schräg.
Jaén: Das würde ich gar nicht so sagen, Murcia. Ich glaube, Gari sieht die ganze Sache sehr klar und weiß, was auf sie zukommt. Sie hat in ihrem Leben in den Behindertenheimen schon viel Unterdrückung erfahren, sowohl drinnen durch die Betreuer wie auch draußen durch die mit ihren Betreuern verbündete Polizei. Sie ist 37 Jahre alt, und seit sie mit 18 das erste Mal in ein Heim gesteckt wurde, hat sie Widerstandsstrategien entwickelt. Sie selbst nennt das nicht so, aber so verstehe ich ihre Worte. Gari würde nie den Schlachtruf »Für jede Räumung eine Okupation!« rufen, aber eigentlich macht sie genau das schon ihr ganzes Leben lang. Sie nehmen ihr einen Freiraum und sie wartet auf den richtigen Augenblick, um sich einen neuen zu erobern. So wie wir.
Coruña: Mit dem entscheidenden Unterschied, Jaén, dem entscheidenden Unterschied, dass sie im wahrsten Sinne des Wortes eingesperrt ist, sie lebt in vier von ihren Unterdrückern systematisch kontrollierten Wänden, und wir nicht.
Oviedo: Was heißt hier wir nicht? Unser Gefängnis sind vielleicht nicht vier Wände, aber die ganze Stadt ist unser Gefängnis, wir leben hier unter der absoluten Herrschaft des totalitären Marktes, der uns zu lebenden Toten macht, wir arbeiten zehn Stunden am Tag als Kellnerin oder Stipendiatin, ertragen Ausbeutung und Schikanen, es raubt uns die Lust zu leben und zu ficken und zwingt uns, nur über Geld miteinander in Beziehung zu treten.
Coruña: Vergleichst du deine Lage als Unterdrückte ernsthaft mit der Unterdrückung, der Gari in den letzten zwanzig Jahren ihres Lebens ausgesetzt war? Ist das dein Ernst, Alte?

Oviedo: Mein voller Ernst! Wie sollte ich mit der Unterdrückung, unter der Gari leidet, solidarisch fühlen, wenn nicht durch den Vergleich mit meiner eigenen? Wer sich freier fühlt als Gari, nur weil er außerhalb eines Internierungssystems lebt, der werfe den ersten Stein.

Coruña: Na da müsste ich viele Steine werfen, Oviedo, viele viele, denn du darfst nicht übersehen, dass du, ich und alle, die wir hier in dieser Versammlung sitzen, einige Privilegien genießen, die uns vom System gewährt werden, Gari aber nicht. Wir genießen das Privileg, nicht gerichtlich entmündigt zu sein und entscheiden zu können, wo wir leben wollen, das mal als Anfang.

Oviedo: Einen Scheißdreck, Coruña, einen Scheißdreck können wir entscheiden, wo wir leben wollen! Die schmeißen doch jeden Tag Hunderte von unseren Nachbarn aus der Stadt indem sie die Mieten derart erhöhen, dass die nur noch die Touris bezahlen können! Und gleichzeitig kürzen sie uns die Löhne! Sie erleichtern Verfahren, damit man uns mit Expresskündigungen rauswerfen kann und sie verschärfen die repressiven Maßnahmen gegen die Okupationen und Demonstrationen! Von welchen Privilegien redest du, Digga?

Coruña: Scheiße Oviedo ja ja das stimmt schon. Aber glaubst du nicht, dass du im Vergleich zu Gari schon das eine oder andere Privileg hast, ein Privileg, was dich befähigt ihr zu helfen? Zum Beispiel das Privileg arbeiten zu können und zu entscheiden, wofür du dein Geld ausgibst?

Oviedo: Hahahahahahaha ... Coruña Alter du redest wie so ein alter Kauz aus der Transición der meint, der Höhepunkt der Freiheit war erreicht, als die Frauen endlich ein Bankkonto auf den eigenen Namen führen und Miniröcke anziehen durften, echt jetzt mal.

Murcia: Das seh ich wie Coruña. Das heißt nicht, dass es per se was Gutes wäre arbeiten zu können. Aber Privilegien müssen wir in Relation zu den Kameradinnen begreifen, die sie nicht haben, und nicht absolut. Ein Privileg, das der Staat oder der Markt dir zugesteht, kann der letzte Scheiß sein oder sogar ein weiteres Instrument der Unterdrückung, aber es kann dazu dienen, einer anderen Kameradin zu helfen, die es nicht hat. Zum Beispiel gesteht uns die

Polizei, weil wir weiß und europäisch sind, das Privileg zu, uns nicht einfach nur wegen unseres Gesichts anzuhalten, um zu sehen, ob unsere Aufenthaltserlaubnis gültig ist oder wir keine Papiere haben, weil sie uns abschieben wollen.

Oviedo: Hört mal Leute keine Ahnung von welchen verfickten Privilegien ihr redet, gerade ihr die ihr eben erst erzählt habt wie sie eure Identität überprüft haben, nur weil ihr im Ateneo den Wischmopp geschwungen habt. Sie identifizieren und sperren uns ein, einfach nur weil wir eine Zwangsräumung stoppen, einfach nur weil wir die Politiker beschimpfen, die auf unsere Kosten leben und die Touris, die uns aus unseren Häusern drängen. Sie verfolgen uns wegen allem, Leute, wegen allem womit wir gegen den für uns vorgesehenen Lebensentwurf rebellieren. Wollt ihr mir echt erzählen, dass es ein Privileg ist in meiner Wohnung bleiben zu können und fernzusehen?

Coruña: Ich will sagen, dass du einen Reisepass hast, den die Polizei am Flughafen nicht vierzigmal von vorne und hinten durchsieht, bevor sie entscheidet, ob sie dich durchlässt oder in eine Zelle steckt.

Jaén: Leute bitte ich bitte euch lasst uns mal was wegen Gari klären.

Coruña: Und mir fällt noch ein besseres Beispiel für Privilegien ein. Weil du eine Frau bist, filzen dich die Sicherheitsmänner nicht und wühlen auch nicht in deiner Tasche, wenn du auf ein Konzert gehst oder zu einem Basketballspiel oder zu einem Boxkampf. Manchmal machen sie das nicht, weil keine weiblichen Sicherheitsleute da sind und die Sicherheitsmänner in der Öffentlichkeit keine Frauen anfassen, und auch wenn sie dir bis zum Boden in die Handtasche gucken dürften, werfen sie nur einen Blick rein. Dieses Privileg, das das System dir gewährt, ein Privileg das eigentlich eine Abwertung ist, die Auffassung von dir als harmlos, weil du eine Frau bist, dieses falsche Privileg kannst du ausnutzen. Wenn der Depp an der Macht an die Vorurteile glaubt, die er produziert und meint dass du, weil du ein Mädel bist niemals gegen die Regeln verstoßen würdest und niemals Alkohol oder Messer in deiner Handtasche mitführen würdest, dann kannst du seine Dummheit eben ausnutzen und Alkohol und Messer mitführen.

Oviedo: So langsam verstehen wir uns.
Jaén: Bitte Leute ernsthaft jetzt, Garis Freiheit ist ein Rennen gegen die Zeit.
Oviedo: Ich habe schon gesagt, was ich denke und Murcia soll bitte schön deutlich ins Protokoll schreiben, dass wir das mit den Privilegien noch weiter besprechen müssen.
Murcia: Keine Sorge ich schreib alles auf.
Jaén: Gut dann wiederhole bitte deine Meinung Oviedo.
Oviedo: Dass wir mit ihr in ihren Okupa gehen.
Jaén: Ich hab euch doch gesagt, dass sie das nicht will.
Oviedo: Dann müssen wir sie überzeugen, wir müssen ihr Sicherheit vermitteln und Vertrauen.
Murcia: Ich bin einverstanden, vielleicht sollten wir es versuchen.
Jaén: Aber sie will nicht. Wir haben sogar gevögelt und danach weitergeredet und sie hat immer noch Nein gesagt.
Coruña: Himmel, bei euch ist was gelaufen? Wie witzig.
Jaén: Wieso witzig?
Coruña: Keine Ahnung, weil du normalerweise auf Typen stehst und weil ihr euch kaum kennt oder?
Oviedo: Coruña du Macho du bist heute vielleicht reaktionär drauf, das hält selbst Gott nicht aus.
Coruña: Heilandsack fragen wird jawohl erlaubt sein?
Jaén: Wir haben gevögelt, weil wir Bock drauf hatten, und fertig. Oder wollt ihr Details?
Oviedo: Jaaaaaaaaaaaaaaaaaaaaaaaaaaa!
Alle: Hahahahahahaha ...
Murcia: Leute aber das bitte außerhalb vom Protokoll, sonst muss ich hier 50 Seiten runterreißen!
Jaén: Wirst schon sehen, dass Transkribieren statt mitzuschreiben ein Arsch voll Arbeit ist. Oh, entschuldigt bitte den despektierlichen Arsch. Gut und was denken die anderen?
Murcia: Über deinen Fick mit Gari?
Jaén: Jemine, albern wie kleine Mädchen, sobald man vom Vögeln redet, schlimmer als in einer Nonnenschule.
Oviedo: Hier wird halt sehr wenig gevögelt Jaén.

Coruña: Ich bin der Meinung, wenn sie keine Aktion starten will, müssen wir das respektieren.

Oviedo: Also gar nichts machen?

Jaén: Jetzt passt mal auf wie ernst ihr das damit ist, dass wir nichts machen. Sie hat gesagt: »Jaén, herzlichen Dank, aber ich möchte deine Hilfe nicht mehr. Das Einzige was ich will ist dich ficken.«

Murcia: Im Ernst?

Jaén: Voller Ernst. Hab ich euch nicht gerade erzählt, dass wir eine Nummer geschoben haben?

Coruña: Wie war das mit den albernen Mädchen und den Nonnen.

Oviedo: Die Alte ist echt krass.

Murcia: Aber Leute und wenn Gari wirklich eine geistige Behinderung hat, wegen der sie nicht richtig verstehen kann, was es bedeutet, dass sie hinter ihr her sind und nicht weiß, wie man Widerstand leistet?

Oviedo: Entschuldige?

Murcia: Ich hab keine Ahnung okay? Aber man sagt über die Leute mit Behinderung, dass viele total auf Sex fixiert sind und mehr nicht.

Jaén: Was laberst du da für einen Fotzenstuss, Murcia. Fuck, entschuldigt die despektierliche Fotze. Was für ein Eiergeseier ist das bitte Murcia.

Oviedo: Ich fasse nicht was ich gerade höre. Stammtischniveau, Murcia und Coruña gehören doch echt in die Talkshow von Intereconomía heute Abend.

Murcia: Scheiß die Wand an, was hab ich denn jetzt wieder Schlimmes gesagt?

Coruña: Ihr beiden seid Ehrenfrauen und wir haben nur die Optionen sondiert, ja?

Oviedo: Aber Leute, merkt ihr eigentlich dass ihr von Gari redet als wärt ihr ihre Häscher? Dieselben Häscher, vor denen sie flieht! Dass die geistig Zurückgebliebenen nur ans Ficken denken und dass sie nicht wissen, was das Beste für sie ist. Also entscheiden doch einfach wir für sie, oder?

Coruña: Aber du hast doch selbst gerade gesagt, dass du zu ihr gehen willst um sie zu überzeugen.

Oviedo: Verdammte Axt Coruña es ist doch etwas anderes sie zu überzeugen oder es ihr zu erklären als wäre sie doof.

Coruña: Okay Oviedo, Murcia ist übers Ziel hinausgeschossen und hat außerdem eine verschissene Verallgemeinerung über Menschen mit geistiger Behinderung rausgehauen. Aber wenn Jaén sagt, dass er eine Stunde mit ihr geredet und ihr alles erklärt hat, und wenn wir sie wirklich nicht für doof halten und davon ausgehen, dass sie weiß, was sie will, dann sollten wir ihre Worte genau so verstehen wie sie das sagt: dass sie unsere Hilfe nicht mehr will, dass sie einfach nur ficken will bis sie von der Polizei geschnappt wird, oder? So wie mit dem Filter, den sie gevögelt hat, ganz egal ob er nun ein Filter war oder nicht, und da hat sie mitten im Besetzungsprozess gesteckt.

Oviedo: Jetzt mal im Ernst Leute. Ich ertrag das nicht, dass ihr mit den gleichen Begrifflichkeiten redet wie die normalisierende Macht, die uns unterdrückt. Die geistig Behinderten gibt es nur für den Wohlfahrtsstaatmarkt, kapiert? Die geistig Behinderten sind eine der vielen Kategorien die die Macht benutzt um einen Teil der Bevölkerung auszugrenzen und um seine repressiven Maßnahmen zu rechtfertigen. Wenn uns das nicht klar ist können wir hier nicht weiterreden. Und wenn sie nur ans Vögeln denkt, was dann? Wofür zum Geier haltet ihr euch, dass ihr darüber urteilt, mit wem Gari wann vögelt? Wenn überhaupt müsste man sie bewundern, rafft ihr das? Wenn nur eine von euch wie sie die Möse hätte, einem Typen zu sagen: Hör auf mit dem Gewäsch, ich will einfach nur ficken!

Jaén: Wenn du willst gehen wir beide zu ihr und fragen sie einfach nur ob es ihr gut geht und ob sie was braucht und gut ist.

Oviedo: Das ist das Mindeste, das Mindeste. Und die Normalisierer, wollen die mitkommen?

Coruña: Du gehst mir so langsam auf den Sack Oviedo.

Oviedo: Alles klar Coruña mit dir bin ich fertig, du bist zu keinem Fitzelchen Selbstkritik fähig.

Coruña: Hugh! Und ich bin mit euch beiden fertig.

Oviedo: Nimmst du auch die Tür und gehst wie Coruña, Typ Supermacho?

Coruña: Heilige Scheiße, Badajoz, jetzt kommst du?

Murcia: Um ehrlich zu sein, gefällt es mir gar nicht, wie wir das Thema behandeln.

Oviedo: Alles klar Jaén dann gehen wir beide zu Gari, für sie ist schließlich jede Minute in Freiheit Gold wert. Kommst du auch mit Badajoz?

Badajoz: Da komme ich gerade her! Leute, entschuldigt die Verspätung, halb weil ich spät aufgestanden bin nachdem ich wegen der Hitze bis vier kein Auge zugemacht hab, halb weil ich noch bei Garis Okupa vorbei bin, um mal nach ihr zu schauen. Ich hatte sie nicht mehr gesehen, seit wir ihr mit den Möbeln geholfen hatten, und wollte gucken, ob sie nicht auch zur Versammlung kommen will. Weil sie ja weder Handy noch Whatsapp noch Internet noch sonstwas hat, ne? Also, tausend Sachen. Und ihr seid schon fertig?

Jaén: Du kommst von Gari?

Badajoz: Ja, aber sie war nicht da. Und da wird es irgendeinen Terz gegeben haben, denn die Tür war eingetreten und versiegelt, und von draußen konnte man Glas und umgestoßene Möbel auf dem Boden sehen. Ich hab euch ne Whatsapp geschickt, aber klar, dann hab ich kapiert, dass ihr die nicht bekommen habt weil eure Handys aus sind. Sieht ganz so aus, als hätten sie sie rausgeworfen und wir haben nichts mitbekommen. Habt ihr sie länger nicht gesehen?

Murcia: Ich mache hier Schluss.

Der erste Teil der Manipulationsübung bestand darin, die gerade erlegte Beute zu verschlingen. Der zweite war die Riesenschachpartie. Der dritte und letzte Teil sowie derjenige, dem die Aufführung ihren provisorischen Namen zu verdanken hatte, war die Tracht Prügel. Wir hatten die »Tracht Prügel« geprobt, bis schließlich der Tag kam, an dem die Plakate gedruckt werden sollten, und da kamen uns der Beschlafanzugte und seine Gehilfin damit, dass einigen Teilnehmern des Stücks der Name nicht gefiel und es vielleicht gut wäre, einen vorzuschlagen, der uns alle zufriedenstellte.

»Es sieht halt aus, als würden wir nicht tanzen, sondern uns kloppen«, sagte eine Tänzerin, die vollständig zur rechten Seite geneigt war.

»Genauso sieht es aus«, sagte ich, »und genau das ist der Witz an der Sache.«

»Ich finde das überhaupt nicht witzig, denn ich komme zum Tanzen her und nicht, um Kampfsport zu machen«, sagte der Nervige, der immer, wenn er improvisiert, Hip-Hop tanzt.

»Ich glaube, die Einzige, die es witzig findet, ist Natividad, weil sie die Hauptdarstellerin ist«, sagte die Schiefe.

»Ich bin diejenige, die verprügelt wird, ja, und du bist eine von denen, die prügeln. Wäre es dir lieber, man würde dich verprügeln?« Ich fragte sie das ganz ehrlich, mit dem aufrichtigen Wunsch, dass auch andere die Lust empfanden, die ich empfand, wenn mich die Hände von dreizehn Tänzern schlugen.

»Ich will, dass niemand verprügelt wird und niemand prügelt! Ich mag keine Gewalt!«, sagte die Schiefe, und ich lachte aus vollem Hals zur Decke hin.

»Ich bin auch Pazifist, Julia, und hier schlägt niemand niemanden, das ist doch klar, oder?«, sagte der Beschlafanzugte.

»Aber es sieht so aus, es sieht absolut so aus. Ich sehe es immer von außen, und je mehr geprobt wird, desto mehr sieht es wie Verprügeln aus«, sagte töff töff töff die Eisenbahn mit dem aufgestauten Groll dessen, der von einer Szene ausgeschlossen ist.

»Also mir gefällt es, dass es so aussieht, denn das ist wie ein Spiel mit dem Zuschauer«, sagte eine von den neuen Tänzerinnen, eine Zweibeinerin, die sehr langsam tanzt, dich aber fest anfasst.

»Mir gefällt das auch, denn obwohl es aussieht, als wären wir ganz viele, die jemanden verprügeln, wollen wir ja in Wahrheit die Gewalt nicht verteidigen, sondern kritisieren, denn am Ende des Stücks feiern wir ja alle zusammen, oder? In der Szene, wo alle zusammen frei improvisieren«, sagte ein anderer der neuen Zweibeiner, der, obwohl er nicht vom Konservatorium ist, sondern Autodidakt, mit der faschistischen Präzision des Balletts tanzt. Ich fand die ganze Diskussion so lächerlich, dass ich mir den Mund zuhalten musste. Das Lachen quoll mir so fröhlich aus den Schultern, dass sich andere Kameraden, genau wie hier in der Selbstvertretungsgruppe, davon anstecken ließen und anfingen, sich schier kaputtzulachen.

»Möchtest du etwas sagen, Nati?«, fragte mich der Beschlafanzugte genervt. Ich atmete tief ein, um mein Lachen zu unterdrücken, und zwischen dem Gelächter der Gefangenen und den Aufrufen zur Ruhe ihrer Wachhündinnen antwortete ich: »Na ja, Lluís, ich finde die Schlussszene, in der wir alle zusammen improvisieren, brutal, und die mit der Prügelei nicht. Brutal, weil da viele Tänzer an der Hand zur Bühne geführt werden, das heißt, sie werden zu dem Ort eskortiert, den du mit deiner Gehilfin bestimmt hast, aber gut, das ist das geringste Problem, denn wir alle hier gehorchen deinen Anweisungen als Regisseur. Gewaltsam daran ist, dass ihre Leibwächter diese Kameraden hier abstellen und dann lassen sie ihre Hände los, sagen, sie sollen tanzen, und sie tanzen, bis ihre Wächter auf Befehl der Regie sagen, dass es nun reicht. Dann nehmen sie sie wieder an die Hand, sagen, dass sie aufhören sollen und führen sie von der Bühne. Gewaltsam ist, dass das Improvisation genannt wird, gewaltsam ist, dass diese Kameraden während der Proben im Saal in anderen Räumen abgesondert werden, solange sie nicht dran sind, und gewaltsam ist, dass man auch versucht, das zu verschleiern, und ausnutzt, dass wir in diesem Moment mit sechzig Tänzern auf der Bühne sind und die Musik auf voller Pulle.«

»Sechzig Tänzer, Nati?«, fragte mich die Feldwebologin Buedo, »wart ihr nicht zwanzig und ein paar Zerquetschte?«

»In der SS, ja, aber es gibt andere Gruppen aus den Bürgerzentren von Barcelona, die einzeln mit dem Beschlafanzugten proben, und einmal pro Woche proben wir alle zusammen im Multiplexkino für die Abschlussaufführung. Dieser Massentanz heißt gemeinschaftlicher oder sozialer Tanz, und das ist ein Geschäft, bei dem die Tänzer dafür zahlen, in einer Kompanie zu tanzen, bei der nur der Direktor verdient, seine Regieassistentin und natürlich das ganze Theaterpersonal am Tag der Aufführung, eine Aufführung, die mit freiem Eintritt sein kann, falls die Gehälter vom Direktor, von der Regieassistentin und vom Theaterpersonal vollständig durch öffentliche Einrichtungen subventioniert und/oder von privaten Einrichtungen gefördert werden, oder der Eintritt kostet zwischen sechs und zwölf Euro, wenn die Subventionen oder die Förderung nur anteilig sind, oder wenn nicht nur die Tänzer nichts bekommen und man ihnen nur ausnahmsweise am Tag der Premiere ein Glas Fuselsekt ausgibt, sondern der Direktor und seine Assistentin auch noch Geld mit der Abendkasse verdienen wollen. Das heißt nicht, dass sie sich die Taschen vollstopfen. Der Direktor und seine Assistentin sind hundertprozentig Mittelklasse. Der gemeinschaftliche Tanz ist eines der Überlebenskonstrukte, die die Krise hervorgebracht hat. Die professionellen Tänzer und Choreographen haben heute weder das Publikum noch die Subventionen, um Aufführungen wie früher zu inszenieren. Um am Rande der prekären künstlerischen Kreise weiterhin von ihrem Beruf leben zu können, haben sie die Praxis des Tanzes als soziales Gut erfunden, als integratives Werkzeug und öffentlich-private Dienstleistung, die entweder von den öffentlichen Verwaltungen und ihren geschäftlichen Verbündeten gratis angeboten oder von der Verwaltung, dem Unternehmen und dem Nutzer anteilig finanziert wird. Denn wer gemeinschaftlichen Tanz macht, hat unabhängig von seinen künstlerischen Fähigkeiten weder den gesellschaftlichen Status eines Tänzers noch den eines Tanzstudenten. Wer gemeinschaftlichen Tanz macht, hat den Status eines Nutzers, eines Kunden, so wie die Nutzer vom städtischen Schwimmbad oder von den öffentlichen Verkehrsmitteln, während die Urheber von dem Gelump, also der Beschlafanzugte und seine Assistentin, ihre künstlerische Würde als Regisseure bewahren, als Choreographen, Bühnenbildner, Beleuchter, Musiker, Grafikdesigner und sonstiges künstlerisches Personal. Von den ganzen Leuten, die hinter den Kulissen herumspringen, verdienen nur der Regisseur und die Regieassistentin Geld, der Rest macht das für das symbolische Kapital, mit Vor- und Nachnamen in den Programmen genannt zu werden, aber die Interpreten, diejenigen, die tatsächlich auf die Bühne gehen, die tatsächlich tanzen, die bleiben anonym. Die Herabsetzung der Nichtkünstler gegenüber den Künstlern geht so weit, dass die Interpreten der letzten Aufführungen gemeinschaftlichen Tanzes auf den Plakaten und Programmen unter dem Label »Anwohnerinnen und Anwohner der Stadtviertel Les Corts, Besòs/La Mina und La Sagrera« oder »aus Les Corts, La Teixonera und Bellvitge« oder »aus Les Corts, Trinitat Nova und Guinardó« geführt werden. Les Corts taucht immer auf, weil es das Viertel des Multiplexkinos ist, dem Mutterschiff dieses ganzen Zinnobers, denn die Probensäle dort sind gigantisch, die ganze Schule ist perfekt auf die Bedürfnisse der Nichtzweibeiner eingestellt und es ist der Hauptsitz der Gewerkschaft der professionellen Tanzschaffenden.«

»Und was ist deine Meinung dazu, Ibrahim, du bist doch auch in Natis Tanzgruppe. Findest du es auch schlecht, die Leute, die Unterstützung brauchen, an der Hand zu führen? Und hältst du es auch für eine Respektlosigkeit, sich auf eine Person als ›Anwohner aus diesem oder jenem Viertel‹ zu beziehen?«, blubberte die Feldwebologin heraus, in ihrer antrainierten Zuhörhaltung mit nach vorn geneigtem Oberkörper. So eine Demagogin, die Alte.

»Entschuldige, Ibra«, drängelte ich mich vor, »bevor du antwortest, muss ich Laia antworten: Mal davon abgesehen, dass du die Frage als demagogische und komplett aus dem Kontext gerissene Fangfrage formuliert hast, kann ich dir versichern, dass niemand in diesem gemeinschaftlichen Tanz beleidigt ist, wenn er so genannt wird, das ist so. Alle Tänzer sind einverstanden mit ihrem Status als Nutzer und kaufen denen die Erklärung ab, dass bei sechzig Leuten einfach nicht so viele Namen auf das Plakat passen. Die Erklärung, die sie ihnen nicht abkaufen, weil sie die gar nicht zum Verkauf anbieten und sie ihnen gar nicht in den Sinn kommt, ist, dass das Fehlen ihrer Namen die Folge der kumulativen Logik von Kapitalismus und Demokratie ist. Je mehr Leute sich anmelden, egal was sie machen und egal wie sie tanzen, desto besser, auch wenn sie nur ein paar Kameraden ranschleppen, die ihnen am Rockzipfel hängen, um sie dann auf die Bühne zu pflanzen und sie zu ermutigen, innerhalb eines abgesteckten Raums und in begrenzter Zeit und Form zu tanzen, ohne das Ziel, diesen Teilnehmern Tanztechniken beizubringen oder sie in ihrem Lernprozess zu unterstützen, mit mehr Freude und darum auch besser auf einer Bühne zu tanzen. An diese Kameraden wird kein Gedanke verschwendet. Man denkt nur daran, die Tagträumereien vom universellen Zugang zur Kultur zu befriedigen, mit denen die Kerkermeister ihre Repressionen, ihr Gehalt, ihren Status und die Ruhe ihres Gewissens rechtfertigen. 2012 wurde dafür der Katalanische Nationalpreis für Tanz verliehen, aber natürlich bekamen ihn nicht die anonymen Interpreten. Sie gaben ihn der Kompanie vom Beschlafanzugten, und das ist nicht mal eine Kompanie, gar nichts ist das, denn seine Tänzer sind die Heerscharen von Namenlosen, jedes Jahr andere. Die Kompanie Schlafanzügle ist nur die Rechtsform, die der Beschlafanzugte nutzt, um Gelder und Subventionen zu kassieren und um sich in der Welt des Tanzes als Profi zu präsentieren. Aber sogar, dass es jedes Jahr Leute aus anderen Vierteln sind, ist eine Lüge. Das Einzige, was sich verändert, sind die Probenräume. Von seltenen Ausnahmen abgesehen, wenn irgendwelche Einfaltspinsel da aufschlagen, so wie dieses Jahr wir Tänzer von der SS, sind es immer die gleichen Nasen, die in verschiedenen Tagesförderstätten für Erwachsene, und die gibt es ja in jedem Viertel Barcelonas, zu den Proben gehen.«

»Ich bin aus Raval und stolz darauf«, sagte Ibrahim.

»Ich bin aus Sagrada Familia und stolz darauf!«, sagte ein anderer Selbstvertreter.

»Jetzt komm aber, Sagrada Familia ist Mist, da sind doch nur Touris!«, ein anderer.

»Und in Raval sind nur Huren und Drogis!«, noch ein anderer.

»Besser Huren und Drogis als Mördertouris, oi?! *El turisme mata els barris!* Tourismus killt den Kiez, *collons!* Ein Tourist mehr, eine Nachbarin weniger!«, rief Ibrahim mit erhobenem Zeigefinger. Er hatte offensichtlich angefangen, das Fanzine zu lesen.

»Tourists go home! Tourists go home!«, sagte ein anderer.

»Tourists go home! Tourists go home!«, stimmten die anderen ein, mich eingeschlossen.

»Man sagt keine Schimpfwörter!« Der hübsche Machito, der immer am meisten flucht, hat sich zur Wahrung seiner Privilegien mit der Feldwebologin verbündet und ist zum Feldjäger geworden.

»Danke, Antonio«, krault ihm seine Herrin Laia den Bauch. »Als Selbstvertreter müsst ihr auch für die Ordnung und den Respekt untereinander selbst eintreten, es kann nicht immer ich diejenige sein, die schreiend dazwischengeht, findet ihr nicht auch?«

»Laia, Laia, Laia!« Meine Cousine meldete sich. »Ich will auch etwas über den Tanz von der Nati sagen!«

»Lasst Patri reden!« Der hübsche Macho mit der weißen Armbinde der Feldjäger, die unter dem Ärmel seines Barça-Trikots aufblitzt.

»Vielen Dank, Antonio.« Meine Cousine zuppelte sich den Minirock zurecht. »Also ich glaube ja, dass die Nati, auch wenn sie ihre Meinung über die Tanzgruppe hat, in der sie ist, eigentlich perfekt integriert ist mit all ihren Kameraden, denn auch wenn sie manche Sachen nicht gut findet, geht sie doch weiter hin, oder? Sie geht weiter jeden Tag zu den Proben und sie wird bei dem Stück auftreten, das sie vorbereiten, und zwar sogar in einer Hauptrolle. Warum? Weil meine Schwester zwar ihre Meinung hat, aber die schiebt sie zur Seite für etwas so Schönes wie den Tanz, das war von klein auf ihre Berufung, nicht wahr, Nati? Denn es mag dabei schlechte Dinge geben, aber vor allem gibt es gute Dinge, und ich finde, dass die Haltung von der Nati sehr positiv ist und wir alle von ihr lernen können.«

»Was für eine gute Frage, Patricia«, sagte Laia.

»Antworte, Nati«, befahl mir der Feldjäger.

»Du gibst mir keine Befehle, denk nicht mal dran, kapiert, du Scheißmacho? Guck mich nicht an, kapiert?« Der Feldjäger schluckte seinen Wutausbruch und bat seine Vorgesetzte mit dem Blick darum, mich runterputzen zu dürfen, und sie antwortete ihm mit der Hand als Stopp-Zeichen und einem: »Wir bitten um die Dinge, nicht wahr, Antonio?« Und Antonio verschränkte die Arme und nickte als Zeichen des Gehorsams.

»Was war deine Frage, Patri?«, fragte ich sie.

»Dass Tanzen sehr schön ist, dass du das sehr magst und dass du dieses Stück machen wirst, stimmts?«

»Jawohl, Señora, und ihr seid alle eingeladen, es anzuschauen, alle außer Antonio.«

»Und was hat das mit dem Vögeln ohne sich aneinanderzureiben zu tun, wovon du mir erzählen wolltest«, schnurrt Marga und streichelt mein Haar.

»Das hat damit zu tun, dass heute die erste Massenprobe war und jede Gruppe gesehen hat, was die anderen gemacht haben, während sich der Beschlafanzugte und seine Assistentin darum kümmerten, die Teile zusammenzufügen. Das heißt, dass jede Gruppe ein Publikum von sechzig bis siebzig Leuten hatte, wenn wir die Wachhündinnen der Kameraden in Gefangenschaft mitzählen. Und da ist mir etwas passiert, was oft passiert, wenn man Publikum hat, und das wird über sich hinauswachsen genannt, was heißt, dass du alles mit mehr Hingabe machst, und das ist mir seit Jahren nicht passiert, die ganzen Jahre nicht, die ich kein Publikum mehr hatte. Als jedenfalls wir von der SS anfingen, uns bei der ›Tracht Prügel‹ zu schlagen, war das für mich viel aufregender als sonst, für mich und, das denke ich jedenfalls, ein paar meiner intelligenten Kameraden, denn in den fünfzehn Minuten, die die Szene dauert, manifestierte sich in der Gruppe eine solche Konzentration, eine solche Alarmbereitschaft und Solidarität, dass sogar die feinen Pinkel, die in die Tanzkurse gehen wie in einen Golfclub, zum Bingo oder in den Festsaal der Spießer, dass sich sogar die weniger heuchlerisch aufgeführt haben, Marga. Sogar die hatten einen Hauch von Hingabe im Gesicht, einen atmenden Mund, ins Unbestimmte schauende Augen, das Bedürfnis, weiterzumachen.«

»Und die ganze Zeit habt ihr euch geschlagen?«, fragt mich Marga und dehnt ihr Streicheln vom Haar auf meinen Nacken aus, wovon ich Gänsehaut bekomme.

»Aber wir schlagen uns doch nicht wirklich, Marga! So sieht das nur von außen aus, wenn ich tanze und mich im Raum bewege und die anderen dreizehn Tänzer zu mir kommen, um mich zu bewegen, während ich mich selbst bewege, dann sieht das eben so aus, als würden sie mich verfolgen und ich versuche, vor ihnen zu fliehen. Und die Sache, Marga, die Sache ist die. Es ist eine getanzte Prügelei, keine mit Schlägen. Stell dir nur vor: In den bisherigen Manipulationen war ich immer ruhig, habe mich nur gerührt und von der Stelle bewegt, wenn die anderen mich bewegt oder verschoben haben. Aber in dieser Variante der Manipulation, die wir inzwischen ›Tracht Prügel‹ nennen, bewege ich mich selbst und ändere meine Position im Raum, während die anderen mich bewegen. Ich strebe vielleicht zur Nordseite des Saals, zwei Kameraden halten mich auf und schicken mich in den Süden, und auf dem Weg in den Süden fangen mich drei oder vier andere ein, halten mich, heben mich hoch und bringen mich zu Boden. Oder vielleicht stelle ich mich denen entgegen, die mich vom Weg abbringen wollen, und lasse sie nicht, leiste Widerstand, mache mich schwer wie ein Stein, sodass mich niemand hochheben oder runterbringen kann, bis ich es selbst will und mich lockermache und fallenlasse, ich falle ganz wörtlich runter; wenn ich nicht von drei, vier, fünf oder zwölf Personen umringt wäre, würde ich auf dem Boden landen. Aber wenn ich dann falle, sind da keine zehn Hände, sondern zehn lebensrettende Körper, die meinen Sturz verhindern. Oder ich wehre mich nicht mehr, sondern gebe mich hin, und dann fliege ich. Einer hebt mich an der Taille hoch, einer nimmt mein Bein, ein anderer die Arme, wieder ein anderer geht auf alle viere und trägt mich wie ein Pferdchen, und dieses Mal haben sie mich überall angefasst, Marga! Einer packte mich am Hals, als wollte er mich erwürgen, das war so großartig! Dieser riesige Zweibeiner hat mich richtig toll am Hals gepackt, eigentlich weniger am Hals als am Kiefer. Er hat die Zeigefinger und Daumen in mein Kinn gedrückt, unter den Unterkiefer, und mich hochgehoben.« Ich greife so an meinen Hals und an den von

Marga, die die Gelegenheit nutzt und meine Hand zu ihren Brüsten führt. »Dieses Porté konnte nur gelingen, weil wir meinen eigenen Impuls genutzt haben, die Tatsache also, dass ich aus den Händen der anderen geflogen kam. Mich aus dem Stand am Hals hochzuheben, wie im Zeichentrickfilm, wäre unmöglich oder sehr schmerzhaft gewesen. Damit es Tanz wird und nicht Erwürgen oder es mir nicht die Zähne oder Zunge zerhaut, habe ich den Mund geöffnet, den Kopf weit nach hinten gelehnt und so vom Genick aus über den ganzen Rücken einen Bogen beschrieben. Und es gibt solche Momente der Pause oder des Übergangs, in denen etwas Unfassbares geschieht. Ich bleibe im Zentrum und die dreizehn umringen mich mit etwas Abstand, in einem weiten Kreis. Wir schauen uns an und bewegen uns in dieser Formation im Raum, einige von uns keuchend von der bisherigen Aktivität.« Manchmal, so wie jetzt, wird mein Streicheln zu erklärenden Zeichnungen der Bewegung auf Margas Haut, und manchmal windet sie sich, weil es sie kitzelt. »Wir suchten nach einer Möglichkeit, die Manipulation wieder aufzunehmen, und nutzten die Pause, um Luft zu schnappen, aber was man da drinnen erlebt und was man von außen sieht, ist ein Kreis aus dreizehn Leuten, die die einzige Person in der Mitte belauern, die ihrerseits nach einem Weg sucht, auszubrechen, also weiterzutanzen. Ich war so derart in meinem Element und so sicher, dass alle es gleichermaßen genossen, dass ich mir die Leggings auszog und die Unterhose und nur das Hemdchen anbehielt, und ich rief meine dreizehn Kameraden mit den Händen näher, so wie die Macker, wenn sie auf Stress aus sind. Sie sollen nur näherkommen, wenn sie die Fotze an ihrem Platz haben, worauf warten sie noch, wenn sie Eier dazu haben, das war erst der Anfang und wir hatten doch schon am ersten Tag geklärt, dass sie mich am ganzen Körper anfassen sollten.«

»Und dann habt ihr alle zusammen gefickt? Wie kann man denn mit vierzehn Leuten gleichzeitig ficken, ohne dabei zu rubbeln?«, fragt mich Marga und legt ein Bein auf meiner Hüfte ab. Wir liegen auf der Seite, einander gegenüber.

»Wo denkst du hin, Marga, schön wärs gewesen! Was dann geschah, war, dass das Publikum anfing zu tuscheln, ein paar applaudierten, andere zischten, um sie zum Schweigen zu bringen, und wieder andere pfiffen diese albernen zwei Tönchen, die Machos immer pfeifen, wenn eine heiße Braut vorbeikommt. Einige meiner Belagerer ließen sich von der Blödheit des Publikums mitreißen, schockiert von einer Halbnackten, und das wars dann. Obwohl sie körperlich noch bei uns waren, hörten sie auf, mit der gleichen lustvollen Verkommenheit zu tanzen wie zuvor, und sie tanzten nur noch für den Beschlafanzugten, der zu meiner Überraschung nicht die Musik leise stellte in der Annahme, dass unsere Improvisation fertig war, weil wir schon viele Sekunden lang nicht mehr tanzten, sondern vielmehr die hervorragende Entscheidung traf, die Musik weiter aufzudrehen, einen blöden Blues, der auf einmal wie der Soundtrack zu einem Duell in einem Western klang.« Mit dem Bein, das auf meiner Hüfte liegt, zieht mich Marga dichter an sich heran. Die Nähe unserer Mösen formt eine kleine Höhle, einen warmen Bau. »Mit dem Gespür dafür, dass die Bedingungen günstig waren, folgten andere Belagerer meinem Ruf, die schlauen Belagerer, die lustvollen, die besten Tänzer, und schauten einander mit so einem Lächeln an von wegen ›nun wird dieser Spaßvogel schon merken, wo der Frosch die Locken hat‹. Drei Nichtzweibeiner zogen ebenfalls ihre Hosen und die Unterwäsche aus und standen mit blankem Hintern da. Die Pfiffe aus dem Publikum setzten wieder ein, aber insgesamt herrschte eine gespannte Ruhe, die uns dabei half, über uns hinauszuwachsen, unsere Lust sehr ernst zu nehmen. Ein Nichtzweibeiner mit geschickten Händen half dem einen Nichtzweibeiner ohne geschickte Hände, seinen Schwanz rauszuholen. Der Kreis der Belagerer fasste dieses ungelenke, nicht simultane und sogar lächerliche Ausziehen wie eine diskrete Aufrüstungsübung auf, und diese Haltung ließ sie ernst und bedrohlich wirken. Schließlich zielten also ihre drei Genitalien auf meine. Es waren zwei recht schlaffe Penisse, der eine beschnitten und der andere mit hellblondem Schamhaar, und ein eher quadratischer als dreieckiger Venushügel, glänzend und dunkel. Und dann warfen sich die dreizehn elektrischen und handbetriebenen Rollstühle, Rollatoren, Krücken, Stöcke, Prothesen und kanonischen Arme und Beine auf mich.«

»Und hast du mit denen gevögelt, die sich halb nackig gemacht haben?«, fragt mich Marga ins Ohr und küsst meinen Hals.

»Nur mit einem«, antworte ich mit einem Seufzer.

»Mit welchem?«, beißt Marga in mein Ohrläppchen.

»Mit dem Beschnittenen, aber das war danach, nicht mitten im Probensaal. Die Geilheit, die daher kam, dass ich mit der nackten Möse getanzt hatte, hielt noch bis nach der Probe an, bei mir und auch bei den anderen Nackten, nehme ich mal an, aber nur der Beschnittene hat sich getraut, mich auf der Behindertentoilette anzusprechen«, seufze ich, lasse eine Hand hinter sie gleiten und drücke ihren Hintern. Nun kleben unsere Hüften und unsere Mösen aneinander wie Napfschnecken. Wir reiben unsere Venushügel aneinander, und es klingt wie Schleifpapier. »Barmösig zu tanzen ist der Wahnsinn, Marga. Nicht nur, weil deine Kameraden dir absichtlich oder unabsichtlich Möse und Arsch berühren, sondern auch, weil diese Berührungen neue Bewegungen hervorbringen, die dort geboren werden, in diesen Teilen des Körpers, die sonst im Tanz verschwiegen werden.« So dicht an Margas Mund von Mösen, Ärschen und Bewegungen zu reden, beschleunigt unser Reiben, bis unsere Venushügel schließlich aneinanderschlagen und unsere Hüften schwingen, als wären sie läutende Glocken. »Außerdem bringt schon die nackte Tatsache, die Möse nicht in Unterhosen gequetscht zu haben, deine Vulva zum Tanzen. Die inneren und die äußeren Lippen bewegen sich, berühren einander, ohne dass du sie berührst, es ist, als hättest du eine Rassel zwischen den Beinen.« Margas Hand bahnt sich einen Weg zwischen unseren aneinanderklebenden Bäuchen und legt sich auf meine weiche Vulva. Ich dränge mit dem Venushügel dagegen, aber Marga widersetzt sich und verschafft sich Platz, um mich zu befingern. »Dir kommt Luft in die Möse, und wenn du dich hinsetzt, kühlt der Boden dich ab oder erhitzt dich, je nachdem, wie der Boden ist und je nachdem, wie du bist.« Sprechen fällt mir schwer, weil das Keuchen mir die Luft nimmt, und weil ich Margas Mund verschlingen will, ihren Hals, ihre Nippel. Sie empfängt meine Küsse, hält sie aber auf, weil sie mich mit freiem Mund will:

»Und du, was hast du in der Behindertentoilette gemacht, bei deinen guten Beinen?«

»Schnell pinkeln, um dann gleich zu dir zu flitzen, Marga, denn das

Klo der Behinderten ist im Erdgeschoss und so musste ich nicht hoch zu den Umkleiden der Zweibeiner.« Margas Hand an meiner Möse war zunächst eine Kralle, aber nun hat sie sich in einen Schlitten verwandelt, der auf und ab gleitet, vom Venushügel zum Damm. Es ist dramatisch, wenn ihre Fingerspitzen an meiner Vulva vorbeistreichen, ohne einzudringen.

»Und wie ist der Kerl reingekommen?«

»Ich bin rausgegangen und da stand er mit seinem Rollator an der Tür und hat gewartet, dass er reinkann, natürlich wieder vollständig angezogen.«

»Das war Ibrahim, der mit dem Rollator.«

»Ja. Ich habe gesehen, wie seine Erektion ihm die Hose zerbeult, und das hat mich total rattig gemacht«, sage ich zu Marga und werde total rattig.

»Du bist rattig geworden?«, fragt mich Marga und geht zum ersten Mal in meine Vagina.

»Rattig bin ich geworden.« Ich stöhne, dankbar für ihre Penetration. »So rattig, dass ich wie versteinert an der Tür der Behindertentoilette stehen geblieben bin, nicht vor und nicht zurück, wie angewurzelt, mein Herz am Durchdrehen.«

»Und was dann.« Marga zieht die Finger raus, um mich schmachten zu lassen, damit ich sie mit Küssen auffresse und sie mich aufhalten muss und mich zwingt, mit der Geilheit im Mund weiterzusprechen.

»Ibrahim, rot wie eine Tomate und alles, lässt einen der Griffe los und berührt mit der ganzen muskulären Hypertonie seiner rechten Hand meine Schulter. Seine Finger sind so steif und so gelenkig, dass sie fast im 90-Grad-Winkel von der Handfläche abstehen. Er schiebt mich sanft nach drinnen. Ich weiche zurück, der Rollator folgt, Ibrahim folgt und schaut sich um. Leute aus anderen Gruppen streifen durch die Halle des Multiplex, aber entweder hat niemand etwas gemerkt, oder sie haben es gemerkt, dachten aber, dass Ibrahim mit jemandem in den Waschraum geht, weil er Hilfe beim Pinkeln oder Duschen braucht, denn weder in dem Augenblick noch als sie uns zusammen haben rauskommen sehen, hat irgendjemand etwas gesagt.«

»Und wie war es, Nati.« Nun gibt Marga mir einen langen, aber maßvollen Kuss, der meine überbordenden Küsse ausbremst, die Erregung zügeln soll, sie aber nur weiter anheizt.

»Ibrahim zieht also die Schiebetür zu, schließt ab, dreht seinen Rollator um und setzt sich auf den integrierten Sitz. Sein Kopf ist auf Höhe meiner Taille. Ich umfasse sein Gesicht, es glüht. Als ich es berühre, schließt er die Augen und seufzt, ein Seufzer, als hätte er lange Zeit die Luft angehalten, ein Seufzer, der seinen Rücken entspannt, sodass er mit der Stirn an meinem Bauch landet.

›Du bist sehr hübsch, Nati‹, sagt er in seiner Art zu reden, bei der er die Lippen nicht schließen muss.

›Ich will noch mal deinen Schwanz sehen‹, sage ich.

›Ich will auch noch mal deine Fotze sehen‹, sagt er, und ich ziehe meine Leggings und den Slip runter. Er beugt sich vor und steckt seine Nase in mein Schamhaar, und ich beuge mich vor, um seine Erektion zu packen, sie ist weniger hart als erwartet. Ich ziehe seine Hose runter und hole einen Schwanz mit der halben Spannung einer Angelrute raus. Ibrahim krächzt. Ich mag solche Schwänze, weil sie ganz in den Mund passen, und ich mag es zu spüren, wie sie drinnen hart werden.«

»Du hast ihm einen geblasen«, sagt Marga und hebt meine Brust an meinen eigenen Mund, damit ich selbst daran lecke.

»Ja, aber erst am Ende. Zuerst habe ich ihn mit zwei Fingern rund um die Eichel masturbiert, während er mir einen seiner hypertonen Finger reingesteckt hat. Er ist schnell und sanft eingedrungen wie ein Pfeil, ich war superfeucht. Währenddessen habe ich meine Klitoris angefasst und gestöhnt, wir haben beide gestöhnt. Mit der anderen Hand, die einen entspannteren Muskeltonus hat, hat er meine nackten Beine gestreichelt, und ich habe ihm mit der freien Hand über das Haar gestreichelt.« Ich schaue Marga in die Augen, während ich meinen Nippel lecke. »Ich bitte ihn, mir noch einen Finger reinzuschieben, und er nimmt zwei, aber weil sie so verkrampft sind, dass er sie nicht zusammenführen kann, schiebt er Zeige- und Mittelfinger in V-Form rein. Das tut mir ein bisschen weh, ich sage es ihm und er hört abrupt mit allem auf und bittet mich tausend Mal um Entschuldigung.«

Marga kommt mit ihrer Zunge dazu und wir lecken beide meine

Brust, und wir lecken unsere Zungen. Wenn ich Pausen mache, um weiterzuerzählen, nutzt Marga die Gelegenheit und saugt und beißt meinen Nippel, und wenn ich jammere, sei es auch vor Lust, dann bringt sie mich zum Schweigen, indem sie in meine Lippen beißt.

»›Nichts passiert, Ibra‹, sage ich. ›Magst du nicht meine Möse lecken?‹ Ich habe das Becken gekippt, damit nicht mehr der Venushügel, sondern der Schlitz auf der Höhe seines Mundes ist. Er beugt sich ein wenig weiter vor, dreht den Kopf und streckt die Zunge halb seitlich raus, so wie eigentlich immer. Der Typ hat eine Zunge wie einen Bleistift, spitz und präzise. Er steckt sie mir in die Vagina und sie führt sich auf wie der begeisterte Schniedel eines Jungen. Er legt sie auf meine Klitoris und das ist wie der Taster eines Morsegerätes. Aber sowohl seine als auch meine Haltung ist extrem unbequem. Seine, weil er sich total verbiegen muss, und selbst dann kommt seine Zunge nicht gut dran, und meine, weil ich die Hüften weit vorschieben und tief in die Knie gehen muss. Ich hab mich mit nach hinten gestreckten Armen an den Haltegriffen vom behindertengerechten Klo festgehalten, aber eigentlich lag mein gesamtes Gewicht auf den weit geöffneten Beinen, so breit wie Ibrahims Rollator, und das war sehr anstrengend.

›Lass uns zum Klo gehen‹, sage ich. Ich setze mich auf den Deckel und er steht vom Rollator auf, um dann auf die Knie zu gehen. So geht es besser, jetzt müssen Ermüdung und Lust nicht mehr gegeneinander kämpfen. Ibrahim kann die Zunge bis zum Anschlag in mich stecken und fast frei fummeln. Jetzt passen auch seine V-förmigen Hyperfinger. Ich bewege auf dem Klodeckel die Hüften vor und zurück, und die Pobacken rutschen immer tiefer. Ich bitte ihn, mir seinen kleinen Hyperfinger in den Arsch zu stecken.

›Das habe ich noch nie gemacht‹, sagt er und löst seinen vollgesabberten Mund von meiner Möse. Was für ein Stimmungskiller, wenn sie aufhören, deine Möse zu lecken, um dir irgendwas mitzuteilen!

›Findest du das eklig?‹, frage ich.

›Neiiiiiiiin! Aber es macht mir Angst.‹

›Leck einen Finger ab und rein damit. Und hör bloß nicht auf, mich zu fingern und meine Möse zu lecken, bitte, ich mag das sehr.‹

›Okay.‹ Nun stehen mir also Ibrahims Zunge, seine Hyperhand und seine normale Hand zur Verfügung, und meine eigene, wenn ich will. Mit der anderen knete ich eine meiner Brüste unter dem Hemd und BH, den ich nicht ausgezogen habe.«

»Und hat er es dir gut von hinten besorgt?«, fragt mich Marga und geht vom Beißen zum sanften Haareziehen über, was mir einen Schauer über den ganzen Körper jagt. Ich will sie fressen, doch sie lässt mich nicht. Sie führt meine Hände exakt dorthin, wo sie angefasst werden möchte. Ich stoße ihr einen unerwarteten Finger in die Wölbung ihrer Vulva, was sie aufschreien lässt. Sie lacht ein Lachen, das einen guten Schlag des Gegners anerkennt. Ich dringe ungewöhnlich langsam in sie ein, was sie erneut schreien lässt, während ich sage:

»Dafür, dass es sein erstes Mal war, hat er es sehr zärtlich gemacht, wirklich. Ich hatte nicht wie sonst manchmal dieses Erstickungsgefühl, wenn sie dir den Arsch so verstopfen, dass du keine Luft mehr kriegst. Außerdem war es ja nur der kleine Finger.«

»Willst du, dass ich dir auch den kleinen Finger reinstecke?«, fragt mich Marga mit plötzlichem Eifer.

»Ja!«, antworte ich, und sie zieht sich von meinen penetrierenden Fingern zurück, um mich in den Vierfüßlerstand zu bringen.

»›Nati, noch was‹, sagt Ibrahim, wieder ein Stimmungskiller, aber ich habe mich mit meinem Sicherheitsfinger weiter masturbiert, um nicht aus dem Takt zu kommen.

›Sag.‹

›Mir tun die Knie weh.‹

›Okay.‹ Ich greife ihm unter die Achseln, um ihm auf die Füße zu helfen, und stelle mich auf die Kloschüssel. Doch auch wenn Ibrahim sich an den Stangen festhalten kann, um nicht hinzufallen, ist meine Möse einfach zu weit von seinem Kopf entfernt, außerdem ist die Kloschüssel so schmal, dass ich meine Beine nicht weit spreizen kann. Also denke ich mir, wir haben keine andere Wahl als die Nummer mit einer Penetration durch seinen Schwanz zu beenden, wenn Ibrahim auf dem Klo sitzt und ich auf ihm. Das sage ich ihm, ohne dabei mit der Masturbation aufzuhören, und er sagt: ›Mir wird er halt nicht ganz steif.‹«

»Wie kommt das?«, fragt mich Marga, nicht mit dem kleinen, sondern mit dem kompletten Mittelfinger in meinem Hintern. Ich stehe nun nicht mehr im Vier-, sondern im Dreifüßlerstand, weil ich einen Arm zwischen den Beinen hindurchstrecke, um Margas Möse zu finden, die dicht an meinem Arsch ist. Da ich sie so kaum masturbieren kann, führt sie meinen Finger, als wäre er ein Dildo.

»›Wie kommt das?‹, habe ich Ibra gefragt.

›Angeboren‹, meint er.

›Nicht mal beim Blasen?‹, frage ich nach.

›Blas ihn mir, bitte.‹

›Ich bin so kurz davor zu kommen und will den Orgasmus nicht verpuffen lassen. Ich komme und danach blas ich dir einen, okay?‹

›Ist gut‹, sagt er, und dann habe ich die Idee, selbst die Haltestangen vom behindertengerechten Klo zu benutzen. Ich befreie mich von meinem Schlüpfer und der Leggings, die ich bis dahin an den Knöcheln hängen hatte. Dann stelle ich die Füße auf je eine Stange und gehe in die Hocke wie ein Frosch. Anfangs halte ich mich auch mit beiden Händen fest. Dann lasse ich die Masturbationshand los und bleibe im Gleichgewicht. Ich löse auch die andere Hand, um Ibrahims Kopf heranzuziehen. Die Haltestangen sind total stabil, sie tragen problemlos mein Gewicht. ›Ein Hoch auf die Barrierefreiheit!‹, sage ich fröhlich.«

Marga zieht mir den Finger aus dem Po, richtet meinen Oberkörper auf, drückt meinen Rücken an ihre Brust und packt meine Titten. »Ich weiß nicht, ob Ibrahim verstanden hat, was ich gesagt habe, aber meine Fröhlichkeit hat er verstanden. Meine Möse ist nun sperrangelweit offen und kann bequem über ihn mit seinen Hyperfingern und seiner Zunge wandern, während er sich mit der anderen Hand an den Stangen festhält, und ich kann den Rücken gegen die Wand lehnen. Seine Finger steigen auf und ab wie ein Fahrstuhl, seine Zunge drückt gegen meine Klitoris, als würde er Klingelstreich an allen Klingeln eines Wohnblocks machen. Ich fange an, die Knie auf und ab zu bewegen wie ein hüpfender Frosch, so braucht Ibrahim nicht mehr seine Finger auf und ab zu bewegen, sondern ich senke mich auf sie. Und so bin ich gekommen, der Schrei des Orgasmus wegen der erzwungenen

Diskretion erstickt, und fast wäre ich von den Stangen gefallen, als es mich durchgeschüttelt hat.«

Marga flüstert mir ins Ohr, wie heiß sie ist, und fragt, ob ich heiß genug bin, um sie zu ficken. Ich antworte:

»›Bleib so‹, hab ich zu Ibra gesagt. Ich habe meine Froschhaltung verlassen, ihn auf den nassen Mund geküsst, mich aufs Klo gesetzt und ihn in den Mund genommen. Seine Eier sind rasiert, und enthaarte Schwänze riechen normalerweise weniger nach Schwanz und mehr nach dem Weichspüler der Unterhosen. Da Ibrahim seinen Mund nicht ganz schließen kann, verschluckt er sich beim Unterdrücken seines Stöhnens, das wegen seiner Art zu sprechen sowieso schon erstickt ist, und hustet, wobei mir seine Spucke auf den Kopf tropft. Diesmal bin ich die Stimmungskillerin, weil ich mich echt erschrecke:

›Alter, Ibra, du erstickst noch.‹

›Ganz ruhig, mach ich nicht.‹

›Okay.‹ Ich stecke mir seinen Angelrutenschwanz wieder in den Mund und knete seine samtigen Eier, als jemand versucht hereinzukommen.

›Besetzt!‹, gurgelt Ibrahim.

›Jetzt mach hin, Mann!‹, sagt der auf der anderen Seite.

›Ich muss einen abseilen!‹, gurgelt er, und ich sauge weiter an ihm und mache mit den Fingern ein Zeichen für Chapeau!

›Was hat er gesagt?‹, fragen sich zwei, die draußen warten, und antworten selbst:

›Er will sich beeilen.‹

›Dann beeil dich mal schneller, du Held!‹, hetzen sie ihn, und die Hetzerei zeigt Wirkung, denn erst da schwillt sein Schwanz in meinem Mund an und kitzelt mein Zäpfchen. Weil ich es habe kommen sehen, rubbele ich mich was das Zeug hält, aber bevor ich die Zielgerade meines zweiten Orgasmus erreiche, meinerseits von Ibras Röcheln gehetzt, hat er mir schon einige Tropfen Sperma in die Kehle gelegt. Weil ich nicht sicher bin, ob er ganz gekommen ist, nehme ich seinen Schwanz aus dem Mund und in die Hand, um ihn dort weiter zu wixen, und frage leise:

›Bist du?‹

›Ja‹, flüstert er. Wenn er flüstert, ist es leichter, seine fehlende Artikulation zu verstehen.

›Ich komm noch mal.‹

›Soll ich dir noch mal die Zunge reinstecken?‹

›Aber dann tun dir wieder die Knie weh.‹

›Jetzt mach hin, um Gottes willen!‹, nerven die von draußen.

›Ich helfe ihm dabei, sich den Arsch abzuputzen!‹, antworte ich, und Ibrahim verkneift sich das Lachen und flüstert:

›Brauchst du lange?‹

›Ach was, ich komm schon, wenn ich nur dran denke.‹

›Dann mach‹, sagt er und kniet sich hin. Auf seinem Weg nach unten schlabbert mir Ibrahim einmal mit seiner hypertonen Zunge über den Hals. Ich fange sie ein und stecke sie mir einen Moment lang in den Mund, dann mache ich es mir auf dem Klo bequem und bin bereit fürs Mösenlecken. Ibrahim fährt mit der Zunge um den Eingang meiner Vulva, leckt ein paar Mal, und in Kombination mit der Nähmaschine meines Fingers auf der Klitoris lässt mich das in ein paar Sekunden fertig werden. Meine zweiten Orgasmen sind immer weniger intensiv, aber exakter. Die Stromstöße fahren mir nur in die Beine, aber das tun sie wie die Formel 1.

›Wir müssen schnell machen.‹ Ibrahim hat es auf einmal eilig, also sortieren wir uns wieder und ziehen uns an.« Marga und ich penetrieren einander gerade in einer Neunundsechzig, als eine Sirene so nah vorbeikommt, dass ich sehr laut reden muss, damit sie mich verstehen kann:

»›Wartet deine Betreuerin, die CUPistin, diese Fotze, auf dich?‹, frage ich Ibrahim.

›Wer?‹, fragt er mich und wischt sich den Mund mit Klopapier ab.

›Die Olle, die sauer auf mich war und dich als Vorwand genommen hat.‹

›Ah! Die Rosa!‹

›Die.‹

›Nein, die war nur an dem einen Tag dabei, weil sie dran war. Sie geht mit dem, wo sie dran ist. Heute hat mich ein anderer Betreuer gebracht.‹

›Klar, die Kerkermeister haben ihre Schichten und keine festen Schützlinge. Wir Gefangenen sind frei verschiebbare Handelsware‹, antworte ich und helfe ihm, die Unterhose hochzuziehen.
›Gefangene wie im Gefängnis?‹
›Die Gefängnisse der STÄWO.‹
›Sie lassen uns wirklich oft nicht raus, obwohl wir freundlich darum bitten.‹
›Du wählst nicht, oder, Ibra?‹
›Bei Wahlen wählen?‹
›Ja, oder beim Unabhängigkeitsreferendum oder wo auch immer sie Wahlurnen aufstellen.‹
›Nein, ich bin entmündigt und das Urteil erlaubt das nicht.‹ Ich hab es dir ja schon gesagt, Marga, ich könnte unmöglich mit jemandem vögeln, der Spanier ist oder Wähler.«
Ich höre die Sirenen ganz in der Nähe, aber ich schiebe es auf das Loch im Dach. Ich höre Autotüren schlagen und das Räuspern von Funkgeräten.
»Marga, hast du das gehört?«, sage ich wegen des Lärms der Sirenen sehr laut und schaue über ihren Hintern.
»Ich habe gepupst, hat dich das gestört?«, schreit Marga in meine Möse, ohne meinen Hintern loszulassen und ohne aufzuhören, ihren nach vorn zu rucken, obwohl ich sie nicht mehr penetriere und meinen Hals wie eine Antenne ausgefahren habe.
»Das doch nicht, Marga. Da ist Polizei!«, sage ich und mache die Neunundsechzig kaputt, weil meine Schiebetüren zugegangen sind und ich meine Zunge nicht mehr rausbekomme, »die schmeißen dich raus!«
»Schrei nicht so, Nati«, sagt Marga, die auf der Matratze ruht wie eine Odaliske. Ich springe nackt vom Bett ins Wohnzimmer. Die Eingangstür wummert, weil sie versuchen, sie einzutreten. Ich höre, wie sie einander Befehle geben.
»Hilf mir, Marga!«, schreie ich und zerre den Tisch zur Tür. »Hilf mir, die dürfen nicht reinkommen!« Aber Marga bewegt sich nicht.
»Wenn ihr Widerstand leistet, macht ihr es nur schlimmer! Lasst die behinderten Mädchen gehen!«, brüllt ein Megafon. Die Stöße des

Rammbocks gegen die Tür und die der Tür gegen den Tisch rammen mir eine Tischkante in die Hüfte und ich stoße ein Verdammte-Scheiße-Herrgottsack aus.

»Natividad, Margarita, ich bin Rosa vom STÄWO, macht euch keine Sorgen, *vinga, noies*, alles wird gut!«, schreit ein anderes Megafon auf Katalanisch, und in den Sekunden, die ich brauche, um zu kapieren, dass es die CUPistische Wachhündin ist, hat ein Mosso dem mit Brettern vernagelten Fenster des Wohnzimmers den ersten Axthieb versetzt. Das Blatt der Axt kommt durchs Holz wie in dem Scheißfilm *Shining*. »Marga!« Ich rufe sie mit einem Aufschrei, doch sie antwortet nicht. Ich renne ins Schlafzimmer, und die Frau hat sich in Embryonalstellung zusammengerollt.

»*Apa*, lasst die Mädchen laufen!«, wiederholt das Megafon, und dass ich weder verstehe, von wem zum Teufel sie reden, noch an wen zum Teufel sie sich richten, macht mich fuchsteufelswild und ich schreie, bis mein Hals wehtut.

»Was für scheiß Mädchen sollen wir laufen lassen, verschissene Faschos, Folterknechte!«

»Wenn ihr nicht aufmacht, erwarten euch Anzeigen wegen Vergewaltigung! Wir wissen, dass ihr sexuelle Beziehungen mit ihnen hattet!« Das Megafon eines Bullen.

»Nativitat, *noia*, ganz ruhig, wir sind hier, um dir zu helfen«! Das katalanische Megafon der CUPistin, und der erste Mosso klettert durchs Fenster. Ich schleudere ihm, nackt wie ich bin, den Stuhl von Estrella Damm so geglückt entgegen, dass er für zwei Sekunden wieder in dem Loch verschwindet, das er gerade geöffnet hat, genau so lange, wie die zwei anderen Mossos brauchen, um die Tür einzutreten und mit dem Schrei Halt Polizei reinzukommen, die Pistole auf mich gerichtet. Ich werfe mein Fahrrad und sie müssen sich auf den Boden ducken, ich nutze die Chance und werfe mit zwei weiteren Stühlen nach den beiden, die nun wieder durchs Fenster krabbeln, und damit ist das Mobiliar des Wohnzimmers aufgebraucht.

»Hände hoch!« Während eine Reihe aus acht oder zehn Mossos durch das Loch in der Tür stürmt, wobei sie Halbkreise mit ihren Pistolen zeichnen, renne ich in die Küche, nehme das scharfe Messer, mit dem Marga den Boden saubergemacht hat, und ramme es dem Mosso, der mich von hinten fixieren will, in den Schenkel.

»Kommt raus da!«, schreit ein anderer.

»Pass auf, Marga, die kommen jetzt zu dir!« Ich fliehe mit dem Messer voran, springe auf die Anrichte und werfe das ganze Steingutgeschirr auf den verletzten Bullen und auf die beiden, die ihm zur Hilfe eilen. Sie schützen sich mit den Händen, aber einen treffe ich so kräftig am Helm, dass er auf den Arsch fällt.

»Hände hoch!«, wiederholen sie und zielen mit drei Pistolen auf mich.

»Fällt euch nichts Besseres ein, ihr Arschlöcher?«

»*Compte*! Vorsicht! Die da schreit, ist eine von ihnen! Die mit den Schleusentoren im Gesicht!«, schreit die CUPistin auf Katalanisch ins Megafon.

»Lass das Messer fallen!«, schreit jemand aus dem Inneren eines Helms.

»Lass du die Pistole fallen, und fick dich!«, antworte ich aus dem Inneren meiner Schiebetüren.

»Lass das Messer fallen und dir passiert nichts!« Wie beruhigend, was für ein Scheißwitz.

»Waffen runter!«, sagt ein anderer Helm, der einer der Chefs sein muss, denn die anderen gehorchen.

»Wie artig«, sage ich ihnen.

»Lass es los und dir wird nichts geschehen! Ich sage es dir zum letzten Mal!«

»Das wollen wir ja mal sehen, ob es wirklich das letzte Mal ist!«

»Lass es los und dir wird nichts geschehen!«

»Dachte ich es mir doch!« Ohne ihnen den Rücken zu kehren und unaufhörlich auf sie zielend gehe ich auf der Anrichte bis zur Küchentür. Einer der Robocops geht dazwischen und blockiert sie mit erhobenem Schlagstock, ich springe mit vorgerecktem Messer über ihn, und unmittelbar bevor ich einen Schlag mit der Keule abkriege, der mir die Schiebetüren zertrümmert, eine Rippe bricht und mich an der Hüfte zusammenklappt, erwische ich ihn mit dem Messer am einzigen Zentimeter des Arms, der nicht mit Anti-Terror-Protektoren bedeckt ist.

ROMAN
TITEL: ERINNERUNGEN VON MARÍA DELS ÀNGELS GUIRAO HUERTAS
UNTERTITEL: ERINNERUNGEN UND GEDANKEN VON EINEM MÄDCHEN AUS ARCUELAMOREA (ARCOS DE PUERTOCAMPO, SPANIEN)
ART: LEICHTE SPRACHE
AUTORIN: MARÍA DELS ÀNGELS GUIRAO HUERTAS
KAPITEL 5: IN DIE FREIHEIT

Die Schlafzimmertüren im neuen LÄWO
waren am Tag abgeschlossen.
Niemand konnte vor der Schlafenszeit dort rein.

Aber eines Morgens
hat die Sozialarbeiterin
im Schlafzimmer von meiner Cousine Margarita
und von meiner Cousine Patricia
den Schlüssel steckenlassen.

Sie haben von innen abgeschlossen.
Sie sind zum Fenster hochgeklettert
und haben sich auf den Sims gesetzt.
Und da haben sie geschrien:
Holt uns aus dem LÄWO
oder wir stürzen uns runter.

Sie hielten sich an den Händen.
Und sie haben hemmungslos geschrien und geheult.
Zum Glück war das Fenster nicht sehr hoch.
Wenn sie springen würde sie das nicht umbringen.
Aber sie würden sich sehr wehtun.
Und die Verantwortung hätten Mamen
und die Mitarbeiter vom LÄWO.

Die Geschäftsleitung würde ihnen kündigen.
Sie würden ihnen das Geld wegnehmen.
Vielleicht müsste sogar jemand ins Gefängnis.

Ich muss zugeben:
Ich war in der Zeit sehr wütend auf Mamen.
Und auf viele andere Mitarbeiter war ich auch wütend.
Darum hätte es mir gefallen
wenn Patri und Marga sich runterstürzen
und wenn Mamen und die anderen ins Gefängnis gehen.

Ich erinnerte mich an diesen Tag
bei einer Tanzaufführung.
In der Tanzaufführung sind viele Behinderte aufgetreten.
Immer an der Hand von Leuten ohne Behinderung.
Und 2 Mädchen saßen am Rand der Bühne.
Sie haben mit den Beinen gebaumelt.
Genau wie Patri und Marga an diesem Tag.
Aber ohne Weinen und ohne Schreien.
Sie bewegten nur die Arme
als würden sie Sevillanas oder eine Jota tanzen.
Aber ohne sich loszulassen.
Also als würden sie eine Sardana tanzen.
Aber im Sitzen.
Sardanas sind die Sevillanas und die Jotas in Katalonien.

Das war der Tanz wo meine Cousine Natividad auftreten sollte.
Bevor sie eine schwere Schiebetürenkrise hatte.
Bevor Natividad ins STÄWO in La Floresta
eingewiesen werden musste.
Das ist speziell für schwer geistig Behinderte.

La Floresta ist ein Viertel von Barcelona.
Wie der Name schon sagt:
Dort gibt es viele Blumen.

Und außerdem Bäume und Wildschweine.
Und sogar einen kleinen Fluss.

Schwer geistig behindert bedeutet:
dass du am stärksten geistig behindert bist
wie es überhaupt geht.

Aber Natividad hat mir die Einladungen
schon vor der Krise gegeben.
Darum bin ich hingegangen.
Sie hat mir drei Einladungen gegeben:
für Marga und für Patri und für mich.
Marga war wegen ihrer Sterilisation im Krankenhaus.
Und Patri war sauer.
Denn sie haben uns aus der betreuten Wohnung geworfen.
Darum hatte ich zwei Karten übrig.
Darum bin ich mit zwei Freunden von den Selbstvertretern
zu der Aufführung gegangen.
Denn auch wenn Nati nicht dabei war
Ibrahim war ja dabei.
Ibrahim ist ein anderer Selbstvertreter aus unserer Gruppe.
Und wir freuten uns auf ihn.
Er ist unser Freund
und ein guter Mensch.

Ende der Abschweifung über die Tanzaufführung
und die Krise von meiner Cousine Natividad.

Fortsetzung von Marga und Patri am Fenster
vom neuen LÄWO.
Patri und Marga haben da eine ganze Weile gesessen.
Alle Eingewiesenen und alle Mitarbeiter kamen in den Garten.
Und wir schauten nach oben.
Und wir sagten ihnen Sachen.

Ich sagte ihnen: Passt auf.
Andere sagten ihnen: Ihr seid verrückt.
Die Mitarbeiter sagten: Alles gut.
Bleibt ganz ruhig.
Geht in euer Zimmer zurück.
Dann setzen wir uns zusammen.
Und wir hören alle eure Beschwerden an.

Meine Cousine Natividad sagte ihnen:
Wartet ab.
Stürzt euch nicht runter.
Aber geht auch nicht rein.
Denn ihr seid auf einem guten Weg
und ihr schafft es
dass man euch rausholt.

Einige Eingewiesene haben ihnen das Gleiche gesagt.
Sie haben geklatscht und ihre Namen gerufen.

Nati hat nicht genau diese Wörter gesagt.
Mit dem Schiebetürensyndrom kann sie nicht normal reden.
Sie benutzt ganz merkwürdige Wörter.
Die versteht niemand.
Ich habe aufgeschrieben was ihre Wörter bedeuten.
So können alle Leserinnen und Leser von meinem Roman
sie verstehen.

Die Mitarbeiter haben Nati den Mund verboten.
Aber die Behinderung von Natividad ist schuld daran
dass sie den Mund nicht hält.

Vielleicht denkt man:
Die Mitarbeiter im LÄWO
sind Experten für geistige Behinderung.
Aber sie haben die geistige Behinderung von Nati nicht verstanden.

Sie machten sich sofort daran
ihre Schiebetüren mit Gewalt zu öffnen
und sie haben Nati nach drinnen gezerrt.

Später habe ich Nati wiedergesehen.
Alle Schrauben an den Schiebetüren waren locker.
Sie war durch die Pillen ganz blöde.

Patri und Marga haben sich nicht runtergestürzt.
Der Grund war nicht: weil man sie aus dem LÄWO gelassen hat.
Der Grund war: weil Mamen und die Mitarbeiter
ihnen von unten viele Dinge gesagt haben.
Manche waren wahr.
Manche waren gelogen.
Und manche waren paradox.

Patri und Marga haben alles geglaubt.
Sie sind reingeklettert.
Sie haben die Schlafzimmertür geöffnet.
Man hat sie ins Krankenzimmer gebracht.
Man hat ihren Puls gemessen.
Man hat Patri eine Spritze gegeben.
Und man hat Marga eine Spritze gegeben.

Sie mussten sich an einen Tisch setzen
zusammen mit Mamen
mit der Psychologin
und mit mir.
Dann fingen sie an zu reden.

Aber meine Cousinen konnten fast nicht reden.
Alles was sie sagten war ja oder nein.
Denn sie hatten gerade die Spritzen bekommen.
Sogar Patricia hat kaum ein Wort rausgebracht.
Dabei hat sie Logorrhö.

Logorrhö ist eine Krankheit.
Bei der Krankheit redet man pausenlos.

Mamen und die Psychologin waren die Einzigen
die etwas gesagt haben.
Ich habe auch nicht geredet.
Denn ich war sehr nervös.
Und wenn ich nervös bin
dann stottere ich noch stärker.
Ich konnte kein einziges Wort beenden.
Als ob ich auch eine Spritze bekommen hätte.
Ich konnte nur eine einzige Sache sagen:
dass meine Cousinen nicht reden konnten
wegen den Spritzen.
Ich sagte es mit viel Stottern.
Aber ich sagte es.

Mamen antwortete mir:
Man muss die Probleme lösen wenn sie auftauchen.
Ich antwortete ihr: So kann man kein Problem lösen.
Denn meine Cousinen konnten nicht sprechen.
Ich sagte es wieder mit viel Stottern.
Aber ich sagte es.

Mamen und die Psychologin sagten mir:
Deine Cousinen können ganz offensichtlich sprechen.
Denn sie sprechen ja.
Aber sie sprechen nicht so wie sie sonst sprechen
antwortete ich mit schlimmem Stottern.
Denn ihr habt ihnen Spritzen gegeben.
Die Psychologin sagte:
Sie sprechen so wie sie immer sprechen Angelita
aber ruhiger.
Sonst könnten wir ja gar nicht mit ihnen sprechen
denn sie wären zu nervös.

Ich sagte: Dann solltet ihr aber auch euch selbst Spritzen geben.
Damit ihr 4 alle gleich ruhig sprecht.

Ich habe den Satz mit viel Mühe gesagt.
Dann war ich mit dem Satz fertig.
Sie sahen mich halb lachend und halb zornig an.
Und dann sagten sie den Satz
der mein Leben verändert hat:
Mal schauen ob wir dir
nicht auch eine Spritze geben müssen.

In diesem Moment bin ich verstummt.
Und Mamen und die Psychologin machten weiter
als ob wir 5 uns unterhalten.
Aber es haben nur diese beiden gesprochen.

Ich habe viele Tage lang über den Satz nachgedacht.
Dann habe ich beschlossen:
Auch ich will das LÄWO verlassen.
Wie Marga und Patri.
Und wenn wir 3 weggehen
müssen wir Nati auch mitnehmen.
Wir können sie nicht alleine lassen.

Ich habe zu mir selbst gesagt:
Angelita: Du darfst dich nicht schlecht benehmen.
Denn sonst geben sie dir auch Pillen.
Oder sie pieken dich mit den Spritzen.
Und du wirst halb blöd wie im Dämmerschlaf.
Und du schaffst es hier nicht raus.
Du musst brav sein.
Deine geistige Behinderung ist nur leicht.
Nutz das aus.
Bleib wach und pass auf was passiert.

So fing mein Kampf
für Autonomie und gleiche Rechte an.
Und so habe ich meine ersten Schritte
als Selbstvertreterin gemacht.
Auch wenn ich davon noch überhaupt nichts wusste.
Aber heute weiß ich:
Ich hatte die Chancengleichheit schon immer im Blut.

Ich habe viele Tage reflektiert.
Über alles was mir durch den Kopf ging.
Und über die Gefühle die mich traurig machten.
Dann habe ich mich gefragt:
Kannst du gehen wohin du willst?
Kann dir jemand sagen dass du nicht gehen kannst
wohin du willst?
Kannst du gehen wohin du willst und mit wem du willst?
Möchten die anderen Personen mit dir dorthin gehen?
Wohin möchtest du gehen?

Reflektieren bedeutet: gründlich nachdenken.

Heute kann ich diese Fragen sehr leicht beantworten.
Aber damals hatte ich keine Ahnung.

Die spanische Verfassung und die Allgemeine Erklärung
der Menschenrechte garantieren die freie Entwicklung
der Persönlichkeit.
Ich hatte keine Ahnung was die freie Entwicklung
der Persönlichkeit ist.
Ich wusste auch nicht
was das Recht auf Selbstbestimmung
in allen Bereichen des Lebens ist.
Die Konvention über die Rechte
der Menschen mit Behinderung garantiert das Recht auf
Selbstbestimmung in allen Bereichen des Lebens.

Die spanische Verfassung ist das wichtigste Gesetz in Spanien.
Die Allgemeine Erklärung der Menschenrechte
ist das wichtigste Gesetz im Universum.
Die Konvention über die Rechte der Menschen mit Behinderung
ist das wichtigste Gesetz für die Menschen mit Behinderung.

Damals konnte ich die Fragen noch nicht
mit der Kraft des Gesetzes beantworten.
Aber ich beantwortete sie so gut ich konnte.
Zum Beispiel die Frage:
Kann ich gehen wohin ich will.
Ich konnte sie nur mit dem Paradoxon »ja aber nein« beantworten.
Auch wenn ich damals noch nicht gewusst habe
was ein Paradoxon ist.
Ich wusste nur: Etwas ist merkwürdig.

Ich konnte gehen wohin ich wollte.
Ich war über 18.
Ich war nicht gerichtlich entmündigt.
Aber ich konnte nicht gehen wohin ich wollte.
Mamen hat es nicht erlaubt.
Und ich habe ihr gehorcht.

Die zweite Frage war:
Lässt mich jemand nicht gehen wohin ich will.
Die Antwort auf die zweite Frage war wieder ein Paradoxon.
Sie konnten mich nur nicht gehen lassen
wenn sie mich am Bett festbinden
oder wenn sie mich einschließen.
Aber ich war nicht festgebunden.
Und ich war nicht eingeschlossen.
Ich war nicht mal blödgemacht mit Pillen.
Und trotzdem lässt Mamen mich nicht gehen wohin ich will.
Weil ich ihr nicht widerspreche.

Die dritte Frage war:
Kann ich gehen wohin ich will
und mit wem ich will.
Diese Frage war schwieriger zu beantworten.
Einmal habe ich meine Cousinen gefragt
ob sie mit mir mitkommen
um woanders als im LÄWO zu wohnen.
An diesem Tag waren meine Cousinen normal.
Niemand hatte sie mit Pillen verblödet.
Alle 3 haben Ja gesagt.
Also habe ich sie gefragt: wohin.
Und jede hat etwas anderes gesagt.
Marga wollte zurück nach Arcuelamora.
Ich wollte auch zurück nach Arcuelamora.
Patri hat gesagt: Ich will in Somorrín leben.
Aber nicht am Rand wo wir jetzt sind.
Sondern im Zentrum vom Dorf.
Und Nati hat gesagt: Mir ist das egal.
Hauptsache raus aus dem LÄWO.

Das war ein Problem.
Wir mussten uns einigen.
Aber vorher kam mir die Frage:
Sind sie eigentlich gerichtlich entmündigt.
Denn sie haben einen höheren Behinderungsgrad als ich.
Und dann lassen die vom LÄWO sie nicht mit mir gehen.

Ich habe sie gefragt: Wart ihr mal bei einem Richter?
Seid ihr zum Gericht gegangen?
Und alle antworteten Nein.
Aber ich machte mir Sorgen:
Vielleicht haben sie nicht verstanden
was ich ihnen gesagt habe.
Vielleicht habe ich es nicht gut erklärt.
Damals habe ich noch nicht viel über dieses Thema gewusst.

Ich wusste es nur vom Hörensagen.

Das ist Selbstkritik.

Ich habe mich auch nicht getraut
Mamen zu fragen.
Aus Angst dass sie meinen Plan aufdeckt
und mir Pillen gibt.

Mir wurde klar:
Wir müssen gemeinsam gehen.
Denn so sind wir stärker.
Das ist wichtig.
Denn wie ich schon gesagt habe:
Damals kannte ich die Kraft des Gesetzes noch nicht.
Ich habe nur an die Kraft der Stärke gedacht.
Und an die Kraft der Vielen.

Dann ist noch etwas passiert.
Das hat mein Leben für immer verändert.

Einmal im Jahr macht das LÄWO den Familientag.
Am Familientag kommen die Verwandten von den Eingewiesenen.
Sie gucken sich das LÄWO an.
Und die Bastelarbeiten.
Und unsere Theaterstücke.
Am Familientag sind wie immer mein Onkel Joaquín und mein Onkel Jose gekommen.
Und ich hatte ein sehr wichtiges Gespräch mit ihnen.

Ich erinnere euch daran:
Mein Onkel Joaquín ist der Onkel wo ich gewohnt habe.
Und mein Onkel Jose ist der Vater von meiner Cousine Marga.

Damals waren Patri und Nati Vollwaisen.
Die eine weil man nie erfahren hat wer ihr Vater war.
Bei der anderen wusste man zwar:
Ihr Vater war der junge Gonzalo
aber er hat sie nie als Tochter anerkannt.
Und die Mutter der beiden
das ist meine Tante Araceli.
Die war zwar nicht tot.
Aber sie war wie tot
auch wenn sie noch lebte.
Denn sie steckte in einem Altersheim.
Und seit Patri und Nati ins neue LÄWO gekommen sind
haben sie sie nicht mehr gesehen.

An diesem Familientag habe ich es geschafft.
Ich musste nicht im Theaterstück auftreten.
Und meine Cousinen haben auch nicht mitgespielt.
Denn sie waren sauer auf die Mitarbeiter.
Weil keine von ihren Verwandten mitmachten
mussten mein Onkel Joaquín und mein Onkel Jose sich das Stück
nicht ansehen.
Ich habe die Gelegenheit genutzt
und mit ihnen die Aula verlassen.

Ich fragte sie:
Onkel sind meine Cousinen entmündigt?
Mein Onkel Joaquín antwortete:
Ja.
So wie du.
Noch einer der es nicht kapierte.
Mein Onkel verwechselte Entmündigung mit Behinderung.
Wir sind alle 4 richtig behindert Onkel.
Aber wir sind nicht gerichtlich entmündigt.
Recht beschränkt bedeutet nicht:
rechtlich eingeschränkt.

Ich habe meinen Onkel Jose angeguckt.
Ich habe ihn gefragt:
Hast du die Cousine Marga zum Gericht gebracht
damit sie dort entmündigt wird?
Mein Onkel Jose hat geantwortet:
Im Leben nicht!
Und wenn sie eine Diebin wäre nicht!
Und ich habe mir gedacht: Perfekt!
Dann habe ich sie noch einmal gefragt:
Und wisst ihr ob jemand anders
Patri und Nati zum Gericht gebracht hat
um sie zu entmündigen?
Sie sagten beide: Das weiß ich nicht.
Aber sie glauben: nein.
Denn in Arcuelamora spricht sich alles rum
und das hätten sie gehört.

Ich habe in meinem ganzen Leben
noch nicht so viel mit meinen Onkeln geredet.
Ich habe die Gelegenheit genutzt
dass sie gut gelaunt waren
und dass das Stück gerade erst angefangen hat.
Und ich habe meinem Onkel Joaquín die zweite Frage gestellt
die ich ihm stellen wollte:
Onkel habe ich keine Familie außer dir und den Cousinen?
Er hat gesagt: Du hast den Onkel Jose.
Und er hat zu meinem Onkel Jose geguckt.
Das stimmt.
Und die Tante Araceli.
Das stimmt auch.
Und die Tante Montserrat.
Ich habe gefragt:
Wer ist das?
Mein Onkel sagte:
Eine Hure aus dem Los Maderos.

Als sie das dichtgemacht haben
da ist sie auf der Rambla auf den Strich gegangen.
Eine Cousine von mir und von deiner Mutter.
Gott hab sie selig
sagte mein Onkel Joaquín.
Ich fragte:
Ist die Tante Montserrat tot?
Nein Angelita.
Deine Mutter.
Und die Tante Montserrat lebt?
Mein Onkel Jose sagte:
Das nehme ich an.
Ich fragte:
Und wo lebt sie?
In Barcelona.
Ich fragte:
Bei den Fußballern?

Damals habe ich nicht gewusst was Barcelona ist.
Aber jetzt weiß ich es genau.
Denn ich lebe hier.

Und habt ihr ihre Adresse oder ihre Telefonnummer?
Mein Onkel Joaquín sagte:
Die müsste ich suchen Angelita mein Kind.
Onkel bitte such sie
und ruf Tante Montserrat an.
Und warum wenn ich fragen darf?
fragte mein Onkel Jose.
Damit meine Cousinen und ich
in den Ferien zu ihr fahren können.
Mein Onkel Jose sagte:
Hure wird sie wohl nicht mehr sein.
Nicht in ihrem Alter.
Mein Onkel Joaquín sagte:

Angelita diese Frau hat euch seit der Beerdigung von
deiner Mutter nicht mehr gesehen.

Aber ist sie ein guter Mensch? fragte ich.
Er sagte:
Normal halt.
Aber die Leute heute sind nicht wie früher.
Früher hat man sich seine Verwandten ins Haus geholt.
Heute macht man das nicht mehr.
Und erst recht nicht euch.
Ihr seid 4.
Und außerdem seid ihr schwachsinnlich.

In diesem Augenblick hat sich mein Gesichtsausdruck verändert.
Nicht weil mein Onkel uns schwachsinnlich nennt.
Das Wort hat man schon immer benutzt.
Mein Onkel kennt kein anderes.
Mein Onkel ist schon 70 Jahre alt.
Er hat das Dorf noch nie verlassen.

Mein Gesichtsausdruck hat sich aus 2 Gründen verändert.
Einem schlechten Grund und einem guten Grund.
Der schlechte Grund war: Die Tante Montserrat
wollte uns vielleicht nicht in ihrem Haus haben.
Der gute Grund war: Man könnte ihr sagen
dass wir nicht entmündigt sind
und dass unser Geld
von keinem rechtlichen Vormund verwaltet wird
und dass wir 4 zusammen
auf fast 2500 Euro Rente im Monat kommen.
Dann will sie uns vielleicht doch in ihrem Haus haben.
Denn meine Tante ist als Prostituierte von gesellschaftlicher
Ausgrenzung bedroht.
Darum braucht sie das Geld noch mehr.

So haben es auch viele gemacht:
Die allermeisten geistig Behinderten in der Región de Arcos
haben bei ihren Eltern gewohnt.
Nicht im LÄWO.
Denn so konnten die Eltern das Geld behalten.

Dann hat mein Onkel Joaquín micht etwas gefragt.
Ich hatte mich das in meinem ganzen Leben noch nicht gefragt.

Aber fühlt ihr euch hier denn nicht wohl?

Das war meine Gelegenheit.
Ich habe ihn um Hilfe gebeten.
Mein Onkel Joaquín hat mich immer gehen lassen
wohin ich wollte.
Wie auch meine Mutter und wie die Mutter von Patri und Nati.
Mein Onkel Jose hat Marga nicht so viel erlaubt.
Aber jetzt war er gut gelaunt.
Das musste ich ausnutzen.

Ehrlich gesagt Onkel:
Wir fühlen uns hier nicht wohl.
Tut mir den Gefallen und sagt Doña Mamen:
Die Cousinen und ich machen für ein paar Tage Urlaub
in Arcuelamora.
Danach sehen wir was wir machen.

Ich habe es mit viel Stottern gesagt.
Aber ich habe es gesagt.

Ich musste meinem Onkel Joaquín nie etwas erklären.
Auch dieses Mal nicht.
Er hat nur geschwiegen.
Mein Onkel Jose will öfter Erklärungen.
Aber an dem Tag hat er nichts gefragt.

Und dabei blieb es dann.

Einen Monat später sind mein Onkel Jose und mein Onkel Joaquín
wieder im LÄWO aufgetaucht.

Es war nicht Familientag.
Und auch nicht Tag der offenen Tür.
Und kein anderer Besuchstag.

Sie haben die Mitarbeiter begrüßt.
Sie haben Mamen begrüßt.
Sie haben Patri und Nati und Marga begrüßt.
Und sie sind zu mir gekommen.
Wir sind in den Garten gegangen.
Und sie haben ganz leise mit mir geredet.

Mein Onkel Jose sagte:
Angelita wenn ihr wollt dass wir euch hier rausholen
dann müsst ihr uns das Geld geben.

Das verstand ich nicht.
Ich habe Onkel Joaquín angeguckt.
Und er hat es genauer erklärt:
Angelita ihr könnt gehen.
Aber dann nehmen sie euch vielleicht die Rente weg.
Und dann können wir kein Geld mehr
von dem Konto bei der Bank holen.
Darum müsst ihr uns das Geld geben
nur für den Fall.

In dem Moment habe ich nicht richtig verstanden
was passiert ist.
Wenn dieses Gespräch heute wäre
dann wüsste ich ganz genau:

Mein Onkel Joaquín und mein Onkel Jose machen das Gleiche
wie die allermeisten Verwandten
von allen nicht entmündigten Eingewiesenen.
Die Kreditkarte hat den Namen von uns.
Die Bank gibt sie dir.
Du hast das Konto.
Und die Verwandten benutzen die Kreditkarte.
Sie heben das Geld ab.
Wann immer sie wollen.

Jeder weiß was eine Kreditkarte ist.
Das muss ich nicht erklären.
Aber ich muss sagen:
Wenn jemand eine Kreditkarte benutzt
auf der nicht sein Name steht
sondern der Name von einer anderen Person
ist das unrechtmäßig.
Es ist verboten.

Aber in dem Moment habe ich nur verstanden:
Wenn wir bezahlen können wir gehen.
Und ich fand alles großartig.
Und ich fand es sogar normal.

Ich sagte Ja zu allem.
Sie sind ins Büro von Mamen gegangen.
Und als sie wieder rauskamen hat Mamen mir gesagt:
Du wirst dich freuen Angelita.
Ihr fahrt für ein paar Tage in dein Dorf.

Am nächsten Tag
haben sie uns mit dem Lieferwagen abgeholt:
Mamen rief: Herrje was für eitle Mädchen.
So viel Gepäck nehmt ihr mit!

Patricia sagte:
Um hübsch zu sein Doña Mamen.

Sie war schon immer sehr eitel.

Wir 4 sind auf den Lieferwagen von meinem Onkel Jose gestiegen.
Und wir sind direkt zur BANCOREA gefahren.
Aber nicht zu der BANCOREA von Somorrín.
Sondern in ein anderes Dorf weiter weg.
Niemand der uns kennt sollte bemerken
dass wir Geld abheben
um nicht wiederzukommen.
Und niemand sollte es im LÄWO erzählen.

Wir 6 haben uns an den Schalter gestellt.
Und meine Onkel wollten unsere Persos haben.

Perso ist die Abkürzung für Personalausweis.
Das ist der Ausweis
und jeder weiß was das ist.
Denn jeder hat einen.
Nur die Ausländer nicht.

Wir wussten nicht:
Wie viel Geld ist auf dem Konto?
Darum mussten wir erst um einen Kontoauszug bitten.

Kontoauszug bedeutet:
Papier was dir die Bank gibt.
Auf dem Papier steht wie viel Geld auf deinem Konto ist.

Heute kann ich perfekt zur Bank gehen
und perfekt um alles bitten.
Denn sie haben mir das
in der Selbstvertretungsgruppe beigebracht.

Aber damals hatte ich keine Ahnung.
Und meine Onkel mussten um alles bitten.

Ich konnte den Kontoauszug nicht lesen.
Ich war sehr nervös.
Darum sah ich die Zahlen verschwommen.
Patri konnte diese winzigen Zahlen nicht lesen.
Sie war damals schon stark kurzsichtig.
Nati konnte am besten lesen.
Aber sie war genauso nervös wie ich.
Marga hielt sie an der Hand
und hat ihr Sachen gesagt.
Damit ihre Schiebetüren sich nicht aktivieren.
Dann wären wir alle noch nervöser geworden.

Meine Onkel haben dem Mann vom Schalter gesagt:
Geben Sie uns 15 000 Euro.
Ich wusste damals nicht:
Sind 15 000 Euro viel oder wenig?
Heute weiß ich: 15 000 Euro sind total viel.
Und das Geld war die Entschädigung
für den Arbeitsunfall von Nati.

Was ein Arbeitsunfall ist
habe ich in Kapitel 3 erklärt.
Ihr könnt es dort nachlesen.

Mein Onkel Joaquín hat mich gefragt:
Wie viel wollt ihr?
Ich hatte keine Ahnung um wie viel ich bitten soll.
Ich sah Patri an.
Sie stand neben mir.
Und sie sagte: 100 Euro für jede.

Mein Onkel Jose sagte:
Gut.
Besser 200 für jede.

Sie haben Nati gerufen
damit sie ein Papier unterschreibt.
Und das war das Schwierigste von allem.
Marga wollte mit ihr zum Schalter gehen.
Aber Nati hat sich gewehrt.
Nati hat Marga zur Seite geschubst.
Die Schiebetüren haben sich aktiviert.
Nati fing an Sachen von ihrer Behinderung zu schreien.
Die Leute in der Bank sahen uns an.
Ein Mitarbeiter der Bank kam.
Er wollte mit Nati reden.
Da hat sie ihm fast eine Kopfnuss mit den Schiebetüren gegeben.

Da dachte ich:
So ein Pech.
Sie haben Nati heute keine Pillen gegeben.
Mit ihrer Behinderung versteht sie nicht
dass wir zu ihrem Wohle in der Bank sind.
Sie soll zu ihrem Wohle unterschreiben.
Wenn sie sich so aufführt macht sie alles kaputt.
Nicht nur für sich selbst.
Sondern für uns alle.
Und wir waren an nichts schuld.

Schließlich schafften wir es
und Nati hat unterschrieben.
Ich habe das Papier genommen.
Und ich habe einen Kuli genommen.
Dann habe ich beides zu ihr gebracht.
Ich habe gesagt:
Das ist das Letzte was du tun musst.

Dann verlassen wir Somorrín für immer.
Dann gehen wir in unserem ganzen Leben nie wieder
in eine Bank.

Ich habe sie lieb darum gebeten.
Ich habe geweint.
Da sind ihre Schiebetüren ein bisschen aufgegangen.
Und schließlich hat sie unterschrieben.

Der Mann am Schalter hat ein paar Bündel Scheine geholt.
So wie Mamen als sie noch zur Bank gehen musste.
Bevor das LÄWO ein Konsortium war
und alles mit Überweisungen gemacht wurde.

1 von den Bündeln war für uns.

Mein Onkel Joaquín sagte:
Ihr müsst der Tante Montserrat 4000 Euro geben.
Für die Zeit in der ihr bei ihr wohnt.
Ihr könnt bei Tante Montserrat bleiben
bis ihr einen Ort zum Leben gefunden habt.
Wir haben schon mit ihr geredet.
Sie holt euch am Busbahnhof von Barcelona ab.

Wir haben die Bank verlassen.
Wir sind in den Lieferwagen gestiegen.
Sie haben uns zum Busbahnhof vom gleichen Dorf gebracht.
Da kannte uns keiner.
Damit kein Bekannter bemerkt
dass Patri und Nati und Marga und ich
unser neues Leben anfangen.
Ein Leben in dem ich langsam verstanden habe:
Man muss die Dinge mit der Kraft des Gesetzes tun.
Und nicht mit der Kraft der Lügen.

Ein Leben in dem ich langsam verstanden habe:
Man muss Nati und Marga gerichtlich entmündigen.
Bei Patri war ich nicht sicher.
Wenn sie entmündigt sind
dann kann niemand unrechtmäßig
Geld von ihren Konten nehmen.
Nur ein rechtlicher Vormund
der die übergeordneten Interessen des Mündels wahrt.

Die übergeordneten Interessen des Mündels wahren bedeutet:
Alles was ein rechtlicher Vormund tut
das tut er zum Wohle des Entmündigten.
Und er tut es immer rechtmäßig.
Wie der Name schon sagt.

Und so
im Bus
und mit Freudentränen in den Augen
und einem Chorizobrot in Alufolie
sind wir nach Barcelona gefahren.
In dieses Land der Freiheit.

Bis hierhin meine Erinnerungen
seit ich Arcuelamora verlassen habe
und bis ich in Barcelona angekommen bin.

Im nächsten Kapitel
erzähle ich euch von meinem Leben hier.
Aber vorher will ich eins klarstellen:

Mir ist absolut bewusst:
Mein Roman ist nicht perfekt.

Absolut bewusst sein bedeutet:
Du weißt etwas genau.

Ich weiß: Ich habe gegen viele Regeln verstoßen
aus dem Buch »Leichte Sprache.
Praktischer Leitfaden für die pädagogische Inklusion«
von dem Autor Óscar García Muñoz
im Ministerium für Bildung, Kultur und Sport.

Das Ministerium für Bildung, Kultur und Sport
ist der Ort wo die Politiker sind
die in den Schulen bestimmen
in den Gymnasien
in den Universitäten
in den Museen
in den Theatern
in den Kinos
in den Bibliotheken
und in den Sportzentren.

Ich habe gegen Regel 2 auf Seite 19 verstoßen.
Die Regel sagt:
»Vorsicht bei semantischen Unfällen.
Synonyme vermeiden.
Polysemien vermeiden.
Lexikalische Komplexität vermeiden.
Metaphern und Abstraktionen vermeiden.«

Synonym bedeutet:
2 Wörter werden verschieden geschrieben.
Aber sie bedeuten das Gleiche.
Zum Beispiel: Unterhaltung und Spaß haben.
Das sind Synonyme.

Polysemien und Metaphern habe ich schon erklärt.
Und ich habe viele Beispiele gegeben.

Abstrakt bedeutet:

Man kann es nicht mit den Augen sehen.
Und auch nicht mit den anderen Sinnen.
Aber man fühlt es.
Wie Gewalt
wie Hunger
oder wie Freiheit.

Lexikalische Komplexität bedeutet:
sehr schwierige Wörter.

Ich habe auch gegen die Regel auf Seite 80
vom Methodenbuch verstoßen.
Von dem Buch habe ich schon viel gesprochen.
Das hat auch der Autor Óscar García Muñoz geschrieben.
Aber im Ministerium für Gesundheit, Soziales und Gleichstellung.

Das Ministerium für Gesundheit, Soziales und Gleichstellung
ist der Ort wo die Politiker sind
die in den Krankenhäusern bestimmen
und die bei Fragen der Gesellschaft bestimmen.
Damit wir alle gleich sind.

Diese Regel sagt:
»Nicht viele Figuren einschließen.
Es ist sinnvoll, ihre Zahl auf die zu beschränken,
die mit der Haupthandlung zu tun haben.«
Und da steht auch:
»Die Figuren müssen definiert sein,
wenig komplex
und vereinfachte Eigenschaften haben.«

Ich habe dagegen verstoßen.
Denn ich habe Figuren im LÄWO genommen.
Und ich habe Figuren außerhalb vom LÄWO genommen.
Sie haben in der Geschichte von meinem Leben eine Rolle gespielt.

Und ich habe sie mit allen Eigenschaften genommen
die nötig waren
um wahrhaftig die Geschichte von meinem Leben zu erzählen.

Auf Seite 216 von diesem Buch hier
habe ich gegen noch eine Regel verstoßen.
Die sagt:
»Wörter vermeiden, die Werturteile ausdrücken.«
Ich habe die Wörter »gut« und »schlecht« sehr oft benutzt.
Und ich habe die Wörter »gute« und »schlechte« sehr oft benutzt.
Ich habe gegen noch eine Regel verstoßen.
Die sagt:
»Figurative Sprache,
Metaphern und Sprichwörter vermeiden,
denn sie führen zu Verwirrung.«
Zum Beispiel sagte ich:
»es ist noch kein Meister vom Himmel gefallen«
oder:
»in guten wie in schlechten Zeiten«
und damit verstoße ich gegen diese Regel.
Denn das alles sind Sprichwörter.

Ich habe auch eine Regel übersprungen.
Die kommt in den Büchern vor.
Und sie kommt in den Richtlinien vor.
Von denen habe ich euch schon erzählt.
Sie wurden geschrieben von der Abteilung Bibliotheksservice
für Menschen mit besonderen Bedürfnissen.
Und die Regel sagt:
Man soll unterstützende Bilder neben den Text tun.

Abteilung ist ein Teil.
Bibliotheksservice bedeutet:
Die Bibliothek gibt dir Sachen
oder sie hilft dir bei Sachen.

Das ist nicht das Geschirr
für die Mitarbeiter in der Bibliothek.
Aufpassen mit dem Wort Service
denn das ist eine Polysemie.

Menschen mit besonderen Bedürfnissen
sind wir.
Die Behinderten
und die ein Leben lang Zurückgebliebenen.

Am Anfang habe ich Emoticons von WhatsApp genommen.
Denn ich habe den Eindruck:
Emoticons machen was die Regeln sagen:
»Es sind aussagekräftige Symbole und Bilder zu verwenden,
die leicht zu verstehen sind, eindeutig und relevant
in ihrer Bedeutung,
einfach, mit wenigen Details, vertraut,
und die die Aufmerksamkeit erregen.
Das Bild soll nützlich sein,
nicht schön.«
Aber diese Regel ist freiwillig.
Und ich habe bemerkt:
Gute Schriftsteller in Leichter Sprache
halten sich nicht an diese Regel.
Wie zum Beispiel bei dem Buch
»Tagebuch der Anne Frank«.
Aber in Leichter Sprache.
Davon wurden viele Bücher verkauft
und es wurde in viele Sprachen übersetzt.
Aber es hat nur manchmal ein Foto in Schwarz-Weiß.

Ich habe auch gegen die Regel verstoßen:
Schweife nicht vom Thema ab.
Und gegen die Regel:
Trenne lange Wörter mit Mediopunkten.

Über die Abschweifungen habe ich in Kapitel 1 geredet.
Das könnt ihr dort nachlesen.

Und was die Mediopunkte angeht:
Ich weiß nicht wo die auf der Tastatur vom WhatsApp sind.

Man sagt: Um Regeln zu missachten
muss man sie erstmal kennen.
Darum habe ich alle Regeln aufgeschrieben
gegen die ich verstoße.
Damit beweise ich:
Ich missachte sie nicht
ohne sie zu kennen.
Ich kenne die Regeln.
Und ich missachte sie bewusst und absichtlich.

Das ist ein Akt der Rebellion.

Rebellion bedeutet:
Man ist nicht einverstanden mit einer Regel.
Darum missachtet man sie.

Wenn man die Regel nicht kennt
und sie deshalb missachtet
dann ist das keine Rebellion.
Das ist Ignoranz.

Ignoranz bedeutet: etwas nicht wissen.

Ich bin eine rebellische Schriftstellerin.
Denn nachdem ich die Regeln von Leichter Sprache gelernt habe
habe ich bemerkt:
Viele Regeln sind schlecht.
Und viele Leute sind nicht ignorant
wie zum Beispiel die Richterin

die die Sterilisation von meiner Cousine Marga autorisiert hat.
Aber sie kennen Leichte Sprache nicht.

Die Sterilisation autorisieren bedeutet:
Die Richterin gibt dem rechtlichen Vormund von Marga
ein Papier.
Der Vormund ist die Generalitat von Katalonien.
Auf dem Papier steht
dass sie die Erlaubnis gibt.
Man darf Marga zum Arzt bringen.
Und der Arzt darf eine Operation bei ihr machen.
Damit sie niemals schwanger wird.

Rechtlicher Vormund ist die Person
die für einen Behinderten verantwortlich ist
wenn der Behinderte außerdem entmündigt ist.
Wenn ein Behinderter entmündigt ist
dann kann er nichts machen.
Er kann nichts machen ohne die Erlaubnis
von seinem rechtlichen Vormund.
Sein rechtlicher Vormund ist wie sein Vater.

Die Generalitat von Katalonien
ist die Regierung von Katalonien.

Was eine Regierung ist
das habe ich schon in Kapitel 1 erklärt.
Ihr könnt es dort nachlesen
wenn ihr euch nicht erinnert.

Wenn eine so schlaue Person wie die Richterin
nicht weiß was Leichte Sprache ist
dann hat Leichte Sprache ein Akzeptanzproblem.
Und dann muss man die Leichte Sprache erneuern.
Akzeptanzproblem bedeutet:

Viele Leute finden etwas nicht gut.
Es ist kein Tanzproblem wie das von Nati.
Leichte Sprache sollte für alle attraktiv und nützlich sein.
Nicht nur für die 30 Prozent von allen Menschen
die Leseschwierigkeiten haben
oder denen die Lust am Lesen versagt wurde.
Leichte Sprache sollte die Bevölkerung im Allgemeinen erreichen
die Mehrheit der Bevölkerung
und alle Staatsbürger.

Staatsbürger bedeutet: alle.
Nicht nur die die in der Stadt wohnen.
Sondern auch die die in kleinen Orten wohnen.
Oder sogar in Dörfern.
Oder ganz allein mitten auf einem Berg.

Romane
Gesetze
Verträge
Strafzettel
Urteile
Rechnungen für Strom
Rechnungen für Wasser
Rechnungen für Gas
Unterlagen der Bank
Unterlagen vom Rathaus
oder von jedem anderen Ort wo Politiker sind
oder von jedem anderen Ort wo Firmen sind
muss man in Leichter Sprache schreiben.

Ich habe mit meiner Betreuerin
in meiner Selbstvertretungsgruppe darüber geredet.
Und sie hat mir gesagt:
Weil du Selbstvertreterin bist
ist es sehr gut dass du die Initiative ergreifst.

Ohne Vorbehalte oder überzogene Erwartungen.

Die Initiative ergreifen bedeutet:
eine Idee haben und sie vorantreiben.
Ohne Vorbehalte bedeutet:
Niemand
nicht einmal ich selber
findet ein Haar in der Suppe
bevor es überhaupt losgeht.
Ohne überzogene Erwartungen bedeutet:
Man muss realistisch sein
und man muss wissen:
Die Dinge werden nach und nach erreicht.

Ich habe im Internet gesucht und festgestellt:
Es gibt sehr viele Leute
die die gleiche Initiative haben wie ich.
Leute aus der Biskaya
aus Leganés
aus Ávila
aus der Extremadura
aus Galizien
aus Oviedo
und natürlich aus Katalonien.
In Katalonien gab es die erste Leichte Sprache von ganz Spanien.

Das alles sind Orte in Spanien.
Außer vielleicht Katalonien.
Es gibt einen Streit zwischen den Leuten die sagen:
Das ist nicht Spanien.
Und den Leuten die sagen:
Das ist doch Spanien.

In der Biskaya passiert ungefähr das Gleiche.
Denn dort sind auch Leute

die sagen:
Wir sind nicht Spanien.
Und andere sagen:
Wir sind doch Spanien.

Aber das ist der Leichten Sprache egal.
Denn Leichte Sprache
ist der universelle Zugang für alle Bürger
aus Spanien oder aus dem Ausland
zu den Rechten auf Information und Kultur
zu den Rechten auf Transparenz und auf Demokratie
und Kommunikation.
Als Konsumenten und Anwender
und als Arbeiterinnen und Arbeiter.
Denn wenn eine Firma
mit ihren Kunden und mit ihren Arbeitern
in Leichter Sprache kommuniziert
dann kann sie mehr Geld verdienen.
Denn ihre Kunden könnten ihre Anzeigen besser verstehen
und ihre Arbeiter könnten besser verstehen
was die Chefs ihnen befehlen.
Und außerdem kann die Firma an Ansehen gewinnen.
Denn die Bürger können sehen
dass sie sich um den universellen Zugang bemüht.

Ich bin eine rebellische und universelle Schriftstellerin.
Ich habe die Initiative ergriffen
die Leichte Sprache zu erneuern
zu demokratisieren
und wieder produktiv zu machen.
Ohne Angst die Regeln zu missachten.
Koste es was es wolle.
Ohne Rücksicht auf Verluste.
Und wenn die Flüsse aufwärts fließen
und ich zu einer unverstandenen Schriftstellerin werde.

Geächtet oder Kult.

Unverstanden bedeutet: Niemand versteht dich.
Geächtet bedeutet: Man verachtet dich.
Es hat nichts mit der Zahl 8 zu tun.

Kult bedeutet: wie der religiöse Kult in der Kirche.
Wenn die Leute zu einem Heiligen beten
oder zu einem Christus
oder zu einer Jungfrau.
Aber statt zu beten lesen sie dein Buch.

Das mit dem Beten und dem Buch ist eine Metapher.

Barcelona, 11. September 2017
Der Tag, an dem die Tänzerin Maritza Garrido-Lecca
nach fünfundzwanzig Jahren Haft in einem peruanischen
Gefängnis in die Freiheit entlassen wird.

DANKSAGUNGEN

Dank an Araceli Pereda, meinem ersten Kontakt mit der Welt der geistigen Behinderung; an Sonia Familiar, der ersten Person, die mich über die Existenz von Leichter Sprache und die Selbstvertretungsgruppen informiert hat; und an R. B. A., die mir erzählte, wie diese Welt in den 1980ern und 90ern war. Ich habe ihre Zeit und ihr Wissen so oft in Anspruch genommen, wie meine Neugier und mein Unwissen es verlangten, und sie haben immer, immer, immer geantwortet. Danke für das Lachen, für die Diskussionen, für die Dokumentation, für Einigkeiten und Uneinigkeiten.

Danke, Desirée Cascales Xalma, die so leidenschaftlich mit mir getanzt hat, dafür, mir an ihrem Körper das Gefühl von Sicherheit zu geben und sich an meinem sicher zu fühlen, dafür, dass sie mir ihr Leben erzählt hat, ohne ein Detail auszulassen, auch wenn sie von ihrem qualvollen Weg durch die *Seguridad Social* sprach, bis der Ausgang gefunden war.

Dank an Lucía Buedo von dem Kulturzentrum La Caldera de Les Corts, die sich der Annahme und des Empfangs des redaktionellen Materials angenommen hat, obwohl dies nicht zu ihren Verpflichtungen gehörte, und die es dennoch mit einem ehrlichen Lächeln tat.

Dank an die Tänzer und Antitänzer vom Brut Nature 2018, die am Tag der Preisverleihung des Premio Herralde mit mir einen draufgemacht haben, obwohl wir uns kaum kannten. Die Erfahrung lehrt uns ein ums andere Mal, Unbekannten zu vertrauen. Ganz besonderer Dank an Oscar Dasí, den künstlerischen Direktor von La Caldera, der nicht nur mit mir feierte, sondern außerdem das Geheimnis wahrte, und der in seinem täglichen Leben Tanz und Literatur verbindet.

Dank an Élise Moreau und Elisa Keisanen, zwei der drei Beine der Iniciativa Sexual Femenina, die sich in den Dienst der Waghalsigkeit dieses Romans gestellt, sie sich zu eigen gemacht haben und mich bei den Proben entschuldigten, wann immer es meine literarische Aufgabe verlangte. Ohne Eure Fürsorge hätte ich mir zwischen September und November drei Lungenentzündungen eingefangen.

Dank an Ella Sher, die zu den unmöglichsten Zeiten Telefone und Flugzeuge nahm, die ihre Festkleidung in einer Tüte mitbrachte und sich auf der Toilette umzog, danke für die Fürsorge mir gegenüber, die auch unter dem Druck der Zensur nicht nachgegeben hat.

Und Dank an Guido Micheli Losurdo und Javier López Mansilla, meine fanzinastischen Ehemänner.

Cristina Morales, 1985 in Granada geboren, studierte Jura und Politikwissenschaft und ist Mitglied der zeitgenössischen Tanzkompanie Iniciativa Sexual Femenina. Morales verfasste einen Kurzgeschichtenband und vier Romane. *Leichte Sprache* wurde 2018 mit dem prestigeträchtigen Premio Herralde de Novela ausgezeichnet, 2019 gewann Morales den Premio Nacional de Narrativa des spanischen Kulturministeriums. Die Literaturzeitschrift *Granta* bezeichnete sie 2021 als eine der besten spanischsprachigen Schrifsteller:innen unter 35 Jahren.

Friederike von Criegern ist Literaturübersetzerin und freie Dozentin für Literatur und Übersetzen. Sie promovierte über chilenische Lyrik und übersetzt Belletristik, Lyrik und Theater aus dem Spanischen, zuletzt Jorge Comensal, Floridor Pérez und Nona Fernández.

Für den Roman *Leichte Sprache* und seine Übertragung aus dem Spanischen erhielten Cristina Morales und Friederike von Criegern 2022 den Internationalen Literaturpreis des Hauses der Kulturen der Welt.

Die Übersetzung dieses Buches wurde unterstützt von dem
Deutschen Übersetzerfonds und Acción Cultural Española, AC/E.

Zweite Auflage Berlin 2023
Copyright der deutschen Ausgabe © 2022
MSB Matthes & Seitz Berlin Verlagsgesellschaft mbH
Großbeerenstr. 57A | 10965 Berlin
info@matthes-seitz-berlin.de
Copyright der Originalausgabe *Lectura fácil* © Cristina Morales, 2018
Die Veröffentlichung wurde vermittelt durch The Ella Sher Literary Agency.

Alle Rechte vorbehalten.

Umschlaggestaltung: Marion Wörle, Berlin
Gesetzt aus der *Andada* von Michael Rosenlehner, Berlin
Druck und Bindung: GGP Media GmbH, Pößneck
Printed in Germany

ISBN 978-3-7518-0066-2
www.matthes-seitz-berlin.de